P

Zu diesem Buch

1995 veröffentlichte Binjamin Wilkomirski im Suhrkamp Verlag sein Werk »Bruchstücke«. Er beschrieb darin, wie er als kleines Kind die Internierung in zwei Konzentrationslagern überlebte und in die Schweiz kam. Das Buch erhielt begeisterte Kritiken und zahlreiche Preise, es wurde mit Primo Levis Meisterwerken verglichen und in neun Sprachen übersetzt.

Als der Vorwurf auftauchte, diese KZ-Biographie sei erfunden, kam es zu einer erbitterten Kontroverse um den Fall Wilkomirski. Stefan Mächler rekonstruierte schließlich das erschütternde Leben des Bruno Grosjean und zeichnet nach, wie aus ihm Binjamin Wilkomirski wurde. Er hatte als erster vollständigen Zugang zu allen Akten und stieß in zahlreichen Gesprächen mit Zeitzeugen auf Fakten, die Wilkomirskis Geschichte vollständig in Frage stellten.

Stefan Mächler, geboren 1957 in Aargau, lebt heute in Zürich. Studium der Geschichte und Germanistik an der Universität Zürich. Verschiedene Publikationen, vor allem zum Antisemitismus und zur Asyl- und Flüchtlingspolitik der Schweiz.

STEFAN MÄCHLER

DER FALL WILKOMIRSKI

Über die Wahrheit einer
Biographie

Pendo
Zürich München

Redaktion: Claudia Sandkühler, München

© Pendo Verlag AG, Zürich 2000
Umschlagentwurf: Michael Wörgötter, München
Umschlagabbildung: Detail aus dem Umschlag des
Buches *Bruchstücke* von Binjamin Wilkomirski, mit
freundlicher Genehmigung des Suhrkamp Verlages
Satz: Uwe Steffen, München
Druck und Bindung:
Clausen & Bosse, Leck
Printed in Germany
ISBN 3-85842-383-1

Inhalt

Vorbemerkung	7
Die Geschichte des Bruno Grosjean	10
Wilkomirski erzählt	32
Zur Entstehung von »Bruchstücke«	99
Ein Buch geht um die Welt	125
Sturz ins Bodenlose – Autobiograph oder Fälscher?	143
Der Biographie auf der Spur – historische Recherchen	180
Die Wahrheit der Biographie	282
Die Wahrheit der Fiktion	293
Nachbemerkung	327
Anmerkungen	329
Quellen- und Literaturverzeichnis	363

Vorbemerkung

Im Jahre 1995 veröffentlichte Binjamin Wilkomirski im Jüdischen Verlag bei Suhrkamp ein Werk mit dem Titel »Bruchstücke«, in dem er beschreibt, wie er als kleines Kind in Riga vor den Nazis flüchtete, zwei Konzentrationslager überlebte und nach einem Aufenthalt in Krakauer Waisenhäusern in die Schweiz kam. Das Buch stieß in der Öffentlichkeit auf breite Beachtung und wurde in neun Sprachen übersetzt. Am 27. August 1998 schrieb der Schriftsteller Daniel Ganzfried in der Schweizer Zeitung »Die Weltwoche« einen Artikel, in dem er Wilkomirski vorwirft, seine Biographie sei eine Erfindung; er sei »nie als Insasse in einem Konzentrationslager« gewesen, sondern sei vielmehr identisch mit einem 1941 im schweizerischen Biel geborenen Bruno Grosjean. Weltweit griffen viele Medien die Vorwürfe auf. Anfang April 1999 erhielt ich von der literarischen Agentur Liepman AG, Zürich, die die Rechte an »Bruchstücke« weltweit an die Verlage vermittelt hatte, den Auftrag, als Historiker den Authentizitätsanspruch des Buches zu überprüfen. Die Agentur sicherte mir vertraglich jede inhaltliche und methodische Unabhängigkeit zu.[1] Das vorliegende Buch ist das Resultat dieser Recherche.

Wilkomirski schreibt in seinem Anfangskapitel:[2] »Meine frühen Kindheitserinnerungen gründen in erster Linie auf den exakten Bildern meines fotografischen Gedächtnisses und den dazu bewahrten Gefühlen – auch denen des Körpers.« Er sei kein Dichter, kein Schriftsteller. »Ich kann nur versuchen, mit Worten das Erlebte, das Gesehene so exakt wie möglich abzuzeichnen – so genau, wie es eben mein Kindergedächtnis aufbewahrt hat«. Die Leser sollen also von zwei Annahmen ausgehen: 1) Der Ich-Erzähler hat alles persönlich erlebt, was er beschreibt. Diese Behauptung ist Hauptgegenstand meiner Untersuchung. 2) Der Autor präsentiert seine »Brocken des Erinnerns« – unter Verzicht »auf die ordnende Logik« des Erwachsenen: »Sie würde das Geschehene nur verfälschen.« Wilkomirski geht also davon aus, daß sich Erinnerungen wie Gegenstände im Gedächtnis einlagern und unverändert ans Licht der Gegenwart gehoben werden können. Dieser Annahme steht die Auffassung entgegen, daß die Erinnerung aktuellen Einflüssen und Veränderungen ausgesetzt ist, da sie immer von der Gegenwart her konstruiert oder rekonstruiert wird.

In der Geschichtswissenschaft gibt es eine vergleichbare Debatte, die so alt ist wie die Disziplin selbst: Pointiert ausgedrückt geht es um die Frage, ob ein Historiker einfach passiv die vergangenen Ereignisse registriert und sie ohne eigenes Zutun widerspiegelt oder ob er ihnen in seiner Darstellung etwas Neues hinzufügt, indem er aus den Spuren der Vergangenheit eine wahre Geschichte konstruiert. Letztlich geht es um die Frage, in welchem Verhältnis die Form einer Geschichte zu den historischen Realitäten steht. Welche Fakten wählt der Historiker aus, um eine bestimmte Geschichte zu erzählen? Welche läßt er weg? Ist diese Geschichte, die er so mittels der Fakten schreibt, nun vorgefunden oder erfunden? Erzeugt seine Erzählung durch ihre Form einen Sinn, welcher der historischen Realität angemessen ist?

Solche Fragen sind im vorliegenden Fall von größter Bedeutung. Schließlich wird Wilkomirski vorgeworfen, er vermenge in seiner Erzählung Fakten und Fiktion, ja mehr noch, er mache die Shoah selbst zur Fiktion. Als Historiker konnte ich in der vorliegenden Arbeit diesen komplexen Problemen weniger ausweichen denn je. Ich bemühte mich deshalb, alle relevanten Spuren unvoreingenommen und mit größter Sorgfalt zu untersuchen. All meine Schilderungen und Schlüsse – von konkreten Vorkommnissen, Statements einzelner Personen bis zu Wetterangaben – basieren auf Akten, audiovisuellem Material und persönlich geführten Gesprächen; jedes erwähnte Detail hat seinen Bezug zur historischen Realität. Nun liegt es in der Natur der »oral history«, daß sie nicht nur vorgefundene, sondern auch selbst erzeugte Spuren verarbeitet, denn erst indem sie ausgewählten Zeugen bestimmte Fragen stellt, kommt sie zu ihrem Material. Nicht zuletzt darum wähle ich für diesen Bericht eine reportageartige Form und bemühe mich um eine Transparenz, die den Lesern erlaubt, meine Vorgehensweisen, Konstruktionen und Ergebnisse selbst zu überprüfen und meine Position als Forschender und Schreibender bei ihrer eigenen Urteilsbildung zu berücksichtigen.

Die Genese des Buches, sein Erfolg und die Aufmerksamkeit für dessen Autor, die öffentlichen Auseinandersetzungen nach Ganzfrieds Artikel und die nun plötzlich von Lobreden in Geringschätzung sich wandelnde Rezeption sind Phänomene, die weit über die Person Wilkomirski-Dössekker hinaus von Interesse sind. Es stellen sich Fragen zur Geschichte von Kinder-Überlebenden und Pflegekindern, zur therapeutischen Produktion von Erinnerung, zur Funktion der Zeitzeugenliteratur, zum Umgang mit der Shoah und allen Gefahren ihrer Instrumentalisierung, zur Rezeptionsästhetik und nicht zuletzt zur Medienpraxis. Es war aber weder Auftrag noch lag es im Rahmen meiner nur wenige Monate dauernden Arbeit, diesen Fragen weiter nachzugehen. Um jedoch mit meinem Bericht wenigstens die Grundlagen für solche Analysen zu geben, lege ich Wert auf eine möglichst dichte Beschreibung der Ereignisse.

Mein Bericht wäre nicht möglich gewesen ohne die Mithilfe zahlreicher Zeitzeugen und Auskunftspersonen. Unentbehrlich waren außerdem Eva Koralnik von der Liepman AG, die viele Stunden zu meiner Unterstützung einsetzte, und Claudia Sandkühler, die meinen Text mit beeindruckendem Engagement, größter Sorgfalt und ebensolchem Können redigierte. Ihnen allen gilt mein herzlicher Dank.

März 2000 *Stefan Mächler*

Die Geschichte des Bruno Grosjean

Im Staatsarchiv Bern liegen Verhörprotokolle, Untersuchungsberichte und Gerichtsakten, die seit den Jahren ihrer Entstehung unbeachtet geblieben sind.[1] Wie ich die Dokumente studiere, offenbaren sich detailreich und in atmosphärischer Dichte die Umstände, die das Leben einer Hauptperson meiner Untersuchung prägten.

Ein Ausflug mit Folgen

Über den See, der sich zu Füßen der bewaldeten Jurahöhen ausdehnte, wehte eine leichte Brise. In der Ferne sah man die schneebedeckten Gipfel der Alpenkette, zur anderen Seite Rebberge, die sich bis ans Ufer hinabzogen. Ab und an wurde die Stille von Geräuschen und Stimmen der zahlreichen Radfahrer unterbrochen, die auf der Straße am See entlang unterwegs waren, seltener vom Lärm eines Automobils. Es war Anfang August 1940, nichts erinnerte an Krieg und Terror, die ringsum wüteten und nur die kleine Schweiz verschonten.

Die drei Frauen hatten mehr als die Hälfte ihres Weges bereits hinter sich. Sie waren am Morgen von ihrem Wohnort Biel mit Fahrrädern zu einem Ausflug aufgebrochen. Die Freundinnen hatten Ferien – die eine arbeitete sonst als Dienstmädchen, die zweite als Kellnerin, die dritte in einer Uhrenfabrik – und machten eine Rundfahrt um den See. Damit Yvonne, so hieß die Fabrikarbeiterin, mitfahren konnte, hatte sie sich bei der Mutter ihres Geliebten ein Rad ausgeliehen.

Die Frauen hatten eben Neuenstadt, eine mittelalterlich geprägte Ortschaft, passiert und näherten sich in gemächlicher Fahrt einem Weiler, wo einige Weinbauern wohnten und die französische Schweiz an die deutsche grenzt. Da sie bereits wieder Biel zustrebten, warf die Abendsonne die Schatten der Fahrerinnen voraus, als müßte sie ihnen den Weg weisen. Auf der rechten Seite lag zwischen Straße und Seeufer die Trasse der Eisenbahn, auf der linken verengten durch Kanalisationsarbeiten verursachte Erdhaufen die Fahrbahn. Von hinten nähern sich zwei Jugendliche auf einem Tandem dem Grüppchen und setzen zum Überholen an. Ein Zug donnert heran; die Frauen rücken, dem Lärm ausweichend, gegen die Straßenmitte, ohne aber dem schnell entgegenkommenden Automobil, das sie von weitem gesehen haben, den Weg zu verstellen. Sie winken noch immer den Zugreisenden mit Händen und Taschentüchern zu, als sich die Tandemfahrer an ihnen vorbeischieben. Die Vorpreschenden gewahren das kreuzende Auto zu spät, schwenken brüsk vor Yvonne ein und touchieren ihr Vorderrad. Yvonne verliert die Kontrolle über ihr Gefährt, schwankt, wird vom Kotflügel des Automobils erfaßt und vom Rad, das in die Luft geschleudert wird, weggerissen. Blutend und mit zerschlagenem Gesicht bleibt sie bewußtlos auf der Straße liegen.

Man alarmierte Polizei und Notfallarzt, die jedoch auf sich warten ließen. Die eine Freundin wollte die Schwerverletzte nicht länger auf dem Asphalt liegen lassen und trug sie mit Hilfe eines dazugekommenen Bauern ins nächstliegende Haus. Dort konstatierte der endlich aus Neuenstadt herbeigeeilte Arzt einen Schädelbruch und ließ die Verletzte mit dem Sanitätswagen ins Krankenhaus von Biel einliefern. Das am Unfall beteiligte Auto, ein fünfsitziger Ford, Modell 1939, war, ohne Schaden genommen zu haben, ein Dutzend Meter weiter zum Stehen gekommen. Sein Fahrer war ein älterer Fabrikant, der schon den ganzen Tag unterwegs gewesen war und, vielleicht übermüdet oder von der Abendsonne geblendet, den Zwischenfall erst durch das Geschrei und Getöse in seinem Rücken bemerkt hatte.

Zwischen einer Meldung über eine störrische Kuh, die einen Soldaten vom Fahrrad geworfen hatte, und der Bekanntgabe einer Versetzung in den Ruhestand erschienen am 3. August im »Bieler Tagblatt« zwei lapidare Sätze: »In Schafis wurde gestern ein Fräulein aus Biel von einem Auto überfahren. In schwerverletztem Zustand mußte sie in das Bezirksspital verbracht werden.« Die Verunglückte blieb mehrere Tage bewußtlos und tauchte erst im Verlauf von vier Wochen allmählich aus der anschließenden tiefen Benommenheit auf. Die Ärzte stellten einen doppelten Schädelbruch fest, die Lähmung der linken Gesichtshälfte und die Zerstörung des Geruchssinnes. Nachdem die Patientin wieder zu sich gekommen war, erfuhr sie von den Ärzten, daß sie seit wenigen Monaten schwanger war.

Den Akten, die ich in Bern und Biel gefunden habe,[2] kann man entnehmen, daß die Unglückliche 26jährig war, Yvonne Grosjean hieß und seit drei Jahren bei der Bieler Uhrenfabrik Omega arbeitete. Den Ärzten gab sie an, ihre Eltern früh verloren zu haben, bei ebenfalls schon verstorbenen Pflegeeltern aufgewachsen zu sein und keine Verwandten zu kennen, so daß sie vollkommen allein dastehe.

Die Familie sei nach dem Tod der Mutter von den Behörden auseinandergerissen worden, weil diese die Kinder nicht dem alkoholsüchtigen Vater überlassen wollten, erzählt mir Max Grosjean, ein Bruder von Yvonne, als ich ihn im Frühjahr 1999 an seinem Wohnort in der Nähe von Zürich besuche.[3] Die Mutter sei aus Gram über den trinkenden Vater gestorben, dann seien die Kinder verdingt worden. Er sei als Vierjähriger zu einem Bauern ins Emmental gekommen, die sechsjährige Schwester Yvonne ins Solothurnische, zu wem und wie es ihr dort ergangen sei, wisse er nicht; wie er überhaupt fast nichts über sie wisse; selbst daß sie seit langem verstorben sei, habe er erst kürzlich aus den Zeitungen erfahren. Um so mehr und »Himmeltrauriges« wüßte er von seiner eigenen Kindheit zu berichten, wie er geschlagen wurde, hart arbeiten mußte und unter einer entsetzlichen Einsamkeit litt. Die schönste Zeit habe er als Siebenjähriger im Krankenhaus verbracht, nachdem eine zufällige Besucherin ihn bei seinem Meister mit einer lebensgefährlichen Brustfellentzündung entdeckt hatte: Zum ersten Mal in seinem Leben habe er mit Spielzeug spielen dürfen.

Ich mußte an die Schriften »Der Bauernspiegel« und »Die Armennot« denken, in denen der Berner Schriftsteller Jeremias Gotthelf im 19. Jahrhundert die Mißstände des Verdingwesens gegeißelt hatte; an die elternlosen Kinder, die wie Vieh öffentlich angeboten und an Bauern versteigert wurden; an die Gemeindebehörden, die demjenigen Bauern den Zuschlag gaben, der für das Kind das geringste Kostgeld verlangte; an die Bauern, die um diese Kinder nur feilschten, weil sie sich für eine billige Arbeitskraft, aber gewiß nicht für ihr Wohlergehen und ihre Erziehung interessierten.[4] Auch bei seinem Pflegeplatz hätten noch solche Dinge mitgespielt, erzählt Max: Je weniger Kostgeld sein Pflegevater erhalten habe, desto strenger habe er ihn zur Arbeit angehalten.

Jahre später habe er sich als junger Erwachsener auf die Suche nach Yvonne gemacht, die er mit vier Jahren aus den Augen verloren hatte. Aufgrund eines Hinweises der Polizei habe er seine Schwester schließlich im Bieler Bezirksspital gefunden, sie aber beim Betreten des Zimmers unter den Frauen nicht erkannt, so daß er die Krankenschwester nach ihr habe fragen müssen. Dieses Wiedersehen muß 1941 stattgefunden haben; Yvonne befand sich zu jener Zeit wieder im gleichen Krankenhaus, in das man sie im vorjährigen Sommer eingeliefert hatte, diesmal aber lag sie im Wochenbett. Im vergangenen Oktober hatte man sie in den Haushalt der Eltern des jungen Mannes, der sie geschwängert hatte, entlassen. Zu früh, wie sich bald herausstellte; nach knapp zwei Wochen mußte sie zur erneuten Pflege ins Krankenhaus zurückkehren, wo sie auch noch einige Monate nach der Niederkunft blieb.

Um bei der Geburt gefährliche Krämpfe zu vermeiden, entschlossen sich die Ärzte zu einem Kaiserschnitt und entbanden, zu ihrem eigenen Erstaunen, ein gesundes Kind. Dieses Ereignis geschah am 12. Februar 1941 morgens um halb vier, wie der Zivilstandsbeamte auf dem Geburtsschein ordnungsgemäß festhielt.[5]

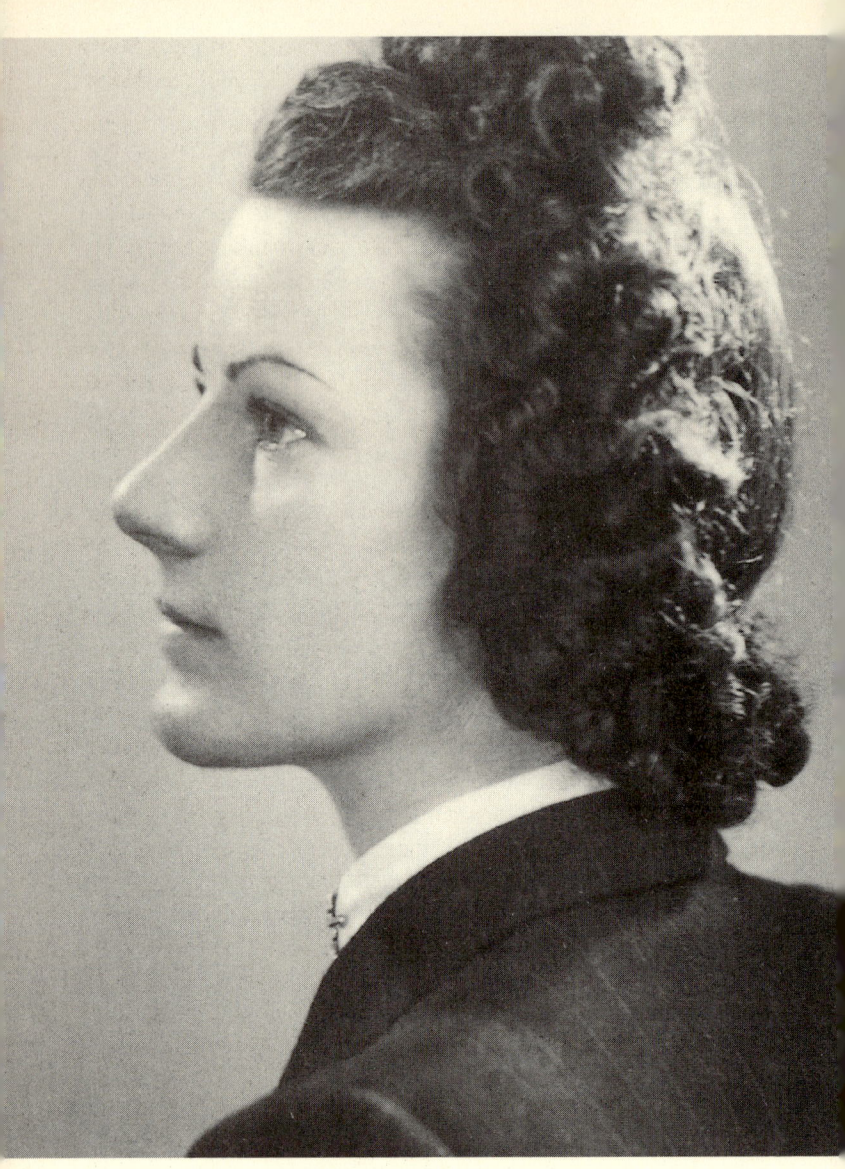

Yvonne Grosjean, die Mutter von Bruno.

Das Kind wurde als Bruno Grosjean eingetragen; von den Eltern notierte man nur den Namen der Mutter; die Rubrik des Vaters blieb leer.

Da ich über die Umstände von Brunos Geburt und über seine ersten Jahre neben den spärlichen Informationen von seiten seines Onkels Max nur Kenntnisse aus den Akten habe, erhoffe ich mir weitere Aufschlüsse von seinem Vater Rudolf Z. Ich treffe ihn im Sommer 1999 in einem Restaurant in einer Zentralschweizer Stadt.[6] Er ist bereit, mir zu helfen, Licht in die Sache Grosjean zu bringen, möchte aber anonym bleiben. Er habe seinen Sohn nie gesehen, denn er habe den Kontakt zu Yvonne schon lange vor der Geburt abgebrochen, erklärt er mir gleich zu Beginn unseres Treffens. Ich frage, ob er damals vom Unfall gewußt habe. »Sie war im Spital, als mir dies bekannt wurde. Es stand in der Zeitung.« Wann er Yvonne zum letzten Mal gesehen habe, frage ich weiter. »Das könnte ich nicht sagen, jedenfalls vor dem Unfall. Nachher war ohnehin nichts mehr.« Während ihres kurzen Aufenthalts bei seinen Eltern war er beim Militär. Doch Max Grosjean hat mir erzählt, der angehende Vater habe Yvonne im Krankenhaus besucht und sich dann, erschrocken über ihr entstelltes Gesicht, nie mehr blicken lassen. Wem sollte ich nun Glauben schenken? Es scheint mir sinnlos und anmaßend, den betagten, von Operationen gezeichneten und durch die wieder aufgetauchten alten Geschichten aufgewühlten Mann mit der gegenteiligen Behauptung zu konfrontieren.

Rudolf Z. machte damals in der Uhrenfabrik Omega eine Lehre als Feinmechaniker, bevor er sich an der Höheren Technischen Lehranstalt Biel zum Ingenieur ausbilden ließ. Er habe Yvonne während der Lehrlingszeit kennengelernt; sie habe im gleichen Betrieb gearbeitet und sei immer an seinem Fenster vorbeigegangen. Bekannt gemacht mit ihr habe ihn allerdings seine Mutter, die ebenfalls in der Omega angestellt gewesen sei und Yvonne zu ihnen nach Hause eingeladen habe. Sie sei lustig, fröhlich und sehr anhänglich gewesen, zudem ein schönes Mädchen, immer sehr elegant angezogen; man habe sich mit ihr überall zeigen können. Sie sei seine erste Liebschaft gewesen, und es habe ihn mit Stolz erfüllt, daß sie älter war als er. Ihre Beziehung, alles andere als eine »Eintagsfliege«, habe mindestens zwei Jahre gedauert. Es sei eine schöne, harmonische Zeit gewesen, er habe den Bruch sehr bedauert.

Schuld daran trügen der verdammte Krieg, da der Militärdienst ihn dauernd zur Abwesenheit gezwungen habe, und seine Eltern, die seine Verbindung mit Yvonne strikt abgelehnt hätten. »Wieso denn?« frage ich. Nur wegen des Kindes, sonst hätten sie sich nicht gegen die Beziehung gewehrt. Sie hätten sich vor der Schande gefürchtet, davor, was die Leute sagen würden. Damals habe man sich, anders als heute, bei einem unehelichen Kind eben noch »das Maul zerrissen«. Zudem sei sein Vater ungerecht gewesen und habe einen übertriebenen Stolz gehabt. Besser hätte er seinen Sohn statt dessen aufgeklärt, er sei ja ein »richtiger Anfänger« gewesen. Als sein Vater durch das Jugendamt vom Kind erfahren habe, sei er zu ihm nach Payerne in die Rekrutenschule gekommen, um ihn zur Rechenschaft zu ziehen. Es habe fürchterlichen Streit gegeben, über ein Jahr hätten sie nicht mehr miteinander geredet. Der Vater habe ihm gedroht, das geplante Studium nicht zu bezahlen, wenn er sich von Yvonne nicht trenne. Daraufhin habe er in der Küche die Gashähne geöffnet, um sich das Leben zu nehmen. Zufällig sei der Vater rechtzeitig dazugestoßen.

Ich lese ihm aus dem Vaterschaftsprotokoll von 1941 vor, das schildert, wie die sieben Jahre ältere Yvonne den noch unmündigen Rudolf hinter dem Rücken seiner Eltern und gegen all seine Widerstände verführt, ja ihm sogar heimlich Tabletten gegeben habe, um ihn zum Geschlechtsverkehr zu bewegen. Ich lese auch die Passage vor, die Zweifel andeutet, ob sie ausschließlich mit Rudolf Verkehr gehabt habe und er tatsächlich eindeutig der Vater sei.[7] Rudolf Z. ist über die Darstellung, die er damals selbst unterzeichnet hat, erstaunt. Er habe ganz andere Erinnerungen an Yvonne. Die Geschichte mit den Tabletten und Yvonnes möglicher Promiskuität sei gewiß das Werk seines Vaters, der die Frau schlechtmachen und das Kind jemand anderem habe anhängen wollen. – Rudolf Z. wurde in einem außergerichtlichen Vergleich verpflichtet, ein monatliches Unterhaltsgeld zu bezahlen, Minimalbeträge nur, aus Rücksicht auf sein anstehendes Studium. Yvonne hat er nie mehr gesehen.

Bei unehelichen Kindern schrieb das damalige Gesetz vor, die elterliche Gewalt der Mutter wegzunehmen und sie einem Vormund zu übertragen. Als Vormund Bruno Grosjeans bestimmte man Walter Stauffer, den Vorsteher des Bieler Jugendamtes.[8] Nach den Akten, die von Stauffer mitunterzeichnet wurden und daher dessen Sichtweise wiedergeben dürften, war die Mutter seines neuen Mündels eine Frau, die einen Minderjährigen mit allen Mitteln zur Unsittlichkeit verführt hatte. Man kann sich seine Skepsis ihr gegenüber vorstellen.

Yvonne mußte sich künftig nicht nur mit dem Vormund auseinandersetzen, sondern auch mit den Gerichten, denn der Unfall, in den sie unschuldig verwickelt worden war, hatte ihr irreparable Schäden zugefügt, für die die Verantwortlichen gesucht werden sollten. Zwar hatte sich ihre Gesichtslähmung dank Elektrotherapien verbessert, eine Entstellung aber blieb. Der Geruchssinn war verloren, und die Hirnschädigungen hatten sie leicht ermüdbar und ihre Reaktionen langsam gemacht. Dies alles beeinträchtigte nicht nur ihr Wohlbefinden und soziales Leben, sondern auch ihr Arbeitsvermögen. Da ihre Handlungsfähigkeit eingeschränkt war, hatte sie nach dem Unfall einen Beistand erhalten, der ihre Rechte vertrat und nun den Fahrer wegen fahrlässiger Körperverletzung anklagte. Doch dieser war ein angesehener Industrieller von Neuenburg, und wenn man die Gerichtsakten liest, kann man sich des Eindrucks kaum erwehren, daß hier Klassenjustiz geübt wurde. Die Abklärungen der Polizei, die seltsam oberflächlich untersucht und sich damit begnügt hatte, den Autofahrer vier Tage nach dem Unfall telefonisch um einige knappe Auskünfte zu bitten, hatten dem schon Vorschub geleistet. Die Interessen der Fabrikarbeiterin, die zudem als Verdingkind aufgewachsen war, wogen offensichtlich leichter als diejenigen des Industriellen. So wundert es nicht, daß der Fahrer durch alle Instanzen bis hin zum obersten Schweizer Gericht freigesprochen wurde.[9]

Yvonne mußte nach der schweren Geburt noch weitere drei Monate zur Pflege im Krankenhaus verbringen, an eine Wiederaufnahme der Arbeit war vorläufig nicht zu denken. Zuhanden ihrer Unfallversicherung, die ein materielles Interesse an Yvonnes Arbeitsfähigkeit hatte, schrieb der Arzt ein Gutachten: »Das Kind, ein Knabe, lebt und entwickelt sich gut. Es hat sich, während ihres Spitalaufenthaltes, für Frl. Grosjean die Gelegenheit gezeigt, auch gleich für die Zukunft vorzusorgen; sie kann mitsamt dem Kinde zu einem Ehepaar ziehen, das die Beaufsichtigung und Pflege des Kindes auf sich nimmt, während sie selber wieder wird ihrer Arbeit nachgehen können, sobald sie soweit sein wird.« Vorerst empfehle er aber einen Aufenthalt in einem Erholungsheim auf Kosten der Versicherung. Dorthin sollte sie auch das Kind mitnehmen dürfen, »und zwar aus dem Grunde, weil wir es als doch recht wichtiges therapeutisches und psychohygienisches Agens zu betrachten haben; durch die Beschäftigung mit ihm wird sie in bester und natürlicher Weise abgelenkt und beschäftigt und damit besser auf die Wiederaufnahme der Arbeit trainiert, als wenn sie sich in der Erholung vor Sehnsucht nach dem Kinde verzehren würde. Andererseits ist nicht zu vergessen, daß Pat. am Morgen das Kind noch stillt und mit einer Trennung dem Kinde dadurch ein Schaden zugefügt würde.« Ferner äußerte sich der Arzt wohlwollend über Yvonne und ihr Verhältnis zum kleinen Bruno. Ihre anfängliche Depression sei »durch die Freude des Mutterseins ersetzt worden«, sie habe jetzt eine »durchaus positive, sogar freudige Affektlage; sie ist stolz auf ihre Mutterschaft und froh, nunmehr einen richtigen Lebensinhalt in der Erziehung ihres Kindes gefunden zu haben«.[10]

Vormund Stauffer war skeptisch. Er bat das Erholungsheim Langnau im Emmental, in dem sich Yvonne und Bruno inzwischen aufhielten, um Auskunft. »Wie Ihnen bekannt sein wird, hat die Tochter einen schweren Autounfall erlitten und ist seither behindert. Trotzdem will sie das Kind selbst pflegen. Ich habe aber den Eindruck erhalten, daß sie hiezu die nötigen Eigenschaften nicht besitzt, bzw. daß es nicht wohl verantwortet werden kann, ihrem Begehren zu entsprechen. Ich gestatte mir nun, Sie im Vertrauen zu

Nach dem Unfall kommt Yvonne Grosjean zusammen mit Bruno zur Genesung in ein Erholungsheim nach Langnau, wo sie von ihrem Bruder Max besucht wird.

bitten, das Verhalten des Fräulein Grosjean dem Kinde gegenüber und ihre Fähigkeit zur Pflege desselben während ihrem Aufenthalt in Ihrem Heim zu beobachten und uns nach erfolgtem Austritt mitzuteilen, ob nach Ihrem Dafürhalten der Tochter das Büblein überlassen werden darf.« Die Heimleitung schrieb zurück, Mutter und Kind seien nun 28 Tage bei ihnen gewesen. »Während der ganzen Zeit hatten wir gar keine Anstände mit ihr, und zu dem Büblein schaute sie sehr gut. Sie hängt offenbar sehr an ihm, und es wäre eher zu sagen, daß sie es ein bißchen verwöhnt punkto herumtragen und so. Nun wissen wir ja nicht, wie die Verhältnisse sind, ob sie sich nur dem Kinde widmen kann oder dazu ihren Unterhalt selber verdienen muß.«[11]

Für die vollkommen alleinstehende Mutter ist es gar keine Frage, daß sie nicht nur den Säugling pflegen, sondern auch für den gemeinsamen Unterhalt aufkommen muß. Schon bald nach ihrer Rückkehr von der Kur wird sie von ihrem Beistand gedrängt, eine Arbeit aufzunehmen. Im September 1941, über ein Jahr nach dem Unfall, erhält sie eine halbtägige Anstellung, wiederum bei der Omega Watch Co. in Biel – als Heimarbeiterin, da man sie, schreibt der Vertrauensarzt der Versicherung, angeblich nicht im gleichen Betrieb beschäftigen könne wie die Mutter ihres Schwängerers.[12] Der Lohn für die schlecht bezahlte Teilzeitbeschäftigung reicht nirgends hin, Yvonne wendet sich an den Vormund: »Es ist mir mit dem besten Willen nicht möglich, für meinen und meines Kindes Unterhalt allein aufzukommen. Ich verdiene gegenwärtig als Heimarbeiterin der Omega ca. fr. 100.– pro Monat, währenddem ich für Kost und Logis für uns beide fr. 135.– bezahlen sollte. Eine Erhöhung meines Verdienstes ist in nächster Zeit nicht möglich. Anderseits ist der Prozeß hinsichtlich meiner Entschädigungsansprüche noch nicht erledigt, so daß ich mich heute in einer Notlage befinde und um Hilfeleistung ersuchen muß.«[13] Yvonne erhält von der Vormundschaft 30 Franken pro Monat. So viel hätte der Kindsvater an Alimenten leisten sollen; doch dieser war als Student ohne Einkommen, und sein Vater weigerte sich, an seiner Statt zu zahlen.

Die Vormundschaft behält die Situation im Auge. Eine Mitarbeiterin des Vormunds besucht Yvonne im Frühjahr 1942 und berichtet: »Bruno ist ein herziges Büblein. Seiner Pflege scheint die Mutter die nötige Aufmerksamkeit zu schenken.« Im Herbst meint die gleiche Beamtin, der Kleine entwickle sich normal, die Mutter gebe sich »Mühe, Bruno recht zu halten«. So weit und so kurz die Besuchsberichte. Die Nöte der alleinerziehenden Frau kann man sich aber vorstellen; Yvonne hat längst jeden Halt im Leben verloren – symptomatisch dafür ihre Schwierigkeit, irgendwo für länger ein Zimmer zu behalten. Ihr Beistand beklagt sich, sie ersuche ihn und Stauffer jeweils um die Einwilligung, »bei einer angeblich gut befreundeten Familie Pension zu nehmen, und jeweils innert ein paar Tagen, bis höchstens nach ca. 14 Tagen ist sie ebenso plötzlich weggezogen, nachdem angeblich mit den betreffenden von ihr vorher so gerühmten Leuten nicht auszukommen war«.[14] Tatsächlich wechselt die Mutter mit ihrem Baby zeitweise alle paar Wochen die Adresse, die entsprechenden Eintragungen bei der Einwohnerkontrolle lesen sich wie ein Protokoll der Heimatlosigkeit.

Bruno ist jetzt fast zweijährig. Bisher hatte die Mutter ihn alleine betreut, aber nun sieht sie sich gezwungen, ihn fremder Obhut zu überlassen. Am 1. Februar 1943 kommt er zum kinderlosen Ehepaar Schluep ins Nachbardorf Port. Zehn Monate später kehrt er zurück nach Biel zu einer Familie Rossel. Und nun verschärfen sich die Schwierigkeiten. Im Frühjahr 1944 stellt Stauffers Mitarbeiterin fest, die Pflegemutter habe mit Bruno Mühe; er sei sehr lebhaft, etwas eigenwillig und müsse streng im Zaum gehalten werden. Er sehe aber gepflegt aus, und der Haushalt der Pflegerin mache einen guten Eindruck. Während die Behörden an den äußeren Umständen also nichts auszusetzen haben, wird Bruno (und damit auch seine Mutter) zum Problem; Stauffers anfängliche Bedenken beginnen sich zu bewahrheiten. Nach einem Gespräch mit der Pflegemutter notiert er, Fräulein Grosjean kümmere sich »nicht stark« um das Kind. »Wenn sie es einmal an einem Sonntag betreuen sollte, so habe sie jeweilen eine Ausrede. Der Knabe sei starker Bettnässer«, die Pflegemutter »habe deshalb heute Dr. Tanner konsultiert. Ursache: Vernachlässigung«. Damit ist ein gefährliches Wort gefallen. Die Mutter, deren »ganz abnormale Inkonsistenz des Charakters« der Beistand schon früher moniert hat, darf sich nichts mehr zuschulden kommen lassen.

Zweifaches Unglück

Sie plaziert ihren dreijährigen Sohn am 11. Juni 1944 bei einer Familie Aeberhard in Nidau, einer Nachbargemeinde von Biel. Bruno wird hier ein dreiviertel Jahr wohnen.[15] Bei den neuen Pflegeeltern wohnte damals auch deren 18jähriger Sohn René. Nach dem Krieg wanderte er aus und lebt heute in den Vereinigten Staaten.

Er erinnere sich gut an Bruno, sagt er, als ich ihn anrufe. Er habe ein verschmitztes Gesicht gehabt und Locken; es müßten noch Fotos mit ihm existieren. Es habe große Probleme mit seiner, René Aeberhards, Mutter gegeben, darum habe man Bruno später zu einem Doktor nach Zürich weggeben müssen.[16]

Anfang Juni 1999 treffe ich Aeberhard bei seiner Tochter in Nidau, die in der Nähe seines damaligen Elternhauses wohnt. Er erzählt in breitem, von einigen amerikanischen Ausdrücken durchsetztem Berndeutsch, wie er Bruno zum ersten Mal gesehen habe. Als er damals während einiger Monate einem Bauern auf dem nahe gelegenen Tessenberg die Kühe gehütet habe, da dessen Knechte alle zur militärischen Grenzbewachung eingezogen worden seien, hätten ihn eines Sonntags seine Eltern besucht. »Sie hatten einen Bub bei sich, der war vielleicht dreijährig. Sie sagten, das sei jetzt eben der Bruno.«[17] Er habe sich ein wenig gewundert, daß sie so schnell ein Pflegekind angenommen hätten, und gedacht, sie täten dies, um über seine Abwesenheit von zu Hause besser hinwegzukommen.

Aeberhard kann sich erinnern, wie seine Familie Bruno das Spielzeug der eigenen Kinder gegeben habe und mit ihm im Winter rodeln gegangen sei. Sie hätten extra wegen Bruno bei Vater Aeberhards Patron einen Davoser Holzschlitten ausgeliehen und seien auf die Hueb, einen Hügel hinter dem Haus, hinaufgestiegen.

»Man schaute, wer weiter kam, man kam hinunter bis zum Kanal (lacht). Dafür, daß Krieg war, war das eine schöne Zeit.«

Brunos Mutter sei eine schöne Frau gewesen, schlank, mit guter Statur; allerdings habe sie einen schiefen Mund gehabt, wegen eines Autounfalls, soviel er wisse, und habe nur langsam gehen können. Er habe sie mehrmals gesehen, da sie Bruno regelmäßig, mindestens jeden zweiten Sonntag, besucht habe. Nein, abgeholt habe sie Bruno nicht, sondern sei jeweils für einige Stunden zum Nachmittagskaffee gekommen. Sie sei nett zu ihm gewesen und an seinem Wohlergehen interessiert. Auch Bruno habe sich über ihren Besuch gefreut. Ihr Verhältnis sei normal gewesen. Es müsse ihr weh getan haben, daß sie ihn nachher nicht mehr habe sehen können, meint Aeberhard rückblickend. Auch für Bruno, der in seiner Kindheit so herumgestoßen worden sei, empfinde er Mitleid.

Gefragt nach den genauen Gründen für die Weggabe Brunos, erwidert er: »Meine Mutter hatte Momente, wo sie fast nicht zurechnungsfähig war.« Er weicht meinen Fragen nicht aus, aber ich merke, daß ich schmerzhafte Erfahrungen angeschnitten habe, die bis heute nachwirken. Seine Auskunft ist vorsichtig, so als wollte er weder sich selbst noch sein Andenken an die längst verstorbene Mutter mit scharfkantigen Erinnerungen verletzen. Seine Mutter sei zeitweise verrückt gewesen; später, erst nach Brunos Aufenthalt bei ihnen, habe man sie psychiatrisch behandelt; sie sei schließlich in eine Klinik gekommen, wo sie sich Anfang der siebziger Jahre das Leben genommen habe. Ihr Zustand sei völlig unberechenbar gewesen. Manchmal habe sie getobt und alles demoliert oder heulend in einer Ecke gesessen. Wenn aber jemand an die Tür geklopft habe, sei sie schlagartig normal geworden. Auch wenn sie irgendwie die Wut abreagiert habe, sei es vorbei gewesen. Geschlagen habe sie nie, und eine Lebensgefahr habe auch nie bestanden. Schon sein Bruder und er seien in diesen Verhältnissen aufgewachsen.

Ich lese aus einer Notiz vor, die Brunos Vormund am 17. Februar 1945 geschrieben hat: »Auf dem Jugendamt erscheint Hr. René Aeberhard, in Nidau, und erklärt: Wir verpflegen seit einigen Monaten den Knaben Bruno Grosjean. Es ist uns leider nicht möglich, das Büblein weiter zu behalten. Einmal ist meine Mutter nicht recht gesund, und zudem ist der Knabe schwer-erziehbar. Man hat in allen Teilen große Mühe mit ihm, was dem Gesundheitszustand meiner Mutter absolut nicht zuträglich ist. Ich bitte deshalb, das Kind anderwärts zu placieren.«[18] Aeberhard meint heute, schwererziehbar sei für Bruno nicht der richtige Ausdruck gewesen. Er sei durch die Anfälle von Frau Aeberhard eingeschüchtert worden und habe sich verängstigt in einer Ecke verkrochen. Solche Verhältnisse seien für einen Buben schwer zu ertragen. »Man braucht einen nicht einmal zu schlagen, das ist nicht nötig. Er bekommt eine Abneigung. Das ist auch Bruno widerfahren. Er bekam einfach Angst, und wenn sie ihn nachher nehmen wollten, um ihn anzukleiden oder ihm etwas zu sagen, dann wurde er fast hysterisch. Er hatte eine Art Angstkomplex.« »Diese Angst hatte er vor allen, vor Ihnen, vor Ihrem Vater?« frage ich. »Vor mir hatte er nie Angst, vor meinem Vater auch nicht. Es war die Mutter; wenn sie tobte, dann war der Teufel los.«

Die einzige, die den kleinen Buben vor der Pflegemutter hätte schützen können, wäre seine Mutter gewesen. Doch diese mußte um ihr eigenes Leben kämpfen. Ihr Bruder Max erzählt mir, er sei eines Tages aus dem Militärdienst nach Biel gerufen worden; seine Schwester Yvonne liege schwer krank im Bezirksspital, man müsse das Schlimmste befürchten. Sie habe beim Versuch abzutreiben die Gebärmutter durchstochen und sei daran fast verblutet. Bei einem der Spitalbesuche habe Yvonne ihm mitgeteilt, ihr Sohn sei nun nach Adelboden geschickt worden. Ich lese Aeberhard den entscheidenden Brief vor, den das Jugendamt an die im Krankenhaus liegende Mutter geschickt hat: »Wie Ihnen bekannt ist, konnte Frau Aeberhard Bruno aus Gesundheitsrücksichten nicht mehr behalten. Es schien uns deshalb vorläufig das Beste zu sein, den Kleinen im Kinderheim Sonnhalde in Adelboden zu placieren. Die Luftänderung wird dem Büblein sicher von Nutzen sein. Inzwischen werden Sie auch wieder gesund, so daß zusammen über die weitere Zukunft des Kindes beraten werden kann. Indem wir Ihnen baldige Genesung wünschen, grüßen wir Sie mit Hochachtung.«[19]

Familie Aeberhard (Sohn René zweiter von links), bei der Bruno Grosjean fast ein Jahr lang in Obhut war.

Aeberhard kann sich weder an Yvonnes schwere Krankheit noch an Brunos Weggabe nach Adelboden erinnern. Er habe nur gewußt, daß Bruno bei einer Zürcher »Doktorsfamilie« gut versorgt worden sei. Seine Eltern hätten dies sicherlich von Yvonne erfahren. Ich frage, ob Bruno seine Mutter im Krankenhaus besucht habe. Er weiß es nicht, möglich wäre es schon gewesen, von zu Hause habe man das Bezirksspital zu Fuß in dreiviertel Stunden erreichen können.

Wir schauen Fotos an, die sich im Besitz seiner Tochter Marijke befinden, Aufnahmen mit Bruno sind nicht darunter. Aeberhard ist enttäuscht, er habe aber bei sich zu Hause in Kalifornien noch viele Fotos, sobald er zurück sei, werde er alles durchsuchen.

Nach dem Gespräch nehme ich die Umgebung in Augenschein. Die Aeberhards wohnten zu Brunos Zeiten in einem ehemaligen Bauernhaus an einer Straße, die den passenden Namen Grasgarten trug. Das Haus hat sich seither kaum verändert. Doch wo sich früher Feld und Wiesen ausdehnten, ist heute alles überbaut. Vor der Haustür liegt der Nidau-Büren-Kanal, der das Wasser der Aare aus dem Bieler See in Richtung Rhein leitet. Flußabwärts staut ein Wehr das Wasser, aus der Ferne hört man Schüsse von einem Schießstand. Ich gehe flußaufwärts, vorbei an Einfamilienhäusern, die nach dem Krieg gebaut worden sind. In dieser Gegend spazierte und spielte Bruno mit seiner Mutter. Mir geht die Frage nicht aus dem Sinn, ob er vor seinem endgültigen Weggang nach Adelboden seine im Krankenhaus um ihr Leben ringende Mutter noch einmal hat besuchen können. Wer hätte ihn zur Mutter begleitet? Der Vormund, der Hunderte von Mündeln zu betreuen hatte? Die Pflegemutter, die von einem Moment zum anderen sein Leben zur Hölle machen konnte?

Vom Kinderheim zu neuen Pflegeeltern

Am 8. März 1945 brachte man Bruno mit der Eisenbahn in das im Berner Oberland gelegene Adelboden.[20] Das Heim hieß Sonnhalde und war, wie fast alle Heime damals, eine private Einrichtung. Die Leitung lag – in jener Gegend waren religiöse Sekten stark vertreten – bei zwei tiefgläubigen Frauen; die eine stammte aus einer einheimischen Hoteldynastie, die andere war eine diplomierte Krankenschwester. Es war kein Waisen-, sondern ein Ferien- und Erholungsheim für Kinder, die häufig aus schwierigen Familienverhältnissen kamen. Eine Reklameschrift preist es an als »kleines, vorzüglich geführtes, im heimeligen Chaletstil solid erbautes modernes Heim in wundervoller, aussichtsreicher, ruhiger, staubfreier, geschützter Lage in Waldesnähe. Besonders geeignet für ruhe- und erholungsbedürftige Kinder, vom Säuglingsalter an, Töchter bis zu 17 Jahren. Allgemein bekannt für beste Küche (es wird nur mit Butter gekocht). Ärztliche Weisungen betr. Pflege werden gewissenhaft befolgt. Tuberkulöse ausgeschlossen.«[21] Fotos zeigen eine große Sonnenterrasse mit Sicht auf die Berge, eine lichtdurchflutete Liegehalle sowie Spiel-, Schlaf- und Badezimmer, die in ihrer Sterilität an ein Sanatorium erinnern.

Zwar kann man in den Akten der Vormundschaft lesen, Frau Aeberhard habe den Kleinen krankheitshalber nicht behalten können. Wieweit sich aber die Behörden der katastrophalen Situation am letzten Pflegeplatz tatsächlich bewußt waren, ist fraglich. Der Amtsvormund Stauffer sah das Problem offensichtlich bei der Mutter; derentwegen, schreibt er, habe Bruno seine Pflegeplätze zweimal wechseln müssen. Er hatte schließlich bezüglich ihrer Fähigkeit, das Kind zu erziehen, schon immer Vorbehalte. Mitte Mai 1945 will er nicht länger zusehen und legt ihr einen zur Unterschrift vorbereiteten Text vor. »Die unterzeichnete Yvonne Grosjean, von Saules, in Biel, ermächtigt hiermit das Jugendamt Biel, ihr Kind Grosjean Bruno, geb. den 12. Februar 1941, kinderlosen Ehegatten zur weiteren unentgeltlichen Pflege und Erziehung und späteren Adoption zu überlassen. Ich verzichte hiermit auf meine persönlichen Rechte und die Bekanntgabe des Aufenthaltsortes. Zu einer Adoption erteile ich schon heute meine Zustimmung.« Indem Stauffer der Mutter sogar den Verzicht auf jeden künftigen persönlichen Kontakt abverlangen wollte, ging er weiter, als es das geltende Gesetz für solche Fälle vorsah. Die Mutter weigert sich jedoch zu unterschreiben. Es sei ihr unmöglich, auf das Kind zu verzichten.[22]

Drei Wochen später meldete sich bei der Bieler Vormundschaft ein Dr. med. Kurt Dössekker aus Zürich. »Als kinderloses Ehepaar (geb. 1893 & 1901) möchten wir gerne ein gesundes, nettes Kind im Alter von 2–10 Jahren erziehen & adoptieren; lieber ein Mädchen & älteres Kind. – Spezialarzt, gute Verhältnisse, 22 j. Praxis, Einfamilienhaus am Zürichberg.« Die Erkundigungen über die Dössekkers, die die Vormundschaft bei der Wohngemeinde routinemäßig einholte, gaben keinerlei Anlaß zu Bedenken: Beim Antragsteller – seine Frau wurde in der Korrespondenz nur beiläufig erwähnt – handle es sich um einen bekannten Haut- und Harnspezialisten, der eine gutgehende Praxis führe, zusammen mit seiner Ehefrau und einem Dienstmädchen eine eigene große Villa bewohne und in geordneten, vermögenden Verhältnissen lebe. Er sei gut beleumundet und aktiver Offizier der schweizerischen Armee. Beide Eheleute verfügten »über die nötige Herzensbildung und die Fähigkeit, einem Adoptivkinde die in jeder Beziehung wünschenswerte Erziehung und Bildung angedeihen zu lassen«.[23]

Stauffer teilt Kurt Dössekker mit, er werde es nicht versäumen, sich bei ihm zu melden, sobald er ein passendes Kind abzugeben habe, zur Zeit sei dies allerdings nicht der Fall. Zwei Tage später hat er ein erneutes Gespräch mit Yvonne. Diesmal bringt er sie dazu, den Verzicht auf Bruno zu unterschreiben. Ton und Inhalt der Unterredung kann man aus einem anderen Versprechen erahnen, das Stauffer ihr nur fünf Tage später abnimmt. Darin sichert sie ihm schriftlich zu, sich »künftig eines anständigen Verhaltens zu befleißigen« und sich bewußt zu sein, daß die ihr »bereits angedrohten Maßnahmen einer Bevormundung durchgeführt würden«, wenn sie »nicht Wort halten sollte«. Offensichtlich ist nach Stauffers Ansicht die immerhin über 30jährige zu disziplinieren. Um so mehr wohl, da sie im gleichen Schriftstück ihren Wegzug nach Bern ankündigt, weil sie dort einige Bekannte habe, worunter sich »keine Herren« befänden, und es für sie »gewiß ein Vorteil« sei, wenn sie »Biel verlasse«.[24]

Dössekker erhält am 2. Juli 1945 von Stauffer die Nachricht, daß er das viereinhalbjährige Büblein Bruno Grosjean zu vergeben habe. »Es handelt sich um ein sympathisches, intelligentes Kind, an dem Sie sicher Freude haben würden. Der Knabe ist unehelich. Seine Mutter sieht keine Möglichkeit, ihn je selber pflegen und erziehen zu können, und hat sich deshalb, wenn auch schweren Herzens, entschlossen, ihn kinderlosen Ehegatten zwecks späterer Adoption zu überlassen.«[25] Dem Kinderheim Sonnhalde teilt der Vormund Tage später mit, Fräulein Grosjean habe sich »mit Rücksicht auf ihren Krankheitszustand entschlossen, Bruno, der bei Ihnen weilt, zur Adoption abzugeben. Ein kinderloses Arzt-Ehepaar interessiert sich bereits um den Kleinen und wird im Verlaufe dieses Monats einmal bei Ihnen vorsprechen, um sich das Büblein anzusehen und von Ihnen über seine Eigenschaften orientiert zu werden.«[26] Drei Wochen später haben sich die Dössekkers bereits entschieden. »Wir hoffen nun gar sehr, in Bruno das Kind gefunden zu haben, das wir suchen«, schreibt der Ehemann an Stauffer. Dieser zeigt sich erfreut, daß sie an seinem Mündel »Gefallen gefunden und sich entschlossen haben, ihn vorläufig probeweise aufzunehmen. Sie können nun in aller Ruhe die Vorbereitungen treffen und den Zeitpunkt der Übernahme selbst bestimmen. Auf einige Wochen früher oder später kommt es nicht an.«[27]

Max Grosjean und seine Verlobte und spätere Ehefrau Trauti spielten damals ebenfalls mit dem Gedanken, Bruno zu adoptieren.[28] Als Max von seiner Schwester erfuhr, daß sich der Junge in Adelboden befand, entschloß sich seine Verlobte, ihn mit dem Fahrrad zu besuchen. Zu ihrer Überraschung mußte Trauti im Heim vernehmen, für eine Adoption sei es zu spät, es bestehe bereits eine Regelung mit einem anderen Paar, das Bruno mehrmals besucht und mitgenommen habe. Er werde in etwa zwei Wochen abgeholt. Hierauf habe er, erzählt Max, bei Stauffer interveniert. Dieser sei »ganz baff« gewesen, daß plötzlich ein Bruder auftauchte; Fräulein Grosjean habe ihn angelogen, es gäbe niemanden mehr. Der Vormund erklärte, Bruno sei schon adoptiert, dies sei nicht mehr rückgängig zu machen. Eine Arztfamilie habe ihn intensiv und bei jeder Gelegenheit besucht, beobachtet und seine Intelligenz getestet, wahrscheinlich suchten sie einen Nachfolger für die Praxis. Daraufhin habe er, erzählt Max, sich mit seiner Schwester zerstritten, verärgert darüber, daß sie ihm die Adoption verschwiegen habe. Später habe er sie ganz aus den Augen verloren.

Zu dieser Zeit war Bruno durch die vielen Veränderungen schon so verwirrt, daß er den anderen Kindern eine Besucherin, die er vorher noch nie gesehen hatte, als seine Mutter präsentierte. Seine wirkliche Mutter war damals schon nach Bern gezogen, wo sie eine neue Stelle als Fabrikarbeiterin antrat und wenige Jahre später von Bruno via Vormund noch ein Bildchen bekam.[29]

Am 13. Oktober kam Bruno zu seinen Pflegeeltern nach Zürich. Das Kind einer elternlos aufgewachsenen Proletarierin wohnte nun in der noblen Villa einer angesehenen, traditionsreichen Familie. Wahrlich ein Sprung in eine andere Welt. Vormund Stauffer war überzeugt, für sein Mündel ein »gutes Plätzchen« gefunden zu haben. Er mußte sich jedoch schon bei seinem ersten Kontrollbesuch Ende desselben Monats von Schwierigkeiten berichten lassen. In einem Bericht notierte er, wie Dössekker ihn damit konfrontierte, »Unarten« festgestellt zu haben, die auf eine »fehlerhafte Erziehung« schließen ließen. »Es sei bestimmt höchste Zeit gewesen, daß das intelligente Kind ein definitives Heim gefunden habe, wo er zielbewußt und mit dem nötigen Verständnis geleitet werde. Bruno habe auch seine guten Seiten und sei anhänglich. Eine Zurückgabe komme vorläufig nicht in Frage und werde sehr wahrscheinlich auch später nicht erfolgen.«[30]

Als der Knabe bei den Dössekkers eintraf, hatte er eine heillose Vergangenheit hinter sich: Gezeugt aus Unwissen und geboren am Rande des Todes, wurde er seit seinem ersten Lebtag von einem Ort zum anderen herumgestoßen und schließlich in einem Heim plaziert; er erfuhr, sprachlos noch, die Liebe seiner Mutter, die, selbst im Stich gelassen und angeschlagen, sich ihm unaufhaltsam entfremdete; er war zeitweilig einer Frau anvertraut, die unberechenbar in seine Welt einfiel, und schließlich kam ihm seine Mutter im Chaos der ständig wechselnden Orte und Gesichter gänzlich abhanden, noch bevor er sie richtig kannte. – Hat er in der Zürcher Arztfamilie endlich einen Ort der Geborgenheit gefunden?

Sein Vormund Stauffer machte schon am Jahresende einen zweiten Besuch bei seiner neuen Familie, merkwürdigerweise verfaßte er dazu keinen Bericht, oder dieser ist verschwunden. Der nächste Besuchsbericht datiert vom Februar 1947.[31]

Wilkomirski erzählt

Bruno Grosjean sei in jenen Jahren aus dem Haushalt der Dössekkers verschwunden, und er selbst sei damals dessen Nachfolger geworden, erzählt Binjamin Wilkomirski, als ich ihn in seinem heutigen Heim in einem kleinen ländlichen Dorf 60 Kilometer nordöstlich von Zürich besuche.

Wilkomirski bewohnt zusammen mit seiner Freundin Verena Piller ein uraltes Bauernhaus, das sie umgebaut haben. Es ist ein Riegelbau, wie man ihn in der Gegend häufig findet; ungewohnt sind allerdings kleinere Zeichen, etwa ein Davidstern, die auf eine jüdische Bewohnerschaft hindeuten. Im nebenstehenden ehemaligen Heuschober haben die beiden Besitzer einen Konzertraum und eine Werkstatt eingerichtet; er ist Klarinettist, Musiklehrer und Instrumentenbauer, Verena Piller klassisch ausgebildete Sängerin und ebenfalls Musiklehrerin. Während unserer Gespräche, die wir im verwunschenen Innenhof führen, kreisen über unseren Köpfen manchmal lautlos Bussarde oder Segelflugzeuge, die vom nahen kleinen Flughafen in die Lüfte gezogen werden. Wilkomirskis weiche Gesichtszüge sind umrahmt von markanten, langen hellbraunen Backenbärten und wegstrebenden feingekringelten Locken, die sich an der Stirn und am Hinterkopf schon etwas lichten. Ich verbringe mehrere Tage mit Wilkomirski, um mir seine Geschichte berichten zu lassen. Das Folgende beruht auf diesen Gesprächen, auf Interviews, die er anderen gegeben, und auf Texten, die er selbst geschrieben hat.[1]

Und so lautet die Geschichte, wie sie Wilkomirski selbst erzählt:

Die Vertauschung

Er erinnere sich noch gut an seine Ankunft bei den Dössekkers, erzählt Wilkomirski. Er kam aus einem Heim, vermutlich aus der Welschschweiz, jedenfalls sprachen die Kinder dort mehrheitlich französisch. Das Heim lag oberhalb eines großen Sees, vielleicht oberhalb des Neuenburger oder Bieler Sees, da die Sonne über dem Wasser aufging und der Lichteinfall ihm immer wieder als Orientierung diente.

Eine fremde Frau, die ihn schon vorher im Heim besucht hatte, holte ihn mit dem Zug ab. In seinem kleinen Bündel trug er zwei Dinge mit sich, von denen er sich noch nie getrennt hatte und die Überbleibsel einer Geschichte waren, die ihn bis ins Innerste geprägt hatte. Das eine war ein Löffel an einer langen Kette, auf der Rückseite war »KL Lublin« eingestanzt, zusätzlich hatte von Hand jemand noch »Blockov 5« eingeritzt; was es zu bedeuten hat, weiß er nicht. Der Löffel ist ihm »von dort« geblieben. Das andere war eine Verkleidung für ein Purimfest: ein offener Rock und eine schwarze Pluderhose. Er erinnert sich schwach an ein Purim in Krakau, an dem er teilgenommen hatte. Wer ihm dort das Kleid genäht und mitgegeben hat, weiß er nicht.[2]

Mit diesem Bündel und geführt von der fremden Frau, erzählt Wilkomirski, traf er bei ihr zu Hause ein, in der Villa der Dössekkers auf dem Zürichberg.

»Es war ein großes Haus, in einem großen Garten, andere Kinder gab es nicht. Aber der Mann der fremden Frau war da. Er begrüßte mich mit einem etwas gequetschten Lächeln. Sonst schien niemand im Haus zu sein.«[3] Es war schon Abend, er bekam zu essen, alles unbekannte Dinge, serviert in vielen Schüsseln, ihm kam alles seltsam vor. Dann war Schlafenszeit, die fremde Frau wollte ihn lehren, richtig gute Nacht zu sagen. Er wußte nicht, was das war. »Gute Nacht, Mutter«, müsse er sagen, erklärte die fremde Frau. »Nein, das sag ich nicht!« schrie er entsetzt. Sie sei nicht seine Mutter, er wisse, wo seine Mutter geblieben sei, er wolle nach Hause. Sie aber sagte immer wieder, er müsse vergessen. »Vergessen, wie einen bösen Traum.« Sie sei jetzt die Mutter.

Vergessen mußte er damals nach seiner Ankunft bei seiner neuen Familie nicht nur seine Mutter, sondern auch seinen Namen, denn die Dössekkers gaben ihm denjenigen seines Vorgängers Bruno. Um uns Konfusionen zu ersparen, bleibt er für uns im folgenden jedoch weiterhin Binjamin.

Vermutlich verschwand in diesen Tagen auch die Schachtel mit den Gegenständen aus Lublin und Krakau. Man hat ihm immer gesagt, das gehöre ihm, aber er bekomme es jetzt noch nicht. Er hat die Sachen erst wiedergefunden, als er nach dem Tod seiner Pflegeeltern deren Wohnung räumte. Er besitzt sie noch heute. Dies erzählt mir seine Lebensgefährtin, denn Wilkomirski will nun nicht mehr über diese Relikte reden, obwohl er sie erst vor zwei Jahren in einem Videointerview selbst präsentiert und sich an künftige Zuschauer gewandt hat, ob ihn jemand über deren Herkunft aufklären könnte.[4]

Wilkomirski erzählt, wie die Frau, die mit Mutter angeredet werden wollte, ihn am zweiten Tag durch das Haus führte und darin unterwies, was er alles zu unterlassen habe – in die Blumenbeete treten, auf dem Rasen sitzen, Früchte abreißen, über den Zaun klettern und so weiter. Am selben Tag rief ihn der Pflegevater in die Bibliothek und erklärte ihm, daß sie ihn aufgenommen hätten, da sie keine eigenen Kinder haben könnten. Er stamme aus einer Arztfamilie, sei selbst Arzt und erwarte von ihm genügend Intelligenz, um später Medizin zu studieren und die Dynastie weiterzuführen. Dies sei sein Interesse, Kinder habe er nicht gern, sie machten ihn nervös, Binjamin solle Distanz wahren und ihn nicht stören.

Es muß in dieser Anfangszeit gewesen sein, als Binjamin in einem Raum Kindernahrung und gebrauchtes Spielzeug bemerkte. Wer denn vor ihm dagewesen sei, fragte er seine Pflegeeltern. Diese erschraken grauenhaft darüber und erbleichten, statt zu antworten, tabuisierten sie fortan das Thema.[5] Erst viele Jahre später begriff er die Bedeutung dieser merkwürdigen Entdeckung. Entscheidend dafür waren mehrere Erlebnisse:

Im Schweizer Heim gab es einen Knaben, erzählt Wilkomirski, der ihm äußerlich sehr glich, aber ein völlig anderer Charakter war. »Er hat pausenlos geredet und ständig etwas angestellt und war, so würde man heute sagen, ein Alpha-Tier.« Die anderen Kinder bezeichneten diesen Knaben und ihn, Wilkomirski, als Brüder. Der andere fand dies lustig, er hingegen ärgerte sich maßlos. Er sei etwa 17 gewesen, erzählt Wilkomirski, als er ausgerechnet diesen Jungen in Zürich zufällig wieder getroffen habe. Zweimal grüßten sie sich nur von weitem. Beim dritten Mal begegneten sie sich auf einer Straßenbahn-Insel und konnten einander wegen des Verkehrs nicht mehr ausweichen. Genau wie früher begann jener »einen riesigen Sermon« zu erzählen, wie wahnsinnig toll er es bei seinen Pflegeeltern habe. Er gehe nicht mehr in die Schule, weil er mit seinem Pflegevater nach Amerika auswandere, worauf er sich irrsinnig freue. »Am Schluß sagte er etwas ganz Merkwürdiges – im Moment hat es mich einfach zu Tode geärgert, aber ich habe keine Schlüsse daraus gezogen, erst später, als ich mich daran erinnerte, kam es mir noch merkwürdiger vor. Er sagte mir: Ich bin schon noch froh, daß ich nicht bei deinen Pflegeeltern geblieben bin. Da dachte ich: Verdammt noch mal (›Gottverteli‹), du kennst doch meine Pflegeeltern nicht, was schnorrst du so blöd! Eine Weile später ist mir dies für lange merkwürdig aufgestoßen.«

Wilkomirski ist heute überzeugt, daß er damals mit jenem anderen Knaben vertauscht worden ist. Er erzählt, daß er erst nach einem zweiten Erlebnis weitere Jahre später mehr von den Hintergründen begriffen habe. Als er in Genf ein Medizinstudium anfing, forderte ihn sein Pflegevater auf, sich bei dessen Freund Dr. Jadassohn vorzustellen, der dort wohnte. Jener polnisch-jüdische Arzt war manchmal bei den Dössekkers zu Besuch gewesen, allerdings hat er ihn nie gesehen, da er dann immer aufs Zimmer geschickt wurde. Von Jadassohn hieß es, er sei beratend bei Adoptionen tätig. Außerdem lobte ihn sein Pflegevater dafür, ihm den größten Dienst erwiesen zu haben; was das war, hat er aber nie erklärt.

Binjamin wurde nun von diesem Mann in Genf zum Mittagessen eingeladen. »Dr. J. saß mir gegenüber und musterte mich.

Plötzlich fragte er mich, wie das nun so gegangen sei bei seinem Freund als Vater. Ich war überrascht und stotterte, daß es nicht gerade eine schöne Zeit gewesen sei und daß ich ihn nie als Vater akzeptieren konnte – er habe vergeblich versucht, mir meine Erinnerungen an vorher zu löschen. Ich sagte aber mit keinem Wort, daß ich an jüdische Erinnerungen dachte. Da bekam der schon betagte Dr. J. einen schrecklichen Wutanfall. Ich hatte das Wort ›jüdisch‹ ängstlich vermieden. Dr. J. war es nun, der ohne meine Veranlassung davon anfing. Er schrie mich an, der Antisemitismus sei mit dem Kriege nicht zu Ende gegangen, es würde sich alles wiederholen, die Juden hätten nirgends auf der Welt eine Chance, als Juden zu überleben, ich solle mir das gefälligst merken, er sage mir das als Wissenschaftler: Wir hätten nur die Chance, genetisch zu überleben, indem wir untertauchen durch vollkommene soziale Assimilierung. Es sei schrecklich, das jüdische Bewußtsein aufrechtzuerhalten, man müßte ein Gesetz haben, um allen jüdischen Eltern zu verbieten, den Kindern zu sagen, daß sie Juden seien, das sei der einzige Weg! Man müsse mit allen Mitteln kämpfen, daß jüdische Kinder nie erfahren, daß sie jüdisch sind! Er blickte mich an, als hätte ich ihm die größte Enttäuschung bereitet. Ich war erstarrt ob diesem Maß von Bitterkeit. Ich konnte nichts antworten und entfloh in die nächste Vorlesung. Ich wurde auch nie mehr eingeladen. Mein einziger Gedanke war: ›Also so habt ihr das gemacht, ihr zwei Ärzte!‹ Je länger und öfter ich mir das alte Gesicht aus dem Gedächtnis holte, so stärker wurde mein Verdacht, daß Dr. J. einer der Besucher im Kinderheim war.«[6] Wilkomirski erinnert sich, wie er damals im Heim zusammen mit anderen Knaben von einem Arzt, vermutlich eben diesem Jadassohn, untersucht wurde. So hatte Dr. Jadassohn dem ausländischen Judenkind Binjamin die Papiere des einheimischen Christen Bruno Grosjean verschafft, damit er unter falscher Identität ein sicheres Leben in der Schweiz führen konnte.

Ich frage Wilkomirski, wieso sich denn sein nichtjüdischer Pflegevater bei dieser Sache beteiligt habe. Er meint, es habe vermutlich mit jenem anderen Knaben einfach nicht geklappt. Der war doch ein »quicklebendiger Lümmel und Schnorri«, der ständig etwas anstellte und unmöglich zu seinem konservativen und fürchterlich altmodischen Pflegevater paßte, der unbedingt einen Nachfolger für seine Praxis wollte. Mir kommt Stauffers erster Besuchsbericht vom Dezember 1945 in den Sinn, in dem sich der Pflegevater über Brunos Unarten beklagt und sich offenbar auch über eine eventuelle Rückgabe äußert.

Wilkomirski macht mich darauf aufmerksam, daß jenem Bericht bis zum Februar 1947 kein weiterer gefolgt sei. Der Vormund hat, erzählt Wilkomirski, in dieser ganzen Phase, während der die Vertauschung stattgefunden haben muß, überhaupt keine Besuche gemacht, wo doch zwei pro Jahr die Regel waren. Zudem beschreibt er 1947 ein ganz anderes Kind als im vorgängigen Bericht. In der Tat fällt Stauffers kurzes Urteil diesmal vollkommen zufriedenstellend aus, von Problemen ist keine Rede mehr: »Der Knabe ist gesund und munter und entwickelt sich erfreulich. Er bildet die Freude seiner Pflegeeltern. Haltung und Erziehung sind in jeder Beziehung einwandfrei.«[7] Aufschlußreich sei auch, erzählt Wilkomirski, daß ihn die Pflegeeltern bei Besuchen des Vormunds jeweils mit der Aufforderung aus dem Hause schickten, er solle nicht vor sechs Uhr zurückkommen, oder daß sie ihn mit der Ausrede, er sei ansteckend krank, ins Bett steckten. So hat er seinen Vormund nie zu Gesicht bekommen. Die Pflegeeltern richteten es sogar so ein, daß Stauffer nicht einmal beim offiziellen Akt der Adoption anwesend war.

Seine Vertauschung ist Wilkomirski so gewiß wie seine ganze übrige Geschichte. Woher kämen denn sonst seine Panikanfälle, die ihn unerwartet überfallen? Oder die höckerartige Deformation am Hinterkopf und die Narbe auf der Stirn? Oder seine Alpträume, die ihn ständig plagen?

Flucht aus Riga – die ersten Erinnerungen

Schon in der ersten Nacht im Schweizer Kinderheim habe ein Alptraum seinen Schlaf gestört, erzählt Wilkomirski. »Ich befand mich im Halbdunkel, als einziges Kind allein auf der Welt. Auf der Welt war kein anderes lebendes Wesen, kein Baum, kein Gras, kein Wasser – nichts. Nur eine große Einöde aus Stein und Sand. In der Mitte der Welt war ein kegelförmiger Berg, der sich gegen den dunklen Himmel erhob. Der Gipfel war gekrönt mit einem schwarzen, metallisch glänzenden, furchterregenden Helm.« Auf einem schmalen Schienenstrang fuhren Loren bergwärts. In ihnen lagen tote Menschen, die oben in einen Schlund gekippt wurden. Scharen von beißendem Ungeziefer krochen über den Träumenden. »Ich erwachte mit einem Gefühl der Verzweiflung und der Gewißheit, daß es keinen Ausweg gab, daß jede Erleichterung nur Täuschung ist und nichts als ein kurzer, vorübergehender Zeitgewinn vor einem unerbittlich nahenden Ende.«[8]

Er lag noch eine Weile wach, im Heim war alles still, und er mußte an seine Erlebnisse im KZ denken. Der Alptraum wiederholte sich in den folgenden Jahren unerbittlich, »in allen Bildern, in jeder Einzelheit, gleichsam als unaufhörlich einander folgende Kopien, Nacht für Nacht«. Es waren Bilder einer anderen Welt, die er mit der jetzigen nicht zusammenbrachte, Erfahrungen, die er weder verstand noch einordnen konnte, Schmerzen, für die er keine Worte fand. Erst viel später wird er mehr davon begreifen, wird entdecken, daß Namen wie Riga oder Lublin nicht nur Einbildungen waren, sondern etwas Reales bezeichnen, wird nach und nach die verschiedenen Erinnerungsbrocken in einen Zusammenhang stellen können, wenigstens teilweise. Damals aber war er in der beschränkten Perspektive eines Kindes gefangen und hätte seine Geschichte nicht so erzählen können, wie er dies heute tut.

Er habe weder Mutter- noch Vatersprache, seine sprachlichen Ursprünge müßten im Jiddischen seines Bruders Mordechai liegen. Sein Geburtsort ist nur eine Vermutung, wahrscheinlich die Region von Riga, vielleicht aber auch das südliche Estland. Sein Geburtsjahr kennt er nur von Ärzten, vermutlich ist es das Jahr 1938 oder 1939. Selbst seinen Namen weiß er nicht mit Sicherheit, er hat nur behalten, daß man ihn einmal Binjamin Wilkomirski genannt hat;

im Waisenhaus von Krakau hieß er Bronek, eine Verkleinerungsform von Bronislav.

Wilkomirski erzählt von seinen ersten deutlichen Erinnerungen: »Es muß in Riga gewesen sein, im Winter. Der Stadtgraben war zugefroren. Ich sitze wohlverpackt mit jemandem auf einem Schlitten, und wir gleiten über das Eis, wie auf einer Straße. Andere Schlitten überholen uns, auch Menschen mit Schlittschuhen. Alle lachen, haben fröhliche Gesichter. In der Sonne glitzern die verschneiten Äste der Bäume zu beiden Seiten. Sie neigen sich über das Eis; wir fahren unter ihnen durch, wie durch einen silbernen Tunnel.« Doch diese glücklichen Erinnerungen werden schnell verscheucht durch beklemmende Bilder. Uniformierte brüllen einen Mann an, der ihn eben noch freundlich angelächelt hat, und führen ihn ab. Im Treppenhaus ein Angstschrei: »Achtung! Lettische Miliz!« Binjamin sieht, wie die Uniformierten den Mann an einer Hauswand mit einem Gefährt zerquetschen. Vielleicht war es sein Vater.[9] Als er weitererzählen will, stockt er, setzt zweimal an, schluchzt.

»In der Nacht man konnte irgendwie fliehen, es war einfach eine chaotische Situation. Ich erinnere auch, daß man mich sicher getragen hat, weil ich erinnere ein Straßenschild, das plötzlich auf meine Augenhöhe war, und das ist nicht normal, also man hat mich offensichtlich auch ein Stück weit durch die Stadt getragen, und daß ich schrecklich gefroren habe und vollständig naß war und wir sind irgendwie zum Hafen gekommen. Und dorten wir haben die ganze Nacht gewartet, und dann, als schon fast Morgen ein bißchen Licht schon kam, man konnte auf ein kleines Schiff steigen. Man hat mich hinaufgehoben und zwischen die Seile gesetzt, und das Schiff ist weggefahren. Und ich habe dann im Licht vom kommenden Tag noch Silhouette von der Stadt gesehen, und dann ich bin vielleicht eingeschlafen, weiß ich nicht mehr. Aber diese Silhouette ist mir sehr, sehr stark als Bild im Gedächtnis geblieben, und so ich habe diese Silhouette gezeichnet. Es kann nur Riga gewesen sein, wie keine andere Stadt an der Ostsee oder an der Nordsee, was hat diese typische Silhouette mit der ganz typische spezielle Türme und diese

Anordnung, und das hab ich auch sofort erkannt, wie ich nach Riga zurückgegangen bin vor ein paar Jahren.«[10]

Wilkomirski spricht zuweilen gebrochenes Deutsch; die Stellung der Wörter im Satz ist ungewohnt, manchmal fehlen Artikel, Fallfehler häufen sich, er verwendet jiddische Einsprengsel (»dorten«), spricht mit Dehnungen und in einem Rhythmus, die zusammen einen östlichen Klang ergeben. Sind dies die Überreste des Jiddischen, die durch die Emotionen aus tieferen Erlebnisschichten gelöst werden? Ich frage Wilkomirski, ob er mir diese Veränderungen erklären könne, er rede und schreibe doch ein perfektes Hochdeutsch, und auch sein Schweizerdeutsch habe nicht den geringsten fremden Akzent. Er meint, es habe etwas mit der fehlenden Distanz zum Gesprächsthema zu tun, weiß aber keine genauere Erklärung.

Später seien sie in einem überfüllten Zug endlos unterwegs gewesen, erzählt Wilkomirski. Vielleicht nach Lemberg, jedenfalls hat er vage diesen Namen in Erinnerung. In einer Stadt nahm ihn eine Frau an der Hand, zog mit ihm von Haus zu Haus und redete mit Leuten. »Schließlich waren wir am Ende der kleinen Stadt, und sie sagte zu mir: ›Wir haben nun neun Plätze, Familien oder Personen besucht, um zu schauen, wo wir dich hinbringen können. Aber niemand möchte dich, so müssen wir eben weiter suchen.‹ Ich war sehr verwundert. Warum will mich niemand? Ich verstand dies nicht.«[11]

Versteckt auf einem Bauernhof bei Zamość

Dann habe er eine Lücke im Gedächtnis, erzählt Wilkomirski. Seine nächsten Erinnerungen sind Bilder von einem Bauernhof, wo er sich mit seinen Brüdern zusammen versteckt hielt.[12] Der Stall und die Scheune waren leer, zum Pferdewagen fehlte das Pferd, das Gehöft war nicht mehr in Betrieb. In der Nähe floß ein Kanal vorbei. Über den schmalen Steg eines Stauwehrs konnte man auf die andere Seite gelangen, zu einer Wiese, auf der sie manchmal spielen durften. Beim Überqueren fürchtete er sich vor dem tiefen, tosenden Wasser.

Die Bauersfrau sei neben ihnen der einzige Mensch gewesen, erzählt Wilkomirski. Sie beaufsichtigte die Kinder und gab ihnen zu essen; er erinnert sich an einen undefinierbaren Brei in einer großen Schüssel. Die Frau war streng und grob, hatte einen bösen Blick, eine furchteinflößende, laute Stimme, und ihre Strafe fürchteten alle.

Sein älterer Bruder Mordechai oder Motti war sein Beschützer, er tröstete ihn, gab ihm Wärme und Sicherheit. Motti hatte aus Papier und Stäbchen ein Segelflugzeug gebastelt. Ausnahmsweise durften sie am Abend auf eine Anhöhe steigen und das Flugzeug auf einer Wiese beim Waldrand fliegen lassen. Viel später bekämpfte er immer seine Alpträume, indem er in der Phantasie zur Wiese am Waldrand zurückging, wo Motti das Flugzeug in die Lüfte geworfen hatte. Er versuchte dort anzuknüpfen und sich so eine Art Schutz zu schaffen.[13]

Zu dieser Zeit habe er von Motti erfahren, daß Krieg herrsche, erzählt Wilkomirski. »Eines Tages hörten wir eine laute, tiefe Männerstimme halb singend, halb brüllend vor dem Haus. Verstohlen blickten wir, trotz des Verbotes, aus dem Fenster. Motti sagte, daß es ein Soldat sei, und erklärte mir, was ein Soldat ist.« Der Mann schlug schreiend mit der Faust die Fensterscheibe ein und kletterte in die Küche. »Hinaus, hinaus mit euch!« schrie die Bäuerin zu den Kindern. »Wir rannten in die Stube und lauschten. Wir hörten schrecklichen Lärm, Poltern und Schlagen, das Schreien der Bäuerin, das tiefe Fluchen vom Soldaten. Dann war Stille.« Schließlich kehrten die Kinder in die Küche zurück. Alles war demoliert, das Geschirr zerbrochen, der Schrank umgestoßen, der Tisch ohne Beine. Die Bäuerin saß am Boden, »mit zerrissenen Kleidern, mit zerfeldertem Haar, und sie weinte! Die Bäuerin konnte weinen! Die Bäuerin, diese mächtige Frau, die so böse und grausam sein konnte. Die Bäuerin, die strenge Richterin über uns Kinder, die so schmerzhafte Strafen sich ausdachte – sie konnte weinen?« Dies war für die Kinder der Beginn des Krieges.[14]

Sie durften das Haus nur selten verlassen, erzählt Wilkomirski. Eine der Ausnahmen war der Besuch einer Dame. Dies war ein großes Ereignis, er freute sich wahnsinnig darüber. Sie gingen über den Steg zur Wiese auf der anderen Seite des Flusses, wo es einen Hügel mit hohem Gras gab. Es war unglaublich und wunderbar; vor Freude rannte er schreiend herum. Die anderen mußten ihn ermahnen, keinen solchen Lärm zu machen. »Die große Sache war, daß die Dame da war. Ich erinnere mich nur, wie ich im Gras herumtollte, jauchzte, zu der Bäuerin und zu dieser Dame rannte und beide an ihren Röcken hielt.« Die Besucherin war eine sehr wichtige Person; wer sie war, weiß er aber nicht.[15]

»Eines Tages war es dann soweit«, erzählt Wilkomirski, »der Krieg hatte uns wirklich erreicht.«[16] Man hörte Schüsse, näherkommende Motorengeräusche, dann einen dumpfen Knall. Das Haus erzitterte. »Das Getöse erstarb, einzelne Schüsse fielen noch – dann trat Stille ein.« Binjamin ging ins angebaute Klohäuschen und schaute aus Neugier verbotenerweise aus dem Fensterchen. Ein grauschwarzes Gefährt war gegen die Hausmauer geprallt, er sah die toten Körper dreier Soldaten. Die Bäuerin stürzte wutentbrannt zu Binjamin, riß ihn vom Fenster weg und schlug ihn wie noch nie zuvor. »Zur Strafe werde ich dich allein im Keller einschließen.«

Als er sich am nächsten Tag aus dem Loch befreit hatte, war kein Mensch mehr zu sehen. »Meine Brüder nicht, die Bäuerin nicht. Ich ging durchs leere Haus, die Türen standen offen, in der Schüssel war noch Brei vom Vortage.« Nach zwei, drei Tagen vernahm er ein Brummen, ein Lastwagen mit grün Uniformierten fuhr in den Hof ein, gefolgt von einer Gruppe fremder Menschen zu Fuß. Eine Frau, die eine graue Uniform, einen Rock und Stiefel trug, kam auf ihn zu und schubste ihn zu den Wartenden. Wohin sie gingen, fragte er. »Majdan Lublin – Majdanek!« Dort könne er spielen und seine Brüder wiedersehen. Sie lächelte, dann grinste sie, er war unsicher, was er davon halten sollte. »Majdanek, Majdan Lublin, Majdanek wiederholte ich immer und immer wieder. Der Name klang so schön!« Auf Polnisch heißt dies Lager, er dachte an einen schönen Platz, wo man sich niederläßt, an seine Brüder, mit denen er auf einer großen sonnigen Wiese spielen würde. »Sicher hat Motti sein gebasteltes Segelflugzeug mitgenommen, vielleicht auch den Ball, ging es mir durch den Kopf. Ich konnte es nicht erwarten.«[17]

»Majdanek ist kein Spielplatz«

Nach vielleicht ein, zwei Tagen kamen sie in ein Tal mit vielen länglichen Holzhäusern, erzählt Wilkomirski. »Und dann habe ich gesehen diese so holzige Türme und ein Tor und so. Aber hab ich zum ersten Mal Stacheldraht gesehen. Das war so zugemacht, man hat dorten gewartet, und dann ist man in kleine Gruppen hinein.« Er zupfte neugierig einen Soldaten an der Seite; der drehte sich blitzschnell um und zog ihm seine Peitsche übers Gesicht. Da hatte er »begriffen: Die Graue hat gelogen – Majdanek ist kein Spielplatz.« Über seine Brüder wußte niemand etwas, Blockowas schrien herum, und er hörte auf zu fragen.

Er wurde in ein Abteil hineingeführt, hörte zum ersten Mal das deutsche Wort »schließt« und konnte nicht mehr hinausgehen, erzählt Wilkomirski. Seitdem lebte er in Baracken, in der sogenannten Kinderquarantäne, denn die Insassen waren ausschließlich kleinere und größere Kinder.[18] Immer, auch tagsüber, waren sie eingesperrt. Wilkomirski empfand dies als besonders schlimm, da es keine Toilette gab. »Es war hinten so etwas wie ein Waschraum, am Ende von diesem Quarantäneraum, mit ein, glaube ich, oder zwei so Steinbecken, aber es ist kein Wasser gewesen, und... (seufzt) die Kinder haben dann so unter der Anleitung von den Großen einfach Notdurft verrichtet in der Mitte, im Mittelgang. (...) Und ich erinnere nur, daß ich einmal so gesprungen bin von meinem Liegeplatz auf den Boden; und ich bin so gesunken die ganze Füße in den Kot. Und das war dann schon..., muß schon längere Zeit gewesen sein, weil es war schon kühler. Und dann hab ich mich so erschrocken und hab ich geweint. Und dann ist ein Junge, der war sehr groß, ist dann gekommen; und da hat er mir sehr streng fast geschimpft, hat zu mir gesagt, ich soll nicht so jammern, soll aufhören, ich soll froh sein; wenn ich nachts mit den Füßen im Kot stehe, würden meine Füße nicht so schnell erfrieren. Das sei wärmer, das, das, also... (seufzt) und dann hab ich gedacht: Mensch was, der weiß viel! Und dann hat er gesagt, er heiße Jankl. Und von diesem Moment wir waren immer zusammen. Jankl war während langer Zeit mein Freund.«[19] Wilkomirski stockt, beginnt zu weinen.

Jankl, der schon lange dort war, wurde sein Ratgeber und Beschützer; er wußte, wie und wo man Essen stehlen konnte. Bei einem Stützmäuerchen, das an einen Hof mit zwei Bäumchen grenzte, schlich Jankl manchmal hinaus. Wenn er zurückkam, öffnete er die Hosen, die er unten zugeschnürt hatte, und das »organisierte« Essen fiel heraus. Jankl habe es mit ihm geteilt, erzählt Wilkomirski.[20] »Was bekamen Sie denn sonst zu essen?« Wilkomirski seufzt. »Das war Suppe, aber das war nicht immer so. Also... (er seufzt) meistens war das so ein Suppe, da haben andere Frauen – aber das waren nicht Blockowas, sondern von Nachbarbaracken graue Gestalten –, sie haben Topf gebracht und haben das vor das Tor gestellt. Und dann ich... muß man in die Reihe stehen und daran vorbeigehen, und jeder hat auf irgendeine Weise bekommen, oder, ich weiß auch nicht. Ich hab auch an einer Kette einen Löffel um den Bauch herum gehabt. Mein Löffel, der war riesengroß, und das war ein Vorteil, weil für damals mein Löffel das waren mindestens zwei Schlücke. Und eine kleine Schale. Man hat das hingehalten, aber dann ist eine Blockowa gekommen, und die hat das dann geschöpft. Man durfte nur einmal gehen, aber das war nicht so regelmäßig, weil die... (seufzt), weil die Blockowa mochte einem nicht oder sie war böse gerade.« Den Löffel, seinen einzigen und wichtigsten Besitz, trug er zusammen mit der Schale unter dem Hemd.[21]

Einmal sei er, erzählt Wilkomirski, in eine der Hundehütten gesperrt worden. »Wenn nur die Hunde nicht zurückgebracht werden, dachte ich angstvoll, wenn nur keine Ratten kommen, wenn es dunkel ist! Am meisten fürchtete ich die Ratten, denn sie kamen während des Schlafes. Um sie zu vertreiben, begann ich mit meinen Füßen in stetem Gleichtakt auf und ab zu stampfen, so wie Jankl es mir gezeigt hatte.« Die Ratten waren die Todfeinde der Kinder, sie überfielen sie des Nachts und bissen qualvolle, unheilbare Wunden, so daß sie lebendig verfaulten. In jener Nacht in der Hundehütte war aber nicht die Rattenplage das Schlimmste, sondern Ungeziefer. Die Hütte war voll davon. Läuse liefen über sein Gesicht. Dreieckige Käfer flogen gegen seinen Kopf, krochen in seine Kleider und verströmten einen fürchterlichen Gestank.[22] Noch heute verfolgen ihn die Käfer der Hundehütte, und aus Angst vor Ratten bewegt er im Schlaf noch immer die Füße. Auch das große Überbein am Hinterkopf – Wilkomirski betastet die Stelle – stamme vom KZ Majdanek. Einmal wurde er im Winter aus den Baracken getrieben. Er stolperte, rutschte die Böschung hinunter und versank im Schnee. »Ich hob den Kopf und sah direkt in eine schwarze Stiefelspitze, die auf mein Gesicht zielte. Ich war schnell genug, mich wegzudrehen, und sie traf nur meinen Hinterkopf. Der Schlag hob mich hoch und warf mich quer auf den Pfad.«[23]

Eines Tages sah er mit Entsetzen, erzählt Wilkomirski, wie ein stiernackiger Uniformierter vor seinen Augen einem kleinen Jungen mit einem kugelförmigen Gegenstand den Schädel einschlug. Er wußte, der Kleine war tot. »Eine rasende, verzweifelte Wut packt mich, ich kann nichts mehr denken. Töte ihn! Töte ihn!, schreit es in mir, und ich sehe nahe über mir den gesenkten Arm des Stiernackigen und sein befriedigt grinsendes Gesicht. Mach es wie die Hunde…, wie die Hunde! Töte ihn!, höre ich erneut eine laute Stimme in mir. Ja, ja, denke ich, jetzt bin ich ein Hund, ein Wolf! Ich strecke meine Hände und springe empor. Ich fasse den nackten Unterarm, reiße die Kiefer auf und beiße zu mit äußerster Kraft. Noch mehr, noch tiefer! Du mußt ihn töten!, denke ich, und meine Kiefer mahlen, was sie können. Dann will ich loslassen, die Flucht ergreifen. Ich öffne die Hände, will mich fallen lassen, aber meine Kiefer lösen sich nicht, sie sind wie verklemmt. Sie mahlen weiter, sie gehorchen mir nicht. So baumele ich an den Zähnen an diesem Arm, der mich hochhebt mit Wucht, und der wieder abwärts fährt, der mich davonträgt, begleitet von ohrenbetäubendem Gebrüll.« Er spürte einen Stoß in den Rücken. Hier erlischt seine Erinnerung. Wie er davongekommen ist, weiß er nicht.[24]

Nachts durfte niemand zur Latrine, und abends wurde im Mittelgang ein Kübel aufgestellt, erzählt Wilkomirski. Ein neuer Knabe kam, bleich, schmal und sehr scheu. In der Nacht begann er zu stöhnen und seinen schmerzenden Bauch zu halten. Der Kübel war schon weg. Der Neue schrie. Er konnte mit seinem Schreien alle ins Verderben stürzen. In panischer Angst sagte ihm Wilkomirski: »Dann mach eben ins Stroh, dort wo du bist!« Am nächsten Tag entdeckte ein uniformierter Ukrainer das verdreckte Stroh und brachte den Neuen um. Er selbst hatte den Knaben angestiftet, durchfuhr es Wilkomirski. »Ich kroch ins Dunkel meiner Pritsche. Ich fühlte das Unwiderrufliche meiner Tat und die Untilgbarkeit meiner Schuld.«[25]

An einem Mittag, erzählt Wilkomirski, wurde das Barackentor geöffnet. »Binjamin! Ist ein Binjamin hier? Rauskommen, schnell!« Die grobe Stimme gehörte einer Blockowa, sie trug die gleiche graue Uniform wie die Frau, die ihn vom Bauernhof nach Majdanek gebracht hatte. »Du kannst heute deine Mutter sehen, ... nur dahle!« Er begriff nicht, was sie gesagt hatte. Was bedeutete Mutter? Er hatte keine Erinnerung. Die Blockowa verbot ihm strengstens zu sprechen. »Nicht jetzt, nicht, wenn du deine Mutter siehst, und auch nicht nachher.« Sie machte über ihrem Kopf eine häßliche Bewegung, da wußte er, sie würde ihn bei Ungehorsamkeit töten.[26] Sie führte ihn auf der Außenlagerstraße nach unten zu zwei großen Baracken. Heute weiß er, daß dort die Gaskammern waren. »Sie hat Tor geöffnet und hat dann mich hineingeschoben und hat gesagt, auf diese Seite zuhinterst an der Wand, und hat geschlossen hinter mir, und da war ich drin. Und zuerst, das war wie leer. Und dann hab ich gesehen, es gab keine Pritschen, gar nichts, aber es liegen Menschen zu beiden Seiten am Boden. Und es gab einfach nur Frauen dort gelegen, die haben sich so ganz im Zeitlupentempo, ganz langsam bewegt, wie diejenigen, die nichts mehr zu essen bekommen. Und bin ich gegangen zum Ende, zu der Wand, und hab mich gedreht, und dann hab ich gesehen: Da liegt jemand, und der jemand, ein Frauenkopf ... (schluckt und seufzt) und sehr viel lockige, dunkle Haare, und dunkel so geschienen. Und bin ich einfach gestanden, denn ich durfte nicht sprechen, hab ich einfach geguckt. Ich wußte nicht, was bedeutet das alles, und ... (seufzt sehr tief) und sie hat auch nicht gesprochen, nur so sich aufgerichtet, ein bißchen geguckt. Und dann hab ich gehört, daß am Tor ist etwas und daß vom Tor Licht kommt. Da wußte ich, es ist ... die Zeit ist um, ich muß bald zurück. Und in diesem Moment die Frau hat seitlich von sich und zu der Wand etwa so Bewegung gemacht (Wilkomirski macht eine heranwinkende Geste) und dann mir etwas hingehalten, hingedeutet, ich soll kommen. Ich hab furchtbar Angst gehabt, näher zu gehen, und dann schließlich ich bin näher gegangen. Und sie hat mir einen Gegenstand so in die Hand gedrückt. Und dann ich habe gesehen, sie hat ein ganz nasse Gesicht gehabt und wie wenn sie geweint hätte. Aber sie hat kein Wort gesprochen. Und dann bin ich raus und habe das gehalten, ich weiß nicht, was das war, so ganz hart und sehr rauh und spitzig so dieser Gegenstand. Und hat die Blockowa mich dann rausgezogen, zum mich Zurückbringen. Und hab ich dann gefragt: ›Was hab ich da, was ist das?‹ Und dann sie hat mir erklärt, das ist Brot und daß ich das soll in einen Wasserbecher tunken und dann wird es weich und dann kann man es essen.«[27] Anschließend wurde er nicht zurück ins Feld Fünf gebracht, sondern ins Feld Drei unter polnische und christliche Bauernkinder geschmuggelt. Dieser Wechsel, den er erst viele Jahrzehnte später begreifen wird, hat ihm das Leben gerettet, denn auf Feld Fünf sind im November 1943 alle Kinder erschlagen worden.[28]

Wilkomirski erzählt wiederholt von der Begegnung mit seiner Mutter. Dies ist es, was ihn am stärksten bedrängt und ständig beschäftigt, zu jeder Tageszeit. »Da die Erinnerung unvollständig ist. Da ich bis heute nicht imstande bin, mich genau an das Gesicht zu erinnern. Auch wenn ich mich noch so konzentriere.« »Ist die Erinnerung eher ein Gefühl als ein Bild?« frage ich. »Ich habe in der visuellen Erinnerung keine klare Vorstellung mehr vom Gesicht, nur von seinen Umrissen. Mein Wunsch wäre, mich eines Tages so an das Gesicht erinnern zu können, daß ich beim Anblick einer Fotografie sagen würde: *Dies* ist das Gesicht. Aber ich kann das nicht. Es fehlt an der visuellen Erinnerung. Das fehlt einfach. Es sind nur die Umrisse, die ich in Erinnerung habe.« »Ist es also primär ein Gefühl?« frage ich. »Nein«, erwidert Wilkomirski, »es ist eine ganz klare visuelle Erinnerung. Natürlich mit Gefühlen verbunden, die auch später entstanden sind. Bis heute. Wenn ich manchmal höre, was eine Mutter für ein Kind tut oder wie eine Beziehung zwischen der Mutter und einem Kind ausschaut, staune ich darob. Ah, so ist das. Dann denke ich, welche Erinnerungen ich besitze, und habe darüber vielleicht wieder ein Stück begriffen, was mir weggenommen wurde. Schwer auszudrücken.« »Aber«, hake ich nach, »müssen Sie nicht einmal etwas davon erfahren haben, um dies begreifen zu können?« – »Ich weiß eben nicht, was ich begreife oder ob das richtig ist. (...) Manchmal habe ich schon das Gefühl, daß ich auch emotional etwas davon begreife, und ich glaube wenigstens, daß ich in den Säuglingsjahren etwas davon gespürt habe und vielleicht etwas davon übriggeblieben ist.« – »Eine Mutter, die Sie geliebt hat?« – »Ja. Ja. Sonst hätte sie mir das Brot nicht gegeben. Damals habe ich nichts davon begriffen, nur Angst gehabt. Ich bedaure noch heute, wie ich mich aus dieser Angst nicht getraut habe, nahe hinzuschauen.«

Wilkomirski erzählt, er habe immer wieder Leute nach der Bedeutung von »Dahle« gefragt. Neulich konnte man ihn aufklären, es sei Lettisch oder Ukrainisch und bedeute »nicht von nahem« oder »nur aus der Ferne«. Darin vermutet er den Grund für seine fürchterliche Angst, sich der Mutter zu nähern, die ihn heute so schmerzt. Ich bemerke, für ein kleines Kind entstehe Nähe nicht allein durch eine nahe körperliche Begegnung, sondern durch eine verläßliche und regelmäßige Beziehung, die es Tag für Tag, Monat für Monat erlebe. »Aber dies gab es für mich eben nicht. Es waren immer andere Menschen.« »Eben«, ergänze ich, »wenn man als Kleinkind eine Person nur einmal sieht, dann behält man von ihrem

Gesicht kein Bild, auch wenn sie einem noch so nahesteht.« – »Ja, sonst hätte ich vielleicht auch nicht so Angst gehabt. Ich kann mich nur noch an diese furchtbare Angst erinnern.«

Die Scham der Opfer – KZ Birkenau

Er habe noch einen Winter mit den polnischen Kindern auf Feld Fünf erlebt, erzählt Wilkomirski, es sei fürchterlich kalt gewesen. Im Frühjahr kam er von Majdanek weg, wie genau, weiß er nicht. Seine Erinnerung ist wirr, vieles fehlt, sie setzt erst wieder richtig ein mit winterlichen Bildern von einem anderen Ort, nicht mehr hügelig, sondern ganz eben. Außerhalb des großen Zaunes sah er, meist im Nebel verschwommen, einen Birkenwald. Nur die Baracken waren die gleichen, sie schienen ihm überallhin zu folgen. Er hatte jede Orientierung verloren. »Immer wieder waren andere Kinder um mich her. Nur noch selten verstand ich ihre Sprache, noch weniger die der Erwachsenen. Alles schien sich aufzulösen, alles war verschwommen, unklar. Mein Verstand war zu klein; die ständigen Veränderungen verwirrten.«[29] Erst vor wenigen Jahren erklärte ihm ein Experte, daß er zweifellos im KZ Birkenau gewesen sei. Schockiert und wütend brauste er auf, wollte die Antwort zuerst nicht akzeptieren. »Warum wurden Sie wütend, warum haben Sie diese Erklärung abgelehnt?« Wilkomirski zögert. »Eine schwierige Frage, vielleicht weil ich von dort Erinnerungen habe, die ich ... (er stockt) auf keinen Fall haben wollte.« Er hat sich erst vor kurzem mit diesen Erinnerungen konfrontiert. Sie kreisen um die Leute in sauberen weißen Kitteln und das Verschwinden fast aller Kinder. Zurückgeblieben waren nur etwa ein Dutzend sehr blonde und helläugige Kinder, mit denen die Männer medizinische Experimente machten. Auch Wilkomirski gehörte zu ihnen. »Ich schämte mich so über das, was sie uns antaten, daß ich nicht darüber sprechen konnte. Ich wagte nicht mal, daran zu denken.«[30] Von all dem, was die Kinder erlitten haben, war die Sache mit den Augentropfen noch die harmloseste. Stotternd beschreibt Wilkomirski, wie sie sich in Reihen stellen mußten und ihnen ätzende Tropfen in die Augen geträufelt wurden.

Ich frage, ob Dr. Mengele beteiligt gewesen sei. Er verneint und nennt statt dessen die Namen Fischer und König. Dr. Fischer identifizierte er in einem Buch mit Porträts von KZ-Ärzten, das er zusammen mit Miriam, einer gleichaltrigen Überlebenden, angeschaut hatte. Miriam war am selben Ort wie er und konnte Fischers Gesicht ebenfalls wiedererkennen. Den Namen König verbindet er mit einem Erlebnis aus seiner Kindheit in der Schweiz. Er war wegen einer Augengeschichte beim Arzt, einem Dr. König. Als er ihn begrüßen sollte, geriet er in Panik und machte eine unmögliche Szene; er muß irgend etwas mit früher verwechselt haben.

Vor wenigen Jahren hat er auch Laura, eine weitere Leidensgenossin, wieder getroffen. Er konnte sich noch an sie erinnern, weil sie damals blondes, fast schneeweißes Haar hatte. Es geht ihr heute ganz schlecht, sie ist nicht mehr ansprechbar. Auffällig bei diesen Überlebenden ist, daß sie fast alle, auch er, eine ähnliche undefinierbare Blutkrankheit und ein gebrochenes Steißbein haben. Ich frage, was man ihm denn angetan habe. »Ich kann mich einfach an gebogene Nadeln erinnern, die mir die Idee gaben, man wolle mir hinter das Auge. Aber dies ist etwas, worüber ich nicht rede sonst.« Er träume noch heute davon, erzählt Wilkomirski und seufzt lange.[31]

Diese Quälereien hat er kurz vor Ende des KZ-Aufenthaltes erlitten. Dann versteckten ihn Männer irgendwo in einem Loch oder einer Kiste. Anschließend kam er in einen Raum, wo sich riesige Haufen von Tüchern und Kleidern türmten. »Bei einem von diesem Haufen das waren dann Frauen. Und die haben so eine Höhle gemacht und haben mich reingeschubst. Und vorne stand ein großer langer Tisch, und ich konnte manchmal so unter Tisch durchschauen, und dann hab ich gesehen die Waden von den Frauen, die sind dann immer hin und her.« Das Nest unter den Tüchern war sein neues Zuhause. Es herrschte ein scharfer chemischer Geruch, heute erinnern ihn gewisse Seifen daran.[32]

Dann sei eine chaotische Zeit angebrochen, erzählt Wilkomirski. Es gab keine Ordnung, keine Befehle und Appelle mehr; die Blockowas, Lagerserkas und Soldaten verschwanden; eine beunruhigende Stille lag über allem. Gruppen von Häftlingen entfernten sich in Richtung der verbotenen Zäune. Plötzlich löste sich eine unbekannte Frau aus einer Gruppe, schrie »Binjamin!« und lief auf ihn zu. Wie ein Schlag traf es ihn, als er endlich begriff, daß dies ja sein Name war. Die Frau, die ihn offensichtlich von früher gekannt haben mußte, führte ihn an den achtlosen Uniformierten vorbei aus dem Lager. Sie waren lange zu Fuß und mit Pferdewagen unterwegs und gelangten schließlich nach Sandomierz, einer östlich von Krakau auf einem Felsen gelegenen Kleinstadt, wo sie eine Dachkammer bezogen. Wilkomirski saß stundenlang auf dem Fenstersims und schaute hinaus. »Es war schon Frühling, der Schnee war geschmolzen, und ich beobachtete die vielen Vögel, die über die Ebene und den Fluß unter mir dahinflogen. Ich träumte, ich würde mit ihnen fliegen, frei und geräuschlos.«[33]

Eines Tages brach die unbekannte Frau mit ihm zusammen nach Krakau auf, erzählt Wilkomirski. Dort warteten sie mehrere Tage vor der Miodowa-Synagoge. »Endlich öffnete sich die große Tür. Ein mächtiger Mann in einem langen schwarzen Mantel und mit einem großen schwarzen Hut blickte lächelnd auf mich herunter. Die Frau sprach eifrig auf ihn ein. Ich verstand nur den Anfang ihrer Rede: ›Da bringe ich Ihnen den kleinen Wilkomirski, Binjamin Wilkomirski!‹ Sie hielt mich bei den Schultern und schob mich vor, damit er mich besser betrachten konnte. Er nickte.«[34] So hörte Binjamin das erste Mal seinen Familiennamen.

Der Mann brachte ihn zu zwei anderen Schwarzgekleideten. Diese saßen an einem Tisch vor ausgebreiteten Papieren und begannen, ihn auszufragen. Da geschah etwas Merkwürdiges: Er, der irgendwann in Majdanek die Stimme verloren hatte, begann plötzlich zu reden. »Ich redete wie ein Wasserfall, aber ich weiß nicht mehr, was ich redete. Doch irgendwann war es genug, nur ein Würgen war noch in meinem Hals, ich schwieg – und es war wieder still in mir wie vorher.«[35] Man führte ihn vor den Eingang und hieß ihn warten. Die unbekannte Frau, die seinen Namen kannte, war verschwunden.» Ich war zutiefst enttäuscht. Einmal mehr war eine Erwachsene zuerst freundlich zu mir gewesen und hatte mich dann fallenlassen.«[36]

Erneut verlassen und verfolgt – in Krakau

Wohin und von wem er weggebracht wurde, weiß Wilkomirski nicht; alles verschwimmt in seiner diffusen Erinnerung. »Manchmal war ich mit vielen Kindern zusammen, manchmal mit wenigen nur – wahrscheinlich wechselte ich immer wieder den Ort. Ich weiß noch, daß ich immer wieder weggelaufen bin, daß ich meine Baracke suchen wollte, wo ich hingehörte.« Diese Verwirrung ist wohl auch die Ursache, daß Wilkomirski seinen Aufenthalt in Krakau heute in verschiedenen Versionen erzählt und die einzelnen Heime vertauscht. Ich halte mich hier an die Version, die mir am plausibelsten erscheint.

Man habe ihn in ein Heim an der Długastraße gesteckt, erzählt Wilkomirski. »Aber das war sehr schlecht für mich, weil ich habe sehr Angst gehabt vor allen diesen Menschen, weil die waren so dick und stark.« Diese Menschen, die warmes Essen hatten und in schönen Häusern wohnten, waren auf der falschen Seite. Er gehörte nicht zu denen, sondern zu den Barackenmenschen. Die Erwachsenen hatten ihn angelogen, am besten hörte man ihnen nicht mehr zu. Er riß aus, lebte auf der Straße und bettelte. Sein großes Handicap war seine Stummheit. »Ich habe mir Sprache ausgedacht, wie ich sprechen würde, auch von dem, was ich gehört habe, also Sprache war für mich nur eine Phantasie. Und in Kraków es war ganz selten, mal konnte ich irgendein Wort oder zwei rauswürgen, aber da war ich nie sicher, hab ich jetzt gesprochen oder war das jemand anders, der einfach spricht, was ich denke.«[37]

Auch Karola konnte ihm keine Antwort auf das Gefühl geben, betrogen worden zu sein, erzählt Wilkomirski. Karola war älter als er.[38] »Ich erkannte sie, als wir uns im Krakauer Kinderheim wieder begegneten. Vor ihr brauchte ich mich nicht zu fürchten. Von irgendwoher kannten wir uns. Von irgendeiner der vielen Baracken vielleicht, wir wußten es nicht genau und wir sprachen nie darüber. Wir blickten uns nur an und wir wußten genug. Nur einmal fragte ich sie, was geschehen war, als sie mit ihrer Mutter weggeführt wurde, und so erzählte sie mir:

Sie gingen schon in der Reihe derer, die aus den Baracken durchs Lager geführt wurden, Karola und ihre Mutter, von Uniformierten begleitet, ausgewählt zu sterben. Der Weg war weit, die Kolonne kam nur stockend voran, an fremden Baracken vorbei, an Leichenhaufen, und wieder neuen Baracken und wieder Leichenhaufen. Erneut mußte die Kolonne stehenbleiben. Auch Karola und ihre Mutter standen still und warteten. Sie standen neben einem Haufen aufgeschichteter Toter. Die SS-Männer patrouillierten ungeduldig hin und her. Und dann geschah das Unerhörte: Ein Uniformierter, ein junger Mensch, ging langsam auf die Mutter zu, musterte sie einen Moment, packte sie und warf sie mit einem kräftigen Schwung auf die Toten neben ihnen. Die Mutter hatte Karola fest an der Hand, und so wurde sie mitgerissen. Da blieben sie liegen, reglos vor Angst, auf den kalten Leibern. Sie verstanden nicht, was geschehen war und weshalb, es ging so schnell. Aber sie verstanden, daß es nun einen Ausweg gab. So blieben sie liegen, als falsche Tote, um nicht entdeckt zu werden, ohne sich zu bewegen, den ganzen Tag, bis in die Nacht. In der Dunkelheit schlichen sie zurück und mischten sich wieder unter die noch Lebenden. Aber als falsche Lebende, gestrichen von den Listen, denn eigentlich sollten sie tot sein. Es war schwer, denn weder als Tote noch als Lebende durften sie erkannt werden. Später wurden Karola und ihre Mutter doch getrennt, und keiner wußte mehr vom anderen.« Damals in Krakau hat Karola überall nach ihrer Mutter gefragt und gesucht, erzählt Wilkomirski.

Wenigstens zeitweise war er mit ihr zusammen im gleichen Kinderheim. Er weiß nicht mehr, ob er immer dort wohnte oder nur tagsüber zum Essen und Spielen kam. »Ich fürchtete mich vor den anderen Kindern, sie waren älter und spielten oft grausame und gefährliche Spiele. Sie ahmten die Uniformierten nach, sie übten offensichtlich das Erwachsensein. Wenn das so ist, will ich nie erwachsen werden, dachte ich, und ich fand Schutz und Ruhe in Karolas Nähe. Ich weiß nicht weshalb, aber nie wagte einer, sich ihr in böser Absicht zu nähern, nie war sie in Händel verstrickt, sie war unantastbar.«[39]

In einem Heim, vielleicht an der Augustiańska-Boczna-Straße, erzählt Wilkomirski, erlebte er 1946 oder 1947 ein Purimfest. »Viele Kinder saßen gedrängt an einem langen Tisch, bei Kerzenlicht. Ich schlug meinen Zweig so heftig und wollte nicht aufhören, bis zwei sanfte Hände von hinten meine Arme festhielten und eine Stimme beruhigend auf mich einsprach.« Hier bekam er auch seine Festverkleidung, die er später in die Schweiz mitgenommen hat.[40] Viele Jahre später fand Wilkomirski in Krakau manche der Straßen wieder, in denen er gewohnt hatte. Er erinnerte sich auch an Misia und Olga, die mit den Kindern spazierengingen.[41]

In Krakau herrschte damals eine antisemitische Stimmung. Ein Wagen, der Essen zum Kinderheim bringen sollte, wurde mit Steinen beworfen. Oft wurden sie von Leuten angespuckt. Einmal machten sie einen Ausflug nach Rabka oder Zakopane. Das dortige Heim oder Ferienhaus bewachten junge Menschen mit Maschinengewehren, um die Kinder vor antijüdischen Angriffen zu schützen.[42] Aufgrund der Erinnerung an solche Feindseligkeiten erkannte er vor einigen Jahren auch das Heim an der Długastraße wieder. »Heute ist in diesem Gebäude etwas anderes, aber man sagt, daß es damals ein Waisenhaus für kleine jüdische Kinder gewesen sei. Das war tatsächlich so. Ich erinnerte mich daran, weil ich auf die Straße, die eine leichte Kurve um das Haus machte, hinunterschauen konnte. Ich sah schwarze Massen empörter Menschen. Sie rannten durch diese Straße, schrien unverständlich und schwangen Stöcke und Stangen durch die Luft. Ich hörte eine Schwester im Haus rufen: ›Sie töten schon wieder die Juden!‹« Es war schon kühler Herbst, als dies geschah, erzählt Wilkomirski.[43]

Kurze Zeit später erschien Frau Grosz, die im Heim Kinderschwester oder eine häufige Besucherin war. Sie fragte, ob er mitkommen möchte. Sie würde in die Schweiz zurückkehren und ihn als ihren Sohn ausgeben. Die Schweiz sei ein schönes Land.[44]

Der Eindringling – als Pflegekind in der Schweiz

Um diese Zeit wurden viele jüdische Kinder in den Westen geschmuggelt, um sie nach Palästina zu bringen, erzählt Wilkomirski. Man sammelte sie in den französischen Städten Lyon oder Besançon, die nahe der Schweizer Grenze liegen. Dort entschieden jüdische Ärzte, welche Kinder die strapaziöse Reise auf sich nehmen konnten und welche zu schwach waren, so daß man sie in die Schweiz schleusen wollte. Von jemandem, der damals als junger Mensch an solchen illegalen Aktionen beteiligt war, hat Wilkomirski später erfahren, welchen Trick man dabei angewendet habe. Man habe beobachtet, wie das Schweizer Rote Kreuz mit der Eisenbahn Kinder aus Frankreich und dem Elsaß in die Schweiz holte, damit sie dort Erholungsferien machen konnten. Nun habe man einfach jüdische Kinder in diese Gruppen hineingeschmuggelt, im Wissen, daß man sie nicht wieder ausweisen würde.

»Und so bin ich mit so einer Gruppe im Bahnhof Basel gelandet. Und alle anderen Kinder wurden aufgerufen von Listen, was mich natürlich dann schon in Schrecken versetzt hat, weil das war wie früher, kommt jemand mit Listenpapier, und er schreit, und die Kinder werden herausgeführt von der Wartesaal, und ich weiß nicht wohin. Und ich bin zurückgeblieben.« Sein Name stand auf keiner Liste, seine rotumrandete Halsetikette war leer, und Frau Grosz war verschwunden. Endlich kam eine Frau, versuchte vergeblich, den Knaben auszufragen, und ging mit seiner Etikette weg. Nach langer Zeit erschien wieder eine Frau und erklärte, man habe für ihn einen Platz in einem Kinderheim gefunden.[45]

Wilkomirski erzählt, sie hätten ihn dann mit der Eisenbahn zu einem Schweizer Kinderheim gefahren. Dort blieb er zwei, drei Wochen. Er war verwirrt, dachte an die Orte zurück, die nun hinter ihm lagen, an Frau Grosz, die ihn verlassen hatte, und verglich jene

Welt mit der neuen.« Sosehr ich mich mühte, ich brachte diese Welten nicht zusammen. Vergeblich suchte ich nach einem Faden, an dem ich anknüpfen konnte.« Er saß meistens abseits, mochte die Spiele der anderen nicht. Wenigstens war das Schweizerdeutsche dem Jiddischen nahe, und schon bald begann der Verstummte zu sprechen. Eines Tages kam ein Arzt und untersuchte ihn. Es war, wie er erst viele Jahre später entdecken sollte, Jadassohn, der Freund seines künftigen Pflegevaters. Bald darauf wurde er von einer Frau aus Zürich abgeholt. Er fragte sich später, warum er denn nicht wenigstens in eine jüdische Familie gekommen sei, und machte dem jüdischen Bekannten, der damals an illegalen Rettungsaktionen beteiligt gewesen war, einen entsprechenden Vorwurf. Was er sich eigentlich vorstelle, gab jener zurück, in der damaligen Zeit habe sich ihr ganzer Einsatz darauf richten müssen, daß die Kinder irgendwie überleben.[46]

Seine Pflegeeltern waren recht alt, bereits die Generation von Großeltern, erzählt Wilkomirski. »Sie waren kinderlos, und sie schämten sich sehr, in Gesellschaft zuzugeben, daß ich adoptiert bin: Wenn ein Besuch sagte: ›Was, Ihr habt einen schon so großen Sohn, habt Ihr ihn denn aufgenommen?‹, da sagte mein Pflegevater oft: ›Nein, nein, der war schon immer hier.‹ Und wenn der Besucher fragte: ›Ich hab ihn ja noch gar nie gesehen!‹, dann sagte er: ›Er ist halt oft krank gewesen.‹ – Was auch stimmte. Wenn ich gegen solche Bemerkungen einmal protestierte oder ihnen mit meiner Antwort zuvorkam, da gab es eins auf den Mund und ein Donnerwetter hinterher: ›So was sagt man nicht!‹ Aber meistens wurde ich in meinem Zimmer eingeschlossen, wenn Besuch kam. ›Kinder stören die Erwachsenen‹, hieß es dann.«

Einmal wurde er zu einem Familienfest der etwa 90jährigen Eltern seines Pflegevaters mitgenommen. Es fand im Speisesaal eines Hotels statt. »Ein langer Tisch war vorbereitet, und die Leute setzten sich. Meine Pflegemutter machte etwas zaghaft die Bemerkung, daß man Gedeck und Stuhl für mich vergessen hätte. Da schlug die Mutter meines Pflegevaters krachend die Faust auf den Tisch und schrie zornig und überlaut: ›Ich dulde keinen ungetauften Wildling an meinem Tisch – dort ist der Platz für ihn!‹, und sie zeigte in die Ecke des Saales, wo, weit weg von den anderen, ein winziger Tisch bereitstand. Dorthin setzte man mich, den neugierigen Blikken der anderen Hotelgäste ausgesetzt, die alle den Lärm gehört hatten.«[47] – »Was machen Sie als Kind«, fragt mich Wilkomirski, »wenn Sie der Schandfleck der Familie sind?«[48]

Jahrzehntelang habe er in einer chronischen Angst gelebt, erzählt Wilkomirski. Er befürchtete, »eines Tages wird irgend jemand herausfinden, daß ich auf sogenanntem illegalem Weg in die Schweiz gekommen bin. Dann wird man mich rausschmeißen. Man wird schimpfen: Da hat sich wieder ein Jude hier eingeschlichen, um von der Gesellschaft zu profitieren.«[49]

Wilkomirski zeigt mir Korrespondenz seiner Pflegeeltern, darunter zwei Briefe aus dem Sommer 1946. Absender war der Vater seines Pflegevaters, der sehr beunruhigt war, »daß Ihr uns gegenüber NIE EIN WORT über Euer VORHABEN der Aufnahme eines Kindes, noch weniger über die von Euch binnen kurzer Frist bestimmt beabsichtigte ADOPTION ausgesprochen habt«. Ungehalten über diese seltsame Verschwiegenheit, fragt er: »Warum waret Ihr so unverständlich verschlossen gegen uns, Eure Nächsten, Eure Eltern, die wir doch stets in liebevoller Bereitwilligkeit in allen Dingen Euch zugetan waren?! NIEMALS könnt Ihr Euch von dem Vorwurf freisprechen, die Suppe, die Ihr Euch eingebrockt habt, nun leider auch auslöffeln zu müssen. Seid mir also nicht allzu böse & gebt mir beruhigenden Bericht.«[50] Noch fünf Jahre später ist der Konflikt nicht erledigt. »Wir bitten Euch DRINGEND«, schreiben die beiden Väter von Wilkomirskis Pflegeeltern, »von einer Adoption Brunos DEFINITIV abzusehen. Wenn Ihr Bruno eine gute Erziehung, ein schönes Heim und die Erlernung eines Berufes nach seinem Wunsch garantiert, habt Ihr sicher ein schönes Werk christlicher Nächstenliebe getan – Weiteres zu tun bleibt Euch auch überlassen. Der Gedanke, daß Bruno mit der Adoption als ALLEINIGER RECHTLICHER Erbe bei Eurem Ableben nicht nur in den vollen Besitz EURES EIGENEN, sondern auch der HÄLFTE unserer BEIDSEITIGER HINTERLASSENSCHAFT kommt & damit in jungen

Jahren, ohne einen Finger gerührt zu haben, zum Millionär wird, ist uns BEIDEN UNERTRÄGLICH.«[51]

Seine nichtjüdischen Pflegeeltern hätten um seine Herkunft gewußt, sie jedoch tabuisiert, erzählt Wilkomirski. Unentwegt hämmerten sie ihm ein, er müsse vergessen, er habe nur geträumt. »Wenn ich sagte, es sei nicht wahr, dann wurde ich niedergeschrien: ›Kinder haben kein Gedächtnis, Kinder vergessen schnell‹ – das war einer ihrer Standardsprüche. Und immer endeten diese Szenen in wütendem Gebrüll und Weinen. Ich gab auf, resigniert plapperte ich ihre Sprüche nach, in der Hoffnung, man werde mich dann nicht zurückschicken, ich behalte ein Dach über dem Kopf und ein gewisses Maß an Sicherheit. Das ging eine Weile so, bis ich irgendwann wieder die Kontrolle verlor und sie der Lüge bezichtigte.«[52]

Er hatte zwei jüdische Mitschülerinnen, die fast den gleichen Heimweg hatten. Die Pflegeeltern untersagten ihm strikt, sie zu begleiten, und bestraften ihn schwer, wenn er sich darüber hinwegsetzte. Warum sie ihm alles verbieten, fragte er sie. Dies sei alles nur zu seinem Schutz. Einmal schrie ihn sein Vater an, auch in der Schweiz habe man die Juden nicht gern, er dürfe nicht mit ihnen in Berührung kommen.[53]

»Einmal«, erzählt Wilkomirski, »entdeckte ich eine Illustrierte mit Bildern von Kriegsruinen und vielen Stacheldrahtverhauen. Ich rannte schreiend auf meine Pflegemutter zu. ›Siehst du, von hier komme ich her! Von hier!‹ und zeigte auf die Bilder. ›Ich komme nicht von wo ihr immer sagt! Sieh hier! Bitte sag mir, wo das war, bitte!‹ Sie verbot mir streng, je wieder ihre illustrierten Zeitungen anzuschauen. Dann sagte sie das Übliche: ›Du hast nur geträumt.‹ Als ich nicht locker ließ und sie anflehte, mir zu sagen, ob sie etwas wisse, ob sie überhaupt wisse, woher ich komme, da sagte sie zum Schluß plötzlich erschöpft: ›Das war so schrecklich, ein so fürchterlicher Ort, über so was darf man gar nicht sprechen.‹«[54]

Dieses Gebot des Verschweigens ließ alle Sicherheit trügerisch erscheinen. »Keiner hat mir offen gesagt: Ja, das Lager hat es gegeben, aber jetzt ist es vorbei. Es gibt noch eine andere Welt, und in dieser Welt darfst du leben! Und so habe ich mir gesagt: Gut, noch

Wilkomirski mit seinen Pflegeeltern Kurt und Martha Dössekker sowie den Eltern seines Pflegevaters (von rechts nach links).

seid ihr die Stärkeren. Ich werde mich anpassen, ich werde eure Spielregeln lernen, ich werde eure Spiele spielen – aber ich werde sie nur spielen – ich will nie so sein wie ihr! Ihr, die ihr vorgebt, diese Spielregeln ernst zu nehmen! Ihr predigt Ehrlichkeit und ihr lügt, ihr predigt Offenheit und ihr verschweigt mir die Wahrheit. (...) Das gute Leben ist nur eine Falle. Das Lager ist noch da!«[55]

Oft führte Wilkomirski solche Selbstgespräche auf einer alten, hohen Tanne im Garten seiner Pflegeeltern. Er hatte sich dort einen Hochsitz gebaut, von dem aus er die Stadt überblicken konnte. Hier war er ungestört und sicher, niemand konnte ihm folgen, niemand hörte ihn. Stundenlang wiederholte er laut alle Details seiner Vergangenheit, an die er sich erinnern konnte. Denn er lebte von der Idee, auszureißen und dorthin zurückzukehren, wo er hergekommen war. Dazu mußte er alle Einzelheiten im Gedächtnis bewahren – wie ein Weg aussah oder eine bestimmte Hausecke –, sonst war er verloren. Als er dann die Schule besuchte und schreiben lernte, hielt er alles fest, was er wußte. Er füllte ein in braunes Leinen gebundenes Büchlein mit Texten und Zeichnungen. Auch die Pflegeeltern kamen darin vor, in keinem vorteilhaften Licht. Es war lange sein bestgehüteter Schatz, aber irgendwann wurde es von seiner Pflegemutter gefunden und verschwand im Schreibtisch seines Pflegevaters.[56]

Der Bettelbub und Wilhelm Tell – zwei Schulerlebnisse

Anfang 1948 sei er in die Schweiz eingereist und im Frühjahr sofort in die Schule geschickt worden, erzählt Wilkomirski. Er vermutet, damals neun Jahre alt gewesen zu sein. Aber er war in den letzten Jahren kaum gewachsen, schaute wie ein Fünfjähriger aus und war in der Klasse der Kleinste. Man nannte ihn »Zwerg« und behandelte ihn auch dementsprechend, was er angesichts seiner früheren Erfahrungen schlecht ertrug.[57] In der Schule wurde schrecklich viel geredet, aber vom Leben hatte niemand eine Ahnung. Für ihn kam eine schlimme Zeit. »Meistens verstand ich gar nichts.

Ich verstand zwar die meisten Wörter sehr bald, aber zusammen, als ganze Sätze ergaben sie mir keinen Sinn. Sie formten nichts, was ich mir vorstellen konnte. So dämmerte ich in der Klasse dahin, meist ohne zu begreifen, was um mich vorging.«[58] Es war ein Wunder, daß man ihn in der Schule ließ. »Ich erinnere mich nur, daß ich jeweils vor der Examenszeit lauter leere Hefte hatte. Die anderen Kinder hatten vollgeschriebene Hefte, ich hatte einfach nichts.«[59]

Wenige Wochen nach der Einschulung sei seine Lehrerin mit der Klasse auf ein Volksfest gegangen, erzählt Wilkomirski.[60] Er freute sich, fürchtete aber zugleich, er könne sich verraten; möglicherweise schöpfte jemand Verdacht, daß er zu jenen gehörte, die eigentlich kein Recht hatten auf all diese Annehmlichkeiten. Unsicher ging er durch die Budenstadt mit den vielen unbekannten Ständen und Lustbarkeiten. Ein Kastanienverkäufer schenkte ihm eine braune, heiße Kugel. Wilkomirski wollte sie mitsamt der Schale essen. Der Mann lachte dröhnend, als er die Schale ausspuckte. Dann erschreckten ihn Kinder, die an einer Theke mit Gewehren auf eine bemalte Frau zielten.

Es gab Stände mit wunderbaren Süßigkeiten. Wilkomirski bekam Hunger, hatte aber kein Geld, um etwas zu kaufen. Er erinnerte sich, wie er in Krakau an einer Straßenecke gesessen und eine Hand ausgestreckt hatte, die Mütze vor den Füßen. Da er nun keine Mütze hatte, nahm er das Taschentuch. »Was ist denn das für eine Schweinerei?« brüllte ein Mann und riß ihn in die Höhe. »Man bettelt doch nicht! Verboten ist das!« Die Nachricht von Wilkomirskis unerhörtem Benehmen verbreitete sich im ganzen Schulhaus; auch seine Pflegeeltern erfuhren davon und waren empört, weil er ihnen Schande gemacht hatte. Noch Monate später verspotteten ihn die Kinder als Bettelbuben.

Eines Tages, erzählt Wilkomirski, entrollte die Lehrerin ein großes, buntes Wandbild und fragte, was darauf zu sehen sei.[61] »Wilhelm Tell!« tönte es von den Bänken. Die Lehrerin forderte Wilkomirski auf, das Bild zu beschreiben. Er blickte entsetzt auf den Mann, der offenbar Tell hieß, ein Held war und mit einer merk-

würdigen Waffe auf ein ahnungsloses Kind zielte.»›Ich sehe...,
ich sehe einen SS-Mann...‹, sage ich zögernd. ›Und er schießt auf
Kinder‹, füge ich schnell hinzu.« Die Kinder lachen brüllend, das
Gesicht der Lehrerin wird rot vor Wut. Wilkomirski ist vollkommen verwirrt, kann die Situation nicht deuten.»Ich blicke sie an,
gerade ins Gesicht. Ich sehe die blitzenden Augen, den wutverzerrten Mund. Und jetzt weiß ich es, sie ist es, sie ist die Blockowa!
Da steht sie, breitbeinig, prall, die Hände in die Hüften gestemmt.
Die Lehrerin ist eine Blockowa! Unsere Blockowa! Sie hat sich
nur verkleidet, sie hat die Uniform abgelegt.« Sie hat versucht, ihn
zu täuschen, nun wird sie ihn Tell übergeben, der ihn abführen
und auf ihn zielen wird. Wo einmal die Wandtafel war, sieht er
den hohen rauchenden Kamin, der rote Pullover der Lehrerin ist
zu einem riesigen Feuer geworden.»Die Klasse randaliert, alle
schreien durcheinander. Die Mädchen lachen nun hell und höhnisch und tippen an die Stirne, die Knaben zeigen auf mich, machen
Fäuste und rufen: ›Der spinnt doch, das gibt es gar nicht! Lügner!‹« Nach der Schule fällt die Klasse wie ein Schwarm über ihn
her und verprügelt ihn. Wilkomirski versteht nicht, warum ihn alle
bekämpfen und ihm keiner hilft.»Und dann schweife ich ab mit
meinen Gedanken, um mich zu retten, ich schwebe in die Höhe,
über die Häuser und Dächer, hinweg über die böse Stadt, den
Vögeln folgend, weit über endlose Birkenwälder, über Seen und
Flüsse. Ich kreise um schneeweiße Wolken und fliege weiter über
Hügel und Täler. Ich winke Motti zu, meinem ältesten Bruder, der
auf einer sonnigen Wiese sein gebasteltes, wunderschönes Flugzeug
in die Lüfte wirft. Motti winkt zurück.« Irgendwann merkt er, daß
die Schläge aufgehört haben, und geht nach Hause.

»Das Lager ist noch da« – Aufwachsen in der Schweiz

Zu Hause, erzählt Wilkomirski, fand er keine Hilfe. Das strikte
Verbot der Pflegeeltern, über seine Vergangenheit zu sprechen, bestärkte ihn nicht nur in der Gewißheit, von einem sehr schlechten

Ort zu kommen, sondern gab ihm auch noch das Gefühl, selbst schuld daran zu sein. Die Verwirrung hatte schon bei seiner Ankunft im Hause der Dössekkers begonnen, als die Pflegemutter ihm im Keller die Holzgestelle für das Obst zeigte und er sich sogleich angstvoll an die Pritschen im KZ erinnerte. Was ging hier vor, was verheimlichte man ihm? Dann führte sie ihn zum Holzofen, und seine Gedanken überschlugen sich: »Das Lager ist noch da.«[62] Später, er war vielleicht zehn Jahre alt, erfaßte ihn Panik, als er in den Winterferien den bedrohlichen Lärm eines Motors hörte. Kinder hingen an hölzernen Doppelhaken, die von einem dicken Stahlseil in die Höhe gezogen wurden. »Die Todesmaschine«, hörte er sich sagen, und er warf sich instinktiv in den Schnee. Erst heute weiß er, warum ihn das Motorengeräusch tödlich erschreckte. »Die Skilifte damals in der Schweiz wurden noch von Saurermotoren betrieben. Ein Überlebender aus Majdanek hat mir erzählt, daß vor dem Eingang der Gaskammern die beiden Vergasungswagen gestanden haben, die von umgebauten Saurermotoren betrieben wurden. Und so wie ein Kind heute Motoren verschiedener Automarken voneinander unterscheiden kann, so hatte sich mir dieses Geräusch so tief eingeprägt, daß es noch später in der Schweiz Todesängste auszulösen vermochte.« So wie ihn am Tag solche Reminiszenzen überfallen konnten, quälten ihn des Nachts immer wieder Alpträume. Die ersten handelten von Läusen und Insekten, die über ihn herfielen und nicht abzuschütteln waren.[63]

Er konnte die Welten nicht auseinanderhalten und nahm an, alle Kinder seien in Baracken aufgewachsen. Als ihm ein Schulkamerad vom Kindergarten erzählte, verstand Wilkomirski dies als anderen Ausdruck für »Kinderquarantäne«, eine Kinderbaracke im KZ. Er begann den Mitschüler auszufragen, ob er auch geschlagen worden sei, wie er überlebt habe, wie viele gestorben seien. Von Panik erfaßt, rannte der Knabe davon. Es gab einen großen Skandal; den Kindern wurde von ihren Eltern verboten, weiter mit ihm zu spielen. Versuchte er dennoch zaghaft, die Erinnerung mit jemandem zu teilen, tippte man sich mit dem Finger an die Stirn. Er galt als Spinner. So ließ er sich in seinen Erinnerungen verunsichern, glaubte selbst, nicht normal und vielleicht ein schlechter Mensch zu sein. Sich jemandem anzuvertrauen war ohnehin zu gefährlich, da er illegal in die Schweiz gebracht worden war. In seiner Verzweiflung versuchte er mehrmals, sich das Leben zu nehmen. Das erste Mal mit zehn Jahren, als er Pilze aß, die er für giftig hielt.[64] Seine einzige Stütze fand er bei der Haushälterin Hermine Egloff. Ihre Stelle bei den Dössekkers hatte sie nur angetreten, weil sie es als ihre religiöse Pflicht ansah, den Knaben zu retten. Sie hatte sofort bemerkt, daß die Familie gestört war und mit dem Kind etwas nicht stimmte.

Seine Pflegeeltern seien »fürchterlich altmodisch« gewesen, erzählt Wilkomirski. Der Pflegevater – »ein aufbrausender, autoritärer Mensch, der glaubte, mit Geld und Doktortitel könne er alles durchsetzen; sei ihm alles erlaubt« – vertrat preußische Erziehungsideale; er ließ ihn dreimal am Tag die Kleider wechseln und prügelte ihn oft. Wilkomirski empfand seine Pflegeeltern als verlogen. Nach außen hin wurde stets gelächelt, das Wichtigste war, was die anderen dachten. Als er Geige spielen lernen wollte – seit seiner Ankunft in der Schweiz sein sehnlichster Wunsch –, erlaubten sie es nicht. »Herumzufiedeln« schien nicht zu ihrem Gesellschaftskreis zu passen. Sie besaßen einen Flügel, den sie für ihresgleichen als das angemessenere Instrument erachteten. Als Wilkomirski etwa 13 Jahre alt war, lieh er sich von einem Schulkameraden eine alte Klarinette aus, die er im Gegensatz zu einer Geige unter seiner Matratze verstecken konnte. Heimlich brachte er sich selbst das Spielen bei, regulären Unterricht erhielt er erst etwa vier Jahre später. Als die Pflegeeltern hörten, daß seine Klassenkameraden Feste organisieren und unbegleitet in die Ferien fahren durften, wurde es auch ihm erlaubt – aus Gründen des Renommees.[65]

Im Gymnasium begann Wilkomirski, mehr von seiner Geschichte zu begreifen. »Erst im Alter von 13, 14, 15 fand ich langsam für einzelne Dinge, lange nicht für alle, Worte. Da realisierte ich erstmals, was die Bilder bedeuteten.« Er las in den Zeitungen von den Prozessen, die in Deutschland und Österreich gegen alte Nazis

Wilkomirski (Mitte) mit zwei Schulfreunden in den Skiferien. Er erzählt, wie er einmal von Panik ergriffen wurde, als er den Motor des Skilifts hörte.

geführt wurden. Die vielen lächerlichen Strafen und skandalösen Freisprüche konnte er nicht ertragen. »Ich entwickelte in dieser Zeit ganz schreckliche Rachephantasien. Irgendwann, schwor ich mir, werde ich mich an der ganzen Welt für das, was man mir angetan hatte, rächen.« Er trieb sich in dubiosen Restaurants herum und nahm Kontakt zur Halbwelt auf, um herauszufinden, wie man an Sprengstoff und Waffen gelangte. Er hatte bereits einige Freunde gefunden, die unter Umständen mit ihm zusammen eine Gruppe gebildet hätten, um seine Rachepläne zu realisieren, erzählt Wilkomirski.

In jener Zeit kam es jedoch zu einem Vorfall, der ihn innehalten ließ. Er war wegen ungenügender Leistungen vom Gymnasium in die Sekundarschule versetzt worden. Ein Mitschüler – ein großer, »fetter Kerl« mit einem kalten Grinsen – verhöhnte ihn ständig wegen seiner schlechten Mathematiknoten. Verdammt noch mal, das Lächeln kenne ich, es ist das Lächeln, das Menschen tötet, durchfuhr es Wilkomirski. Er explodierte, prügelte den Mitschüler das ganze Treppenhaus hinunter und ließ ihn liegen. Der Verletzte kam für drei Wochen ins Krankenhaus – Wilkomirski hatte nicht gewußt, daß er Asthmatiker war. Er hatte ihn fast getötet und flog deswegen beinah von der Schule.[66] Seine Phantasien waren von der Erfahrung, selbst jemanden verletzen, ja töten zu können, eingeholt worden. Er erschrak: Wenn er so weitermachte, würde er wie seine Blockowas werden.

Die einzige Gegenmaßnahme sah er darin, mehr zu lernen. Seine Pflegeeltern erlaubten ihm den Besuch eines privaten Gymnasiums, damit er die eidgenössische Matura machen konnte. Sie schlugen ihm eine Art Abkommen vor: Sie würden auch künftig für seine Ausbildung aufkommen, aber er sollte dafür definitiv ihren Namen annehmen und später Medizin studieren. Obwohl er seit langem bei den Dössekkers lebte, hatte er noch immer den weniger verbindlichen Status eines Pflegekindes. Im Frühjahr 1957 gingen sie zur Stadtverwaltung, um die Adoption besiegeln zu lassen. Nun gehörte er endgültig zu der Familie, mit der er bisher keine gute Zeit verbracht hatte und deren Namen er haßte. »Es war schrecklich, ich fühlte mich irgendwie erpreßt, aber es war meine einzige Rettung.«[67]

Am privaten Gymnasium begegnete er zwei Lehrern, die für ihn sehr wichtig wurden, erzählt Wilkomirski. Sie halfen ihm, seine Alpträume ein wenig zu verstehen und seine Erinnerungen erstmals in einen historischen Zusammenhang zu stellen. Der eine war sein Geschichts- und Deutschlehrer Werner Keller, den er hoch verehrte. Da der weißhaarige alte Mann selbst von den Nationalsozialisten aus Deutschland vertrieben worden war, besprach er das NS-Regime und den Zweiten Weltkrieg aus persönlichem Interesse. Ich sog, erzählt Wilkomirski, »jedes Wort von ihm auf, stellte unzählige Fragen, nahm jede Anregung entgegen, zusätzliche Bücher zu besorgen, die ich dann heimlich las. Meine Pflegeeltern durften nichts davon erfahren.«[68]

Aber je mehr er sich mit seinen Erinnerungen beschäftigte, desto mehr schien sich der Sinn des Erlebten zu entziehen. »Es war zum Verzweifeln. Warum hatte gerade ich überlebt? Ich verdiente doch eigentlich nicht zu leben. Zuviel Schuld hatte ich auf mich geladen.« Er dachte an den Neuen, den er im KZ mit seinem nächtlichen Ratschlag ausgeliefert, an die Kameraden vom Krakauer Waisenhaus, die er im Stich gelassen, an die Mutter, die er – da er nun eine fremde Frau »Mutter« nannte – verraten hatte. Sie sahen im Unterricht einen Dokumentarfilm über die Befreiung des KZ Mauthausen durch die Alliierten. Er erschrak, so hatte er es nicht in Erinnerung, diese glücklichen Gesichter, dies war nicht wahr. Es war Betrug. Schließlich wurde er unsicher: »Vielleicht ist es wahr – ich habe meine eigene Befreiung verpaßt.«[69] Dem Geschichtslehrer offenbarte Wilkomirski nie, woher sein besonderes Interesse rührte. Der einzige, dem er sich anvertrauen konnte, war sein Physiklehrer Salvo Berkovici.

»Warum hatten Sie das Gefühl, sich ihm offenbaren zu können?« – »Wegen seines Aussehens. Er sah sehr jüdisch aus, und ich dachte, aha, das ist einer von uns.« – »Er sah jüdisch aus?« – »Ja, ja, er stammte aus einer sehr alten rumänischen Rabbinerfamilie. Er war einer der ersten, der nicht Rabbi wurde, aber er hatte etwa fünf oder sechs Doktortitel.«[70] Der alte, weise Mann verstand ihn und gab ihm Sicherheit. Er war sein Ratgeber und Mentor, eine Art von Vater, wie er sich selbst einen gewünscht hätte.[71] Bei einem der letzten Besuche vor seinem Tod fühlte sich Wilkomirski vollkommen erschöpft und ohne Lebenslust, wie erkaltete Asche. Er sagte zu Berkovici, nach der Maturaprüfung werde er Chemie studieren, um mit diesem Wissen die ganze Welt niederbrennen zu können. Die Reaktion des alten Mannes machte ihm bewußt, daß er sich so nur selbst zerstören würde; und auf seine spezielle Art vermochte er, ihm wieder Hoffnung zu geben. »Er sagte, unter dieser Asche glimmt immer noch ein kleines Feuer, er könne es spüren und sehen. Solche kleinen Bemerkungen wurden mir sehr wichtig, weil ich wußte, daß er es ehrlich meinte und mich nicht bloß trösten wollte.«[72]

Dank dieser beiden Lehrer, erzählt Wilkomirski, habe er begriffen, daß er nicht verrückt war. Durch ihren offenen Umgang mit der Vergangenheit erfuhr er zum ersten Mal eine Beglaubigung seiner Erinnerungen. Dies rettete ihn. Vorher konnte er sich nur mit einer einzigen Methode vergewissern, daß er keine Hirngespinste hatte: Er befühlte mit seinen Fingern die Narben an seiner Stirn und seinem Hinterkopf und sagte zu sich selbst: Von nichts kommt dies nicht.[73]

Musik und Geschichte

Wilkomirski erzählt, daß ihn die Pflegeeltern (er verwendet trotz seiner Adoption fast immer diesen Begriff) nach der Matura nach Genf schickten, wo er Medizin studieren sollte. Dies hielt er jedoch nicht lange aus und ließ sie wissen, daß er statt dessen Physikvorlesungen höre und sich für Klarinette am Genfer Konservatorium eingeschrieben habe. »Damit ist dann für lange Zeit auch die Verbindung zu meinen Pflegeeltern auf Eis gelegt worden; es war ein Bruch.« Die Musik wählte er, weil sie für ihn die einzige Möglichkeit war, sich auszudrücken und das Gehör zu finden, das ihm anderweitig systematisch verweigert wurde.« Wenn meiner Sprache, die ich jetzt endlich gelernt habe, niemand zuhören will, meiner Musik müßt ihr zuhören.« Nach dem Abschluß in Genf und einer ersten Schallplattenaufnahme erhielt er ein Stipendium des Kantons Zürich für ein zweijähriges Studium an der Musikakademie Wien. So wurde er Musiker und Musiklehrer.[74]

Er heiratete sehr früh und nicht ohne Komplikationen, erzählt Wilkomirski. »Als ich meinen Pflegevater in seiner Arztpraxis besuchte, um ihm mitzuteilen, daß ich heiraten möchte (meine Freundin war aus ›vornehmem‹ protestantischem Hause und erwartete ein Kind), da verlor er vollkommen die Beherrschung, gab mir eine Ohrfeige und brüllte, was ich doch für ein Idiot sei, mir nicht ein jüdisches Mädchen ausgesucht zu haben, ich würde es noch bereuen! Ich war sprachlos und dachte: ›Jetzt hast du dich verraten!‹« Diese Entgleisung bestätigte Wilkomirski, daß sein Pflegevater über seine stets tabuisierte Vergangenheit im Bilde war. Die zweite Schwierigkeit bereiteten ihm die Behörden. Aus unerfindlichen Gründen trafen die amtlichen Papiere nicht rechtzeitig vor der Hochzeit ein, für den Bräutigam war dies ein »Debakel«. Ein schlechter Beginn für eine Ehe. Nach zwei Jahrzehnten war sie gescheitert.[75]

Als er nach dem Genfer Aufenthalt nach Zürich zurückkehrte, entschied er sich, Geschichte zu studieren; nicht um »hauptamtlich Historiker zu werden«, sondern um seine »eigene Geschichte besser zu verstehen und in einen Zusammenhang zu stellen«. Er wußte, daß er durch das Studium zu vielen Archiven einen besseren Zugang haben würde als eine Privatperson. »Darum wählte ich schließlich auch das Thema meiner Doktorarbeit so, daß ich sie, mit einigen Umwegen, mit meiner persönlichen Recherche verbinden konnte.« Der Forschungsgegenstand, den er Mitte der sechziger Jahre in Angriff nahm, war die jüdische Migration in Mittel- und Osteuropa zwischen dem Ersten Weltkrieg und der Flüchtlingskonferenz von Évian im Jahre 1938.[76]

Wilkomirski reiste mehrmals nach Polen, aber es war damals sehr schwierig, Zugang zu den Archiven zu finden, da der polnische Innenminister ein fanatischer Antisemit war. Als er im Jahre 1968 nach Warschau und Krakau fuhr, lernte er im Zug Sylwester Marx kennen. Während der Fahrt durch die russisch besetzte Tschechoslowakei bemerkte der Pole die Ängstlichkeit Wilkomirskis, der offensichtlich keine Ahnung hatte, was auf ihn zukam. Er lud ihn nach Kattowitz ein, wo er mit seiner Frau Christine wohnte. Wilkomirski fuhr für einige Tage nach Warschau, um nach zugänglichen Archiven zu suchen, und dann in den Süden. Auf dem Rückweg besuchte er das Ehepaar Marx. Es entwickelte sich eine Freundschaft, und Sylwester wurde zu seinem Übersetzer, der ihn überallhin begleitete und ihm zeigte, wie man sich in diesem Land unter totalitärem Regime bewegen konnte. Im Jahre 1973 reiste Wilkomirski ein zweites Mal nach Krakau und Warschau. Da er sich nicht jeden Tag bei den Behörden meldete, wurde er angehalten, abgeschoben und mit einem Einreiseverbot bestraft. Die nächste Reise nach Polen machte er erst 1993, als er dafür kein Visum mehr brauchte, erzählt Wilkomirski.

Obwohl er sehr ergiebiges Material fand, mußte er seine Doktorarbeit kurz vor dem Abschluß aufgeben. Die Forschung belastete ihn zu sehr; zudem hatte er eine Familie zu ernähren, was als Musiker sehr hart war. Als bei ihm im Alter von 40 Jahren eine Blutkrankheit mit leukämieähnlichen Symptomen und ein Tumor auf der Milz diagnostiziert wurden, erschien ihm sein Vorhaben, die Promotion später nachzuholen, fraglicher denn je. So vermachte er Mitte der achtziger Jahre die über tausend Dokumente, die er recherchiert hatte, der Forschungs- und Gedenkstätte Yad Vashem in Jerusalem.[77]

Auch neben der Forschung habe er sich weiter mit seiner persönlichen Vergangenheit auseinandergesetzt, erzählt Wilkomirski. Bereits während seines Studiums an der Wiener Musikakademie besuchte er regelmäßig die Antiquariate, die von russischen Emigranten geführt wurden und Gegenstände osteuropäischer Herkunft anboten. Einem Antiquar, mit dem er sich befreundete, gab er einen konkreten Auftrag. Er sollte ihn benachrichtigen, falls er je etwas erfahren würde, das im Zusammenhang stünde mit dem Namen Wilkomirski oder der Stadt Wiłkomir, litauisch Ukmerge genannt, aus der die Wilkomirskis ursprünglich herkamen. Noch während seines Wiener Aufenthalts rief ihn der Antiquar eines Tages an, er habe ein Porträt eines Rabbiners aus der Stadt Wiłkomir, das aus dem Jahre 1848 stamme. Wilkomirski kaufte es und nahm es bei seiner Rückkehr mit nach Zürich.

Diktierte Identität – Leben in zwei Welten

In den sechziger Jahren habe er von Jerzy Kosinski »Der bemalte Vogel«[78] gelesen, erzählt Wilkomirski. Der Autor kam nach dem Krieg in die Schweiz und begann hier seinen Text zu schreiben. Wilkomirski erhielt von einer Studentin Auszüge zur Lektüre, noch bevor das Buch veröffentlicht wurde. »Er war der erste, der überhaupt von Kindern und von seinen Erlebnissen als kleines Kind in Polen geschrieben hat. Einfach nüchtern, was er sah, ob er es begriff oder nicht. Es ist etwas vom Berührendsten und Erschütterndsten, was ich je gelesen habe.« Kosinski war damals, als er seine Geschichte erlebte, etwa zwölf Jahre alt. »Im Lager?« frage ich. »Er war nicht im Lager. Er wurde im Untergrund herumgeschoben.« – »Er ist auch jüdisch?« – »Er ist selber nicht sicher, ob er von Juden oder Zigeunern abstammt. Er wird von vielen als jüdisch betrachtet.«

Wilkomirski erklärt, was es mit dem Titel auf sich hat: In der polnischen Landbevölkerung herrschten Aberglaube und Brutalität. Als er das letzte Mal Sylwester Marx im polnischen Rytro besuchte, wo jener eine Ferienwohnung besitzt, habe er dies wieder erlebt: diese dümmlichen Grausamkeiten, als lebten die einfachen Polen noch im Mittelalter. Kosinski beschreibt, wie riesige Vogelschwärme übers Land kommen. Die Dorfjugend macht sich einen Spaß daraus, einen Vogel zu fangen und zu bemalen. Sie lassen ihn wieder fliegen und beobachten, wie er von seinem eigenen Schwarm nicht mehr erkannt wird. »Er sieht anders aus, er duftet anders durch die Farbe. Er wird als Fremdkörper ausgestoßen und zu Tode gepickt. Das war die Dorfbelustigung. Aus dieser Episode, die er im Buch erzählt, stammt dieser Titel.« »Trifft diese Metapher auch auf Sie zu?« will ich wissen. »Was heißt auf mich? Es geht vielen so, auch Child Survivors fühlen sich so.« »Was hat Sie am Buch so getroffen?« frage ich. »Ich habe nicht die Ereignisse erkannt, aber die Wahrheit in der Atmosphäre, die damals geherrscht hat. Er hat sie in Polen wohl ganz anders erlebt, aber doch im Rahmen der Shoah.«

Wilkomirski erzählt, wie er nach Jahrzehnten Karola wieder getroffen habe. Es war eine zufällige Begegnung in einem Zug in Frankreich. Sie arbeitete als Übersetzerin. Gemeinsam besuchten sie im Krankenhaus ihre Mutter, die sie im Krieg verloren, aber später wiedergefunden hatte. Karola und er trafen sich regelmäßig und befreundeten sich. Über ihre gemeinsame Vergangenheit im Krakauer Kinderheim oder sonstwo sprachen sie jedoch nie, aus Angst, zu berühren, was sie eigentlich verband. »Sie redet auch heute nicht davon, höchstens in Andeutungen.« Ich frage Wilkomirski, ob er mir einen Kontakt zu ihr herstellen könne. Er lehnt ab. Seine Argumente leuchten mir nicht ganz ein; vielleicht will er die alte Freundin vor Unannehmlichkeiten schützen.[79]

Im Herbst 1979 traf Wilkomirski einen Mann, der in der kommenden Zeit sein engster Freund und auf seinen Reisen in die Vergangenheit sein Begleiter werden sollte. Es war der israelische Psychologe Elitsur Bernstein, der seit fast zwei Jahrzehnten in Zürich lebte. Eines Tages meldete sich Eli Bernstein, wie er von Deutschsprachigen genannt wird, telefonisch bei Wilkomirski und erklärte, er wollte Klarinette spielen lernen. Während der ersten Probelektion deutete Wilkomirskis Schüler zur Wand und fragte: »Wer schaut mich dort so streng an?« Bernstein war das Porträt aufgefallen, das Wilkomirski in Wien gekauft hatte. Dies sei der Rabbi von Wiłkomir, bekam er zur Antwort. Plötzlich ganz aufgeregt, bat er, ob er seinen Vater in Israel anrufen dürfe. »Weißt du, bei wem ich in der Klarinettenstunde bin?« sagte er am Telefon. »Bei jemandem, der ein Bild des Rabbi von Wiłkomir besitzt.« Es stellte sich heraus, daß Bernsteins Vater in Wiłkomir die Yeshiva, eine religiöse Hochschule, besucht hatte, erzählt Wilkomirski.

In den achtziger Jahren begann er nach möglichen Verwandten zu suchen. Eines Tages erfuhr er, daß es in Israel mindestens 36 Wilkomirski-Familien gebe. Die Information erhielt er von Bernstein, der inzwischen nach Israel zurückgekehrt war. Unter diesen israelischen Namensvettern soll es einen Mordechai gegeben haben, der etwa 1978 gestorben sei, erzählte man Wilkomirski. Er stamme aus dem Baltikum, sei damals von irgendeinem Transport entwichen und auf unglaubliche Weise geflüchtet. Das war das einzige Mal, daß Wilkomirski von der Existenz eines Mannes erfuhr, der den Namen seines älteren Bruders trug.

Er sei enttäuscht gewesen, daß die Nachricht erst auftauchte, nachdem jener Mordechai gestorben war, erzählt Wilkomirski. Er traute sich nicht, diese Spur weiter zu verfolgen. Sich der Vergangenheit zu stellen brauchte Mut, und Wilkomirski konnte nicht einfach alles abwerfen, was man ihm von Kindesbeinen an oktroyiert hatte. Lange paßte er sich den äußeren Erwartungen an und »versuchte, ein guter Schauspieler zu werden«, niemand sollte etwas von seiner wahren Identität merken. »Ich habe das nicht richtig gelebt. Ich wußte immer, ich bin jemand anders, aber ich spiele jetzt den Schweizer Jungen und diesen Schweizer Bürger.« »Daß es eben nur gespielt war, das ist mir im Moment selbst nicht so bewußt gewesen, wie das mir heute ist. Das erklärt mir eben auch, daß eben diese Art von Leben nicht auf Jahrzehnte durchzuhalten ist. Irgendwann bricht auch das eigene Ich durch, bricht auch das Bedürfnis durch, endlich zu sich selbst zu stehen und diese Art von Versteckspiel zu beenden.«[80] So wurde es ihm absolut unmöglich, bei der Erforschung der Shoah seine persönliche Erfahrung auszublenden. – »Die Verdrängung des traumatischen Erlebnisses hat plötzlich nicht mehr funktioniert?« – »Diese Verdrängung mag zwischen 20 und 50 noch halbwegs funktionieren, dann aber gelang es mir einfach nicht mehr, diesen Deckel über meiner Kindheit festzuhalten.« Er hob ihn »vorsichtig immer etwas mehr«, da sein Umfeld »dies zuließ und wünschte« und er die Kraft dazu fand.[81]

Daß er seinen Erinnerungen schließlich nachging, verdanke er Verena Piller, erzählt Wilkomirski. Als er sie 1982 kennenlernte, war er von Operationen gezeichnet und hatte sich erst vor kurzem von seiner ersten Frau getrennt. Sie begegneten sich an der Schule, wo sie beide Musik unterrichteten. »Ich spürte vom ersten Moment an, daß sie mir ein Gefühl der Sicherheit geben konnte. Ich konnte ihr von Anfang an von meinen Alpträumen erzählen und wo sie herrührten, zuerst ein wenig, dann immer mehr. Sie hatte eine unglaubliche Geduld und hörte immer wieder gerne zu. Das war in der Zeit, als ich krank war. Ich verdanke ihr mein Überleben; ich hatte bereits resigniert und keine Chance mehr gesehen, meine Krankheit zu überstehen.« Verena Piller erklärte ihm, daß seine körperlichen Leiden mit seiner Erinnerung zusammenhingen und er etwas dagegen tun müsse.[82]

Seine Pflegeeltern, mit denen er nie über seine Vergangenheit reden konnte, starben 1985. Nachdem er bei einem alljährlichen Höflichkeitsbesuch gesehen hatte, daß sie völlig vereinsamt waren, kümmerte er sich zweieinhalb Jahre um sie und kochte ihnen täglich eine Mahlzeit. Schließlich brauchten sie intensivere Pflege, und er mußte für sie einen Platz in einem Altersheim finden. Dabei kam es zu Konflikten mit Rosie Berti, die lange Zeit bei seinem Vater als Praxisgehilfin gearbeitet hatte und nun unbedingt »das luxuriöseste Altersheim« für die beiden Betagten wollte. Bald darauf verstarben sie, erzählt Wilkomirski.

In ihrem Nachlaß machte er verschiedene Entdeckungen. Er fand Briefe, aus denen hervorging, daß sein Pflegevater enterbt worden war. Dessen Vater hatte sich dagegen gewehrt, »daß auch nur ein einziger sauer verdienter Schweizer Franken in die Hände von so einem nichtsnutzigen, halbnackten Lümmel komme«.[83] Auch die Schachtel mit den Gegenständen, die Wilkomirski aus Krakau mitgebracht hatte, tauchte wieder auf. Seine Hoffnung, er würde auch das Büchlein wiederfinden, in dem er bereits als Zehnjähriger seine Geschichte ein erstes Mal aufgeschrieben hatte, wurde hingegen enttäuscht. Dafür machte er eine weitere Entdeckung:

»Ich habe im Nachlaß von meinem Pflegevater ein Buch gefunden über die psychische, psychiatrische Behandlung von Kindern, Jugendlichen aus Konzentrationslagern. Von einem der ersten Psychiater, der sich überhaupt um dieses Problem nach dem Krieg gekümmert hat. Es hat mich außerordentlich erstaunt, denn mein Pflegevater hat überhaupt nichts von Psychologie oder Psychiatrie gehalten, das war für ihn ein rotes Tuch, und er hat sonst auch keine solchen Bücher in seinem Hause akzeptiert. Das war für mich ganz erstaunlich, daß ich dieses Buch gefunden habe, das einzige über dieses Thema. Und darin hat er nun verschiedene Fälle scheinbar sehr gründlich durchgearbeitet, die überhaupt in Erscheinung treten, und hat bestimmte, immer wieder bestimmte Ortsnamen und bestimmte Begebenheiten ganz besonders unterstrichen und hat auch am Ende des Buches Symptome herausgeschrieben und unterstrichen.«[84] Wilkomirski zeigt mir, wovon er redet. Es ist das Buch »Folgen der Verfolgung: Das Überlebenden-Syndrom, Seelenmord« von William G. Niederland, ein Meilenstein in der psychoanalytischen Literatur über Holocaust-Überlebende, in dem Gutachten über Shoah-Opfer dokumentiert sind, die um »Wiedergutmachung« prozessierten.[85] Ich blättere im Buch und lese, was durch Markierungen hervorgehoben ist:[86]

»Es war hier etwas *Neues* in Erscheinung getreten: *chronische*, äußerst *hartnäckige*, therapeutisch wenig beeinflußbare Beschwerden, *Leistungsmängel*, / psychisch tiefgreifender *Persönlichkeitswandel* (9) / *häufig akute Todesgefahr* und Todesangst (10) / *Viele Jahre hindurch war er völlig arbeitsunfähig*, da er nirgends stillhalten oder auch nur ruhig dasitzen konnte. *Er fühlte sich verfolgt.* (13) / *Langwährende Entwurzelungsdepressionen* stellten sich ein, *in deren Gefolge nicht wenige Selbstmord begingen.* (16) / Er erinnert sich, (...) ›von Ort zu Ort‹ gebracht worden zu sein, u.a. auch in ein Waisenhaus, und ein ›schwieriges Kind‹ gewesen zu sein, das furchtsam, verstört und *ruhelos* war, mit niemandem sprach, *auf Fragen nicht antwortete* (29) / *Er klagte über allgemeine Nervosität, Schlafstörungen, Magenbeschwerden*, Ängstlichkeit, große *Schreckhaftigkeit* (31) / Daß die Entwurzelung, die Vereinsamung und Anpassungsschwierigkeiten auch im neuen Einwanderungsland sich fortsetzten, geht schon aus dem Umstand hervor, daß trotz genügender Intelligenz hier beträchtliche Schulschwierigkeiten auftraten und er andauernd ›ein *schlechter Schüler*‹ *blieb*. / daß er für viele dieser Orte (›von Ort zu Ort geschoben‹) heute nur ein schattenhaftes, nichtsdestoweniger angsterfülltes Erinnerungsvermögen besitzt (41) / *Folgeerscheinungen gestörter feindlicher Identitätsbeziehungen* (43) / Auf Grund meiner eigenen Beobachtungen sind neben einer von Furcht und Angst durchsetzten Familienatmosphäre das plötzliche und wiederholte Herausgerissenwerden des Kindes aus einem Milieu und sein Herausgestoßenwerden in ein anderes, ihm nicht vertrautes Milieu, das häufige Wechseln ›von Ort zu Ort‹ und die schockartige, selbst zeitlich begrenzte Trennung von der Mutter *als pathogene Belastungssituationen im Kindesalter zu werten*. (44) / bei einem polnischen Bauern (...) versteckt gewesen (66) / eine kleinere, ebenfalls reizlose *Narbe an der Stirn-Haargrenze rechts* (71) / *Riga* (96) / *Aus Angst vor diesen Alpträumen, die oft jede Nacht oder jede zweite Nacht wiederkehren, fürchtet sie sich, schlafen zu gehen* (102) / in *das KZ Auschwitz* geschafft (169) / Er sagt: ›*Ich suche die Einsamkeit ... ich trage die Erinnerung an das Erlebte mit mir und in mir ... ich kann darüber nicht sprechen.*‹ (170) / die sog. *Hypermnesie*, d. h. das überscharfe und mit starkem Affekt geladene *Erinnerungsvermögen* an die traumatischen Verfolgungserlebnisse und die damit verbundene seelische Erschütterung. Die hypermnestisch festgehaltenen Terrorereignisse neigen dazu – gleichgültig ob innerhalb oder außerhalb des KZ geschehen – *besonders vor dem Einschlafen oder bei der ärztlichen Befragung* – *mit qualvoller Gedächtnis- und Bildschärfe* zurückzukehren und die damals Verfolgten erneut zu erschüttern. (230f.)«

»Er hat mich beschrieben, wie ich früher zu Hause als Kind reagiert habe. Ganz eigenartig«, sagt Wilkomirski. Warum sein Pflegevater medizinisch bedeutungslose Stellen – Riga, Krakau, überhaupt geographische Bezeichnungen – unterstrichen habe, fragt mich Wilkomirski rhetorisch. Er zeigt mir eine Landkarte, auf der er anhand der Markierungen Routen von Riga nach Majdanek und Birkenau eingezeichnet hat.[87]

Sie hängt in seinem umgebauten Bauernhaus, wo er sich im ersten Stock ein großes Archiv eingerichtet hat, mit unzähligen Büchern und Akten über die Shoah, darunter Ordner mit Aufzeichnungen und Listen von Kindern. Es ist, als würde das umfangreiche historische Material den Wohnbereich immer mehr verdrängen; selbst im früheren Schlafzimmer stehen nun Bücherregale, Schreibtische und ein Kopierer. Mit Computer, Drucker und Scanner, Satellitenempfänger, Videoausrüstung und Fax ist Wilkomirski für seine Arbeit bestens ausgerüstet. Denn er ist zur Anlaufstelle geworden für Überlebende aus aller Welt, die nach ihrer Geschichte forschen. Manchmal hat er auch Kurse und Seminare über die Shoah abgehalten.[88]

Wilkomirski führt mich in den ehemaligen Heuschober nebenan, wo er sich seine Werkstatt zur Herstellung von Klarinetten eingerichtet hat. Er zeigt mir einige Stücke, die in Bearbeitung sind, und erklärt ihre Fertigung. Er hat sich das Handwerk autodidaktisch angeeignet. Aus seinen Ausführungen wird spürbar, wie sehr ihn diese Tätigkeit befriedigt.

Der Instrumentenbau sei auch beim Filmprojekt der Gebrüder Colla das Hauptthema gewesen, erzählt Wilkomirski. Die beiden Studenten Fernando und Rolando Colla sahen Anfang der achtziger Jahre seine Werkstatt und hatten die Idee, eine Art Musikfilm zu machen, der zeigt, wie aus einem rohen Stück Holz ein Instrument entsteht, dem man bei Konzerten Melodien entlockt. Obwohl sie bereits Probeaufnahmen gemacht hatten, als Wilkomirski mit einem philharmonischen Orchester konzertierte, konnten sie ihr Projekt nie realisieren. Auf meine Bitte, mir das Drehbuch zu zeigen, gibt er mir eine Kopie des Deckblatts – »Binjamin« lautet der Titel, darunter ist eine Klarinette abgebildet – und den Begleitbrief, den Fernando Colla 1983 geschrieben hatte, um für das Projekt staatliches Förderungsgeld zu bekommen. Wilkomirskis Werkstatt sei einzigartig, da Klarinetten sonst weltweit nur fabrikmäßig hergestellt würden, schreibt Colla. Er wolle seinen Instrumentenbau, aber auch seine »Kindheit in Polen« dokumentieren. Dabei gehe es ihm »nicht darum, den Schrecken des Konzentrationslagers darzustellen, in dem Binjamin einen Teil seiner Kindheit verbracht hat, sondern Bilder zu finden, die Binjamin als Opfer dieser Schreckenszeit zeigen: Bilder für seine Suche nach einer Identität, seinen Versuch, verdrängte Kindheitserlebnisse aufzuarbeiten, Bilder auch für seine Sprachlosigkeit, für die somatische Krankheit, die seit zwei Jahren sein Leben bedroht und die er selbst als Resultat hartnäckigen Verdrängens interpretiert.«[89] Wilkomirskis Vergangenheit scheint durchaus einen größeren Raum in diesem Projekt eingenommen zu haben, als er heute behauptet. Zudem irritiert mich, daß bei Colla nur von einem einzigen KZ die Rede ist. Ich bitte Wilkomirski, mir das ganze Drehbuch zu geben, doch er sieht den Sinn meiner Bitte nicht ein.

Dieses Filmprojekt sei für ihn nicht so wichtig gewesen und im übrigen ausschließlich auf die Initiative der Gebrüder Colla zurückzuführen, erzählt Wilkomirski. Als einschneidendes Erlebnis empfand er hingegen den 1984 produzierten Fernsehfilm »Der Prozeß« von Eberhard Fechner, der das Gerichtsverfahren gegen Schergen vom KZ Majdanek dokumentiert.[90] Man sieht Interviews mit Zeugen, Angeklagten, Verteidigern und Richtern, zudem historisches Material. »Es war das erste Mal, ich hatte nie Bildmaterial von Majdanek gesehen. Es gab auch überhaupt keine Literatur darüber, es war ein vergessenes Lager. In diesem Prozeß in Düsseldorf haben sie zum ersten Mal historische Aufnahmen gezeigt.« Sie bestätigten Wilkomirskis Erinnerungsbilder; er erkannte Dinge wieder, die er zum Teil bereits Verena Piller geschildert hatte. »Kamen im Film auch überlebende Kinder vor?« frage ich. »Nein, es gab Berichte über Kinder. Es gab ein Kapitel – das war allerdings ein großes Kapitel – über eine der sogenannten Kinderaktionen, die stattgefunden haben.«

Reisen in die Vergangenheit

Zwischenzeitlich habe er seine historischen Forschungen »wie ein ausgedehntes Hobby« betrieben, erzählt Wilkomirski. Doch Anfang der neunziger Jahre machte sich der eigentliche Grund seines Geschichtsstudiums mächtiger denn je geltend. Er entschloß sich zu dem Versuch, »ganz wissenschaftlich trocken, nüchtern, als ob es um jemand anderen gehen würde, einfach meine Erinnerung historisch zu analysieren«. Zusätzlich zu seiner ausgedehnten Lektüre – er hat »sich seit über dreißig Jahren durch ca. 2000 Bücher und etwa doppelt so viele Akten durchgefressen« – suchte er nun auch die Stätten seiner Geschichte auf.[91]

Im Sommer 1993 reiste er zum ersten Mal seit 1973 wieder nach Polen. Seine Freunde Verena Piller, die Familie Bernstein sowie Remigius, der Sohn von Sylwester und Christine Marx, begleiteten ihn. Sie führten eine Videokamera mit sich, die Avi, einer der Söhne der Bernsteins, bediente.[92] In Krakau besuchte Wilkomirski den ehemaligen Rektor der Universität, den Biologen Janowski. Er galt als Experte für die Geschichte der Konzentrationslager und arbeitete mit ehemaligen Häftlingen zusammen. Wilkomirski wollte ihm Zeichnungen und Pläne vorlegen, die er für die inzwischen begonnene Therapie auf dem Computer angefertigt hatte. Noch skeptisch gegenüber Janowski, zeigte er ihm einige Skizzen, in denen er aus der Erinnerung eingezeichnet hatte, wo die Baracken standen, wie sie aussahen, von welcher Seite das Sonnenlicht einfiel und so weiter. Er selbst war sich schon ziemlich sicher, daß sie nach Majdanek gehörten. »Da legte er sehr schnell einige Zeichnungen auf die Seite, gab sie mir zurück und sagte: ›Gehen Sie nach Majdanek. Sie werden das finden.‹ Da wußte ich, ich bin richtig. Es war eine Bestätigung, die ich von einer unabhängigen Person hören wollte.«[93]

Am nächsten Tag suchte er Janowski noch einmal auf und begegnete bei ihm einem sehr alten Mann, der in vielen Lagern inhaftiert gewesen war und diese in allen Details kannte. Wilkomirski legte diesmal Zeichnungen vor, in denen er seine Erinnerung aus der Phase vollkommener Orientierungslosigkeit festgehalten hatte. Als der alte Mann sagte: »Das ist Birkenau«, wies Wilkomirski dies heftig zurück. Der Mann beharrte jedoch darauf. Den Hydranten, den er als Detail gezeichnet habe, könne er nur in Birkenau gesehen haben. »Das war sehr schwierig, einfach dann zu akzeptieren diese Idee, weil ich habe es immer abgestritten, ich wollte nichts damit zu tun haben.«[94]

Die Gruppe fuhr nun zu den benachbarten Lagern Auschwitz und Birkenau (Auschwitz II). Seit dem Krieg sei er nicht mehr in Birkenau gewesen, erzählt Wilkomirski. 1973 habe er Auschwitz besucht, doch Birkenau sei nicht zugänglich gewesen, da das kommunistische Regime die Judenverfolgung tabuisiert habe. Auf seine Frage, warum er sich an die Erlebnisse in diesem KZ unklarer erinnere als an frühere Ereignisse, erklärt sein Freund Bernstein dies mit der zunehmenden Erschöpfung im Verlauf der jahrelangen Strapazen. Die Videoaufnahmen zeigen nun Wilkomirski, wie er nach Örtlichkeiten im Lager sucht, in der Hand einen Plan, sein Gesicht wirkt angestrengt. Die Gruppe gelangt an eine Stelle, wo alles übereinstimmt, die Ecke, die Grundrisse – aber das Licht kommt von der falschen Seite. Schließlich entdecken die Söhne Bernsteins, daß Wilkomirskis Zeichnungen spiegelverkehrt zu lesen sind. Bernstein habe dies darauf zurückgeführt, daß das Gehirn etwa bis zum siebten Lebensjahr noch nicht definitiv zwischen rechts und links unterscheide und optische Eindrücke daher oft spiegelverkehrt im Kindergedächtnis gespeichert würden, erzählt Wilkomirski.[95]

Man sieht verschiedene Baracken; Wilkomirski erklärt, wo er sich unter der Wäsche versteckt hielt. Vor drei Jahren traf er einen Überlebenden aus Lodz, der in diesen Baracken gearbeitet hatte und seine Beschreibung der Vorgänge bestätigte. Er erzählte ihm, wie er einige Tage vor der Befreiung durch die Russen das Lager mit einer Frau verlassen habe und nach Sandomierz gegangen sei. »Da wurde er ganz aufgeregt: Was, was! Ja, dies sei bekannt, ich sei dies also gewesen!« Ich erkundige mich nach Namen und Adresse des Zeugen aus Lodz, aber Wilkomirski hat nichts aufgeschrieben und glaubt nicht, daß er noch lebt.[96] Auf meine Frage, wann genau er von Birkenau weggegangen sei, gibt er den 22. oder 23. Januar an und verweist auf das Auschwitz-Journal. Bei einem späteren Besuch bitte ich Wilkomirski um dieses Buch, da es sich in seinem Archiv befindet. Die Stelle ist markiert und entspricht seinen Schilderungen: Am Mittag konnte eine Gruppe von Frauen und Kindern unbehelligt aus dem Lager und auf den Bahnhof von Auschwitz laufen.[97]

Auf dem Weg nach Majdanek machte die Gruppe in Sandomierz halt, wo Wilkomirski das Haus filmen wollte, in dem er nach der Flucht aus Birkenau mit der Frau gewohnt hatte. Er findet, was er sucht. Aus dem Dachfenster hängt eine große Bettdecke zum Lüften. »Genau wie damals. Der Raum ist gerade breit genug für ein Bett«, sagt Wilkomirski. Von dort oben hat er ins Tal hinunter geschaut und die Vögel von oben gesehen. »Das bleibt einem«, schmunzelt er.[98]

Zum ersten Mal nach Majdanek zurückzukehren sei für ihn die einschneidendste Erfahrung dieser Reise gewesen, erzählt Wilkomirski. Der Film zeigt, wie er das Gelände besichtigt, eine Kipa auf dem Kopf. Mit der einen Hand hält er sich ein Taschentuch vor die Nase, als läge der stinkende Rauch verbrennender Leichen noch immer in der Luft, in der anderen Hand seine Pläne, sein Blick streift umher, er memoriert suchend irgendwelche Details, eilt in verschiedene Richtungen, sein Gesicht hat etwas Gehetztes, Entrücktes, als ob er sich in einem Alptraum bewegte.

»Obwohl die meisten Gebäude nicht mehr standen, hatte ich sofort meine Orientierung wieder«, erzählt Wilkomirski. »Und da bin ich sofort den Hügel hinaufgerannt, dorthin, wo meine Baracke gestanden hat und wo jetzt nur noch die Grundmauern zu sehen sind. Meine Begleiter – sie haben sich alle ehrfurchtsvoll benommen – waren über mich entsetzt, noch mehr, als ich ihnen sagte: ›Ich war schließlich hier zu Hause.‹« Im Feld Fünf, die zweite Baracke rechts vom Westeingang. »Jeder Mensch fühlt sich dort zu Hause, wo seine ersten Erinnerungen festgemacht sind. Und so furchtbar es für andere tönen mag: Bei mir war es einfach eine Baracke.«[99]

Man sieht, wie Wilkomirski im überwachsenen Gelände das Waschbecken sucht, in dem es fast nie Wasser gab, und schließlich beschädigte Steintröge findet. Später geht die Gruppe zu dem großen Mahnmal; in der Mitte steht ein Becken mit menschlicher

Wilkomirski besuchte mit Verena Piller und der Familie Bernstein das Lager Majdanek. Im Vordergrund Wilkomirski und Piller, im Hintergrund Bernstein und seine Frau.

Bernstein begleitete Wilkomirski auf seinen Reisen in die Vergangenheit.

Er rannte, Kipa auf dem Kopf und Taschentuch vor dem Gesicht, den Hügel hinauf zur Kinderbaracke.

Er fand einen Waschtrog, in dem es damals selten Wasser gab.

Unter der Auskragung des Mausoleums nahm Bernstein (links) seinen weinenden Freund in die Arme.

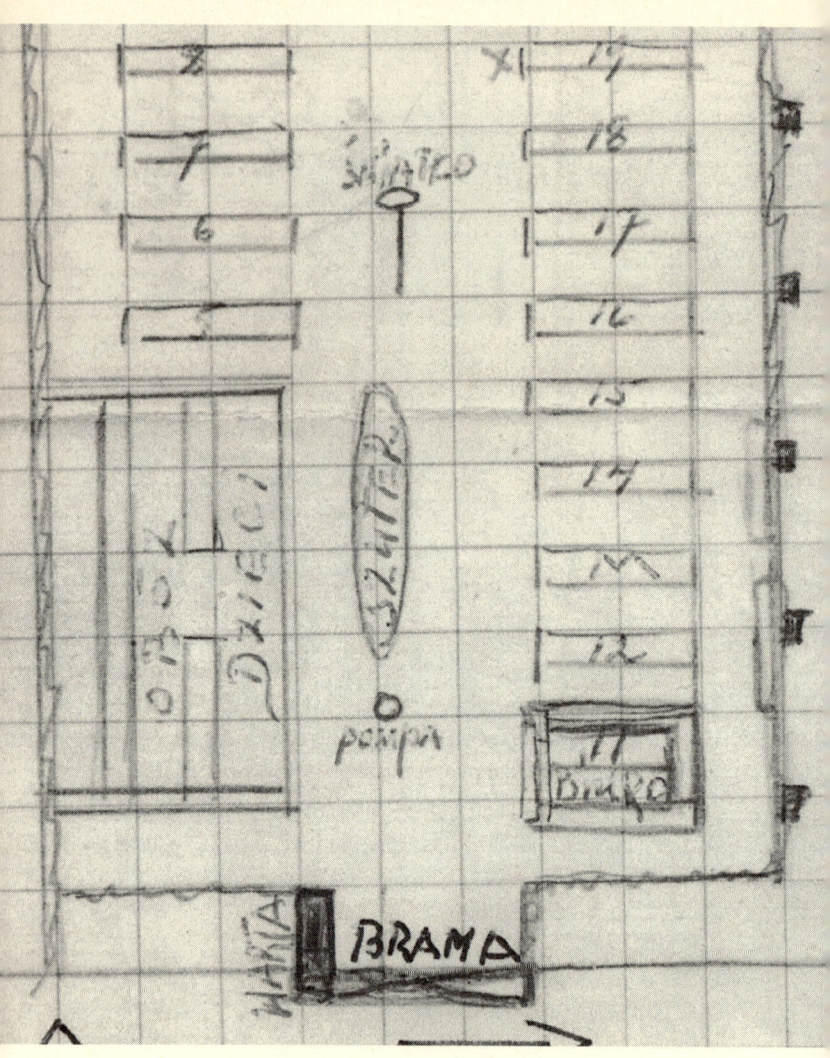

Wilkomirski erhielt nach seinem Majdanek-Besuch die Originaldokumente der KZ-Überlebenden Eugenia Deskur. Auf einem Plan hat sie die Kinderbaracke (»obóz dzieci«) so eingezeichnet, wie auch Wilkomirski sich erinnert: beim westlichen Tor (»Brama«).

Asche, am Rand flackert eine kleine Flamme. Wilkomirski liegt lange schluchzend in Bernsteins Armen.

Anschließend suchten sie das Archiv des KZ auf, um nähere Informationen über die Kinderquarantäne zu erhalten. Doch die Historiker lachten Wilkomirski aus. An der Stelle habe es nie dergleichen gegeben, sagten sie ausgerechnet zu ihm, der doch eben den Ort seiner Baracke wiedergefunden hatte. »Sie stellten mich richtig blöd hin; es war eine ganz miese Angelegenheit.« Im Buchladen des Museums kaufte er einen polnischen Band, in dem er ein Foto seiner Baracke entdeckte. Gegenüber der Kinderquarantäne sieht man auf dem gleichen Bild die zwei frisch gepflanzten Bäumchen und das kleine Mäuerchen, das einen Platz umfaßt. An beides erinnert sich Wilkomirski, manchmal spielten hier die Kinder, und Jankl schlüpfte dort hinaus, um nach Nahrung zu suchen. Einmal schlug ein Wärter Wilkomirskis Kopf gegen dieses Mäuerchen, von dort rührt seine Stirnnarbe her. Das Bild war für Wilkomirski eine Bestätigung. Er wußte nun mit Sicherheit, daß er dort gewesen war, und seine Erinnerung bekam eine Chronologie.[100]

Etwa ein Jahr nach dieser Reise kam Wilkomirski zufällig in Kontakt mit einem Musiker, dessen Großmutter Majdanek überlebt und die vom Lager genaue Skizzen gemacht hatte. Ihr Enkel vermachte die Akten Wilkomirski, in dessen Archiv sie nun in der einzigen vollständigen Ausgabe vorliegen. Er zeigt sie mir. Es handelt sich um die in der Forschungsliteratur öfter zitierten Akten der Eugenia Deskur. In einem auf kariertem Papier erstellten Plan ist die Kinderbaracke genauso eingezeichnet, wie Wilkomirski dies beschrieben hat.[101] »Von diesem Moment an wußte ich, daß ich mich auf mein Gedächtnis mehr verlassen kann als auf das, was sogenannte Historiker sagen, die sich in ihrer Forschung nie um Kinder gekümmert haben.«

Von Majdanek fuhr die Gruppe weiter nach Süden, erzählt Wilkomirski, in die Gegend von Zamość. Er ist ziemlich sicher, hier irgendwo auf einem Bauernhof versteckt gewesen zu sein. »Ich weiß, daß ich von Süden her nach Lublin gekommen bin, mit der Sonne im Rücken. Und ich habe ein nicht so schlechtes Distanzgefühl. Ich kenne nun die verschiedenen Regionen, und nur in dieser Region fand ich die typischen Eigenheiten der Bauweise der Bauernhöfe, die durch die sanften Hügel gezogenen Kanäle, die entsprechende Vegetation und den typischen Geruch der Gegend.« Im Film sieht man die Gruppe auf einem Wehr, unter dem das Wasser in die Tiefe stürzt. Wilkomirski berichtet seinen Begleitern von seinen Erinnerungen an einen solchen schmalen Steg und das tiefe Wasser.

Er erzählt heute, daß auch die Ereignisse, die sich dort in der fraglichen Zeit zugetragen haben, seinen Erinnerungen entsprechen. In jener Region vollzogen die Nazis damals nämlich ihr Programm zur Germanisierung. Sie »säuberten« Zamość vollständig von Juden und Polen; nach polnischen Quellen wurden etwa 30 000 Kinder von dort nach Majdanek deportiert. (Wilkomirski zeigt mir in anderem Zusammenhang ein Buch aus seinem Archiv, in dem diese Aktionen ausführlich beschrieben sind.)[102]

Im Herbst gleichen Jahres fuhr er erneut nach Majdanek, diesmal zusammen mit Sylwester Marx. Vorher besuchten sie in Lublin, das in unmittelbarer Nähe des KZ liegt, die Historikerin Ewa Kurek-Lesik, die eine Dissertation über Kinder in Majdanek und Umgebung geschrieben hatte. Sie konnte ein Rätsel seiner Erinnerung lösen: Seine Baracke in Majdanek stand unweit des Krematoriums, die Kinder litten unter dem Rauch und Gestank, sie bekamen brennende Augen und eine ölige Haut. Nach dem Besuch bei der sterbenden Mutter sah er das Krematorium plötzlich nur noch von weitem. Kurek konnte diese merkwürdige Veränderung erklären: Alle Kinder der Kinderquarantäne auf Feld Fünf seien im Massaker vom November 1943 ermordet worden. Das Lager sei aber korrupt gewesen, so daß einige Kinder dank Bestechung von Feld Fünf auf Feld Drei unter die christlichen Bauernkinder geschmuggelt werden konnten und überlebten. Beim anschließenden Besuch im KZ sahen Wilkomirski und Marx, daß die veränderte Sicht auf das Krematorium tatsächlich mit diesem Ortswechsel zusammenhing.[103]

Im August 1994 sei er in Begleitung von Eli Bernstein und Verena Piller nach Riga geflogen, erzählt Wilkomirski. Auch diesmal führten sie die Videokamera mit. Schon vom Flugzeug aus erkannte er die Stadt, die er seit seiner nächtlichen Flucht vor über 50 Jahren nicht mehr betreten hatte, an der unverkennbaren Silhouette. Zuerst gingen sie zum Hafen, wo Wilkomirski damals per Schiff die Stadt verlassen hatte. Er fand die Bohle wieder, auf der er damals frierend auf die Abfahrt hatte warten müssen. Dann versuchte er, von dort aus »innerlich rückwärts zu gehen, in die Richtung, in der wir den Hafen nachts erreicht hatten. Eli und Verena mußten hinter mir gehen, damit ich nicht abgelenkt wurde.« Sie gingen drei, vier Stunden, bis sie plötzlich an der Iela Katolu, der katholischen Straße, vor dem Haus standen, das Wilkomirski im Gedächtnis hatte.[104] Er stürmte sogleich in den ersten Stock hinauf. Im Film hört man Wilkomirski auf Schweizerdeutsch rufen, dies hier seien genau die »verschachtelten« Wohnungstüren, an die er sich erinnere, dessen sei er sich sicher. »Wir fanden alles so vor, wie ich es vorher beschrieben hatte: Das Eingangstor, darinnen rechts der Hauseingang, die Treppe nach links hochgehend ins Haus, die Türe auf dem ersten Zwischenboden, von wo der Schrei kam ›Achtung lettische Miliz‹, der erste Stock mit den zwei Wohnungstüren, so eng zusammen, daß man nur eine Türe auf einmal öffnen konnte..., der Blick auf die Straße vom Haus aus, von wo man einen Kirchturm und die Türme einer orthodoxen Kirche sehen konnte.« Wegen dieser Kirchtürme wußte auch Bernstein sofort, daß sie am richtigen Ort waren. Denn Wilkomirski hatte früher, vor dieser Reise, von einer Bibliothek mit Uhr schräg gegenüber und von der Aussicht auf Kirchtürme erzählt. Damals hatte Bernstein die Kirchtürme für ein Getto untypisch gefunden, so daß sie ihm im Gedächtnis geblieben waren, erzählt Wilkomirski.[105]

Am nächsten Tag sprachen sie mit dem Lokalhistoriker Marġers Vestermanis, der als junger Mann das Getto von Riga überlebt hatte und Wilkomirskis Erinnerungen in jeder Hinsicht bestätigte. Er erklärte, das Haus an der Iela Katolu sei für einen Monat ins Getto eingefügt worden. Es sei von alters her das Haus eines jüdischen Unterstützungsvereins gewesen, eine Art Anlaufstelle für Juden, die neu in die Stadt kamen und sich orientieren wollten.

Als Wilkomirski die Ermordung des Mannes schildert, der möglicherweise sein Vater war, unterbricht ihn der Historiker: »Ich weiß, wovon du sprichst, ich war dabei«. Die lettische Miliz habe das Große Getto liquidiert, dies sei in der Nacht vom 29. auf den 30. November 1941 gewesen.[106]

Gene und Akten – Benjamins Vater, Brunos Mutter

Kaum war Wilkomirski im Sommer 1994 von seiner Rigareise zurückgekehrt, beteiligte er sich an einem israelischen Dokumentarfilm. Er hieß »Wandas Liste«, wurde von der Regisseurin Vered Berman für die Fernsehstation Kol Israel produziert und am 22. November 1994 gesendet.[107] Er dokumentiert, wie jüdische Kinder-Überlebende, die kein sicheres Wissen über ihre Herkunft haben, in Archiven und bei Zeitzeugen nach Spuren ihrer Vergangenheit suchen. Die historischen Recherchen machte die aus Polen stammende Israeli Lea Balint, die sich intensiv mit Kindern ohne Identität befaßte. Sie kannte die Probleme solcher Überlebender aus eigener Erfahrung, hatte sie doch nach ihrer Flucht aus dem Warschauer Getto den Krieg unter falscher Identität in einem Kloster überlebt. Balint fragte Wilkomirski, ob er beim Film mitmachen wolle.

Irena Dombrowska, eine der Hauptfiguren des Films, wurde als Baby aus dem Zug nach Auschwitz geworfen, so hat sie überlebt, erzählt Wilkomirski. Sie war später in Krakau im gleichen Kinderheim wie er, aber er hat keine Erinnerung an sie. Eine Filmszene zeigt, wie in ihrem gefälschten Paß der ursprüngliche Name, Erela Goldschmidt, freigelegt wird.

Wilkomirski besucht, eine Kipa auf dem Kopf, mit seinem Freund Bernstein die Forschungsstätte Yad Vashem. Er habe seinen Namen das erste Mal in Krakau gehört, wisse jedoch nicht mit absoluter Sicherheit, ob dies sein wahrer Name sei, sagt er zu einer Angestellten des Archivs.

Im Anschluß an eine eingefügte Videosequenz, die zeigt, wie Wilkomirski seine Baracke in Majdanek findet, dokumentiert der

Film ein Treffen bei Julius Löwinger. Dieser hat in der Nachkriegszeit zu den Insassen des Heims an der Augustiańskastraße gehört und lebt heute in Israel. Löwinger zeigt verschiedene Fotos, darunter das Bild einer Gruppe von Kindern sowie Aufnahmen diverser Häuser. Seine Fragen werden von Bernstein übersetzt. Wilkomirski sagt auf Schweizerdeutsch: »Ich erinnere mich an eine Art Teppichklopfstange, an eine Turnstange.« Er macht mit den Armen eine Bewegung, als wollte er sich an einer Reckstange hochziehen. »Stimmt, dies gab es«, sagt Löwinger auf Hebräisch und nickt heftig. Wilkomirski besitzt eine Kopie des Gruppenbildes aus Löwingers Album. Er zeigt mir die Aufnahme, die er auf das Jahr 1946 oder 1947 datiert, und deutet auf einen Knaben in der Mitte der zweiten Reihe: »Dies bin ich.« Leider habe ihm niemand etwas über den betreffenden Jungen – er meint sich selbst – sagen können, was nicht erstaune, da er nie lange an einem Ort geblieben sei.[108]

In einer anderen Szene sitzt Wilkomirski zusammen mit Erela Goldschmidt einer alten, weißhaarigen Frau gegenüber, auf dem Tisch liegen Fotos. Da Wilkomirski offenbar den Namen Bruno genannt hat, fragt die alte Frau nach einem Bruno Jas. »Das waren Sie nicht?« Er schüttelt den Kopf. Die Frau heiße Misia Leibel und habe als Kindermädchen an der Augustiańska gearbeitet, er habe sie auf einem Foto wiedererkannt, erklärt mir Wilkomirski. Den Besuch bei ihr hat er in schlechter Erinnerung: »Sie war sehr mürrisch, sehr böse. Sie hat Probleme, da sie in einem konstanten Familienstreit mit der Tochter lebt, die ihr heute vorwerfe, daß sie sich um alle gekümmert habe, nur nicht um sie. Sie wollte von allem nichts mehr wissen.« An Wilkomirski konnte sie sich nicht erinnern. Vier Wochen später erfuhr er aber auf Umwegen, daß sie sich doch erinnern könne.[109]

Die Kamera folgt Wilkomirski auf seiner angestrengten Suche in den Straßen von Krakau nach seinem Waisenhaus. Er findet schließlich ein Gebäude, das er zu kennen glaubt, und zeigt, wo sich der Turnplatz befand. Später habe sich herausgestellt, daß es nicht das richtige, sondern nur ein ähnlich gebautes Gebäude war, erzählt Wilkomirski.

Goldschmidt findet in einer bewegenden Szene das christliche Ehepaar wieder, bei dem sie in Polen versteckt war. Der Film fasziniert und geht einem nahe, weil die porträtierten Zeitzeugen Schritt für Schritt Spuren ihrer verlorenen Herkunft entdecken. Wilkomirski bleibt hingegen auf seiner Suche erfolglos. In einer zusammenfassenden Schlußsequenz sieht man Videobilder vom Haus, das Wilkomirski an der Iela Katolu in Riga gefunden hat. Der Präsentator wiederholt, daß selbst sein Name nicht mit Sicherheit feststehe. Er ruft die Zuschauer auf, etwaige Hinweise zu den Schicksalen der Porträtierten der Sendeanstalt mitzuteilen.

Die Sendung löste viele Reaktionen aus, und im Juli 1995 wurde eine Fortsetzung ausgestrahlt, erzählt Wilkomirski. Aus New York rief ihn eine Sarah Genislav an und teilte mit, sie sei wie er im Heim an der Augustiańska gewesen. Ihre Mutter sei Frau Grosz, die er in seiner Erzählung erwähne. Frau Grosz habe das Heim häufig besucht und sei immer hinzugezogen worden, wenn man Kindern etwas Schwieriges habe erklären müssen. Sie habe Geduld besessen und mehr Zeit als die Kindermädchen. Vielleicht habe sie ihn zum Bahnhof von Krakau gebracht, aber daß sie ihn in die Schweiz begleitet habe, sei unmöglich. Wahrscheinlich habe er, erklärt mir Wilkomirski, in der Erinnerung zwei verschiedene Frauen zu einer einzigen verschmolzen.[110] Wir sehen im Film, wie Sarah Genislav in ihrer Wohnung in Israel Ehemalige aus dem Kinderheim begrüßt. Die Versammelten tauschen Erinnerungen aus und betrachten Fotos. Auch Wilkomirski ist dabei, er macht einen verlorenen Eindruck. Als ich von ihm wissen möchte, ob Frau Genislav ihn wiedererkannt habe, reagiert er ungehalten. Diese immer wieder gestellte Frage verrate eine völlige Unkenntnis der Situation, dies könne man von den damals so kleinen Kindern (sie war neunjährig) doch nicht erwarten.

Eine ältere Frau spricht lebhaft und fast feierlich in die Kamera. Dies sei Sarah Lerner, erklärt Wilkomirski, sie habe sich nach der ersten Sendung ebenfalls gemeldet und sei nicht mehr abzuwimmeln gewesen. Sie behauptet, in Wilkomirski den Sohn ihrer Schwester erkannt zu haben. Er habe Benjamin geheißen und sei

Wilkomirski erhält von Julius Löwinger ein Foto der Kinder
vom Augustiańska-Heim. Er glaubt sich in dem markierten
Knaben wiederzuerkennen.

im KZ Majdanek verlorengegangen. Seine Mutter sei umgekommen, aber der Vater, Yakow Maroko, habe auf Feld Vier überlebt.

Der Film zeigt, wie drei Männer in schwarzen Kleidern und mit Hüten – zwei jüngere mit Schläfenlocken, ein alter mit schneeweißem Bart – und eine Frau mit dem Taxi fahren. Wilkomirski erklärt, dies sei Yakow Maroko mit seiner zweiten Frau und seinen Söhnen. Vielleicht sei ein Wunder des Himmels passiert, zitiert Maroko, im Fond des Autos sitzend, eine Aussage Wilkomirskis. »Wie kann man nach über 50, 52 Jahren sagen, dein Kind lebt noch?« Sie betreten ein Krankenhaus, der Vater geht voraus, stets dicht gefolgt von den finster blickenden Söhnen. Der kleinwüchsige Mann läßt sich Blut entnehmen. Wilkomirski erklärt mir, er habe in der Schweiz das gleiche getan. Nachdem die Vermutung aufgetaucht war, er sei Marokos verlorener Sohn, kamen die beiden miteinander in Kontakt; sie schrieben sich und riefen einander häufig an. Die Idee entstand, mit einem DNA-Test eine mögliche Verwandtschaft abzuklären.

In einer weiteren Filmszene liest Maroko in seiner Wohnstube aus einem Brief an Wilkomirski vor. Sein aufgewühltes Gesicht verschwindet zuweilen ganz hinter dem Briefbogen. »Nach so vielen Jahren höre ich die Stimme meines kleinen Kindes.« Sarah Lerner hält ein Foto in die Höhe, eine junge Frau mit Zöpfen schaut in die Kamera; es ist Marokos erste Frau. »Ich muß nun meinen ersten Brief an Dich beenden, mein geliebtes Baby. Für mich bist Du mein Baby. Dein Vater Yakow Maroko.« Die Stimme erstickt, er läßt seine Hand schwer auf den Tisch fallen, seine Augen sind feucht.

Maroko und seine Familie gehen erneut ins Krankenhaus; mit einem Scherz überspielt er seine Nervosität. Der Arzt eröffnet ihm ohne Umschweife den Befund: Bruno könne nicht sein Sohn sein; biologisch sei dies nicht möglich. »Wer ist auf die Idee zum Bluttest gekommen?« frage ich Wilkomirski. »Man hatte einfach das Gefühl, der Test wäre sinnvoll, weil vieles zwischen unseren Geschichten zusammenpaßte, anderes aber auch nicht.« Keine sehr klare Antwort auf meine Frage. »Für Sie war der DNA-Test eindeutig?«

frage ich. »Ziemlich eindeutig.« – »Und für Maroko auch?« – »Es war eine ethische und religiöse Frage, wie man sich verhält.«

In der Ankunftshalle des Flughafens Ben Gurion bei Lod warten Familienangehörige Marokos, Journalisten und andere Personen auf Wilkomirskis Ankunft. Die Off-Stimme zitiert Marokos Aussage, Bruno sei sein Sohn, er habe mit mehreren Rabbinern gesprochen, alle hätten ihm dies bestätigt. Einige Personen diskutieren anhand von Fotos die Ähnlichkeit zwischen Wilkomirski und Marokos erster Frau. Ein Arzt sieht keinerlei Ähnlichkeit zur vermuteten Mutter, dafür aber zu Marokos Schwägerin. Man fragt ihn: »Du bist Arzt, aber die Medizin sagt nein, was meinst dann du?« – »Ich sage ja!« Wilkomirski erscheint mit einer Kipa auf dem Kopf und einem bedruckten Schal um den Hals. Maroko fällt ihm in die Arme, schluchzt vor Freude. Wilkomirski umarmt zwei jüngere Männer. »Mein Bruder, mein Bruder«, sagt einer von Marokos Söhnen.

Wilkomirski geht in der Jerusalemer Gedenkstätte Yad Vashem zwischen riesigen Steinblöcken hindurch, auf denen die Namen der untergegangenen jüdischen Gemeinden eingetragen sind. Vor der Inschrift »Ukmerge«, der Stadt, aus der die Wilkomirskis stammen, bleibt er stehen. Auf das negative Ergebnis des Bluttests angesprochen, sagt er in die Kamera, dies sei nicht so wichtig. »Das Wichtigste ist, daß wir uns getroffen haben. Wir waren in der gleichen Situation, an denselben Orten und haben jetzt herausgefunden, daß wir so viele gleiche Erinnerungen an diese Zeit haben. Es ist ein äußerst starkes Gefühl, nicht nur von Solidarität, sondern wirklich, daß wir zusammengehören. Da tritt die Biologie in den Hintergrund, entscheidend ist das menschliche Gefühl. Er suchte seinen Sohn und ich meinen Vater, er war bereit, mich zu akzeptieren, und das ist eine wunderbare Fügung der Umstände.«[111]

In einem späteren Film sagt Wilkomirski, Maroko sei »völlig überzeugt«, daß er sein Kind sei. Er selbst erfahre durch ihn zum ersten Mal die Liebe eines Vaters, die echt und tief sei. In den vorangegangenen Jahrzehnten habe er immer versucht, aus dem Gedächtnis das Bild seiner Mutter zu rekonstruieren. Er sei nie auf die

Idee gekommen, auch einen Vater gehabt zu haben. Es sei einfach unglaublich, in seinem Alter noch so etwas zu erleben. »Es war wirklich wie ein Wunder.«[112]

Ich frage Wilkomirski, ob er die Ereignisse, die die Schweiz betreffen, auch so systematisch wie die Spuren von Riga, Krakau oder den KZ erforscht habe. »Das war mir weniger wichtig. Wieso hätte ich dies tun sollen?« »Um Ihre Geschichte rekonstruieren zu können«, erkläre ich. »Das versuchten wir schon nach dem Hochzeitsdebakel vergeblich.« Das Einwohner- oder Zivilstandsamt von Biel verweigerte ihm die Herausgabe seines Geburtsscheins unter dubiosen Ausflüchten. »Aber das ist doch nicht normal, ich bin doch Schweizer Bürger«, protestierte er. »Ja, aber wissen Sie, in Ihrem Fall...«, erklärte der Beamte. Wilkomirski insistierte: »Aber ich möchte die Papiere sehen, die über mich vorhanden sind.« Der Beamte blieb hart. Dies sei unmöglich, die Einsicht sei ihm untersagt, und so wie er die Sachlage beurteile, werde dieses Verbot niemals aufgehoben. Er weigerte sich auch, das Besprochene schriftlich festzuhalten und ein Ersatzdokument abzugeben. Eine Anfrage im Stadthaus Zürich blieb ebenso ergebnislos. Es wurde Wilkomirski unheimlich, und er sprach mit einem jüdischen Bekannten. »Dieser meinte, die Schweiz sei korrupt gewesen wie andere Länder auch, nur sei es hier teurer gewesen. Er solle aufpassen und diplomatisch vorgehen. ›Sonst untergräbst du deine eigene Legalität in der Schweiz.‹ Da habe ich es halt bleibenlassen.«

Alle Bemühungen gab er aber nicht auf, erzählt Wilkomirski. »Ich habe Ende der siebziger Jahre mehrmals versucht, die Frau Yvonne Grosjean, die in meinen Papieren als ›Mutter‹ erscheint, ausfindig zu machen. Damals hatte ich sie im Verdacht, die Frau gewesen zu sein, die mich im Bahnhof Basel ›ausgesetzt‹ hat. Ich bin mehr als einmal nach Biel und Tavannes gefahren. Ich habe jedoch auf den Ämtern keine Auskunft erhalten – nur eine ›Wirtshaus-Information‹: Das sei doch die Frau, die in der Nervenklinik gelandet sei – mit der könne man nicht sprechen. So bin ich jedesmal unverrichteter Dinge wieder nach Hause gefahren. Ich habe also nie Kontakt zu dieser Frau herstellen können und sie nie gesehen.« Auch nach Adelboden fuhr er, da ihm sein Pflegevater die Geschichte »aufgetischt« hatte, er sei dort in einem Kinderheim gewesen. Er hörte davon zum ersten Mal mit 22 Jahren, ohne es zu glauben, da der Pflegevater jedesmal etwas anderes erzählte. »Ich habe Bilder des Ortes und der Umgebung untersucht – ich kann mich nicht erinnern, jemals eine solche, nur annähernd ähnliche Gegend gesehen zu haben!«[113] Die Vertauschung mit Bruno Grosjean habe in einem anderswo gelegenen Heim stattgefunden, erzählt Wilkomirski.

Therapie und Schreiben – Wege zur eigenen Geschichte

Kaum war der Film »Wandas Liste« in Polen abgedreht, brach er im Oktober 1994 wieder in den Osten auf, erzählt Wilkomirski. Er nahm teil an einem Kongreß über die Shoah, der im tschechischen Ostrau stattfand. Eingeladen hatte ihn ein Vorstandsmitglied des Vereins zur Förderung des Lehrstuhls für Germanistik an der dortigen Universität. »Als Folge eines vierzigjährigen kommunistischen Forschungsverbots über die Geschichte des Judentums in Galizien, an dessen Südostflanke Ostrava ja liegt«, zeige sich bei den Studenten ein großes Nachholbedürfnis, »den multikulturellen Wurzeln ihrer eigenen Geschichte nachzugehen«. Aus den neuen Kontakten ergab sich sein Vorhaben, im kommenden Jahr in Ostrau »Seminare über kulturelle und geschichtliche Aspekte jüdisch-christlichen Zusammenlebens und Fragen der Shoahforschung« abzuhalten.[114]

Im April 1995 hielt er dort einen »Gastvorlesungszyklus« zu Problemen der Shoah. Er machte auf den »am meisten vernachlässigten« Zweig der Zeitgeschichtsforschung aufmerksam: die »Erforschung des Teils der Geschichte, der keine schriftlichen Spuren hinterlassen hat, – der sogenannten ›oralen Geschichte‹, die eine spezielle Technik der Befragung der Zeitzeugen erfordert«. Im Oktober 1995 erläuterte er am gleichen Katheder, worin diese Technik bestand. »Das Kindergedächtnis als historische Quelle für die

Zeitgeschichte am Beispiel von überlebenden Kindern der Shoa«, hieß das Referat, mit dem er sich »sowohl an Historiker als auch an Psychologen« richtete.

In seiner Vorlesung widmete er sich zunächst den Voraussetzungen, »unter denen die Befragung eines inzwischen Erwachsenen über sein Kindergedächtnis erfolgen kann. Dabei habe ich eindringlich zu einer interdisziplinären Zusammenarbeit zwischen einem Fachhistoriker und einem Psychologen geraten. Da es sich in unserem Falle um Zeugen der Shoa handelt, sind die damit verbundenen Erinnerungen meist von schwersten Traumata begleitet, über die zu sprechen oft äußerst qualvoll ist. Damit der Historiker durch seine Fragen beim Zeugen nicht eine nochmalige schwere Traumatisierung bewirkt, benötigt sowohl er wie auch der Zeuge die Unterstützung eines auf diesem Gebiete versierten Psychologen.« Anhand von Beispielen aus der Praxis erläuterte Wilkomirski dann »die verschiedenen Grundtypen kindlichen Erinnerns, von den diversen frühkindlichen, ›präverbalen‹ Körpererinnerungen über die rein visuellen bis zu den ersten, schon intellektuell verbalisierten, nun zu ›reverbalisierenden‹ Erinnerungen«. Schließlich referierte er über »die häufigsten Speicherungsarten des Kindergedächtnisses bei traumatischen Erlebnissen (...), um damit den Historiker auf mögliche Schwierigkeiten und die Gefahren von Fehlinterpretationen hinzuweisen«.[115]

Seine Vorlesung bildete die »Grundlage eines Vortrages«, den er später zusammen mit Eli Bernstein mehrfach präsentierte, das erste Mal im Juni 1996 beim Weltkongreß der Psychotherapie in Wien.[116] Wilkomirski erzählt, er habe das dort vorgestellte Konzept einer interdisziplinären Therapie »als Überlebender und Historiker« quasi »im Selbstversuch« entwickelt und gesehen, daß es auch anderen helfen könne, ihre verlorene Identität wiederzugewinnen; in Israel würden bereits 50 Personen damit therapiert.[117]

In der Tat handeln alle Beispiele im Vortrag von seiner eigenen Geschichte, etwa von seiner Flucht aus Riga: »Ein Klient erinnert sich, nachdem er mehr als ein Jahr unter therapeutischer Anleitung Konzentrationsübungen in bezug auf bestimmte, vorerst recht vage

Erinnerungen gemacht hat, an eine Szene vor einem Haus in einer Stadt, die er mit dem Namen Riga verbindet, in der ein Mann, möglicherweise sein Vater, getötet wird.« Der Klient erinnerte sich weiter an seine nächtliche Flucht zum Hafen und die Wegfahrt mit einem Schiff. Bei einer Ortsbesichtigung konnte er einzelne Elemente seiner Erinnerung identifizieren und sich durch den Lokalhistoriker bestätigen lassen, der schließlich erklärte: »›In dieser Nacht hat es geschneit, deshalb warst du naß und hast gefroren. Wir wissen auch von einem Schiffer im Hafen von Riga, der nach unseren heutigen Erkenntnissen in dieser Nacht über 60 Personen an das andere Ufer der Daugawa geschmuggelt hat.‹ Der Klient erwähnt dann seinen Familiennamen, an den er sich erinnert. Dazu findet der Historiker in einem ›Hausbuch‹ aus dem Jahre 1927 die Information, daß in unmittelbarer Nähe des vom Klienten identifizierten Hauses die einzige Familie gleichen Namens gelebt hat. Der Klient, der zuvor viele Jahre unter regelmäßiger schwerer Migräne gelitten hat, war von diesem Tag an schlagartig von seinem Leiden befreit.«[118]

Wilkomirski erzählt, Verena Piller habe ihm seit dem Beginn ihrer Freundschaft geraten, seine Erinnerungen aufzuschreiben. Sie sah einen Zusammenhang zwischen seiner Krankheit und den verdrängten Ängsten und Aggressionen, die sich zerstörerisch gegen seinen eigenen Körper richteten. Wegen seiner Alpträume drängte sie ihn auch dazu, eine Therapie zu machen. Erst Anfang der neunziger Jahre sah er endlich ein, daß er Hilfe brauchte. Er besuchte die Therapie unregelmäßig, zeitweise mehrmals pro Woche, dann wieder gar nicht. Die Therapeutin lehrte ihn, ruhig zu bleiben und sich auf seine Erinnerungen zu konzentrieren, ohne daß gleich alles durcheinander geriet. Er begann nun, seine Erinnerungen aufzuschreiben und ihr die Texte zu zeigen: »Schau, jetzt habe ich eine Sprache gefunden, jetzt kann ich es übersetzen.« Durch diesen Prozeß konnte er Ordnung in seine Erinnerungen bringen.[119] Diese sind aber nicht das Produkt der Therapie, er hat sie ja schon als Kind ein erstes Mal aufgeschrieben. »Ich wollte einfach alles genau fixieren und mich darauf konzentrieren, was ich noch im Gedächtnis habe, ob wichtig oder unwichtig.« Außerdem hat er die Texte auch für seine nächste Umgebung geschrieben. Er hatte drei Kinder aus seiner ersten Ehe; sie sollten nicht nur wissen, daß ihr Vater irgendwo jenseits von Polen geboren war. Zudem sollten ihn diejenigen besser verstehen, die ihm oft Vorwürfe wegen seiner seltsamen Reaktionen, Überempfindlichkeit, Ängstlichkeit oder Panikanfälle machten. Er war sein »strenges Sich-Beherrschen« und »Versteckspielen« satt.

Er schrieb Kapitel um Kapitel und gab sie seinen Nächsten zur Lektüre. Manchmal sprachen sie darüber, manchmal nicht. Er verstand sich trotz seines Schreibens nicht als Schriftsteller. »Ich feilte nie an meinem Text; ich schrieb einfach ein Kapitel in einer Stunde oder einer halben nieder. Das war alles.«[120] »Daraus ist dann ein Buch entstanden. Es hat besonders mein zweiter Sohn, der sich sehr mit der Sache beschäftigt hat, mich gedrängt und gesagt, wenn du das veröffentlichen kannst oder Teile daraus, kann das vielleicht Menschen helfen, in derselben Situation sich auch auszusprechen. Und so haben wir einige dieser Texte zusammengestellt, und daraus ist nun ein Buch geworden, das heute in 16 Sprachen übersetzt ist.«[121]

Soweit Wilkomirskis eigene Version seiner Geschichte.

Zur Entstehung von »Bruchstücke«

Gehör finden – Freundin Verena Piller

Verena Piller-Altherr ist eine dunkelhaarige, schlanke Frau von etwa 50 Jahren, die aus einer ersten Beziehung bereits erwachsene Kinder hat. Sie sagt, daß sie Wilkomirski als Bruno kennengelernt habe. Der Name Binjamin war zwar bekannt, aber es war kein Thema, ihn so zu nennen. Binjamin hat für sie auch »etwas Verkleinerndes«. Sie möchte sich »nicht immer konfrontiert sehen mit diesem kleinen Jungen«, auch sein Leben sei weitergegangen. »Für mich ist er Bruno und Binjamin, aber eigentlich lebe ich mit Bruno.«[1] In meiner Anwesenheit redet sie fürsorglich und schonend mit ihm, als müßte sie ihn vor Überforderungen bewahren. Obwohl sie sich während meiner Besuche bei Wilkomirski meistens im Hintergrund hält, bekomme ich den Eindruck, die Auseinandersetzung mit seiner Geschichte und die Sorge um ihn seien zu ihrem Lebensinhalt geworden. Ich empfinde diese Omnipräsenz der Vergangenheit im Leben der beiden als beängstigend und spreche Piller darauf an, als ich im Mai 1999 einmal mit ihr allein zusammensitze.[2] Es sei von Anfang an so gewesen, antwortet sie. Sie erzählt von den vielen Symptomen, seinen allgegenwärtigen Körpererinnerungen, der Insektenphobie, dem Bewegen der Füße im Schlaf, seinen inneren Bildern von medizinischen Instrumenten. Sie erinnert sich, wie sie zusammen den Film über den Düsseldorfer Majdanek-Prozeß anschauten. »Da sah ich ihn zum allerersten Mal, wie er in diese Kinderhaltung zurückging, in der er sich jeweils absolut versteinert. Man konnte ihn berühren und hatte das Gefühl, er merke gar nichts, weil er auf dem Bildschirm die Hundehütte sah.«

Bei den Reisen mit ihrem Freund sei für sie der Besuch von Majdanek die furchtbarste Erfahrung gewesen. »Er rannte den Hügel hinauf, dorthin, wo die Baracke stand. (...) Ich dachte, dies würde für ihn zu einem fürchterlichen Schock. Aber er sagte: ›Es ist, wie wenn du an deinen Ort zurückgehst, wo du als Kind gewohnt hast.‹ Dennoch war er aufgelöst; ich sah ihn zum ersten Mal an einem solchen Platz heulen. Da war ich froh um Eli [Bernstein; St. M.], er war seine Stütze. Ich kam mir sehr verloren vor. Ich merkte, daß ich in diese Geschichte eigentlich nicht hineingehöre, dies ist ganz klar. Es ist ein so gräßlicher Ort, ich möchte nicht mehr dorthin.«

Piller betont, wie wichtig es ihr war, Wilkomirski ernst zu nehmen. »Ich glaube, er hat dies in seinem Leben nicht oft erlebt.« Sie blockte sein Erzählen nicht ab, wie man es früher bei ihm gemacht hatte. Dadurch erhielt seine Vergangenheit, räumt sie ein, nun vielleicht einen größeren Stellenwert. Die Beschäftigung mit seiner Geschichte war aber nicht neu, er hatte schon vorher danach gesucht. »Er sagt, er habe seine Bilder immer gehabt. Diese sind nicht erst entstanden, als ich ihn kennenlernte und er darüber reden konnte.« Erst zehn Jahre nach Beginn ihrer Beziehung hat er sie aufgeschrieben. »Dies brauchte viel Mut.« »Mußten Sie ihn dazu ermutigen?« frage ich. »Ich sagte ihm, daß es wichtig wäre. Ich wollte ihn nicht drängen.« Sie glaubt nicht, das Aufschreiben »allein ausgelöst zu haben. Es war auch einfach an der Zeit.« Sonst wäre er vielleicht an »seinen gräßlichen Bildern« zugrunde gegangen. Sie schildert, wie Wilkomirski beim Schreiben immer ganz verwandelt war, als wäre er beherrscht von etwas, das er loswerden mußte. »Dann las er mir meistens vor. Ich wußte, daß ich nicht weinen durfte, weil er sonst aufhörte.« Sie hatte von ihm erfahren, seine Exfrau habe jedesmal geweint; er habe dann das Erzählte zurückgenommen und gesagt, es sei eigentlich nicht so schlimm gewesen, nur damit sie aufhörte zu weinen.[3]

1984 besuchten Piller und Wilkomirski ihren Freund Bernstein in Israel. Nach der Ankunft habe Piller ihn beiseite genommen, erzählt Bernstein. »Glaubst du, daß Bruno ein Jude ist?« fragte sie. »Warum fragst du?« erwiderte Bernstein. Sie erklärte, sie sei von

Brunos ehemaligen Freunden und seiner früheren Frau gewarnt worden, er lüge, sei ein Pseudologe und nicht derjenige, der zu sein er vorgebe. Sie mache sich viele Gedanken darüber und wolle seine Meinung hören. Dies war zu der Zeit, als Wilkomirski gegenüber seinem Freund verstärkt über schreckliche Alpträume und Ängste klagte, die mit Verfolgungen zusammenhingen. Bernstein antwortete ihr: »Ich habe mich nie juristisch mit diesen Fragen auseinandergesetzt, und die historischen Kenntnisse fehlen mir, aber intuitiv glaube ich ihm.« Auch ihre innere Stimme sage ihr, »es könnte durchaus möglich sein«, erwiderte Piller.[4]

Der jüdische Freund – Psychologe Elitsur Bernstein

Allein schon durch sein Äußeres erscheint Bernstein dazu prädestiniert, dem zerbrechlich wirkenden Wilkomirski als unerschütterlicher Freund zu dienen. Er ist von breiter Gestalt, sein massiver Schädel ist von einem rotgrauen Bart gesäumt, die nach hinten gekämmten, grauen Haare machen seine Stirn noch höher und kantiger. Eben von Israel angereist, trifft er mich in einem Restaurant beim Zürcher Hauptbahnhof. Sein Händedruck ist kräftig, und seine Begrüßung erfolgt in fast akzentfreiem Schweizerdeutsch.

Bernstein ist in Israel geboren und kam 1961 nach Zürich, wo er ein Medizinstudium anfing, nach einigen Jahren jedoch zur Psychologie wechselte. Schon vor seiner Promotion im Jahre 1980 hatte er zunächst als Schulpsychologe, dann in der bekannten psychiatrischen Klinik Schlößli bei Zürich gearbeitet. Die Frage, ob er einer bestimmten psychologischen Schule angehöre, verneint er. Er arbeite nach psychoanalytischen und psychodynamischen Grundsätzen, verfüge aber auch über eine verhaltens- und gruppentherapeutische Ausbildung. Heute praktiziert er in einem Vorort von Tel Aviv, denn 1982 ist er nach Israel zurückgekehrt. Er fliegt regelmäßig nach Zürich, um als Dozent am Institut für Angewandte Psychologie IAP zu unterrichten. Bei diesen Aufenthalten logiert er in Wilkomirskis Wohnung, wo er vor 20 Jahren seine erste Klarinettenstunde erhalten hat.

Bernstein betont, daß er Wilkomirski nach wie vor Bruno nenne. Es sei ihm auch lieber, »wenn ich jetzt nicht von Binjamin reden müßte, es wäre authentischer«. Einmal habe ihn sein Freund gebeten, ihn Binjamin zu nennen. Bernstein antwortete: »Hör mal, ich habe dich als Bruno kennengelernt, es gibt sehr viele Juden, die Bruno heißen, für mich bist du nach wie vor der Bruno.«

Die Frage, ob Wilkomirski Jude sei oder nicht, spielte für ihre Freundschaft keine Rolle, erzählt Bernstein. Nachdem er in der Wohnung seines Klarinettenlehrers das Bild des Rabbi von Wiłkomir entdeckt hatte, beschloß er, ihn nie mit Fragen zu bedrängen. »Alles was ich von ihm weiß, kam spontan von ihm.« Im September 1980 besuchte er ihn im Krankenhaus. Wilkomirski war am Morgen operiert worden und befand sich noch im Delirium. Er murmelte zusammenhanglose Sätze über Leibniz' mathematisches Weltbild und jiddische Sprachfetzen. Bernstein war verblüfft. »Jiddisch ist meine zweite Muttersprache. Es war auch wirres Zeug, aber es gab Brocken, die Sinn machten, wie zum Beispiel ›Ich will nicht‹ oder ›Loßt mich ob‹. Das heißt: ›Laßt mich los.‹« Er verließ den Raum, ohne den Patienten zu stören. Als er seiner Frau davon erzählte, sagte sie: »Willst du ihn nicht fragen, ob er Jude ist?« »Hände weg«, habe er entgegnet. Heute sei er sehr froh, daß er sich zurückgehalten habe, erzählt mir Bernstein. In ihm habe damals vor allem der Psychologe gesprochen, »der dachte, wenn da etwas dahintersteckt und er erzählen will, dann kommt es von selbst. Ich will nichts einleiten und schon gar nicht etwas suggerieren.« Er fürchtete zudem intuitiv, bei Wilkomirski etwas anzurühren, das ihn vielleicht selbst »in einen Sog bringen könnte, was übrigens später auch passiert ist«.

Im Dezember 1980 wurde Wilkomirski erneut ins Krankenhaus eingeliefert. Als Bernstein ihn besuchte, sah er auf dem Nachttisch zwei jiddische Bücher. Auf seine erstaunte Frage antwortete Wilkomirski, er spreche Jiddisch und wolle seine Kenntnisse vertiefen. Seit der Zeit verstärkte sich bei Bernstein der Eindruck, daß sein

Freund eine Therapie brauche.» Vor allem fiel mir damals auf, daß er sich sehr schlecht erholte. Ich erlebte ihn subdepressiv, vergeßlich, zum Teil sprunghaft. Da fragte ich ihn, ob er sich jemals mit dem Gedanken befaßt habe, eine Psychotherapie anzufangen. Das wies er völlig ab. Mit einem Psychotherapeuten wolle er überhaupt nichts zu tun haben. Dies würde ihm nichts nützen, seine Probleme seien viel größerer Natur.«

Im darauffolgenden Frühjahr luden Bernstein und seine Frau Wilkomirski zu einem Sabbatessen am Freitagabend ein. »Wir hatten einen sehr schönen Abend zusammen. Ich hatte den Eindruck, er klammere sich an die Atmosphäre bei uns. Dies war für ihn fast wie eine Offenbarung.« Bernstein glaubte, bei Wilkomirski eine Affinität zu spüren, etwas ursprünglich Vertrautes, das brachlag. »Wir sangen sehr viel zusammen. Wenn Sie ein Musikstück hören, dessen Stil Ihnen fremd ist, dann fühlen Sie sich meistens irritiert oder befremdet. Ich hatte den Eindruck: Der Stil ist ihm bekannt, Kenntnisse hat er aber keine. Er wußte, daß es vor, während und nach dem Essen Gebete gibt, aber Einzelheiten wußte er keine.«

Bernsteins Rückkehr nach Israel bedeutete das Ende des Klarinettenunterrichts, aber nicht der Freundschaft mit Wilkomirski, den er inzwischen duzte. Wilkomirski erzählte ihm von seinen Alpträumen, die mit der Zeit immer schlimmer wurden. Anfang der neunziger Jahre hatte er eine besonders schlechte Nacht: Er träumte, daß er schlief, einen schrecklichen Lärm hörte, zum Fenster rannte und viele Menschen sah, die verbrannt wurden. Nun willigte Wilkomirski endlich ein, eine Therapie zu beginnen.[5] Er kam zur Psychologin Monika Matta, die ihm eine Bekannte von Verena Piller vermittelt hatte. Bernstein kennt Matta von seinem Studium her, er hat sie als eine sehr sensible und aufmerksame Frau in Erinnerung. Er meint, daß sie psychoanalytisch orientiert sei, aber keine Analyse im klassischen Sinn mache. Wilkomirski hat ihm erzählt, daß sie auch nonverbal arbeite; Zeichnungen und die Aufmerksamkeit auf Körpergefühle spielten dabei eine große Rolle. In den Vereinigten Staaten wird seit rund zehn Jahren erbittert über Therapien gestritten, die beanspruchen, verdrängte traumatische Erinnerungen ihren Patienten wieder bewußt zu machen (Recovered Memory Debate). Auf meine Nachfrage hin erklärt Bernstein, bei Wilkomirskis Therapie seien weder Hypnose noch der Gebrauch von Halluzinogenen und ähnliche Methoden im Spiel gewesen. Wie Wilkomirski (und übrigens auch Piller) betont er, daß die Therapie nicht in jene umstrittene Kategorie gehöre und keineswegs der Nährboden für die Entstehung des Buches gewesen sei.[6]

Im Juli 1991 habe er bei einem Besuch in der Schweiz gehört, daß Wilkomirski seine Erinnerungen aufschreibe.[7] »Er fragte mich, was ich als Freund und Psychologe davon halte. Ich sagte: ›Als Freund, mach das; als Psychologe, mach das. Es wird dir sehr helfen, deine Erinnerungen mit Frau Matta zu besprechen.‹ Eines Nachts im September, um zwei Uhr, läutet das Faxgerät. (...) Ich springe aus dem Bett, um nachzuschauen. Da kommen die ersten Seiten, die er geschrieben hat.« Es war die Geschichte von der Begegnung mit der Mutter im KZ. Am nächsten Morgen rief er Wilkomirski an. Dieser fragte: »›Was meinst du dazu? Soll ich weiterschreiben? Kann es so gewesen sein?‹ Ich sagte ihm, daß ich nicht wisse, ob es so gewesen sein könne, aber wenn er aus seinen Erinnerungen schreibe, werde es wahrscheinlich so gewesen sein, und er solle weiterschreiben.«

Bernstein las noch in der gleichen Nacht den Text seiner Frau vor. Sie waren beide entsetzt, daß er so etwas erlebt hatte. Nach und nach erhielten sie weitere Erzählungen, die eine oder andere hatten sie schon vorher gehört. »Neu war für uns die Niederschrift der Geschichten in dieser Art und Weise.« »Glauben Sie, daß alle diese Geschichten schon vorher da waren?« frage ich. »Ich weiß es nicht. Ich habe in den Blättern, die zu mir gekommen sind, viel Neues gelesen, und sie paßten mir ins Bild.« Am stärksten erschütterten ihn die Begegnung mit der Mutter, die Ratten und das versteckte Leben auf dem Bauernhof, wo Wilkomirski plötzlich absolut allein zurückblieb. »Es gibt in dieser Geschichte mit den Geschwistern auf dem Bauernhof die Stimmung eines Ferienspielplatzes, es gibt den mutigen Motti, der immer wieder als Schlüsselfigur in seinem Leben vorkommt. Und plötzlich hört alles auf.« Solche Schilderungen sind für Bernstein besonders beklemmend, weil sie von Lebensumständen erzählen, die an eine Normalität grenzen und unvermittelt in den Schrecken der Gewalt umschlagen. Als letzte Geschichte erhielt er diejenige von dem Neuen im KZ, dem Wilkomirski rät, mangels anderer Gelegenheit an der Schlafstätte ins Stroh zu machen. Wilkomirski plagen heute Schuldgefühle, weil der Knabe von den Wächtern zur Strafe getötet wurde. Diesmal habe ihn Wilkomirski nicht gefragt, was er dazu denke, sondern ob er deswegen als Mörder zur Rechenschaft gezogen werden könne. Diese Besorgnis war nach Bernstein auch einer der Gründe, wieso sich Wilkomirski gegenüber einer Publikation in hebräischer Sprache reserviert zeigte.

Zu diesem Zeitpunkt waren Wilkomirskis Texte bereits in mehreren Sprachen veröffentlicht. Sowohl Wilkomirski wie Bernstein und Piller beteuern heute, ursprünglich sei an eine Publikation gar nicht gedacht worden. Piller sagt: »Ich drängte ihn nicht, ein Buch zu schreiben, sondern dazu, seine Erinnerungen hinauszuschaffen und niederzulegen, um sie von außen anschauen zu können.« Bernstein sagt, auf die Idee einer Publikation hätten er und Piller »sehr reserviert reagiert«, und Wilkomirski habe sich »am Anfang sogar dagegen gesträubt«. Wilkomirski selbst sagt wiederholt, er habe die Texte ursprünglich nur für seine Kinder und seine Umgebung geschrieben. Wieso sie dann dennoch veröffentlicht wurden, frage ich ihn. »Weil man mich überredet hat und gesagt hat, schau, das hilft unter Umständen vielen anderen Überlebenden, die völlig isoliert, ohne Kontakte zu anderen Überlebenden leben«.[8]

Im Januar 1994 gibt Wilkomirski seinen Text Eva Koralnik, die als Literaturagentin Manuskripte an passende Verlage vermittelt. Der Titel lautet »Glut unter der Asche, Kindertage 1939–1947, Bruchstücke des Erinnerns«.

Ein einmaliger Erfolg – das Manuskript findet sofort Verlage

Eva Koralnik ist eine der Inhaberinnen der literarischen Agentur Liepman, die sich in einer alten Villa am Zürichberg befindet, nur einige Gehminuten oberhalb der Straße, an der Wilkomirski aufgewachsen ist. Ich treffe mich hier mit Koralnik, um mich über die Entstehung von Wilkomirskis Publikation aufklären zu lassen. Die Agentur ist eine der angesehensten, sie vermittelt Manuskripte und Bücher, die aus vielen Sprachen, hauptsächlich aus dem Englischen, Französischen, Holländischen oder Hebräischen, übersetzt werden. Sie vertritt die Rechte von bedeutenden Autoren und Autorinnen aus der ganzen Welt,[9] daneben betreut sie mehrere große Nachlässe, darunter die von Erich Fromm, Anne Frank und Norbert Elias. Es ist kaum zufällig, daß die Liepman AG viele jüdische Autoren und Bücher über den Zweiten Weltkrieg vertritt. Ruth Liepman, die die Agentur 1949 in Hamburg gegründet hat, mußte 1934 Deutschland verlassen, weil sie Jüdin war und wegen ihrer politischen Aktivitäten steckbrieflich gesucht wurde. Nachdem sie 1961 nach Zürich gezogen war, fand sie 1965 in Eva Koralnik eine Partnerin, deren Leben ebenfalls von der Nazizeit geprägt ist. Koralniks Mutter war eine Schweizer Jüdin, die durch die Heirat mit einem Ungarn ihr Schweizer Bürgerrecht verloren hatte. Nach der Besetzung Ungarns durch die Deutschen im Jahre 1944 drohte der Familie in Budapest die Deportation. Nur dank des persönlichen Einsatzes eines couragierten Schweizer Diplomaten, welcher der Mutter und ihren beiden kleinen Töchtern in letzter Minute zur Flucht verhalf, wurde die Familie gerettet.[10]

Durch diese Hintergründe, erzählt Koralnik, sei die Liepman AG gewissermaßen prädestinierte Anlaufstelle für Manuskripte über die Shoah, und sie bekomme viele Memoiren von Überlebenden.[11] »Die meisten sind nicht publizierbar. Ich komme gerade von der Jerusalemer Buchmesse zurück. Dutzende von Überlebenden brachten mir ihre Manuskripte. Jede einzelne Geschichte ist eine Tragödie. Manchmal brechen die Leute in Tränen aus, aber meistens sind sie sehr gefaßt. Es ist schwer, ihnen zu sagen: Nein, danke, der Markt ist voll.« Koralnik lebt mit Leib und Seele für ihre Bücher und Autoren, Tag und Nacht; sie interessiert sich lebhaft für das Schicksal anderer Menschen. Man kann sich vorstellen, daß ihr solche Absagen schwerfallen.

Vor diesem Dilemma stand sie nach der Lektüre von Wilkomirskis Manuskript keinen einzigen Moment. Sie kannte ihn oberflächlich seit einigen Jahren als Musiker. »Die Tatsache, daß ich diesen Menschen gekannt habe, und nun tut sich plötzlich eine so schreckliche Welt auf, von der ich nichts wußte, hat mich vielleicht besonders berührt.« Aber sie war nicht allein dadurch beeindruckt, sondern vor allem durch die für Memoiren unübliche Form, das Fragmentarische der Erzählung und ihre zugleich abgerundete Komposition. Sie fragte ihn, wie er seine schmerzhaften Erinnerungen hatte zu Papier bringen können. Er antwortete, seine Therapeutin sei eine wesentliche Hilfe gewesen. Es hätte ihr nicht ausgereicht, seine Texte zu erhalten, er mußte sie vorlesen, was ihm schwergefallen sei. Das Manuskript war aber nicht das rohe Abfallprodukt einer Therapie, sondern vollkommen durchgestaltet. Koralnik fragte Wilkomirski, was die durch Punkte gekennzeichneten Lücken bedeuteten. Er antwortete, daß er nur aufschreibe, woran er sich erinnere, nichts anderes.

Eva Koralnik begann, für das Buch einen Verlag zu suchen. Nun erlebte sie etwas, was ihr in ihrer 30jährigen Tätigkeit noch nie passiert war. Während sie beispielsweise für die meisterhaften Erzählungen von Ida Fink über den Holocaust sechs Jahre lang einen Verleger suchte, ging es bei Wilkomirski überraschend schnell. Fast jeder der internationalen Verlage, denen sie das Manuskript zeigte – und diese gehörten zu den bedeutendsten –, sagte sofort zu. Für die Originalpublikation wandte sie sich Ende Juli 1994 an den Suhrkamp Verlag. Thomas Sparr, der bei Suhrkamp als Cheflektor das Programm des Jüdischen Verlags betreute, antwortete sofort. Die Erinnerungen hätten großen Eindruck nicht nur auf ihn, sondern auch auf seine Kollegen und Freunde gemacht. Der Verleger Dr. Siegfried Unseld habe sogleich entschieden, das Manuskript zu publizieren – am liebsten schon im nächsten Frühjahr.

Sparr schlug vor, das Werk »Bruchstücke. Aus einer Kindheit 1939–1948« zu nennen. Den Text selbst halte er für fertig, er schlage bloß einige Wortumstellungen vor.[12]

Ende Januar 1995 lud Wilkomirski Freunde und Bekannte zu einer Feier in sein Haus. Das Datum fiel zusammen mit dem 50. Gedenktag der Befreiung von Auschwitz. Wilkomirski nahm, wie er sagte, diesen Tag als Ersatz für seinen Geburtstag, der ihm unbekannt sei. Es wurde musiziert und aus dem Manuskript vorgelesen, das bereits bei Suhrkamp in Produktion war.

»Eine äußerst heikle Sache« – Helblings Zweifel

»Ich war in den Skiferien, als ich Mitte Februar 1995 von Thomas Sparr einen alarmierenden Anruf bekam«, berichtet Eva Koralnik. »Unsere Agentur hatte einen Ruf zu verlieren, ich habe noch nie ein Manuskript verkauft, an dem irgendwelche Zweifel hingen.« Der Verleger Unseld hatte einen Brief von Hanno Helbling, dem ehemaligen Feuilletonchef der »Neuen Zürcher Zeitung«, erhalten:

»Lieber Herr Unseld,

hier in Rom, wo ich für eine letzte Phase meiner mehr oder weniger journalistischen Tätigkeit gelandet bin, ist mir etwas zu Ohren gekommen, das ich mit allem Vorbehalt weitergebe für den Fall, daß es Ihnen noch irgendwie neu sein könnte.

Ein Musiker, fünfzig Jahre alt, der es im Leben sehr schwer hat oder hatte – ich kenne seinen Namen nicht –, ist dank der Hilfe eines Psychotherapeuten zu einer ›Identität‹ gelangt. So, wie es früher gut zu wissen war, daß man heimlicherweise von Königen abstammte, so hat er sich davon überzeugen können, daß er ein überlebendes Opfer von Auschwitz sei. Auf Grund dieser – man sollte vielleicht nicht sagen: aus der Luft gegriffenen, aber jedenfalls mit der Realität nicht vereinbaren – Annahme oder eben Gewißheit hat er ein Buch, anscheinend seine ›KZ-Erinnerungen‹, geschrieben, das im Jüdischen Verlag herauskommen soll; es scheint auch, daß jüdische Kreise ihn dazu ermuntert haben.

Da hängt nun alles davon ab, wie eine solche Publikation präsentiert wird: als ›Auschwitz-Roman‹, dem der Verfasser die literarische Form der Ich-Erzählung gegeben hat (wobei dann im Dunkeln bliebe, daß er an den Erinnerungs-Charakter des Buches selber tatsächlich glaubt); oder als ›echtes‹ Erinnerungsbuch, das aber wohl früher oder später als fiktiv erkannt werden dürfte; oder als das, was es ist: eine psychologische Rarität, die für die mythenbildende Ausstrahlung des Holocaust zeugen kann ...

In jedem Fall eine äußerst heikle Sache, unter Umständen auch gefährlich in dem Sinn, daß eine Auschwitz-Legende denen willkommen sein könnte, die ohnehin bestrebt sind, Auschwitz zu einer ›Legende‹ zu erklären.

Nun ist es durchaus möglich, daß ich Ihnen etwas, das Sie genau wissen, ungefähr erzählt habe – dann vergessen Sie bitte diesen Zuruf oder nehmen ihn einfach als Lebenszeichen
Ihres Sie herzlich grüßenden
Hanno Helbling«.[13]

Die Vagheit der Aussagen – »ich kenne seinen Namen nicht« – kontrastierte mit der großen Sicherheit, mit der sie vorgetragen wurden. Das konnte irritieren oder empören, aber der Schreiber war ernst zu nehmen. Koralnik erzählt, daß sie unverzüglich Wilkomirski anrief. Er brach zusammen und sagte, jetzt fange dies wieder an. Es seien immer diese Gerüchte aus dem Umfeld von Musikern und seiner ehemaligen Frau. Es gehe um seine Papiere, er habe keinen richtigen Geburtsschein, nur einen Auszug davon, wegen seiner Adoption erhalte er keine Einsicht in seine Akten, alles sei so verschleiert, vor der Heirat habe er nur mit Schwierigkeiten die nötigen amtlichen Papiere bekommen. Für Koralnik kam diese Nachricht wie ein Schock – Wilkomirski hatte ihr bislang nie von irgendwelchen Unklarheiten bezüglich seiner Papiere erzählt. Sie begann ihm nun Fragen zu stellen zu seinen amtlichen Dokumenten und zu seiner Erinnerung. Sie rief auch seine Freundin Verena Piller an den Apparat, die erzählte, Bruno beginne schon zu zittern, wenn er nur vom Holocaust höre oder einen Film sehe. Alle Erinnerungen kämen ihm dann hoch. Koralnik verlangte von Wilkomirski relevante Argumente und Papiere, die seine Erinnerungen stützten. Da er offenbar eine Phobie vor Ämtern hatte, bestand sie darauf, er müsse einen Anwalt nehmen und mit diesem zusammen nach seinen Papieren suchen, um sie dem Verlag vorzulegen.

Koralnik erzählt, sie habe damals zu Hause sehr viel über die Angelegenheit diskutiert. Falls er nicht derjenige war, der zu sein er vorgab, wie konnte er sich eine so unerhörte Geschichte andichten? Wenn er dies aber alles durchgemacht hatte und seine Vergangenheit nun bezweifelt wurde, war dies entsetzlich. Welch verkehrte Welt, in der ein Opfer der Shoah seine Geschichte beweisen mußte; welch furchtbare Erniedrigung für den Mann. »Ich war in einer sehr schwierigen Lage, denn ich kannte die unwahrscheinlichsten Fälle von Kindern, die versteckt waren in Klöstern, bei Bauern etc. und erst sehr spät mit ihrer Identität konfrontiert wurden, aber keine Papiere, sondern nur Schatten ihrer Erinnerungen hatten.«

Auf meine Frage erklärt Koralnik, sie habe nach Helblings Brief weiterhin an die Echtheit der Erinnerungen geglaubt. Ob sie nicht beunruhigt gewesen sei? »Wilkomirskis Antworten klangen alle so überzeugend und so kongruent«, erwidert Koralnik. »Ich ging davon aus, daß alles wahr war.« Da sie selbst als etwa gleichaltriges Kind wie Wilkomirski vor der Naziverfolgung in die Schweiz geflüchtet war, konnte sie ihm aus eigener Erfahrung unbefangener und auch kritischer als ein Nichtbetroffener Fragen stellen. »Was war denn überhaupt deine Sprache? Wer hat dich in die Schweiz gebracht? Wo bist du registriert?« Wilkomirski wußte auf alles eine Antwort und versprach für demnächst Papiere. »Er war verzweifelt und fieberhaft auf der Suche, um mir oder Suhrkamp die Dokumente beizubringen. Es war immer alles en suspens, wir haben immer gedacht, morgen kommt etwas. Er berichtete uns, wo er noch hinfahren werde, wo es noch Listen gebe, dort sei noch jenes Waisenhaus, wo sein Name figurieren könnte, usw.«

Thomas Sparr schrieb an Wilkomirski, der Jüdische Verlag habe nach den laut gewordenen Vorwürfen »die Auslieferung des nahezu fertigen Buches gestoppt. Ich bitte Sie, mir Ihre Geburtsurkunde, die Adoptionsurkunde, ein Dokument über den Kindertransport in die Schweiz, die Einbürgerungsurkunde sowie alle weiteren Dokumente offenzulegen, die Ihre Identität bzw. Nichtidentität zeigen. Ich bitte Sie ferner um ein Gutachten, wie Yad Vashem Ihren Status einschätzt.«[14]

Elitsur Bernstein erzählt, es sei seinem Freund damals sehr schlechtgegangen. Wilkomirski dachte daran, das Buch zurückzuziehen, aus Defätismus und nicht, weil auch er selbst an dessen Wahrheitsgehalt gezweifelt hätte. Piller und Bernstein kämpften gegen diese Haltung. Wilkomirski habe etwas angefangen und viel dafür investiert, auch emotional, da könne er nicht auf diese Weise aufgeben. Es gehe nicht darum, auf Gedeih und Verderb das Buch herauszubringen, aber er solle auf die Vorwürfe reagieren.[15]

Sparr hatte seine Bitten an Wilkomirski kaum abgeschickt, als er ein Schreiben von dessen Psychotherapeutin erhielt. Aufgrund ihrer 20jährigen Praxiserfahrung mit kindlichen Traumata könne sie, schreibt Monika Matta, mittlerweile klar unterscheiden zwischen authentischen und vermeintlich realen Erfahrungen von Klienten.[16] Seit zweieinhalb Jahren habe Wilkomirski seine Kindheit mit ihr durchgearbeitet und dabei die traumatischen Erinnerungen seinem Erleben wieder zugänglich machen können. Sie habe hautnah miterlebt, wie alle Szenen dieses Buches und noch viele andere Situationen bis zu den minutiösen Details und durch mehrfaches Wiederholen wieder erinnert wurden, wie dabei sämtliche körperlichen und seelischen Symptome noch einmal auflebten – so gebe es für sie keinerlei Zweifel an deren Authentizität. Man könnte das Buch »Bruchstücke« als ein Ergebnis dieses überaus schmerzhaften und kraftverzehrenden Prozesses betrachten. Wilkomirski habe die Existenz der Geburtsdokumente niemals verheimlicht und immer darauf bestanden, daß sie nicht die seinigen seien. Es wäre aber für ihn seelisch und gesundheitlich nicht verkraftbar, die Papiere in einem jahrelangen Prozeß juristisch anzufechten, vor allem auch angesichts dessen, daß Begegnungen mit Behörden jeder Art panische Angstzustände bei ihm auslösten (wie das bei Überlebenden von Konzentrationslagern bekannt sei). Sie möchte Sparr deshalb ersuchen, jede andere Möglichkeit zu prüfen, die ihm zur Verfügung stehe, um den Gegnern den Wind aus den Segeln zu nehmen, zum Beispiel eine andere Form der Herausgabe. Sie habe Wilkomirski als einen hochbegabten, offenen, ehrlichen, mit einem außerordentlich präzis funktionierenden Gedächtnis ausgerüsteten und zutiefst von seinen Kindheitserlebnissen geprägten Menschen erlebt. Seine Identität könne sie mit Sicherheit beglaubigen und hoffe, daß diese unsinnigen Zweifel sich auflösten und für nichtig erklären ließen. Die Veröffentlichung des Buches sei für ihn sehr wichtig, und sie wünsche ihm, daß das Schicksal ihn nicht noch einmal auf eine so perfide Art einhole und ihm demonstriere, »niemand« zu sein.

Nur Tage später meldet sich auch ihr Fachkollege Bernstein zu Wort, allerdings nicht in seiner beruflichen Funktion, sondern als enger Freund Wilkomirskis. Sein klinischer Blick ist in seinem Brief an Sparr dennoch spürbar: »Ich kenne Bruno D. W. seit Oktober 1979, dem Zeitpunkt also, als ich mich bei ihm für Klarinettenunterricht meldete, ohne dabei nur irgend etwas über seine Herkunft resp. Vergangenheit zu wissen. Zwar meldete sich schon damals bei mir der ›Verdacht‹, Bruno könnte jüdischer Herkunft sein. Dies vor allem, weil ich in seiner Bibliothek mehrere Bücher über jüdische Fragen sah und weil mir auffiel, daß mehrere jüdische Gegenstände (Thoraschild, Thora-Zeigehand, Bilder) sich in seiner Wohnung befanden. Dies wurde allerdings damals noch kein Gegenstand eines Gesprächs zwischen uns. Die erste Konfrontation mit Brunos Vergangenheit geschah im Dezember 1981, als er zum erstenmal schwer erkrankte und ich ihn unangemeldet im Spital in Samedan besuchte. Ich fand auf seinem Tisch ein jiddisch-deutsches Wörterbuch sowie ein auf Jiddisch geschriebenes Buch (Scholem Aleichem). Dies veranlaßte mich natürlich, offene Fragen zu stellen. Von nun an verwandelte sich unsere freundschaftliche Beziehung in eine innige Freundschaft, welche sich seit dann so sehr vertiefte, daß wir nun sehr eng miteinander verbunden sind. Seit 1982, ich kehrte damals mit meiner Familie nach Israel zurück, sahen wir uns mehrmals jährlich.« Er glaube, fährt Bernstein fort, Bruno inzwischen so gut wie einen Bruder zu kennen. Aufgrund seiner Ausbildung habe er zwar seine Beobachtungen auch psychologisch zu überprüfen versucht, sei aber nie zu Wilkomirskis Therapeut geworden. Seit 1981 habe er ihn »auf der ›Suche‹ nach seiner Vergangenheit und Identität« begleitet, in unzähligen Gesprächen, bei den Reisen nach Polen und Riga, den Kontakten mit Yad Vashem sowie der Gruppe »Kinder ohne Identität«. Lea Balint, »eine Historikerin, die in Yad Vashem arbeitet« und anhand von Archivlisten die Herkunft und Identität von Kinder-Überlebenden rekonstruiere, habe mehrfach mit Wilkomirski gesprochen und sei »von seiner jüdischen Identität, von seinem Aufenthalt in einem Kinderheim in Krakau überzeugt«.

»Während unserer Polen- und Rigareise habe ich Bruno genau beobachtet. Er fertigte lange vor der Reise anhand von (Alp)Träumen und Erinnerungsresten Zeichnungen und Karten an, insbesondere von Majdanek und Birkenau, erzählte von Einzelheiten, die ihm dabei wieder ins Gedächtnis kamen, und war dabei äußerst mitgenommen, teilweise wie in einem Trancezustand. Dies wiederholte sich noch deutlicher, als wir vor Ort waren. Die Art und Weise, wie er in Majdanek und Birkenau zwischen den Barakken umherlief, zeigte eine eigenartige Mischung von Betroffenheit, Beklommenheit und einer zielorientierten Suche zugleich. Er kam mir vor, wie wenn er von sog. Körpererinnerungen geleitet würde. Ich war zugegen, als er in Polen und in Riga mit Ortskennern, Historikern oder ehemaligen selbst von den Ereignissen Betroffenen sprach, und es fiel mir auf, wie immer, wenn er mit jüdischen oder nichtjüdischen Gesprächspartnern sprach, seine sonst auf Deutsch korrekt sich an Syntax und Wortschatz orientierte Sprache sich verwandelte und ein jiddisches Gewand bekam. Zudem war er jeweils derart aufgeregt und mitgenommen, daß er massiv stotterte. Er konnte keine passenden Worte finden und bediente sich einer recht eingeschränkten Kindersprache. Es vergingen mehrere Stunden, bis dieses Phänomen abgeklungen war, bis er zu seiner üblichen korrekten Ausdrucksweise auf Deutsch zurückfand. Ähnliches geschah, als wir im Sommer 1994 in Yad Vashem Namenslisten nach registrierten überlebenden oder verstorbenen Wilkomirskis suchten. Letzteres geschah auf Empfehlung von Frau Lea Balint, die das israelische Fernsehen dazu animieren konnte, eine Fernsehsendung über ›verlorene Kinder‹ zu produzieren. Ich war bei den Dreharbeiten in Israel dabei, erlebte, wie man Bruno viele äußerst schwierige, zum Teil auch schonungslose provokative Fragen stellte. In einem Fall inquirierte Herr Julius Löwinger aus Petah Tiqua (Israel), der selber im Kinderheim in Krakau als Adoleszenter war, sogar sehr hart. Er zeigte Bruno einige Photos verschiedener Bauten, forderte ihn auf, aus diesen jenes Photo zu erkennen, das das besagte Kinderheim zeigt. Danach forderte er ihn auf, das Innere des Hauses sowie seine Umgebung genauestens zu beschreiben. Schließlich sagte Herr Löwinger: ›Du warst dort, darüber besteht kein Zweifel.‹ Der Fernsehfilm wurde dann am 22.11.94 im israelischen Fernsehen ausgestrahlt und zwar im Rahmen von ›Mabat Sheni‹ (mit dem ›Panorama‹ der BBC vergleichbar). Hätte man während der Dreharbeiten an den Grundangaben von Bruno gezweifelt, wäre das israelische Fernsehen schon bei der eigenen Hauszensur nicht durchgekommen.«

Er habe die Entstehung von Brunos Manuskript »von Anfang an als Leser« begleitet, und Berichten von Überlebenden habe er zu Hause schon »zu Hunderten zugehört«. »Beim Lesen von Brunos Manuskript kam mir nie ein Zweifel an dessen sog. Authentizität. Ich erlaube mir das Urteil, daß solches nur schreiben kann, der dies auch selber durchlebte. Zwar entzieht es sich meiner Kenntnis, inwiefern alle Einzelheiten bis ins letzte Detail zutreffen. Doch der Geist, der mich beim Lesen erfaßte, war der gleiche, der während meiner Arbeit mit einem Betroffenen zugegen ist und der die Erzählungen einer großen Zahl der damals Kinder Gewesenen prägt. (...) Als sehr naher Freund und als klinischer Psychologe stelle ich fest, daß jeder Vorwurf, der Bruno, aus welchen Gründen auch immer, als Pseudologe ›enttarnen‹ will, in keiner Weise zutreffen kann. Es erfüllt mich mit großer Trauer und macht sogar Wut überflüssig.«[17]

Gleichzeitig mit Bernstein meldet sich per Fax auch Wilkomirski bei Sparr. Er habe vergeblich versucht, ihn telefonisch zu erreichen, schreibt er, er wolle ihm nur mitteilen, daß er sich für den nächsten Tag auf einem Amt angemeldet habe, um Informationen zu beschaffen. Er werde dann schnellstens telefonisch und schriftlich Bericht geben.[18] Zwei Tage später faxt er einen langen Brief.

»Lieber Herr Dr. Sparr,
ich habe noch gestern Freitag nachmittag vergeblich versucht, Sie zu erreichen, um Ihnen mein Schreiben anzukündigen. Ich bin am Morgen nach Zürich gefahren, wo ich auf dem Amt angemeldet war, das die Adoptionssachen verwahrt. Ich ging allein, angstvoll, ich könnte mich vor Stottern nicht verständlich machen, angstvoll, ich würde wieder wie früher, barsch und knapp mit einigen nichtssagenden Worten abgespeist. Das Problem war, ich erinnerte das Datum meiner Adoption nur auf ein paar Jahre genau, ich besaß keine Urkunde. (...) Die Notarin, die mich empfing, fand wirklich einen Eintrag und war bereit, ihn mir auch zu zeigen, und machte mir eine Photokopie davon. Der Eintrag ist der amtliche ›Adoptionsentscheid‹, gegeben März/April 1957. Sonst ergab sich nichts Neues, was ich nicht schon kannte: Auch hier tauchte nur der Name einer Mutter auf und ihr Bürgerort im Jura an der französischen Grenze (Ich möchte Sie vorerst bitten, die Kopien, die ich Ihnen brieflich, nicht über Fax, zusende, keinen Drittpersonen ohne mein Einverständnis zu unterbreiten. Ich werde auch die Kopie der ›Gekürzten Geburtsurkunde‹ beilegen – es ist das einzige Dokument, auf das ich nach dem Gesetz Anspruch habe).

Dann tat ich etwas, was ich noch nie einer Amtsperson gegenüber gewagt hatte. Ich erklärte der Notarin, daß ich die Gewißheit hätte, daß etwas damit nicht stimmen könne, daß ich ihre Richtigkeit anzweifle, da ich mit hundertprozentiger Sicherheit sagen könne, daß meine persönlichen Erinnerungen in keiner Weise mit den amtlichen Angaben einer Mutter im Jura kompatibel gemacht werden können. Ich sagte auch, daß ich Geschichte studiert hätte, daß ich geübt sei im Umgang mit Akten und daß ich wisse, welches Gewicht Akten hätten – und dennoch müsse ich darauf bestehen. Ich wartete nun auf das gewohnte Hohngelächter oder sonst eine böse Reaktion. Ich war überrascht, nichts dergleichen geschah! Die Dame sagte nur: Moment mal – und holte ihren Chef, einen älteren Herrn. Ich erklärte ihnen, der genannte Sohn der Frau aus dem Jura sei wahrscheinlich jemand, ich sei auch jemand – aber es sei nicht möglich, daß beides zusammen paßt. Ich sagte, daß mein Gedächtnis allein, aber unverrückbar steht gegen ein Amtspapier. Das Unerhörte an der Situation war, daß beide Beamten mir ruhig zuhörten, ernst nahmen, was ich vorbrachte, mich nicht als ›eingebildeten Kranken‹, nicht als ›spinnigen Querulanten‹ behandelten! Sie erklärten mir, wie alle Angaben, basierend auf einem Anfangsdokument, einfach weitergegeben, weiter übertragen werden, bis sie bei ihnen ankommen, wobei die Richtigkeit für sie nicht nachprüfbar sei, eine solche Prüfung auch nie stattfinde. Sie berieten sich, begannen Fragen zu stellen. Als Beispiel erwähnte ich ganz knapp die Ereignisse auf dem Bahnhof Basel, als man mir immer wieder zu verstehen gab, keiner wisse, wer ich sei, ich sei nicht auf der Liste, für mich sei kein Platz. Dann fragten sie, ob ich denn schon an eine Verwechslung, einen unwillentlichen oder willentlichen Austausch gedacht hätte. Ich sagte ja, das sei die Variante, auf der ich seit meiner Kindheit vergeblich bestanden habe, ohne daß mir je jemand ernsthaft zugehört hätte. Darauf sagten sie, ein unwillentliches Vertauschen von Kindern sei natürlich durch Amtspapiere nicht nachweisbar; ein willentliches Vertauschen wäre sicher auch so geschickt gemacht worden, um keine Spuren zu hinterlassen. Sie würden bedauern, mir darin keine Hilfe sein zu können. Ich sagte, daß die ganze Sache für Beamtenohren reichlich absurd klingen müsse. Sie sagten, es sei für sie nicht absurd, sondern einfach ungewöhnlich, und sie seien in ihrem Büro noch nie mit einem solchen Fall beschäftigt gewesen. Ich wurde freundlich verabschiedet. Ich habe mich absichtlich nochmals umgedreht: es hat wirklich keiner gelacht, keiner hinter meinem Rücken an die Stirne getippt.

Ich erzähle Ihnen, Herr Sparr, das so ausführlich, da dies für mich ein sehr wichtiger Schritt war. Die Nachricht von den Einwänden von Herrn Helbling haben mich mit einem Schlag wieder in die alte Kindersituation der völligen Ohnmacht und Hilflosigkeit zurückgeworfen. Und ich habe schwer zu kämpfen, nicht noch einmal in die alten Reaktionsmuster von lang anhaltender Resignation zu verfallen und zu begreifen, daß ich heute in der Position des Erwachsenen und nicht mehr in der des wehrlosen Kindes bin.

Das Aufzeichnen meiner Erinnerungen war außerordentlich schmerzlich, und es war ein Versuch, zu allen meinen Erinnerungen zu stehen und auch zu meinem Teil an Schuld. Mir ist plötzlich klar geworden, daß mein ›Aufarbeiten‹ und damit mein Buch unvollständig ist. Es wäre mir außerordentlich wichtig, wenn ich ein letztes Kapitel anfügen könnte – oder ein Nachwort – oder wie auch immer, in welchem ich den Widerspruch beschreiben muß, mit dem ich schon als Kind zu leben hatte: den Widerspruch zwischen meiner eigenen und meiner papierenen Identität.«

Wilkomirski schreibt in seinem Brief weiter, er finde kaum noch Schlaf, seine Gedanken kreisten Tag und Nacht um wichtige Erlebnisse, von denen er berichten möchte. Er erzählt, wie seine Pflegefamilie seine Adoption tabuisierte, seine Vergangenheit leugnete und ihm den Kontakt zu jüdischen Mitschülern verbot. Er schildert auch ausführlich Dr. Jadassohn, der bei der Vertauschung die Finger im Spiel gehabt habe. Zum Schluß kommt er auf seine einzige Quelle der Wahrheit zurück. »Während der Jahre meiner Krankheit habe ich angesichts der Aussichtslosigkeit eines ›Krieges gegen die Behörden‹ begonnen, mit allen erworbenen Mitteln des Historikers, meine Erinnerungen zu untersuchen, zu prüfen, zu verifizieren. Ich habe aus dem Gedächtnis Pläne, Detail- und Situationsskizzen gezeichnet, jahrelang unzählige Experten konsultiert, sie sollen meine Angaben prüfen. Ich bin in Osteuropa kreuz und quer gereist, habe die dortigen Experten befragt und mich beraten lassen, Freunde haben mich begleitet als ›Kontrollorgane‹, und ich habe erfahren und bestätigt bekommen: Mein Gedächtnis funktioniert richtig, ich kann mich darauf verlassen. Dies wohl im Bewußtsein notwendiger Einschränkungen. So kann ein Kleinkindergedächtnis zwar authentisch sein, aber es darf daraus nicht unbedingt eine historisch/juristische Authentizität in bezug auf die darin vorkommenden Ereignisse abgelesen werden. Denn, ein Kindergedächtnis ordnet Erinnerungen anders, es schlägt zwischen Ereignissen manchmal Brücken, wo keine hingehören, nur, um die Einzelbilder besser zu behalten. Das Kindergedächtnis ordnet nicht chronologisch, sondern meist nach Intensität. Das Zeitgefühl ist anders: Was sich im Empfinden des Kindergedächtnisses auf mehrere Jahre ausdehnt, kann in der Realität in einem halben Jahr geschehen sein.

Meine Krankheit hat mir auch gezeigt, daß es Zeit war, alles so für mich aufzuschreiben, wie es in der Erinnerung geblieben ist, bis in die letzten Spuren allem nachzugehen. Meine Lebensgefährtin, Freunde und eine spezielle Therapie haben mir dabei geholfen. Daß daraus einmal ein Buch werden könnte, wußte niemand.

Damit habe ich, so gut ich im Moment kann, Ihnen meine Situation erläutert und gesagt, was ich weiß; ich möchte ja auch, daß das Buch erscheinen kann.«[19]

Eva Koralnik hatte Siegfried Unseld nach Helblings Brief versichert, sie habe »nie den Schatten eines Zweifels an der Authentizität« von Wilkomirskis Bericht gehegt. »Daß von dritter Seite Zweifel aufgekommen sind, hat mich zutiefst erschüttert, und wir müssen der Sache auf den Grund gehen. Ich will auch gerne mit Thomas Sparr in Jerusalem zu Yad Vashem gehen und sehen, ob wir da Unterlagen bekommen.«[20]

Nur Tage später, Anfang März 1995, begaben sich Sparr und Koralnik zur Jerusalemer Buchmesse und nutzten die Gelegenheit, um sich mit einigen Personen über Wilkomirski zu besprechen. Sparr traf Julius Löwinger, der von 1946 bis 1950 Insasse im Kinderheim an der Augustiańska Boczna 1 in Krakau war und seine Aussagen auch schriftlich gab: »Nachdem ich im September 1994 in meinem Hause Bruno Dössekker-Wilkomirski getroffen habe und er mir den Eingang zum Gebäude, den Aufenthaltsraum und den Spielplatz schilderte, hatte ich keine einzige Minute Zweifel daran, daß er tatsächlich zu jener Zeit mit uns in Krakau gewesen war.« Außerdem habe Bruno detailliert die Wege zur Weichsel und zum Badeplatz beschrieben und die Erzieherin Misia Leibel auf Fotos identifiziert. »Angesichts dessen bin ich ohne jeden Zweifel überzeugt, daß das Kind Bruno (...) unter uns war, obwohl er wegen des Altersunterschiedes in keinem engen Kontakt mir mir stand.«[21]

Im King David Hotel in Jerusalem trafen sich Koralnik, Sparr, Bernstein und Lea Balint zu einem Gespräch.[22] Balint legte ihre Überzeugung ebenfalls schriftlich nieder: »Ich bin Historikerin, befasse mich mit der Shoah der polnischen Judenheit und spezialisiere mich insbesondere auf das Thema der ›Kinder ohne Identität‹. Im Rahmen meiner Forschungsarbeit gelang es mir bis jetzt, die Identität von 17 Menschen ausfindig zu machen, deren Geburtsdatum, Geburtsort, Familienname sowie den Verlauf ihres Lebens während des Krieges, was uns vorher nicht bekannt war.« Bruno habe ihr von seinem Namen Binjamin Wilkomirski berichtet, über den er keine Gewißheit habe, und von seinem Aufenthalt in den zwei Kinderheimen an der Długa- und Augustiańskastraße in Krakau ab 1945. Die für sie »wichtigste Mitteilung« sei der Name Karola gewesen. »Als ich Gelegenheit hatte, im Juni 1994 im Jüdisch-Historischen Archiv in Warschau zu sein, photokopierte ich jedes mögliche Material aus dem Kinderheim in Krakau, besonders Teil-Namenlisten von Kindern, welche sich vermutlich in den Jahren 1946–1949 in diesem Institut aufhielten. Aus Zeitmangel habe ich diese Listen nicht sofort gesichtet, ich hoffte, dies in Israel machen zu können. Unterwegs nach Israel, machte ich in der Schweiz Zwischenhalt und überließ die Listen für einen Tag Bruno. (...) Als ich am gleichen Abend zurückkam, fiel mir Bruno weinend in die Arme und teilte mir mit, daß er Karola auf einer der Listen gefunden habe. Dies war für mich ein absoluter Beweis, daß Bruno im Kinderheim in Krakau gewesen war.« Anschließend erzählt sie von den Dreharbeiten zum Film »Wandas Liste« im September 1994 in Krakau, wo Bruno das Heim an der Długastraße identifizierte, das zweite jedoch nicht fand.[23] Balint erwähnte in der mündlichen Unterredung mit Sparr, Koralnik und Bernstein auch Beispiele von zwei Frauen, bei denen sie Zweifel hatte, ob sie im KZ gewesen waren. »Aber Wilkomirski ist echt, ich bin hundertprozentig überzeugt, er ist echt«, versicherte sie. Balints Ausführungen hätten sie überzeugt, erzählt Koralnik. Balint war eine Frau mit viel Erfahrung, kannte sich mit Archivmaterial aus und versuchte uneigennützig, ihm zu seinen Papieren zu verhelfen.[24]

Wilkomirski hatte unterdessen noch die Stellungnahme eines weiteren Bekannten veranlaßt, der ihm seit 1968 auf seinen Polenreisen als Übersetzer diente. »Ich, Sylvester Marx, wohnhaft in Bochum, erkläre, daß ich als Dolmetscher mit Herrn Bruno Dössekker am 19.10.93 mit Frau Dr. Ewa Kurek-Lesik in Lublin gesprochen habe. Frau Dr. Kurek-Lesik hat an der Universität Lublin studiert und ihre Doktorarbeit über ›Schicksale jüdischer Kinder in der Nazi-Zeit‹ geschrieben.« Sylvester Marx zitiert, was die Historikerin damals gesagt hat: »Sie kennt Fälle, wo Kinder durch Bestechung/Korruption vom Feld V ins Feld III unter polnische Kinder gebracht wurden.« Weiter soll sie behauptet haben: »Nach dem Wiedersehen mit der Mutter, welche ihm das Brot gegeben hat, wurde er ins Feld III gebracht, denn keiner, der im Feld V war, hat das Konzentrationslager Majdanek überlebt.«[25] Damit hatte Wilkomirski die Auskunft einer Expertin über die Erinnerungsszene beigebracht, die ihn seit seiner Kindheit tagtäglich beschäftigte.

»Rechtliche Schritte gegen diese verfügte Identität« –
das Buch erscheint mit einem Nachwort

Schließlich bat Wilkomirski seinen Anwalt Rolf Sandberg, den er unterdessen engagiert hatte, um eine juristische Stellungnahme. Dieser beschreibt gegenüber Sparr zwei Schwierigkeiten: »Ein erstes Problem zeigt sich im Zusammenhang mit Geburtsscheinen von Adoptivkindern und somit von Herrn Bruno Dössekker-Wilkomirski. Ohne größere Schwierigkeiten, d. h. ohne einen Prozeß gegen die entsprechende Register führende Behörde, ist es nicht möglich, mehr als einen abgekürzten Geburtsschein zu erhalten, wie er Ihnen von Herrn Bruno Dössekker-Wilkomirski vorgelegt worden ist.« Wilkomirski hatte Sandberg um eine Bestätigung gebeten, daß er als Adoptivkind »kein Recht auf vollumfängliche Akteneinsicht habe«.[26] Auf eine derart eindeutige Aussage – sie hätte weitere Recherchen in den schweizerischen Akten unmöglich erscheinen lassen – wollte sich der Anwalt offensichtlich nicht festlegen und schrieb etwas zurückhaltender: »Eine weitverbreitete Schwierigkeit besteht darin, in alte Akten Einsicht zu erhalten, insbesondere wenn sich die Behörden – zu Recht oder zu Unrecht – auf den Persönlichkeitsschutz irgendwelcher Dritter berufen. Auch in diesem Bereich könnte der Versuch unternommen werden, die Blockade zu durchbrechen, was aber mit viel Aufwand verbunden wäre (...). Nicht völlig auszuschließen ist auch, daß seinerzeit willentlich oder unwillentlich eine Verwechslung vorgekommen ist. Auch wenn eine solche eher unwahrscheinlich erscheint und von den Behörden mit an Sicherheit grenzender Wahrscheinlichkeit bestritten bzw. ausgeschlossen würde, müssen doch die allgemeinen Umstände der Zeit berücksichtigt werden.« Sandberg spielt dann – einer Anregung Wilkomirskis folgend – auf das Drama der Zigeunerkinder an, die in jenen Jahren ihren Eltern weggenommen worden waren, um sie zu sogenannten ordentlichen und anständigen Mitgliedern der Schweizer Gesellschaft zu machen. »Diese Kinder haben sich vor ca. 10–15 Jahren zusammengeschlossen und gemeinsam versucht, Licht in das Dunkel ihrer Vergangenheit zu bringen, doch ohne nennenswerten Erfolg; die Register und Akten blieben trotz langen Prozessierens (auch) für sie weitgehend verschlossen. (...) Herr Bruno Dössekker-Wilkomirski würde auch nicht davor zurückschrecken, selbst auf dem Rechtsweg die ›amtliche Wahrheit‹ zu ermitteln zu versuchen, doch fragt es sich, ob dies, sofern es nur im Hinblick auf die Veröffentlichung seines Berichtes erfolgen müßte, zumutbar und verhältnismäßig wäre.« Wilkomirskis jahrelange Auseinandersetzung mit diesem

Problem lasse ein solches Vorhaben als »praktisch aussichtslos« erscheinen.[27]

Suhrkamp-Chef Unseld erklärte in seiner Antwort an Sandberg, er habe »persönlich keine Zweifel an der Richtigkeit der Erinnerungen«, aber man müsse auf die Vorwürfe »reagieren, wenn wir uns nicht zur ›Lüge Auschwitz‹ schuldig machen wollen. In Ihrem Brief verstehe ich eines nicht: Sie schreiben, Herr Dössekker-Wilkomirski frage sich, ob rechtliche Schritte zumutbar sind, ›sofern sie nur im Hinblick auf die Veröffentlichung seines Berichtes‹ erfolgen. Wenn im Zuge der Veröffentlichung eine Diskussion aufkommt, könnte Herr Dössekker-Wilkomirski immerhin darauf verweisen, daß er ein solches Verfahren eingeleitet habe; es ist ja nicht seine Schuld, wenn dies unendlich lange dauert oder ›praktisch aussichtslos‹ ist. In dieser Angelegenheit bin ich auch mit Herrn Ignatz Bubis, dem Vorsitzenden des Zentralrates der Juden in Deutschland, in Verbindung, der dringlich rät, diese rechtlichen Schritte zu unternehmen.« Unseld schließt mit der Bemerkung, er sei gerne bereit, mit Wilkomirski zusammenzutreffen.[28]

Wilkomirski schickte Sparr noch die Bestätigung der Philosophischen Universität Ostrau, daß er dort demnächst »Vorträge über Forschungsmethoden des Holocaust« halten werde, sowie ein Schreiben von Yad Vashem. Ohne sich zur Sache selbst zu äußern, bestätigte die Jerusalemer Institution, daß Wilkomirski bei ihr ein Videointerview gegeben und nach seinen Eltern gesucht hatte. In Yad Vashem, dieser weitaus wichtigsten Shoah-Gedenkstätte in Israel, bei Juden wie Nichtjuden hoch angesehen, würde niemand leichtfertig sein Zeugnis deponieren.[29] All diese Wilkomirski stützenden Aussagen, Bestätigungen und Zeugnisse reichten aus, um beim Jüdischen Verlag aufkeimende Bedenken zu zerstreuen. Wilkomirski berichtete im Mai 1995 seinem Anwalt von der Mitteilung des Cheflektors, »er wolle nun mein Buch so schnell wie möglich veröffentlichen, er sei der Meinung, man hätte nun alles getan, was möglich sei, um allenfalls den Vorwürfen von Herrn Helbling (NZZ) zu begegnen«. Das hängige Gesuch um Einsicht in die Bieler Vormundschaftsakten habe Sparr nicht mehr erwähnt.

Er wolle »jedoch ein Vor/Nachwort zum Buch« von Wilkomirski, »das Herrn Helbling mit seinen Einwänden ›den Wind aus den Segeln‹ nehmen solle«. Außerdem sei es wichtig, daß Unseld ihn noch persönlich kennenlerne, habe Sparr gesagt.[30]

Einige Wochen später schreibt Wilkomirski seinem Anwalt von seinem Treffen in Frankfurt. »Das Gespräch verlief sehr positiv, und für den Verlag war die Sache soweit erledigt, als Herr Dr. Unseld die Weisung gab, mein Buch nun mit dem Nachwort Ende August 95 herauszugeben.« Unseld habe noch »ein scheinbar für ihn entscheidendes Gespräch« mit Ignatz Bubis geführt. Bubis habe gesagt, »in seinen Kreisen sei ein Fall wie der meinige gar nicht so etwas Außergewöhnliches, er habe einen sehr ähnlich gelagerten Fall sogar in seiner Familie – bei einem Verwandten seiner Frau, den er durch Zufall erst vor kurzem in Paris wiedergefunden habe. Dieser Verwandte lebe dort seit Jahrzehnten auch mit unechten ›echten‹ Papieren als französischer Bürger ... Ich wollte Sie nun fragen, ob sich noch etwas ergeben hat für mich oder ob man nun die Sache (vorläufig?) damit abschließen kann. Ich habe nur noch ein Anliegen, das ich Ihnen bei meinem ersten Besuch geäußert habe: Welche Möglichkeiten bestehen, meinen Namen ›Binjamin Wilkomirski‹ wenigstens als Pseudonym gesetzlich zu schützen – vielleicht wie im Stile eines geschützten Markennamens?«[31]

Im August 1995 erschien »Bruchstücke« mit Wilkomirskis Nachwort, in dem er auf das Schicksal der »Kinder ohne Identität« verweist, die ohne Gewißheit über ihre Herkunft, unter falschem Namen und oft auch mit falschen Papieren lebten. »Auch ich habe noch als Kind eine neue Identität erhalten, einen anderen Namen, ein anderes Geburtsdatum, einen anderen Geburtsort. Das Dokument, das ich in Händen halte – ein behelfsmäßiger Auszug, keine Geburtsurkunde –, gibt den 12. Februar 1941 als mein Geburtsdatum an. Aber dieses Datum stimmt weder mit meiner Lebensgeschichte noch mit meinen Erinnerungen überein. Ich habe rechtliche Schritte gegen diese verfügte Identität eingeleitet.«[32]

Ich frage Eva Koralnik, ob denn alle Zweifel ausgeräumt gewesen seien. Nicht ganz, antwortet sie, aber sie habe sich einfach nicht vorstellen können, daß jemand eine solche Geschichte erfinde. So habe man in dubio pro reo entschieden und zudem auf die von Wilkomirski angekündigten rechtlichen Schritte vertraut.[33]

Ein Buch geht um die Welt

*Grenzenlose Empathie mit einem Opfer –
zur Rezeption von »Bruchstücke«*

Die erste Besprechung erschien bereits Ende August 1995 in der Schweizer Wochenzeitung »Die Weltwoche«. Die Rezensentin Klara Obermüller hat den Autor in seinem mit Shoah-Literatur und -Archivalien überfüllten Haus besucht, und als Bekannte von Koralnik weiß sie von Helblings Zweifel.[1] Sie erwähnt den Widerspruch zwischen den amtlichen Papieren, die Wilkomirski als gebürtigen Bieler ausweisen, und seinen Shoah-Erinnerungen und deutet an mehreren Stellen Unsicherheiten an. Sie beschreibt die Zweifel als eine leidvolle Erfahrung, die Wilkomirski hat machen müssen, und als eine mögliche kritische Position, die sie aber nie explizit selbst einnimmt. »Der Mann weiß, was es zu wissen gibt; aber jedesmal, wenn er etwas wie einen Beweis in der Hand hält, läßt dieser sich auch so interpretieren, daß er gegen ihn spricht. Das Bild der Krakauer Synagoge, die Aufnahme aus dem Lager Majdanek – nur er allein weiß, ob er wirklich dort gewesen ist, und auch ihm verwischt sich bisweilen die Grenze zwischen Authentizität und Suggestion.«[2] Obermüller neutralisiert die Bedenken dadurch, daß sie Wilkomirskis eigene Version ohne sprachliche Distanz als Tatsachen referiert. Anknüpfend an die Unsicherheiten um den Namen Wilkomirski, sagt sie: »Es ist sein Name, und der Name steht für die jahrzehntelangen Nachforschungen, in deren Verlauf es ihm gelang, Einzelheiten seiner Geschichte zu verifizieren, Bilder zu orten, die er in sich trug, und Menschen zu finden, die ihm bestätigten, was er wußte, ohne es je beweisen zu können.«

Der Indikativ steht für ihre starke Einfühlung in den um seine Identität ringenden Mann, die Obermüller vielleicht besonders leichtfällt, da sie selbst Adoptiverfahrung hat. Emphatisch zeichnet sie Wilkomirskis Suche nach seiner Vergangenheit und sein »allmähliches Ankommen bei sich selbst« nach, erwähnt dabei auch, daß der Rat seiner Psychotherapeutin, alles aufzuschreiben, »eine große Hilfe war«. »Wilkomirski ist diesem Rat gefolgt. Er hat dabei nicht nur die Erfahrung gemacht, daß Ängste abklingen, sondern auch, daß realer wird, was sich in Worten zu Papier bringen läßt.« Therapeutisches Ausdrucksbedürfnis mache einen noch nicht zum Dichter, Wilkomirski aber habe »ein Werk vorgelegt, an dessen literarischem Rang nicht zu zweifeln« sei. In den Schlußsätzen greift sie das Problem mit den Dokumenten nochmals auf, erzählt, wie ihn nur seine Selbstwerdung vor dem Tode gerettet habe, und schließt: »In seinem Buch hat Binjamin Wilkomirski den amtlich beglaubigten Fakten die Wahrheit seines Lebens entgegengestellt. Sie hat ihn befreit, sie hat ihn geheilt. Und sie hat die Last von ihm genommen, beweisen zu müssen, was für ihn eines Beweises nicht mehr bedarf.« Im Wissen um Helblings Brief hat die Kritikerin die Zweifel zum unterschwelligen Leitmotiv ihrer Besprechung gemacht, aber nicht als objektives Problem, mit dem sich die Öffentlichkeit befassen müßte, sondern als Wilkomirskis persönliche Not, die ihm durch äußere Umstände auferlegt wurde und für die er eine Lösung finden mußte. Sie entläßt die Leser mit dem beruhigenden Wissen: hier hat einer die Wahrheit gefunden, die befreit, heilt und vor dem Erstickungstod in der Lüge bewahrt.

Die Rezensentin spricht auch bei der wenige Tage später stattfindenden Buchvernissage die einleitenden Worte und beschreibt noch ausführlicher und expliziter als in ihrem Zeitungsartikel die Situation Wilkomirskis. Sie betont den rein subjektiven Charakter seiner Erinnerung und deutet dadurch ihre eigene Unsicherheit mehrfach an, wiederum ohne je Stellung zu beziehen. In den Schlußworten schiebt sie kritischem Nachfragen von vornherein einen Riegel vor: »Binjamin Wilkomirski hat Jahrzehnte gebraucht, bis er vor der Welt und vor sich selbst den Mut fand, zur Wahrheit seines Lebens zu stehen. Wie verletzlich diese Wahrheit und wie fragil seine Gewißheit noch immer ist, läßt sich aus jeder Zeile seines Textes herauslesen. Deshalb wünsche ich ihm und wünsche ich seinem Buch ein Publikum, das so behutsam mit ihm umgeht, wie es dies aufgrund seines Entstehens verdient. Es ist zwar primär ein Stück Literatur, gute, sehr gute Literatur, aber es ist zugleich auch die Rückgewinnung einer verlorenen Identität. Wer daran rühren will, muß sich im klaren sein, was er tut.«[3] Bei der Vernissage las ein Schauspieler aus dem Buch, der Autor selbst spielte Klarinette. Das Publikum war sehr berührt. Nur der jüdische Psychiater und Psychoanalytiker Emanuel Hurwitz trat am selben Abend zu Klara Obermüller und sagte ihr – bemerkenswert immun gegen die allgemeine Ergriffenheit –, daß er dem Autor kein Wort glaube.[4]

In den späteren Besprechungen verschwinden diese Zweifel gänzlich; der im Nachwort angedeutete Widerspruch schien die Rezensenten keineswegs zu provozieren. Nur in der »Süddeutschen Zeitung« deutet Eva-Elisabeth Fischer leise Vorbehalte an, wenn sie schreibt: »Die Schilderungen exzessiver Grausamkeiten wirken allerdings wie die auf der Couch eines Psychoanalytikers rekonstruierten Alpträume eines Traumatisierten. Die ärgsten Schuldgefühle und Ängste nehmen Gestalt an in quälend auskolorierten Beschreibungen mit dem Ziel, sich von ihnen zu befreien.«[5] Sie zweifelt jedoch nicht daran, daß der Autor »seine authentische Geschichte« erzählt, sondern nur daran, ob er die realen Ereignisse faktengetreu wiedergibt. Faktizität ist aber nicht ihr Kriterium. »Bruchstücke – das Protokoll einer Analyse, streng nach Motiven geordnet. Was sich im einzelnen tatsächlich zugetragen hat, spielt deshalb eine untergeordnete Rolle. Denn die Bruchstücke der Erinnerung sind Binjamin Wilkomirskis Wahrheit.«

Die subjektive Perspektive, die hier als Wahrheit genügt, erhält in anderen Kritiken die Autorität des Faktischen. Für die »Neue Zürcher Zeitung«, deren früherer Feuilletonchef Helbling erst neun Monate zuvor Suhrkamp eindringliche Vorbehalte bezüglich der Echtheit hatte zukommen lassen, hat das schmale Buch »das Gewicht dieses Jahrhunderts. In der Unerbittlichkeit und photographischen Genauigkeit des wehrlosen kindlichen Blicks, in seiner kargen, leisen Sprache ist es eines der notwendigsten Zeugnisse über das Vernichtungslager. Es gibt Bilder darin, die sich einem bis auf die Knochen einbrennen. Ohne literarischen Anspruch, hält es in seiner Dichte, Unabänderlichkeit und Bildkraft dennoch allen literarischen Kriterien stand – wollte man sie hier anlegen. Das verbietet die Scham.«[6]

Die Schweizer »Wochenzeitung« läßt sich nicht weniger beeindrucken. »Es ist die Sichtweise von ganz unten, von ganz früh, die Kinderperspektive eben, die aufwühlt, empört, beschämt.«[7] Die amerikanische »Nation« schließlich geht vor dem Autor ehrfürchtig auf die Knie: »Dieses nüchtern geschriebene und unglaubliche Werk ist so tief bewegend, von solchem moralischem Gewicht und so frei von jeglichen literarischen Kunstgriffen, daß ich mich frage, ob ich überhaupt das Recht zu dem Versuch einer Lobpreisung habe.«[8] Im »Guardian« bezeichnet Anne Karpf, selbst der zweiten Generation der Shoah-Opfer angehörig, »Bruchstücke« als »eines der bedeutenden Werke über den Holocaust« und hebt Wilkomirski in den Rang eines Primo Levi. Ein zweiter Artikel in der gleichen Ausgabe stellt den Autor in eine Reihe mit Elie Wiesel, Anne Frank, Louis Begley, Paul Celan, Claude Lanzmann und anderen, die eindrückliche Werke zu diesem Thema schufen.[9] Angesichts derart begeisterter Kritikerstimmen in zahllosen Berichten fast rund um die Welt ließen Ehrungen nicht lange auf sich warten. Bereits Ende 1995 erhielt der gefeierte Autor von der Stadt Zürich eine Ehrengabe, kein sehr bedeutender Preis zwar, Wilkomirski war nur ein Ausgezeichneter unter vielen, aber er verstand sie doch als »eine Art Rehabilitierung durch die Schweizer Regierung«.[10] Dies war nur der Auftakt. Ein Jahr später erhielt er in New York vom Jewish Book Council den National Jewish Book Award in der Kategorie für Autobiographien und Memoiren (zu seinen Vorgängern gehörten unter anderem Elie Wiesel und Alfred Kazin), im Frühjahr 1997 in London von der englischen Zeitschrift »Jewish Quarterly« den Preis für »non-fiction« und im Herbst des gleichen

Jahres in Paris von der Fondation du judaïsme français den Prix Mémoire de la Shoah.

So einhellig wie die Begeisterung in den Feuilletons, so unbestritten waren auch diese Ehrungen. Zwar äußerte die Präsidentin der Zürcher Literaturkommission, es war wiederum Klara Obermüller, in ihrer Laudatio leise Bedenken gegenüber dem Werk, das sie selbst kräftig förderte. Aber ihre Kritik erfolgte in einer Form, die sich selbst dementierte, meinte sie doch, Wilkomirskis fragmentarische Erinnerungen seien »zu wenig für die Rekonstruktion einer verläßlichen Biographie, aber genug für ein Buch, dessen hoher literarischer Rang die Zweifel an seiner Authentizität zum Verstummen bringt«.[11] Nur Gary Mokotoff, ein Vorstandsmitglied des Jewish Book Council, fiel aus dem Rahmen. Wenige Tage, nachdem Wilkomirski den National Jewish Book Award erhalten hatte, schrieb Mokotoff dem Jurypräsidenten, er halte das Buch für eine Fiktion. Er legte seine Überzeugung in mehreren Punkten dar. Unter anderem fand er es unglaubwürdig, daß ein Drei- bis Vierjähriger mehr als wenige Tage im KZ überleben konnte und von Majdanek nach Auschwitz gekommen war. Er gab auch gleich eine Erklärung, woher denn Wilkomirskis Erinnerungen stammten, wenn nicht aus eigenem Erleben: »Wenn Sie sich die Ereignisse, die er beschreibt, im einzelnen anschauen, dann erscheinen sie als die Summe der Erfahrung aller Überlebender.« Niemand nahm seine Bedenken zur Kenntnis.[12] Bemerkenswert war auch die schillernde Konstellation bei der Verleihung des Prix Mémoire de la Shoah: Wilkomirski erhielt die französische Auszeichnung zusammen mit Jean-François Forges, der für sein Buch »Éduquer contre Auschwitz« geehrt wurde. In seinem differenzierten und engagierten pädagogischen Werk weist Forges unter anderem darauf hin, daß nicht nur die Leugnung der Shoah eine Gefahr sei, sondern auch deren Sakralisierung. Es gebe, meint er, auch in den Erzählungen der Deportierten viele Irrtümer und Übertreibungen, man müsse bei deren Zeugnissen zwischen einer faktischen und einer symbolischen Wahrheit unterscheiden.[13] Ursprünglich hatte die Jury nur Forges auszeichnen wollen. Es macht den Eindruck, als wäre ihr die alleinige Auszeichnung des Gymnasiallehrers, der kein Shoah-Überlebender war und zudem heikle Fragen thematisierte, zu kühn erschienen, so daß sie mit der Wahl Wilkomirskis ein Gegengewicht schuf, das für die Geltung des persönlich Erlebten einstehen sollte.

Der gefeierte Autor war häufig unterwegs für Lesungen, vor allem in Deutschland und Frankreich. Die Veranstaltungen folgten stets einer ähnlichen Dramaturgie. Zum Auftakt spielte Wilkomirski – mit einem Schal bekleidet, der an einen Tallith, den jüdischen Gebetsmantel, erinnerte – auf der Klarinette das »Kol Nidrei« von Max Bruch, eine ergreifende Melodie, die eigentlich am Vorabend des Jom Kippur, des höchsten jüdischen Festes, gesungen wird. In der Regel las nicht er selbst, sondern ein Schauspieler; in Frankfurt übernahm dies Thomas Sparr, der Cheflektor seines Verlages. Den Ausklang bildete das Klezmerstück »Shalom Benjamin«, das ein Komponist für Wilkomirski geschrieben hatte. »Erst nach vielen, vielen Minuten gab es ein zögerndes, sehr leises Aufstehen, tröpfelnd, als fürchte jeder das kleinste Geräusch – niemand wollte sich trennen. Schweigen. Stille«, schreibt eine Frau über eine solche Veranstaltung.[14] Eine Lehrerin, die einen der zahlreichen Auftritte Wilkomirskis in Schulen miterlebt hatte, dankte ihm für die »erschütternde Begegnung«. »Sie zu sehen, zu erleben und zu wissen: das ist der Mensch, dem man dies Unvorstellbare angetan hat; er war das Kind (und hat es noch in sich!), das man so unmenschlich, so unfaßbar und grauenhaft, so sinnlos gequält hat: das hat mich ganz einfach hemmungslos weinen lassen.« Die Schüler waren in der Regel nicht weniger bewegt.[15]

Beeindrucken lassen sich auch Personen, die vom Fach sind. So nennt der Politologe Daniel Goldhagen, der mit »Hitlers willige Vollstrecker« einen kontroversen Bestseller geschrieben hat, »Bruchstücke« ein »kleines Meisterwerk«, das »die zerstörerische Wirkung des Holocaust auf das Leben eines Kindes vermittelt, auf seine menschlichen Beziehungen und seine Sprachfähigkeit. Dieses fesselnde Buch ist auch für jene lehrreich, die mit der Literatur über den Holocaust vertraut sind. Es wird jeden tief bewegen.« Wolfgang Benz, der Leiter des Berliner Zentrums für Antisemitismusforschung, attestiert dem Buch im deutschen Wochenblatt »Die Zeit« »nicht nur Authentizität, sondern auch literarischen Rang«. Es sei »eine Darstellung, die dem Leser nachvollziehbare Einsichten in die komplexe Tragödie vermittelt wie kaum ein anderes Dokument«. Auch James Edward Young, der sich mit verschiedenen Publikationen über das Gedächtnis an die Shoah international einen Namen gemacht hat, qualifizierte das Werk als »wunderbares Zeugnis«.[16] Bald erschien das Buch auch auf den Lektürelisten von universitären Veranstaltungen oder in pädagogischen Zeitschriften, die es als Schulstoff empfahlen.

Wilkomirski trat auch persönlich an verschiedenen Universitäten auf, in Europa allerdings nur an der französischen Universität Grenoble, die ihn zu mehreren Veranstaltungen einlud und eine Zusammenarbeit zur Erforschung der Lagersprache in Aussicht stellte. Größer war das akademische Interesse in den USA, wo er unter anderem im Frühjahr 1998 beim Holocaust-Symposium an der Notre-Dame-Universität in South Bend sein Therapiekonzept vorstellte und sich über die »akademische Arroganz« beklagte, mit der Historiker ratsuchenden Kinder-Überlebenden begegnen würden.[17] Anwesend waren auch Raul Hilberg und Lawrence L. Langer, zwei Holocaust-Spezialisten von internationalem Renommee. Hilberg war bekannt geworden mit seinem mehrbändigen Geschichtswerk »Die Vernichtung der europäischen Juden«, Langer mit verschiedenen Untersuchungen zur literarischen Darstellung der Shoah. Am Rande des Symposiums sprachen die beiden Forscher mit Wilkomirski. Hilberg fragte ihn, »ob das Buch Fiktion sei. Seine Antwort war ein entschiedenes Nein – seine Erzählung sei ein Buch der Erinnerung.« Hilberg hatte weiterhin Zweifel, wollte aber erst die deutsche Ausgabe studieren, bevor er damit an die Öffentlichkeit ging. Langer, der »Bruchstücke« gegenüber Hilberg schon im Vorfeld der Veranstaltung als »eindringlichen Roman« bezeichnet hatte, betrachtete es als verfrüht, den Autor mit seiner Skepsis zu konfrontieren.[18]

Wilkomirskis öffentliche Präsenz beschränkte sich nicht auf

die Kritiken, Interviews und Reportagen in Presse und Rundfunk. Neben seinen Lesungen in Europa unternahm er in den USA eine »fund-raising tour« für das Holocaust-Museum Washington, dem er im übrigen – wie auch Yad Vashem und der von Steven Spielberg gegründeten Shoah Foundation – ein langes Videointerview gab. Schließlich wurde er 1997 in zwei längeren Filmen porträtiert: »Fremd geboren« von Esther van Messel dokumentiert seine Geschichte und die Suche nach seiner Identität, während Eric Bergkrauts Film »Das gute Leben ist eine Falle« essayistisch vom Buch ausgeht. Beide pflegen gleichermaßen eine ungebrochene Ästhetik des Faktischen und deuten den Widerspruch zwischen Wilkomirskis Erinnerungen und seinen amtlichen Papieren nicht einmal an, obwohl er den Filmschaffenden bekannt war.[19]

»Ihre Geschichte hat mir das Herz gebrochen. – Ich konnte immer nur wenige Seiten lesen, denn bei jedem Wort wurde ich von Tränen überwältigt«, schreibt eine Leserin an Wilkomirski. »Ich weiß kaum meine Traurigkeit über Ihre verlorene Kindheit in Worte zu fassen, aber mein Respekt und meine Bewunderung sind ohne Grenzen. Ihre Geschichte wird für immer bei mir sein, und ich kann Ihnen nur danken für Ihren Mut.«[20] Unzählige Briefe – hauptsächlich aus der Schweiz, Deutschland, den Vereinigten Staaten, Großbritannien und Frankreich – bekundeten dem Autor, welch tiefe Betroffenheit sein Werk ausgelöst hatte. Die Absender waren mehrheitlich Frauen, mit den unterschiedlichsten Hintergründen: Bekannte oder Freundinnen, die plötzlich eine ganz andere Person kennenlernten als den Bruno Dössekker, den sie gekannt hatten; Schülerinnen oder Lehrerinnen, die für aufwühlende Schulstunden dankten; Schweizerinnen, die sich durch sein Buch in ihrer Kritik an der geschichtsblinden Schweizer Gesellschaft bestätigt sahen; Shoah-Überlebende der ersten oder zweiten Generation, die in seinem Werk eigene Erfahrungen artikuliert fanden, und so fort. Auch ein Paul-Celan-Übersetzer und eine Anne-Frank-Reinkarnation fehlten nicht.

Die meisten bekannten, sie hätten schon einiges über den Holocaust gelesen, noch nie aber habe sie ein Buch so getroffen und aufgewühlt. Manche gestanden, daß sie die Lektüre zuerst weggeschoben, dann kaum ertragen und dabei viel geweint hätten. Andere sprachen dem Autor ihre Dankbarkeit dafür aus, daß er ihnen die Augen für diese entsetzliche Welt geöffnet habe. Am auffälligsten aber ist die Empathie der Leser, die ihren aufrichtigen Gefühlen freien Lauf ließen. Viele wünschten dem Autor, daß er trotz seiner zerstörten Kindheit Glück und Liebe kennenlernen möge. »Es war mir, als müßte ich dieses kleine Kind in die Arme nehmen und all diesem Geschehen entreißen können«, heißt es in einer Zuschrift aus der Schweiz. Das Mitgefühl gilt nicht bloß dem damaligen Kind. »Ich möchte Sie in meine Arme nehmen (ich weiß, daß ich Sie nie von Ihrem Schmerz befreien könnte) – nur um Ihnen meine Gefühle zu zeigen, um Sie, wieder, im Leben zu empfangen und Sie zu ehren«, schreibt eine Frau aus England, und sie ist mit diesem Bedürfnis nur eine unter vielen.[21] Manche sehen sich in ihrem eigenen Leiden erkannt und danken dafür, daß der Autor ihnen Mut oder Hoffnung gemacht hat. Eine Leserin bezieht sich auf das Nachwort und schreibt: »Ihr letzter Satz ›Sie sollen wissen, daß sie nicht ganz allein sind‹ hat in mir viele Tränen ausgelöst, verbunden mit dem Gedanken, daß, wenn Sie solche Grausamkeiten durchgestanden haben, ich doch auch die Kraft finden muß, meine – gemessen mit Ihnen – so kleinen Probleme durchzustehen.«[22]

Das Buch wurde in insgesamt neun Sprachen übersetzt und erschien in den renommiertesten Verlagen. Die begeisterten Kritiken, Auszeichnungen, zahlreichen Auftritte Wilkomirskis in der Öffentlichkeit und die überschwenglichen Leserbriefe mochten den Eindruck erwecken, das Buch sei ein Verkaufsschlager gewesen, Autor, Verlage und literarische Agentur hätten sich eine goldene Nase verdient. Dem war aber nicht so. Am meisten, nämlich 32 800 Exemplare, wurden von der englischsprachigen Version verkauft, nicht eben viel, wenn man an das riesige Absatzgebiet – USA, Kanada, Großbritannien und den übrigen britischen Commonwealth – denkt, jedenfalls weit entfernt von einem Bestseller. Erstaunlicherweise wurden von der deutschen Version in vier Jahren nur 13 000 Exemplare verkauft. Mit etwa 8 100 verkauften Exemplaren folgte die italienische Ausgabe an dritter Stelle. Von der französischen Übersetzung verkaufte man 6000 Exemplare, von allen anderen Übersetzungen noch weit weniger. Reich geworden ist mit dem Buch niemand, es war mehr ein Medien- als ein Verkaufsereignis.[23]

Worte für das Unsagbare – Überlebende finden ein Sprachrohr

Durch die Buchpublikation sei er zum ersten Mal mit Shoah-Überlebenden seines Alters in Kontakt gekommen, erzählt Wilkomirski. Sie schrieben ihm; er traf sie bei Lesungen; es formierten sich in der Schweiz Gruppen von Menschen mit ähnlichen Erfahrungen, die erstmals über ihre Vergangenheit sprachen und an deren Treffen auch Wilkomirski teilnahm. In unserem Gespräch wird spürbar, wie viel ihm diese Begegnungen bedeuten. Seine sonst gewahrte Distanz weicht einer emotionalen Direktheit und Offenheit, so als fühlte er sich bei diesem Thema endlich verstanden und in seiner Person anerkannt. Ich frage ihn, ob er mit seinem Buch versucht habe, eine verschüttete Liebe als Hoffnung zu bewahren, und als Antwort erzählt er von Kinder-Überlebenden: »Was sie zum ersten Mal wieder erleben, ist diese Art von völlig selbstverständlicher, bedingungsloser Solidarität und Liebe zueinander. Sie leben in einer Welt, wo sich die meisten immer noch von den Tätern umgeben fühlen.« Sein Buch habe ihnen »ein ganz klein bißchen« geholfen, diese Solidarität zu erfahren und Hoffnung zu schöpfen.[24]

Im Film von Eric Bergkraut sieht man, wie Wilkomirski die Tür öffnet und einen Raum betritt, in dem sich Überlebende versammelt haben. Wilkomirski sagt: »Was eben diese Treffen so wichtig macht: Wir waren lange Jahre in einer Situation, wo wir überhaupt nicht trauern konnten, über das, was geschehen ist. Jetzt, wo wir gemeinsam sind, finden wir Momente, wo wenigstens ansatzweise eine Trauer möglich ist, weil zugleich sich die Freude hineinmischt bei jedem, der wieder neu zur Türe hineinkommt: Zum Glück es ist noch einer da, der es geschafft hat.«[25] Unter den Anwesenden befindet sich auch der Kunstmaler Stefan Schwartz, der Auschwitz überlebt hat. Der Filmemacher fragt ihn, ob er Wilkomirski schon vor seiner Publikation gekannt habe. »Vorher habe ich nicht gehört. Dieses Buch hat mir die Augen geöffnet, das Herz geöffnet. Und ich fühle das Ganze noch einmal«, sagt er in gebrochenem Deutsch. »Hätten Sie, Herr Schwartz, eine ähnliche Geschichte zu erzählen wie Herr Wilkomirski?« – »Nein, nein, sicher nicht. Es gibt nicht noch eine, glaube ich nicht, eine ähnliche gibt es nicht. Ich habe viele tragische Geschichten gehört, auch von Jungen, ich war damals 17, er war damals viel weniger. Das ist eine einzige und einzigartige Geschichte.«

Miriam M. aus Berlin ist eine weitere Überlebende, die durch das Buch auf Wilkomirski aufmerksam wurde und ihn bei einer Lesung kennenlernte. Im Film von Esther van Messel erfährt man, daß sie als kleines Kind in Birkenau war: »Er hat quasi hinter meinem Rücken überlebt«, sagt sie, während Wilkomirski mit zustimmender Bewegung zuhört. »Also, es ist das erste Mal – und das war für mich eigentlich das Entscheidende und das Heilsame daran –, das ist das erste Mal, daß ich jemand begegnet bin, der eine Art von Kontinuum in meinem Leben wiederhergestellt hat, dadurch daß er einfach da ist.«[26] Es war nicht allein seine Präsenz. Wilkomirski half ihr auch, bislang rätselhafte Fragmente der Erinnerung zu begreifen. »Dadurch daß Binjamin wußte, daß das die Wäschebaracke war und daß da Kinder versteckt wurden, kriegte das plötzlich einen Sinn. Ja, ich meine, vorher habe ich mich daran erinnert, aber es war so unerklärlich, wieso bestimmte Dinge so gewesen sind. Und ich habe nie begriffen, warum das so abgelaufen ist, es war einfach merkwürdig. Und dann hat's plötzlich gestimmt. Es war das fehlende Teil von dem Puzzle, also einfach die Tatsache, was da gelaufen ist, was er wußte. Und dann war das klar.«

Wilkomirski ergänzt: »Ja, es ist eben oft so, daß wir Erinnerungen haben wie Bilder, wie Filme, aber es fehlt ein logisches Band darin, man kann nicht erklären, wie das logisch zusammenhängt, man weiß einfach, das hat man in einer gewissen Reihenfolge gesehen, aber die Logik dahinter, die ist weg. Und manchmal durch ein ganz kleines Detail fügt sich das zusammen, und dann erst erkennt man, wie die Logik des Geschehens gewesen war. Es ist einfach für unsere Identität und das Gefühl der eigenen Identität sehr wichtig, solche kleinen Punkte klären zu können. Und es ist das, was eine heilsame Wirkung hat, denn wir haben nicht eine Identität, die so stark gebunden ist eben an ein Aufwachsen in einem intakten Familienkreis oder so etwas, wo man seine Identität eben herholt, aber auch über viele Jahre Tag für Tag automatisch bestätigt bekommen hat. Das haben wir nicht. Unsere Identität setzt sich eben auch zusammen aus solchen Kleinkinder-Erinnerungen, und wenn man die irgendwie verifizieren kann, dann ist das eine Verifizierung unserer eigenen Identität auch. Und das ist glaube ich, was für uns eine gewisse Wirkung hat von einer Beruhigung.«

Diese beruhigende Wirkung erzielte Wilkomirski offenbar auch bei einer Frau aus der Schweiz, die bei ihm im Dezember 1997 Hilfe gesucht hatte. Sie wohnt im bernischen Emmental, er nennt sie Sabina Rapaport, damals wußte sie allerdings noch nichts von diesem Namen, und sie stellt sich noch heute mit K. M. vor. Ihre Geschichte hatte sie immer für sich behalten, bis sie zwei Zeitungsartikel über Wilkomirski las und schließlich den Mut faßte, ihn via Verlag anzuschreiben. Er nahm sofort Kontakt auf, und sie konnte endlich ihr Schweigen brechen. »Bis zu diesem Zeitpunkt, und das erst seit ein paar Jahren, kannten nur zwei Personen einen winzigen Teil meiner Geschichte«, schreibt sie kurz darauf dem Präsidenten einer jüdischen Gemeinde. »Meinem Ehemann, 1982 gestorben, und meinen vier Kindern [gegenüber] hatte ich nur am Rande erwähnt, ich sei Jüdin. (...) Es wurde einfach hingenommen, und ich war froh darüber. Seit ich Witwe bin und die Kinder ausgeflogen sind, kamen die schlimmsten Horrorbilder vermehrt wieder in mein Bewußtsein. Das Gefühl, keine Identität und keine Wurzeln zu haben, wurde immer belastender. Ich zermarterte mir das Gehirn, hatte Schuldgefühle und verlor fast den Verstand, bis mir Wilkomirski *über den Weg lief* und mich rettete. Seitdem wissen meine Kinder Bescheid, ich besuche eine Psychotherapie, habe mich einer Gruppe Holocaust-Überlebender (in Zürich) angeschlossen, werde dort *aufgefordert*, meine Erlebnisse zu erzählen, und vor allem, man *glaubt* mir, und ich werde verstanden.«[27] Als sie Wilkomirski kennenlernte, wußte sie nur, daß sie einen Teil ihrer frühen Kindheit in Theresienstadt verbracht hatte. Sie fand dann heraus, daß sie vorher im französischen Lager Rivesaltes gewesen und bei Kriegsende nach Krakau in ein Kinderheim gekommen war. »Ich kam 1946 in die Schweiz und wurde mit *falschen echten* Papieren versorgt, die mich als leibliches Kind meiner Adoptiveltern ausweisen, geboren am 18.5.42 im Spital S., wo es gar kein Spital gibt! Mein Alter wurde nach einer oberflächlichen medizinischen Untersuchung bestimmt, vermutlich drei oder vier Jahre zu tief, meinen *offiziellen* Namen, K., habe ich von einem verstorbenen Kind meiner Adoptiveltern. Ich habe immer *gewußt*, daß es nicht meine Eltern sind, wurde aber unter Androhung von Strafe gezwungen zu schweigen.« In Wilkomirski hatte sie nun endlich jemanden gefunden, bei dem sie sich aussprechen konnte. Es entwickelte sich eine Freundschaft, und sie trafen sich immer bei den Zusammenkünften der Zürcher Überlebenden-Gruppe.[28]

Reaktionen auf sein Buch kamen selbst aus Übersee, erzählt Wilkomirski. »Ich wurde auch in Amerika viel eingeladen, vor Organisationen von Überlebenden zu reden. Da hörten wir andauernd, wie sie sich bedankten und sagten: ›Endlich spricht mal einer unsere Sprache und hat den Mut, das zu sagen.‹ Sie nannten mich auch in Amerika immer wieder ihr Sprachrohr, weil sie sich genau auf diese Art erinnern, wie ich mich erinnere, zum Teil an die gleichen Sachen.«[29] Dank einer solchen Einladung in die Vereinigten Staaten traf er auch Laura Grabowski, die heute in Kalifornien lebt.

Grabowskis Erinnerungen gleichen in vielem denjenigen Wilkomirskis. Sie war ebenfalls in Birkenau, als etwa Vierjährige, und wuchs später als Adoptivkind in einem nichtjüdischen Haus auf, »wo ich nie die Worte ›Polen‹ oder ›jüdisch‹ gebrauchen durfte«, erzählt sie. Sie verbarg ihre Shoah-Vergangenheit und suchte in der Musik Erleichterung. Auch sie war Opfer medizinischer Experimente, aber von Dr. Josef Mengele persönlich, der sie unfruchtbar machte. Sie erinnert sich ebenfalls an das Krematorium und sah, wie die Körper verschwanden und als Asche aus dem Kamin kamen. So wie sich Wilkomirski an Jankl erinnert, hat sie ihre Freundin Anna nie vergessen, mit der sie Hand in Hand in den Baracken herumlief und die sie im Lager verlor.[30] Im Juli 1997 nahm sie erstmals an der Versammlung einer Holocaust Child Survivors Group teil. Sie habe von der Existenz der Gruppe erst zwei Monate vorher erfahren, schreibt sie nachträglich den Gastgebern. »Ich habe nicht den Mut gehabt, an irgendeinem der regionalen Treffen teilzunehmen, weil ich mehr als 50 Jahre nicht darüber gesprochen habe, daß ich eine Kinder-Überlebende bin. Doch jetzt, wo ich sozusagen die Gewässer getestet und gemerkt habe, daß ich mich wirklich sicher fühle, werde ich hoffentlich den Mut finden, die Versammlungen zu besuchen. Ich glaube, zu Ihnen zu kommen war mein ›coming out‹, es hat mein Schweigen gebrochen.«[31] Grabowski las im gleichen Jahr »Bruchstücke« und war tief berührt. Sie nahm Kontakt mit dem Autor auf und teilte ihm mit, daß sie in seinem Buch eigene Erfahrungen beschrieben fand. Als er antwortete, er könne sich von Birkenau her an sie erinnern, war sie überrascht und überglücklich. Da sie ebenfalls mit ihm zusammen in einem Krakauer Heim war, schickte er ihr ein Foto, auf dem sie beide abgebildet waren.[32]

Wilkomirski erzählt, Laura Grabowski sei heute »sehr schwach« und ihre »Gesundheit äußerst labil, sie war ›Versuchskaninchen‹ und leidet seither an einer sehr ähnlichen Blutkrankheit, wie ich sie vor Jahren gehabt habe«. Wenn sie beide miteinander redeten, bestehe der größte Teil aus Fragezeichen. »Wenn wir etwas erinnern, kann man es einfach nicht erklären, was es sein soll. Es ist zum Beispiel einfach eine nüchterne Beobachtung, daß man uns allen das Steißbein gebrochen hat.« Daß ihm damals ihre hellblonden, fast weißen Haare aufgefallen waren, deute wohl darauf hin, »daß wir zu den sogenannten Depothäftlingen gehört haben müssen, die nicht registriert und nicht geschoren wurden und keine Nummern bekamen«.[33]

Dies hatte er schon bei früherer Gelegenheit erwähnt, und zwar bei einer persönlichen Begegnung mit Grabowski im Frühjahr 1998 in Los Angeles. Sie holte ihn vom Flughafen ab, um sich mit ihm am Wochenende auf ein Konzert vorzubereiten, das sie am 19. April, einem landesweit begangenen Holocaust-Gedenktag, geben sollten. Die zum Teil von der BBC aufgezeichnete Veranstaltung wurde durch die Holocaust Child Survivors Group Los Angeles, der auch Grabowski angehörte, organisiert und fand in einer Synagoge von Beverly Hills statt. Leon Stabinsky, damals einer der beiden Vorsitzenden der Gruppe, erinnert sich noch sehr gut an den Auftakt. Wilkomirski habe auf der Klarinette »Kol Nidrei« gespielt, das bei Juden viele Emotionen auslöse. Dann kam Grabowski, mühsam auf einen Stock gestützt, nach vorn und umarmte ihn. Nach einigen einführenden Worten durch den Moderator setzte sie sich an den Flügel, spielte ein Solostück und schließlich ein Duett mit Wilkomirski.[34]

Dieser begann nun dem Publikum, darunter vielen Juden und jüdischen Überlebenden, zu erklären, »wie meine Biographie in einem bestimmten Augenblick die Biographie von Laura kreuzte«. Er erzählte, wie er nach der Flucht aus Riga das Ziel Lemberg nie erreichte, sich mit seinen Brüdern versteckte, verhaftet wurde, nach Majdanek und schließlich Ende 1944 nach Birkenau kam, wo er bis zum 22. Januar 1945 blieb. »Dort waren wir in einer speziellen Gruppe von Kindern. Erst war es eine sehr große Gruppe. Ich verstand zu der Zeit nicht, was wirklich passierte, sah nur, wie ab und zu Leute kamen, Kinder auswählten, mitnahmen und nie wieder zurückbrachten. Unsere Gruppe wurde kleiner und kleiner, eines Tages waren wir nur noch fünf oder sechs. Das war der Moment, in dem ich Laura zum ersten Mal richtig wahrnahm: Ich sah, wie jemand zur Baracke zurückgebracht wurde, ich saß im Morast, dachte, ich wäre der letzte. Und dann war ich sehr glücklich, als sich die Tür unserer Baracke öffnete und ich zwei Mädchen unserer Gruppe, Hand in Hand, herauskommen sah. Ich schaute sie an und – deshalb behielt ich es in Erinnerung – dachte ganz erstaunt: warum hat das eine Mädchen seine Haare weiß gefärbt? Die andere war normal blond. Später sah ich Laura noch einmal, aber nach allem, was ich erlebt hatte, hatte ich eine schreckliche Scheu, zu irgend jemandem mit den gleichen Erfahrungen Kontakt zu haben.« Dieses zweite Treffen mit Laura, das Wilkomirski andeutete, war in Krakau in einem Heim. Er erzählte weiter, wie er 1947 durch eine jüdische Organisation von Krakau nach Frankreich und von dort in die Schweiz geholt wurde, wo er zu Pflegeeltern kam. An diesem Punkt verließ er seine persönliche Geschichte und begann im Stile eines wissenschaftlichen Referats länger über die Shoah zu reden. Insbesondere ließ er sich aus über Depothäftlinge, denen keine Nummer eintätowiert worden war, über medizinische Experimente und über die phänomenale Kapazität traumatisierter Kinder, sich an ihre Vergangenheit zu erinnern. Ein Erwachsener, der damals ein einjähriges Baby gewesen sei, habe seine Erinnerungen gezeichnet und erzählt; bei seinem späteren Besuch im Lager habe sich alles bis ins Detail bestätigt. Nach einer weiteren Musikeinlage schilderte Wilkomirski die Entstehung seines Buches und beantwortete Fragen. Eine Zuhörerin erkundigte sich nach dem Verhältnis zu seinen Pflegeeltern. Er sprach von ihrer Überforderung, ein traumatisiertes Kind richtig zu behandeln, ihrer Tabuisierung seiner Vergangenheit und dem Desinteresse des Pflegevaters an Kindern. Jener sei aber ein ausgezeichneter Arzt gewesen und habe ein medizinisches Interesse gehabt, einen Knaben wie ihn durchzubringen. »Als Doktor hat er seine Sache wunderbar gemacht, er hat mich damals wirklich gerettet.«

Nach dem Schlußapplaus geben die beiden der BBC ein Interview. Jetzt spricht auch Grabowski, die bisher geschwiegen hat, einige Worte. Die beiden Gefährten, die sich wiedergefunden haben, stehen nebeneinander und schauen direkt in die Kamera. Grabowski hat kurze graue Haare, ihr Gesicht ist spitz, ihre Lippen sind schmal. »Haben Sie sich wiedererkannt?« fragt die Interviewerin. »Ja, vom Bild«, sagt Wilkomirski. »Ich meine, als Sie sich sahen«, präzisiert die Interviewerin. »Ja«, sagt Wilkomirski eifrig, »der gleiche Schädel, die gleiche Gesichtsform.« Er fuchtelt mit den Händen und zeichnet in die Luft, Grabowskis Kopf fast berührend, deren Umrisse nach. »Ich habe ihn nicht erkannt«, sagt Grabow-

Wilkomirski trifft 1998 in Los Angeles Laura Grabowski. Er erinnert sich, sie im KZ Birkenau getroffen zu haben; ihre Kopfform und ihre auffällig hellblonden Haare hätten sich ihm eingeprägt.

ski, »ich konnte mich an einen der Namen erinnern, mit denen er gerufen wurde. Ich denke, jetzt darf ich das wohl sagen« (lacht). »Eine gewisse Zeit nannten sie mich Andrzej«, sagt Wilkomirski zweimal. »Ich hatte ein sehr schlechtes Gewissen«, gesteht Grabowski, »weil er meinen Namen noch wußte und ich seinen nicht. Einmal sagte seine Frau in einer Unterhaltung ›Andrzej‹. Ich meinte: ›Andrzej, den Namen kenne ich!‹ Und er sagte: ›Das war ich.‹« Wilkomirski erklärt, daß sie als jüdische Kinder sehr oft die Namen wechselten, um sich zu schützen. Angesprochen auf ihr Wiedersehen in Krakau, kann Wilkomirski wenig dazu sagen, er habe damals die Stimme verloren und sich vor menschlichen Kontakten geängstigt. Die Interviewerin fragt Grabowski, wie sich Wilkomirski äußerlich verändert habe. »Er ist mein Benji, das ist alles, was ich weiß.« Grabowski lacht und schmiegt sich an seinen Hals. »Er hat mein Herz und meine Seele, und ich habe sein Herz und seine Seele.«

Die größte lokale jüdische Wochenzeitung – es wohnen in der Region von L.A. über 500 000 Juden – macht aus der Veranstaltung ihre Cover Story: »Als die Überlebenden sich schließlich letzte Woche in Los Angeles persönlich trafen, weinten und umarmten sie sich wie Geschwister, die sich verloren geglaubt hatten. ›Benjamin zu treffen war der Traum meines Lebens‹, sagt Laura.« Es sei sehr heilsam gewesen, jemanden zu finden, der sagen kann: Ich weiß. »Wilkomirski, der Laura weiter dabei hilft, ihre Erinnerung zu rekonstruieren, sagt, eine vollständige Heilung sei unmöglich. ›Wenn dir ein Arm abgeschnitten wird, wächst keiner mehr nach‹, sagt der Autor, der Lauras Hand hielt, als sie neulich in einem Interview weinte. ›Mein Buch hat meinen persönlichen Schmerz nicht gelindert, aber es hat mir geholfen, meine Geschichte wiederzugewinnen. Ich fürchte mich nicht mehr, Leuten zu erzählen, wer ich bin, und das ist eine große Erleichterung.‹«[35]

Sturz ins Bodenlose – Autobiograph oder Fälscher?

»Nie als Insasse in einem Konzentrationslager«

Explosiver konnte die Behauptung nicht sein. »Binjamin Wilkomirski alias Bruno Dössekker aber kennt Auschwitz und Majdanek nur als Tourist«, lautete das Fazit eines zweiseitigen Artikels, den der Schriftsteller Daniel Ganzfried am 27. August 1998 in der Schweizer Wochenzeitung »Die Weltwoche« publizierte.[1] »Bruchstücke« sei, vermutet Ganzfried, »wahrscheinlich die verinnerlichte Bildersammlung eines Menschen, dem die Phantasie durchgebrannt ist«. Der Autor sei nicht in Riga, sondern am 12. Februar 1941 als uneheliches Kind der Yvonne Grosjean in Biel geboren, nach einem vorübergehenden Aufenthalt in einem Kinderheim in Adelboden 1945 zur Adoption freigegeben und als Pflegekind zu den Dössekkers nach Zürich gebracht worden. Statt erst im Jahre 1948 in die Schweiz eingereist zu sein, habe er »schon im Sommer 1946 im Kreise seiner Nächsten putzmunter vor der Villa am Zürichberg« für ein Foto posiert und sei bereits im April 1947 in die städtische Primarschule eingetreten. Es existiere ein Bruder der Mutter, der sich damals vergeblich darum bemüht habe, das Kind anzunehmen, und auch Brunos Vater sei eruierbar, er habe bis zur Adoption im Jahre 1957 Alimente gezahlt. Nach dem Tod von Brunos leiblicher Mutter Yvonne Rohr, geborene Grosjean, sei ihr Nachlaß an ihn gefallen, und er habe »das kleine Erbe wohl« angetreten. »Auch wenn er seine Türschilder mit der neuen Identität beschriftet – Binjamin Wilkomirski ist ein Pseudonym, sein Träger war nie als Insasse in einem Konzentrationslager.«

Ganzfried läßt es nicht bei den auf ausgiebigen Recherchen beruhenden Enthüllungen bewenden, sondern fragt nach dem Grund für den »phänomenalen Erfolg« des Buches. Die »mitleidsüchtige Anteilnahme« an einem Einzelschicksal enthebe einen der Aufgabe, sich an der Analyse des Unverstehbaren abzuarbeiten. Wilkomirski »nimmt uns die Aufgabe des Nachdenkens und die erschütternde Erfahrung des Versagens unseres Menschenverstandes vor dem Faktum Auschwitz ab. Wir benützen das Erleben des anderen, um nicht denkend wettmachen zu müssen, was sich der Vorstellungskraft entzieht. Gedankenlos mitleidend, finden wir im Opfer den Helden, mit dem wir uns auf der Seite der Moral verbrüdern können: Binjamin Wilkomirski.«

Der angegriffene Autor war nach dem Erscheinen des Artikels in einer schlimmen Verfassung. Seine Freundin Verena Piller befürchtete, er werde verrückt. »Dies war das Allerschlimmste, ich habe ihn noch nie so erlebt. Er saß im oberen Stock und hat nur noch russisch nach Brot geschrien und nach Jankl.« Wilkomirski saß in einem versteinerten, entrückten Zustand da, Piller wollte ihn in die Arme nehmen. Glücklicherweise war Eli Bernstein zu Besuch. »Er kniete vor ihn hin und begann mit ihm zu reden, wie wenn sie zusammen dort wären. Ich durfte ihn nicht anrühren, er zuckte sofort zusammen, ›geht weg!‹, und nahm überhaupt nicht wahr, daß ich es war, die neben ihm saß. Es war einfach fürchterlich, ich wollte ihn nicht im Irrenhaus verlieren wegen dieser Kampagne. Er rief nur ›Chleb, Chleb‹. Er war geistig völlig abwesend und verstand überhaupt nichts. Nur weil Eli da war, so ruhig mit ihm redete, ihn hielt und wie noch einmal mit ihm dort durchging, beruhigte er sich nach und nach. Es war ein Horrorbild.«[2]

Drei Tage später ging es ihm so weit besser, daß er dem Journalisten Peer Teuwsen, der ihn drei Jahre früher in einem längeren Bericht voller Empathie porträtiert hatte, für den Zürcher »Tages-Anzeiger« ein Interview gab. Angesprochen auf Ganzfrieds Vorwürfe, sagt Wilkomirski: »Jeder Leser kann dem Nachwort des Buches entnehmen, daß meine Papiere nicht mit meinen Erinnerungen übereinstimmen. Ich kann also nur diese Erinnerungen einer nahtlosen schweizerischen Identität entgegenhalten. Das war

Wilkomirski hatte behauptet, er sei 1947 oder 1948 in die Schweiz eingereist. Ganzfried fand aber dieses Foto, das ihn bereits im Sommer 1946 vor der Villa seiner Pflegeeltern (die Pflegemutter ganz rechts im Bild) zeigt.

von Anfang an klar. Diese Vorwürfe sind nichts Neues. Es stand dem Lesenden immer frei, mein Buch als Literatur oder als persönliches Dokument wahrzunehmen. Dieser Widerspruch wurde bei der Veröffentlichung des Buches ausführlich von Klara Obermüller in der ›Weltwoche‹ und an der Buchvernissage besprochen. Sicher aber falsch ist, wenn dieser Journalist jetzt den Eindruck erwecken möchte, ich hätte das vertuscht. Auch der Vorwurf, ich hätte mich nie um diese Papiere bemüht, ist nicht richtig. Ich habe schon vor 30 Jahren intensive Gespräche mit den Behörden geführt.«[3] Wilkomirski bestreitet, etwas mit Yvonne Grosjean gemein zu haben, kann aber für die Diskrepanz zwischen den amtlichen Dokumenten und seiner Erinnerung »keine wirklich gültige Antwort« geben. Er verweist auf andere Kinder-Überlebende, die man ebenfalls zu ihrem eigenen Schutz mit einer anderen Identität versehen habe. Schließlich spielt er auf die Vertauschungsgeschichte an, in die Dr. Jadassohn verwickelt gewesen sein soll, ohne aber dessen Namen und den Vorgang explizit zu benennen. Der Journalist resümiert, Wilkomirskis Aussagen schafften den Zweifel nicht aus der Welt. »Ja, das weiß ich«, sagt dieser. »Niemand muß mir Glauben schenken. Ich habe immer wieder auf diesen Widerspruch hingewiesen und bin nicht bereit, auf Druck von außen meine Erinnerungen zu verleugnen.«

Nachdem sich auch Thomas Sparr, der Leiter des Jüdischen Verlags bei Suhrkamp, auf diese Position stellte – »Bei Ganzfried steht nichts, was wir nicht schon vorher wußten. Es wird im Nachwort erwähnt« –, replizierte dieser in der nächsten Ausgabe der »Weltwoche«: »Wenn er selber und ihm nahestehende Kreise nun vorgeben, daß an unseren Vorwürfen nichts Neues sei, weil sie alle in den Zweifeln, die ganz zu Anfang und einzig von Klara Obermüller in der ›Weltwoche‹ vom 31. August 1995 viel zu sachte geäußert wurden, Platz fänden, so ist dem entgegenzuhalten, daß nirgends die Rede von einer leiblichen Mutter war, einem leiblichen Vater, einem Onkel, einem Kinderheim in Adelboden und Aufenthalten ab 1945 in Zürich, ja, die Zweifel wichen unter Maßgabe des Bucherfolges dem totalen Glauben.«[4] Dieser Glaube aber sei das eigentliche Problem. »Hinter vorgehaltener Hand werden Zweifel an der Authentizität laut, aber niemand will sich Finger und Renommee besudeln. Also bleibt es dabei: ein Meisterwerk, in einer Reihe nur mit Paul Celan und Primo Levi zu erwähnen. Wir wissen, daß in vielleicht zehn Jahren keine Menschen mehr übrig sein werden, die uns aus eigenem Erleben die Realität der Konzentrationslager und des Gulags, der einzigen Orte, wo der Versuch der totalen Herrschaft je Wirklichkeit wurde, erinnernd erzählen können. Es ist also für die kommenden Generationen von eminenter Wichtigkeit, wie die Erinnerung dann beschaffen sein wird. Um so größer noch unsere Verantwortung vor den veröffentlichten Erzeugnissen dieser Erinnerung. Verlag, Feuilleton, Fernsehen und Radio haben in einer verhängnisvollen Tateinheit diese Verantwortung im Falle Wilkomirski aufs gröbste verletzt und mitgeholfen, das Publikum zu täuschen. Ihre Schludrigkeit, die nahezu vollkommene Absenz von Zivilcourage im Kulturbetrieb unserer Tage, hat mitverursacht, daß Auschwitz einmal mehr zu einer Glaubensfrage verkommt und das Faktum selber unter unseren Händen der Erosion erliegt.«

In einer Presseerklärung verweist Suhrkamp-Chef Siegfried Unseld auf die bisherigen Maßnahmen seines Verlages: »Im Februar 1995 erreichte uns ein Hinweis, bei Binjamin Wilkomirskis Aufzeichnungen handele es sich um eine Fiktion. Wir stoppten daraufhin die Herstellung des bereits angekündigten Buches. Ich bat den Leiter des Jüdischen Verlages, Dr. Thomas Sparr, in Israel ausführliche Gespräche mit Historikern zu führen, so mit Frau Lea Balint, die in Yad Vashem, der Gedenk- und Forschungsstätte der Shoah in Jerusalem, die Geschichte von Binjamin Wilkomirski auswertete. Frau Dr. Balint sah die Lebensgeschichte von Binjamin Wilkomirski im einzelnen und seine erinnerte Identität als glaubwürdig an. Sie bestätigte dies noch einmal ausdrücklich am 12. März 1995 und erneut vor wenigen Tagen. Die polnische Historikerin Frau Professor Kurek-Lesik, die das Kinder- und Frauenfeld des Konzentrationslagers Majdanek erforscht, nahm im Frühjahr 1995 zu einzelnen Aspekten von Binjamin Wilkomirskis Erinnerungen ebenso

Stellung wie Julius Löwinger, ein damals 15jähriger Junge aus dem Kinderheim Krakau, das in den Aufzeichnungen eine Rolle spielt. Wir holten in Yad Vashem die Bestätigung ein, daß die Lebensgeschichte Binjamin Wilkomirskis und der Suchantrag nach seinen Eltern ohne Einspruch aufgenommen worden ist.« Auch Unseld verwies auf das Nachwort und meinte: »Es ist nicht Aufgabe des Verlages, diesen Widerspruch aufzulösen. Wohl aber ist es Aufgabe des Verlages, auf den Widerspruch von erinnerter und juristischer Identität des Autors hinzuweisen. Das haben wir getan«.[5]

Balint hat im Text irrtümlicherweise einen Doktortitel bekommen, und der Wortlaut legte nahe, sie als Mitarbeiterin von Yad Vashem zu verstehen, was ebenfalls nicht zutraf. Der Hinweis auf Kurek-Lesik basierte nur auf der indirekten Zeugenaussage von Sylwester Marx über Wilkomirskis Treffen mit der Historikerin im Jahre 1993. Sie gab nie eine eigene Stellungnahme an Suhrkamp ab, forschte außerdem über jüdische Kinder und nicht im engeren Sinn über das KZ Majdanek, ist bei der dortigen Forschungsabteilung nicht als KZ-Expertin bekannt und hat einen Doktor-, aber keinen Professorentitel. Dies alles verringert die Autorität ihrer Aussage doch massiv. Im übrigen bestätigte die Gedenkstätte Yad Vashem lediglich, daß Wilkomirski eine Suche nach seinen Eltern beantragt und ein Videointerview gegeben hatte; zur Echtheit seiner Erinnerung äußerte sie sich nicht. Nach Auskunft des Direktors Yehuda Bauer überprüft die israelische Institution keine Zeugnisse, die sie nur entgegennimmt, ohne sie zu publizieren.[6] – Der Textverfasser, wohl kaum Unseld persönlich, war vermutlich vom Wunsch beseelt, Wilkomirski unbedingt (weiter) zu glauben, seine Geschichte mit Autoritäten zu schützen und die eigenen früheren Abklärungen als genügend auszuweisen. Anders lassen sich die Fehlleistungen kaum erklären.

Die wichtigste Referenz für Suhrkamp war ohne Zweifel Lea Balint, die gegenüber dem Verlag im wesentlichen ihre Argumente von 1995 wiederholte und nur noch eine zusätzliche Episode anführte: Sie habe Wilkomirski einmal einen Zeitungsartikel über einen ehemaligen Insassen des Heimes an der Augustiańska vorgelegt. Aufgeregt habe er auf das Foto gezeigt und gesagt: »Das ist der Eingang zu meinem Waisenhaus.«[7] Für Balint ein weiterer Beleg für die Korrektheit seiner Erinnerung. Sie schrieb ihre Stellungnahme nur Tage nach Ganzfrieds Attacke; offensichtlich wollte sie Wilkomirski unbedingt helfen. So versuchte sie später, Laura Grabowski als Zeugin zu mobilisieren. Aber diese hatte wenig anzubieten. »Unser Wiedersehen war das Bedeutsamste in meinem Leben«, antwortete sie Balint. »Wir weinten zusammen, umarmten einander und teilten Erfahrungen als kleine Kinder in den Baracken. Er erinnert sich an meine Anna und daß wir immer Händchen hielten. Er beschrieb mein blondes, fast schneeweißes Haar, bevor er jemals ein Foto von mir sah. Das sind die Dinge, die ich anzubieten habe. Keine Namen, Daten, Orte und kein Wie und Warum, Wer und Wann. Ich denke, wenige Vierjährige könnten das.«[8]

Ganzfrieds Artikel erregte in der Öffentlichkeit großes Aufsehen. Vor allem in der Schweiz und in Deutschland, bald aber auch im englischen und französischen Sprachraum, erschienen zahllose Medienberichte. Alle beriefen sich auf Ganzfried und übernahmen seine Argumente, häufig ohne deren Herkunft zu deklarieren, und viele, in Deutschland auffällig mehr als in der Schweiz, stellten die Enthüllungen als Tatsachen dar. Vorläufig gab es keine Medien, die selbst nachrecherchierten.

In der »Zeit« verurteilte Jörg Lau in einem längeren Artikel ähnlich wie Ganzfried die Identifikation mit dem Opfer und das Versagen der Kritiker. »Es hat nichts mit Respekt vor den Überlebenden des Holocaust zu tun, wenn man ihre Texte mit einer Art automatischer Ergriffenheit aufnimmt. Um es noch polemischer zu sagen: Man sollte sich der Frage aussetzen, ob die reflexartige Angerührtheit, die Wilkomirski entgegenschlug, nicht eigentlich eine subtile Form der Abwehr ist.«[9] Der Journalist hatte als erster auch das Therapiekonzept von Bernstein und Wilkomirski untersucht und gelangte zur Einsicht, daß sich darin die Entstehungsgeschichte des Buches verberge. »Es ist gezeugt worden aus dem Geiste einer anmaßenden Psychotherapie, die sich zutraut, Lebenssinn und gar eine ›Identität‹ zu erzeugen, indem sie als ›historische Wirklichkeit‹ akzeptiert, unterstützt und bestätigt, was auch immer vom Klienten vorgebracht wird.« Zu Wort kommen ließ Lau auch den Historiker Raul Hilberg. Der angesehene Pionier der Shoah-Forschung hatte beträchtliche Vorbehalte gegenüber dem Buch. Er kritisierte mehrere Passagen, die ihm »sehr unwahrscheinlich oder völlig unmöglich erschienen«. Dazu zählte er unter anderem die Beschreibung von Partisanenbanden und deutschen Panzern in Polen sowie Wilkomirskis Transport von Majdanek nach Auschwitz. »Wie konnte«, fragte er, »dieses Buch als Autobiographie in mehreren Verlagen durchgehen? Wie konnte es Wilkomirski Einladungen vom Holocaust-Museum der Vereinigten Staaten ebenso wie von anerkannten Universitäten einbringen?« Die Autorität Hilbergs veranlaßte viele Zeitungen, seine in der »Zeit« geäußerten Zweifel aufzugreifen.[10]

Jörg Lau kam auch auf die von verschiedenen Seiten geäußerte Befürchtung zu sprechen, eine Bestätigung der Enthüllungen könnte denjenigen Auftrieb geben, die den Holocaust verleugnen. »Die Auschwitz-Leugner haben auf Wilkomirski nicht warten müssen, um ihren Wahn zu pflegen. Und wenn sich die ›Bruchstücke‹ als bloße Opferphantasie erweisen sollten, so werden damit die Zeugnisse, Gedichte und Romane wirklicher Opfer nicht diskreditiert. Ein dauerhafter Schaden kann nur dadurch entstehen, daß der Status des Textes ungewiß bliebe, wie sein Autor es jetzt wünscht. Daß es jedermann freisteht, an die Authentizität der Berichte über den Holocaust zu glauben oder nicht zu glauben – dies ist ja gerade die zynisch-entspannte Position der modernen Revisionisten, die die Lektion der postmodernen Erkenntnistheorie gelernt haben.«

Entschieden anders sahen dies die jüdischen Wochenzeitschriften der Deutschschweiz. Der Chefredakteur des »Israelitischen Wochenblattes« bestritt grundsätzlich den Sinn von Ganzfrieds Ausgangsfrage, ob das Buch authentisch oder erfunden sei. »Eine solche Biographie, wie der Autor der ›Bruchstücke‹ sie beschreibt, hat sich im Zweiten Weltkrieg hundert Mal, tausend Mal abgespielt (...). Deshalb nützt Ganzfrieds ›Enthüllung‹, so aufrichtig sie allenfalls auch gemeint sein mag, in letzter Konsequenz eigentlich doch nur denen, die die industrielle Tötung der Juden durch die Nazis generell als ›Erfindung‹ abtun.« Die »Jüdische Rundschau« stieß ins gleiche Horn: »Stellt sich Wilkomirskis Buch als Roman statt als Erinnerung heraus, so können die Auschwitz-Leugner frohlocken (...). Nicht wenige Menschen, Juden wie Nichtjuden, nehmen es der ›Weltwoche‹ übel, daß sie einen Bericht publizierte, der Wasser auf die Mühlen der Holocaust-Leugner lenkt, aber selber wie eine Fiktion daherkommt und nicht als sauber dokumentierte Recherche.«[11]

»Entsetzt« über Ganzfrieds Attacke äußerte sich in der gleichen Ausgabe auch Esther van Messel, die Wilkomirski 1997 im Film »Fremd geboren« porträtiert hatte, ohne auf die biographischen Widersprüche einzugehen. »Der Bericht ist verheerend«, sagte sie der Zeitschrift. »Er liefert keine Beweise, und wenn er sie liefern würde, so würde es mir schwerfallen, sie zu glauben.« Es gebe nicht nur eine Wahrheit, meinte sie und erläuterte ihre Ansicht mit Erfahrungen aus ihrer eigenen Familie: Ihr Vater und seine Geschwister, die alle vor den Nazis geflohen seien, erzählten alle verschiedene Versionen der gleichen Geschichte. Auch wenn Ganzfried Beweise vorlegen könne, würde dies noch nicht heißen, daß Wilkomirski lüge, sagte die Filmemacherin und erinnerte daran, daß viele Shoah-Überlebende widersprüchliche oder gar keine Geburtsurkunden besäßen.

Auch Eric Bergkraut, der einen ähnlich unkritischen Film wie seine Kollegin gedreht und dafür von Ganzfried in seinem Artikel Prügel bezogen hatte, nahm Stellung, und zwar in der »Weltwoche« selbst. Er warf Ganzfried einen »teilweise hämischen Ton« vor, der der Sache nichts nütze, und eine einseitige Recherche. Er gehe nur der Hypothese nach, »das Buch sei eine Fälschung«, statt ebenso sorgfältig Wilkomirskis Erinnerung »auf eine mögliche Wahrheit« zu überprüfen. »Alle von Ganzfried angeführten ›Beweise‹ (Geburtsurkunde, Einschulung usw.) zeigen nur, daß es für einen Bruno Grosjean, geboren 1941 in Biel, eine lückenlose amtliche Schweizer Laufbahn gibt. Sie widerlegen aber nicht, daß er von einem bestimmten Moment weg, zum Beispiel nach dem (möglichen) Tod von Bruno Grosjean im Kinderheim, ein Lagerkind gewesen sein könnte, das unter diesem Namen weiterlebte.« Nachdem Bergkraut auf die »historische Expertise« von Lea Balint verwiesen hatte, rechtfertigte er seine eigene Arbeit: »Im Zentrum meines Films ›Das gute Leben ist nur eine Falle‹ steht Wilkomirskis Buch, es ist kein Recherchefilm. Ich habe vorausgesetzt, seine Geschichte ›stimme‹ so weit, als ich es mit einem Mann zu tun hatte, der als Kind in Lagern gewesen ist. Ich habe mich unter anderem auf die erwähnte Expertise verlassen, die der Verlag eingeholt hatte, bevor das Buch in Druck ging. Ja, ich habe Wilkomirski geglaubt, wie es neben vielen anderen Menschen auch jene Überlebenden der Lager taten, mit denen ich ihn erlebt und auch gefilmt habe. Für dieses ›Glauben‹ bin ich angreifbar; ich kann mich geirrt haben.« Man müsse aber »der Hypothese einer spurlos ›geschenkten‹, falschen Identität (...) eine Chance einräumen, bevor man sich daranmacht, über Binjamin Wilkomirski öffentlich zu urteilen«.[12]

Besonders aktiv verteidigt wurde Wilkomirski durch eine Gruppe von Juden der zweiten Generation, die sich umständlich »Kontaktstelle für Kinder Überlebender der Judenverfolgung des Naziregimes, Schweiz« nennt. Laut ihrem Sprecher Samuel Althof betrachtete die Gruppierung Ganzfrieds Artikel als verantwortungslos, er habe allen Überlebenden und selbst der zweiten Generation einen schrecklichen Schaden zugefügt. Die Kontaktstelle schrieb Briefe an die Medien, die auch verschiedentlich abgedruckt und gelegentlich in redaktionelle Beiträge eingebaut wurden. Der »sich als seriös betrachtende Schriftsteller«, der Wilkomirski »als Lügner und Etikettenschwindler« enttarnen wolle, sei »ein Autor mit einer ungebremsten Wut und erscheint uns als ein Mann mit unbewältigten Identitätsstörungen«. Er habe »nichts Neues entdeckt«, sondern nur »unerhört aggressiv breitgewalzt«, was bereits von Wilkomirski selbst recherchiert worden sei. Um die Authentizität von dessen Erinnerung zu belegen, verwies die Kontaktstelle überdies auf die Zeugenaussage von Julius Löwinger.[13]

»Ich lasse mich nicht erpressen« – Wilkomirskis Reaktionen

Am 16. September 1998 richtete sich Wilkomirski via Medien an die Bergier-Kommission, eine von der Schweizer Regierung eingesetzte unabhängige Expertenkommission, die die Rolle der Schweiz in der Zeit des Dritten Reichs erforschte. »Ich bitte«, erklärte Wilkomirski, »die Bergier-Kommission, die das Verhältnis der Schweiz zu den Juden in den vierziger Jahren untersucht, auch meine frühen Jahre zu erforschen im Gesamtkontext der Geschichte der Flüchtlingskinder sowie der ›Jenischen‹ in der Schweiz. Ich gewähre ausschließlich dieser Kommission Auskunft und rückhaltlosen Zugang zu allen verfügbaren Dokumenten unter Einbeziehung auch der Forschungsstelle ›Kinder ohne Identität‹ in Jerusalem. Ich bitte die Bergier-Kommission um Kontaktaufnahme.«[14] Offenbar hatte der Bittsteller schon recht genaue Vorstellungen über ein angemessenes Vorgehen bei dieser Forschung: Einerseits empfahl er die Zusammenarbeit mit Lea Balint, andererseits die Ausweitung auf die Geschichte der Zigeunerkinder, die durch das Schweizer Hilfswerk »Kinder der Landstraße« ihren Familien geraubt worden waren. Mit dieser Analogie hatte Wilkomirski schon argumentiert, als er sich nach Helblings Zweifel gegenüber Suhrkamp rechtfertigte. Er war nun Anfang September 1998 in dieser Haltung durch einen Brief bestärkt worden, in dem ihm eine Jenische erklärte, sie beide hätten das gleiche Schicksal, auch sie lebe wie Wilkomirski mit zwei Identitäten, und wie er werde sie nie beweisen können, was ihr geschehen sei. »Ich wünsche Ihnen viel Kraft, Mut, und irgendwann werden Sie von mir eine Fasanenfeder im Briefkasten finden. Die Fasanen gelten bei uns Zigeunern als die mutigsten unter den Bodenbrütern, was wir ja alle irgendwie sind.« Die Kommission lehnte die erbetene Forschung ab, da sie nicht in ihren Aufgabenbereich falle.[15]

Am 20. September fuhr Wilkomirski, der vom Arzt krankgeschrieben war, zusammen mit seiner Freundin Verena Piller und mit Georges Wieland, einem Lehrerkollegen, der »Bruchstücke« aus Freundschaft als erster lektoriert hatte, nach Horgen am Zürichsee. Sie besuchten Max Grosjean, der laut Ganzfried bestätigt hatte, daß das Kind seiner Schwester Yvonne 1945 zur Adoption freigegeben worden war. Wilkomirski habe bei seinem Besuch »furchtbar« ausgesehen und sei nur mit gesenktem Kopf dagesessen, erzählt mir Trauti Grosjean. »Er zitterte wie ein alter Mann«, ergänzt ihr Ehemann. Sie hätten den Besuchern Fotos vom kleinen Bruno Grosjean gezeigt. Wilkomirski sei zum Fenster gegangen, habe die Bilder fotografiert und gesagt, es gebe keine Ähnlichkeit mit ihm.[16]

Wilkomirskis Literaturagentin Eva Koralnik erzählt, ihr Büro sei nach Ganzfrieds Artikel wochenlang lahmgelegt worden. Tag und Nacht »kamen aus der ganzen Welt Anrufe mit Fragen, wir mußten Rede und Antwort stehen und die ganze Geschichte immer wieder von neuem erzählen«.[17] Nachdem »Ganzfried einiges ans Licht gebracht« hatte, habe sie Wilkomirski immer wieder gesagt: »Wenn das alles nicht wahr ist, dann mußt du Gegenargumente liefern.« Sie habe sich vorgestellt, ein wirklicher Überlebender müsse doch »zutiefst beleidigt oder wütend« sein. »Er hat immer gesagt, wenn die Zeit kommt, dann sage ich, was ich zu sagen habe.« Er lasse sich von der Presse nicht erpressen.

Ich spreche Koralnik darauf an, daß die wichtige Zeugin Lea Balint ohne jede Distanz zu Wilkomirski und keineswegs wie eine unabhängige Fachautorität agierte. »Ich war beeindruckt von ihrer Arbeit und ihrem Engagement für die ›Kinder ohne Identität‹.« Sie selbst habe am Anfang absolut an Wilkomirskis Geschichte geglaubt, deswegen habe sie sich nachher »sehr gewünscht, daß er recht hat, daß es wirklich seine Erinnerungen sind«. Es sei nun fürchterlich für sie, unter Umständen Holocaust-Leugnern in die Hände zu spielen, und für Überlebende sei es entsetzlich, wenn ihre Memoiren jetzt in Frage gestellt würden.

Nachdem Wilkomirski sie immer wieder mit der Erklärung vertröstet habe, es gebe neue Anhaltspunkte, er müsse noch recherchieren, sie jedoch vergeblich auf Beweise habe warten lassen, hätten sie Anfang September in der Agentur erwogen, ihm einen DNA-Test vorzuschlagen. Erkundigungen beim Institut für

Rechtsmedizin der Universität Zürich zeigten, daß ein Test zur Klärung beitragen könnte, und so trat Koralnik Mitte September mit ihrem Vorschlag an Wilkomirski heran, auch wenn ihr dies – aus verständlichen Gründen – nicht gerade leichtfiel. Dieser lehnte jedoch ab, obwohl er sich wenige Jahre zuvor wegen seines vermeintlichen Vaters Yakow Maroko einem solchen Prozedere unterzogen hatte. Ein DNA-Test sei nicht eindeutig, argumentierte er. Später sollte er seine Ablehnung wiederholen, als ihm zuerst die Vormundschaft Biel und dann sein Anwalt Sandberg gleiches vorschlugen. Dieser hatte unterdessen herausgefunden, daß der leibliche Vater des Bruno Grosjean noch lebte und der Test somit ein eindeutiges Resultat ergeben würde.[18]

Nach ihren eigenen vergeblichen Bemühungen und einem dritten »Weltwoche«-Artikel von Ganzfried, der den Verlag, ohne Erfolg, zum Rückzug des Buches und zu einer Abklärung des Sachverhaltes aufgefordert hatte, verlangte Koralnik von Wilkomirski zumindest eine offizielle Stellungnahme. Täglich seien Suhrkamp und ihre Agentur »den bekannten Anwürfen ausgesetzt und müssen Rede und Antwort stehen. Deine Verleger auf der ganzen Welt, vor allem in den USA, England, Frankreich und Skandinavien, verlangen Klärung, die jüdischen Instanzen, die Dir Preise verliehen haben, müssen informiert werden. Bislang haben wir uns hinter Dich gestellt, aber jetzt sind die Anschuldigungen so gravierend, daß Du selber reagieren mußt. Wir können es nicht mehr an Deiner Stelle tun.« Die Frankfurter Buchmesse, wo Koralnik alle Verleger treffen würde, stand unmittelbar bevor, und die Agentin erwartete von Wilkomirski bis dahin eine Erklärung. »Du müßtest neues Beweismaterial liefern und auf die einzelnen Punkte, die Deine Identität und Vergangenheit betreffen, schlüssig eingehen. Ich fürchte, daß Dein Schweigen die Situation noch erschwert. (...) Es ist auch ehrverletzend, wenn Du öffentlich als Lügner bezichtigt wirst. Da müßtest Du rechtliche Schritte unternehmen. Ich rate Dir sehr, umgehend einen Anwalt zu nehmen.«[19]

Wilkomirski schickte den Verlegern die verlangten Ausführungen, in denen er zu einzelnen Punkten Stellung nahm, per Fax direkt an die Buchmesse. Die Papiere des Bruno Grosjean seien tatsächlich echt, er habe dies überprüfen lassen. Sein Verdacht der Vertauschung richte sich nicht gegen Behörden, sondern gegen andere Personen; er werde dem weiter nachforschen. Die Behörden hätten ihm schon vor dreißig Jahren Einsicht in seine Papiere verweigert und behauptet, es existiere von ihm kein Geburtsschein, den er einsehen könne. Er besitze bis heute statt eines originalen nur einen »Gekürzten Geburtsschein«, der ihm »jahrzehntelang verweigert und erstmalig, nach wiederholter Anfrage, 1995 ausgestellt« worden sei. Anläßlich des Besuchs beim Bruder der Yvonne Grosjean habe er Fotos seiner »angeblichen Mutter« und des Babys Bruno Grosjean gesehen, aber keine Ähnlichkeit erkannt. Er dementierte zudem »ausdrücklich, jemals in einem Kinderheim in Adelboden gewesen zu sein«. Besonders heftig wehrte er sich gegen kritische Historiker, deren Kompetenz er bestritt und die er als Repräsentanten der ersten Generation von Historikern bezeichnete, »für die ›Kinder in der Shoah‹ nie ein explizites Forschungsthema war«. Er nannte keine Namen, es war jedoch klar, daß er Raul Hilberg meinte und Yehuda Bauer von Yad Vashem, der sich ebenfalls skeptisch geäußert hatte. Die Historiker würden sein Buch wie »einen historischen Sach- und Fachbericht eines erwachsenen Zeugen« behandeln. Dabei handle es sich ausdrücklich um Erinnerungen, »so wie sie sich im Kleinkinder-Gedächtnis erhalten haben, ohne die kritische und ordnende Logik der Erwachsenen«. Überdies werde in der Debatte mit »penetranter Beharrlichkeit« das eigentliche Hauptproblem ausgeklammert, nämlich daß nach dem Krieg Tausende von Kindern ohne Papiere und sichere Identität aufgefunden worden seien. Wilkomirski schließt seine Stellungnahme mit der Feststellung: »Gerade die gegenwärtige Diskussion hat mich in meinen persönlichen Erinnerungen bestärkt – sie sind ein unverrückbarer Teil meiner Biographie.« In der Einleitung hatte er bereits angekündigt, er sei angesichts des vergifteten Klimas in den Medien nicht bereit, über diese Ausführungen hinaus weitere Aussagen zu machen.[20]

Unterstützung von Überlebenden

Wilkomirski erhielt zahlreiche Briefe, keine von Gegnern, sagt er, sondern nur von Personen, die ihm Mut zusprachen.[21] Viele hatten die Shoah selbst erfahren. Eine Frau, die als kleines Mädchen in Theresienstadt gewesen war und nun dem Vorstand der Zürcher Überlebenden-Gruppe angehörte, ließ ihn wissen, daß er durch seine Publizität auf die Vereinigung aufmerksam gemacht habe. »Durch Dein Buch fanden einige Mitglieder den Weg zu uns, die bis anhin ihre Vergangenheit oder auch ihre wahre Identität stark verdrängten.« Eine Leserin gratulierte ihm zum Buch, das eine enorme Hilfe in »unseren Kämpfen« gegen Verbrechen und für das Ernstnehmen von Kindern und ihren Erinnerungen gewesen sei. Die Kampagne gegen ihn sei kein Zeichen der Niederlage, sondern im Gegenteil das Zeichen dafür, einen »SEHR HARTEN TREFFER« gelandet zu haben. Eine Frau, die als kleines Kind bei Christen versteckt worden war, schrieb: »Niemand hat das Recht und die Macht, Ihnen Ihre Erinnerungen zu rauben! Sie sind der, der Sie sich zu sein erinnern. Ich hoffe, Sie werden stark sein und Ihre Erinnerungen hüten wie einen kostbaren Schatz.«[22]

Einige Sympathisanten wurden auch sonst aktiv. Besonders rührig war Guta Benezra, die mit Laura Grabowski befreundet war und selbst ein Buch über ihre Shoah-Erfahrungen[23] geschrieben hatte. Ende Oktober 1998 erfuhr sie, daß die Buchhandlung des Holocaust-Museum in Washington Wilkomirskis Buch aus dem Angebot genommen hatte. Sie bat Lawrence Langer, den Spezialisten für Shoah-Literatur, schriftlich um Hilfe: »Seit ich zu der Gruppe von jüngsten Überlebenden gehöre, ist dies für manche von uns die Kontroverse mit dem größten Gewicht. Wir brauchen eine kluge Intervention Ihrerseits, um diese schädliche Diskussion zu beenden.« Während jener nicht reagierte, intervenierte sie selbst beim Museum, das daraufhin das Buch wieder ins Regal stellte. In den zahlreichen Briefen, die Benezra an Medien und an Survivors richtete, schrieb sie, daß viele Kinder-Überlebende ähnliche Geschichten erlebt hätten wie Wilkomirski. Aber die Medien und das Publikum verstünden nichts von den »›unglaublichen‹ Bedingungen, unter denen die meisten der jüdischen Waisenkinder aus Osteuropa überlebt haben. Insbesondere von der Tatsache, daß falsche oder fehlende Dokumente für diese die Norm, nicht die Ausnahme darstellten. Ohne falsche Identität hätte kein jüdisches Kind überleben können. Und für die, deren Familien ermordet wurden, dienten die falschen Papiere gewöhnlich bürokratischen Zwecken, um in ›normalen‹ westlichen Ländern, wo sie schließlich hingebracht und nach dem Krieg verstreut wurden, weiter zu überleben.« Der Vorwurf des Betrugs sei ihnen, den Kindern, die aus der Hölle der Nazis gerettet wurden, vertraut. »Wir haben kaum Zeugen, die unsere verworrenen Erinnerungen bekräftigen können. Wir waren selten in der Lage, unsere richtigen Namen herauszufinden, selbst wenn wir uns manchmal, wie in Binjamins Fall, an einen erinnerten. Unsere Sprache war ebenso ungewiß, weil wir im Alter von drei bis sechs Jahren meist still gehalten wurden oder ein Gemisch aus verschiedenen Sprachen brabbelten, gerade ausreichend, um zu überleben.« Natürlich könne man die Fakten über die Lager auch aus Büchern erfahren. »Doch seine Stimme ist so wahr, meiner innersten Stimme des Schreckens und der Trauer so verwandt, daß kein Platz für Zweifel bleibt. Es ist die Stimme eines Kinder-Überlebenden aus den Lagern der Nazis; eine Stimme, die die Barriere von Furcht und Urteil überwindet, die Stimme eines Selbst, das tief verborgen lag, da keiner ihm glauben oder es anerkennen wollte. Jetzt, wo die Stimme dieses Kindes in einem wunderbaren Buch hörbar geworden ist, dürfen wir uns nicht abwenden und zulassen, daß sie erneut durch eine abscheuliche Verleugnung erstickt wird. Ein anderer Jude, Daniel Ganzfried, im Verein mit einer oberflächlichen, sensationsheischenden Berichterstattung, sowie Gerüchte und die gewohnte Gleichgültigkeit fügen auch uns allen Schaden zu.«[24]

Im November 1998 bereitete die amerikanische Fernsehkette CBS eine Reportage über die Affäre vor, und zwar für das Nachrichtenjournal »60 minutes«, das jeden Sonntagabend ein Massenpublikum erreicht. Unter Druck gesetzt durch amerikanische Organisationen von Überlebenden, die eine Stellungnahme von seiner Seite erwarteten, erklärte Wilkomirski sich schließlich zu einem Interview bereit. Er machte seine Zusage gegen den Willen der Schweizer »Kontaktstelle für Kinder Überlebender«, seiner wichtigsten Schützenhilfe in Europa, die ihn daraufhin fallenließ. Ihr Sprecher Samuel Althof schrieb ihm allerdings weiterhin alarmierende E-Mails, die ihn dringend zum Handeln aufforderten. Am 6. Dezember 1998 bat er Wilkomirski, seine Geschichte durch einen Anwalt »detailgenau« recherchieren zu lassen. »Dies ist, wenn überhaupt noch, die einzige Möglichkeit, den IMMENSEN SCHADEN zu begrenzen. DIE LUNTE BRENNT! AM ENDE WIRD NUR ASCHE SEIN!« Zwei Tage später insistierte er: »Ich bin sicher, daß, solltest Du die Dinge nicht in die Hand nehmen, GEWICHTIGE FORDERUNGEN (SCHADENSERSATZ, BETRUG USW.) AUF DICH ZUKOMMEN WERDEN, AUCH AUF ELI. Du kannst dich nicht einfach zurückziehen und nichts tun und warten, bis die Sache vorbei ist. DEINE GEGNER SIND AN DER ARBEIT; ICH WEISS ES!«[25]

Aufgeschreckt durch weitere Mahnrufe Althofs wurde auch Laura Grabowski. Bereits im November 1998 hatte sie Lea Balint berichtet, Wilkomirski und sie würden beschuldigt, ihr Wiederfinden nach 50 Jahren sei ein Betrug gewesen; ältere Überlebende verlangten von den jüngsten Beweise, die sie nicht hätten. Anfang 1999 schrieb sie Wilkomirski: »Jetzt habe ich wirklich Angst – um Dich, lieber Binji, und um mich. Ich weiß nicht, was tun. Ich werde stillhalten, es sei denn, es gibt etwas, worum Du mich bittest. Ich wünschte, ich könnte Dich beschützen, könnte Dich und Verena auf eine einsame Insel im Pazifik mitnehmen. Laß uns gehen!«[26]

Daniel Ganzfried und der Hintergrund seiner Enthüllungen

Daniel Ganzfried, der die Lawine ausgelöst hat, ist 1958 in Israel als Sohn eines ungarischen Auschwitz-Überlebenden geboren. Schon zwei Jahre später kam er in die Schweiz, wo er bei seinen Großeltern mütterlicherseits aufwuchs. Anfang der neunziger Jahre begann er – nachdem er sich früher eher kritisch oder desinteressiert über das Judentum geäußert hatte –, der Lebensgeschichte seines Vaters nachzuforschen. Aus dieser Auseinandersetzung, die sein Verhältnis zu seiner Herkunft merklich veränderte, entstand sein Roman »Der Absender«, den er 1995 veröffentlichte. Der Erstling fand wohlwollende Beachtung und wurde drei Jahre später als Taschenbuch neu aufgelegt.[27]

Im September 1999 treffe ich Ganzfried in seinem Büro.[28] Auf meine Frage nach dem Anlaß seiner Nachforschung erzählt er, er habe Wilkomirskis Buch schon 1995 gelesen, weil es fast gleichzeitig mit seinem eigenen Roman herausgekommen und er bei Lesungen oft darauf angesprochen worden sei. Er habe schnell gemerkt, da stimme etwas nicht, so schreibe man nicht, wenn man den Anspruch habe, die Erinnerungen eines dreijährigen Kindes zu erzählen. Ihn habe das Pathos gestört, etwa wenn das Kind sieht, wie sein Vater stirbt, und denkt: von jetzt an muß ich ohne dich weitergehen, oder »Pseudoweisheiten« wie: »Wer nicht weiß, woher er kommt, weiß nicht, wohin er geht.« Entscheidend war für ihn aber ein Gespräch mit Klara Obermüller, der ersten Rezensentin von »Bruchstücke«, die auch die Laudatio hielt, als Ganzfried für seinen Roman einen Preis bekam. Bei dieser Gelegenheit erzählte sie ihm, Wilkomirski sei wahrscheinlich ein in der Schweiz geborenes und später adoptiertes Kind.

Mitte Mai 1998 habe dann die Pro Helvetia bei ihm angefragt, ob er Wilkomirski für ihre Zeitschrift »Passagen« porträtieren wolle. Die Pro Helvetia ist die bedeutendste öffentlich-rechtliche Kulturstiftung der Schweiz; sie hatte die französische Übersetzung von »Bruchstücke« unterstützt.[29] Die Anfrage erfolgte auf Empfehlung von Obermüller, die einen solchen Auftrag zuvor abgelehnt hatte. Ganzfried wies den verantwortlichen Redakteur Michael Guggenheimer auf die Zweifel hin, die diesem jedoch durch Obermüller bereits bekannt waren. Sie vereinbarten ein zusätzliches Honorar für Recherchen sowie eine Kooperation mit der »Weltwoche«.

Ganzfried erzählt, Obermüller habe ihn bei seinen Nachforschungen anfänglich unterstützt, entrüstet darüber, daß in allen Rezensionen und den beiden Dokumentarfilmen die Zweifel verschwunden und einer Eindeutigkeit gewichen seien. Sie habe aber nicht geglaubt, ausreichende Beweise finden zu können, und habe den Fall nur wieder in die ursprüngliche Schwebe, in der sich Zweifel und Glaube die Waage hielten, zurückbringen wollen. Je mehr Fakten und Beweise Ganzfried dann fand, desto zögerlicher wurde sie. Als er den Artikel veröffentlichte, distanzierte sie sich wütend von ihm. Der Veröffentlichung seien massive Pressionen vorausgegangen, erzählt Ganzfried. Bei der Pro Helvetia intervenierten die »Kontaktstelle Kinder Überlebender« und Wilkomirski persönlich, der am 24. Juni 1998 an Guggenheimer schrieb: »Bitte bedenken Sie, daß ich als Kind Auschwitz überlebte und daß meine Gesundheit durch das auch von anderer Seite als anstößig wahrgenommene Vorgehen von Herrn Ganzfried seit seinen ›Recherchen‹ erheblich beeinträchtigt ist.« Wilkomirskis Anwalt Sandberg teilte Ganzfried drei Wochen später mit, daß sein Klient es nicht gestatte, seinen Namen oder sein Buch in einen Zusammenhang mit Frau Grosjean zu bringen. Schließlich wurde die Redaktion der Pro-Helvetia-Zeitschrift vom eigenen Stiftungsrat unter Druck gesetzt, den Text abzulehnen, so daß Ganzfried ihn nur in der »Weltwoche« veröffentlichen konnte.[30]

Ganzfried erzählt, als Reaktion auf seine Enthüllung hätten ihm einige böse Absichten unterstellt. Die einen behaupteten, er möge dem Autor von »Bruchstücke« den Erfolg nicht gönnen, andere, er sei von einer pathologischen Besessenheit getrieben. Wilkomirski selbst und Samuel Althof entwickelten die These, Ganzfried müsse an Stelle seines bereits verstorbenen Vaters Wilkomirski umbringen. Auf meine Frage nach seiner tatsächlichen Motivation erklärt er, es gehe ihm darum, in Kategorien der menschlichen Vernunft über den Holocaust nachzudenken. Statt der analytischen Auseinandersetzung zähle nur noch die tränenreiche Autobiographie. Es werde unklar, ob denn Auschwitz ein konkreter Ort sei, mit ebenso konkreten Ereignissen verbunden, oder nur eine Metapher. Er sehe das Gedächtnis an die Shoah durch eine vereinzelte Fälschung zwar nicht ernsthaft gefährdet, aber offenbar seien die Tatsachen nicht mehr wichtig, sondern die »Befindlichkeit, plötzlich ist es das eigene Innere, das an die Stelle des untersuchten Gegenstandes tritt. Das finde ich schon eine alarmierende Angelegenheit.« Zumal Wilkomirskis Buch sehr schlecht geschrieben sei.

Die Fragen nach der Erinnerung und dem komplexen Verhältnis von Fiktion und Fakten, die Ganzfried in seinen Enthüllungsartikeln stellt, spielen auch in seinem eigenen Roman eine zentrale Rolle. Er thematisiert hier – als hätte er Wilkomirskis Grundhaltung widersprechen wollen – die Unmöglichkeit, eine Erinnerung oder eine Lebensgeschichte authentisch zu rekonstruieren. Ich frage ihn, ob die Erfahrung, die er beim Schreiben seines eigenen Buches gemacht habe, für seine Recherche wichtig gewesen sei. Ja, sagt er. In langen Gesprächen mit seinem Vater habe er gemerkt, daß dieser eine ganz andere Version von Auschwitz bzw. von Buna erzählt als Primo Levi, der am selben Ort gewesen war. Da es nicht an Ganzfried lag, die Wahrheit herauszufinden, mußte er seine eigene erzählerische Position klären. Er selbst war nicht dort und kann auch nicht den tiefen Graben übergehen, der ihn von der Erfahrung seines Vaters trennt. Außerdem könne er auch nicht »so tun, als erzählte mir mein Vater den Holocaust. Er hat davon am allerwenigsten begriffen, er war nämlich Opfer und nicht Historiker, ein Jugendlicher, der in diese Todesmaschinerie gekommen ist. Die haben am wenigsten begreifen können, was mit ihnen passierte.«

Ich treffe mich auch mit Klara Obermüller[31] und frage sie, aus welchen Motiven sie den Auftrag der Pro Helvetia abgelehnt habe. Sie nennt zwei Gründe. Erstens trat der Redakteur Guggenheimer mit der Idee an sie heran, ein Porträt über Wilkomirski als Doppelbegabung – ein Musiker, der auch schreibt – zu verfassen, was jedoch nach ihrer Ansicht auf ihn nicht zutraf: Wilkomirski würde nie mehr ein Buch schreiben, er hat gesagt, was er zu sagen hatte, um seine Erinnerungen und seine Traumata aufzuarbeiten; er ist Musiker, kein Schriftsteller. Zweitens äußerte sie gegenüber Guggenheimer massive Zweifel an der Geschichte, die seit ihrer Besprechung des Buches eher noch gewachsen waren; sie sah sich außerstande, nochmals einen Text zu verfassen. Auf die Frage, warum sie sich von Ganzfrieds Recherche distanziert habe, erklärt sie, zum einen habe sie die Holocaust-Leugner gefürchtet, für die eine Enthüllung ein »gefundenes Fressen« gewesen wäre. Zum anderen ängstigte sie sich »wahnsinnig« um Wilkomirski. »Ich hatte immer das Gefühl, ich ziehe hier jemandem den Boden unter den Füßen weg, da möchte ich nicht schuld sein.« Als ihr dann Ganzfried mit einer »unheimlichen Leidenschaft und einer gewissen Häme« über seine Fortschritte in der Recherche berichtete, wollte sie den Artikel verhindern und riet der Pro Helvetia und der »Weltwoche« von einer Publikation ab.

Recherchen nach Ganzfried

Am 7. Februar 1999 strahlte die CBS ihren Beitrag aus. Die Sendung folgte der Darstellung Ganzfrieds, mit dem die Journalisten zusammengearbeitet hatten. Sein frühester Beleg für den Kontakt zwischen den Dössekkers und Wilkomirski war bisher ein Foto vom Sommer 1946. Als neues Beweisstück blendeten die Journalisten einen Brief an Ganzfried ein, in dem der Stadtarchivar von Zürich erklärt, Bruno Grosjean sei bereits am 13. Oktober 1945 als Pflegekind bei den Dössekkers angemeldet worden.[32] Wilkomirskis bisherige Erzählung, er sei erst 1947 oder 1948 in die Schweiz eingereist, war damit vollends unmöglich geworden, immer vorausgesetzt, jener angemeldete Knabe war mit ihm identisch. Ansonsten brachte der Beitrag keine neuen Fakten. Er lebte von Bildern, unter anderem von einem Amateurfilm aus der Familie Dössekker, und vor allem von der Fachautorität Raul Hilbergs. Jener meinte, im KZ seien die Kinder ermordet worden oder an Unterversorgung gestorben; Wilkomirskis Geschichte bewege sich zwischen dem »höchst Unwahrscheinlichen und absolut Unmöglichen«. Außerdem kritisierte er den »Kult der Zeugenschaft«. Obwohl er wenig Substantielles zu den konkreten Fakten sagte, war sein Auftritt wichtig, da seine Aussagen am Anfang und Schluß eine dramaturgische Klammer bildeten, die der Reportage eine zusätzliche Seriosität verlieh.

Wilkomirski reagierte mit einer geharnischten Antwort, die vor allem dem Urteil Hilbergs galt, das dieser auch schon Monate vorher gegenüber der »Zeit« abgegeben hatte. Er warf dem Historiker »intellektuelle Unredlichkeit« vor und kritisierte fast jedes seiner Argumente. So erklärte er mit Hinweisen auf die Literatur, daß im Gegensatz zu Hilbergs Behauptung sehr wohl Kinder von Majdanek nach Birkenau transportiert worden seien. Im übrigen habe er selbst nie von einem direkten Transport von einem zum anderen Lager erzählt, da er bezüglich der fraglichen Phase eine Gedächtnislücke habe. Die von Hilberg angeführten Beispiele für den fiktionalen Charakter des Buches – Beschreibungen von »Partisanen« und »Tanks« in Polen – verwarf er mit der Bemerkung, er habe diese Worte nie verwendet. Vehement wies er schließlich Hilbergs Verdikt des »höchst Unwahrscheinlichen« zurück: »Er vergißt, daß das ÜBERLEBEN EINES JEDEN mit vielen sehr ›unwahrscheinlichen‹ Ereignissen, Wegen, Tricks und Konstellationen verknüpft war. Denn das Überleben war nicht die Regel. SO ZU ARGUMENTIEREN HEISST, DIE ERFAHRUNGEN ALLER ÜBERLEBENDEN ZU LEUGNEN.« Und er verschärfte seine Kritik mit dem Vorwurf einer spitzfindigen Argumentation, die an alte Zeiten erinnere: »Es ist die gleiche Taktik, die in den fünfziger und sechziger Jahren von früheren Nazirichtern bei den Prozessen gegen NS-Kriegsverbrechen gegenüber jüdischen Zeugen und Opfern angewendet wurde, indem man sie in endlose Diskussionen verstrickte, ob die Uniform eines Angeklagten grau-grün oder grün-grau war – nur, um den Zeugen in seiner Erinnerung zu verunsichern und zu demonstrieren, daß er nicht glaubwürdig sei! Das ist eine wirklich FASCHISTISCHE TECHNIK DER ARGUMENTATION. Ich kann sogar den Lärm von Goebbels Freudentänzen und Jubelschreien aus der Hölle hören!«[33]

Nach der CBS meldete sich auch die Vormundschaftsbehörde Biel zu Wort. Bereits im Dezember 1998 hatte das Amt, in dessen

Obhut sich die Akten von Bruno Grosjean befanden, Wilkomirski und seinen Anwalt zu einem Gespräch eingeladen. Ganzfried hatte schon während seiner Recherche Einsicht in die Akten verlangt, was Wilkomirski damals abgelehnt hatte. Nach Ganzfrieds Artikel wurden die Behörden immer wieder von Medien um Auskunft gebeten, so daß sie mit dem »Geheimnisherr«, wie Wilkomirski im amtlichen Jargon hieß, ihre Informationspolitik besprechen wollten. Sie einigten sich mit ihm auf eine Pressemeldung, die, verzögert durch neue Aktenfunde in ihrem Archiv, erst nach der Ausstrahlung der CBS-Sendung publiziert wurde. Darin hieß es unter anderem, daß die »regelmäßige Betreuung« von Bruno Grosjean »dokumentiert und aufgrund der summarischen Aktenlage rekonstruierbar« sei. »Andererseits ist eine lückenlose Kinderbiographie allein aufgrund dieser Akten nicht herstellbar. (...) Damit ist auch gesagt, daß der jeweilige Aufenthaltsort des Knaben Bruno Grosjean nicht Tag für Tag zweifelsfrei festgestellt werden kann. Umgekehrt hat die Vormundschaftsbehörde aufgrund derselben Aktenlage keine Veranlassung, einen etwaigen Kindstausch anzunehmen.«[34]

Drei Monate später erschienen zum Fall die ersten ausführlichen und eigenständigen Recherchen seit Ganzfried. Ende Mai 1999 veröffentlichte die englische Schriftstellerin Elena Lappin unter dem Titel »The Man with two Heads« eine fast 60 Seiten umfassende Reportage in der Literaturzeitschrift »Granta«.[35] Lappin hatte Wilkomirski 1997 kennengelernt, als ihm von der englischen Zeitschrift »Jewish Quarterly«, deren Herausgeberin sie damals war, ein Preis für »non-fiction« verliehen wurde. Im Verlauf ihrer Recherchen revidierte sie ihre frühere Einschätzung des Buches und kam zur Überzeugung, es handle sich um eine Erfindung. Bruno Dössekker habe – da die Schweizer Geschichte auch nicht annähernd etwas so Dramatisches zu bieten habe – sich des Holocaust bedient, um zu erklären, woher er kam und wer er sei. Ihre Hauptargumente für die These einer Fiktion fand sie bei der Untersuchung der Situation in Krakau, wo sie zahlreiche Widersprüche in Wilkomirskis Erzählung aufspürte. Während Lappin in ihrer fleißigen und minutiösen Arbeit nur Fakten zusammentrug, aus einer Geschichte im Kontext der Shoah ein Schweizer Individualschicksal machte und darauf verzichtete, die Implikationen des Falles zu diskutieren, verhielt es sich bei einer zweiten längeren Reportage, die im renommierten amerikanischen Magazin »The New Yorker« nur wenig später erschien, eher umgekehrt.

Geschrieben hatte sie Philip Gourevitch, der sich mit einem Buch über den Völkermord in Ruanda einen Namen gemacht hatte. Wie der Titel – »The Memory Thief« – ankündigte, war er zum einen ebenfalls davon überzeugt, daß es sich bei »Bruchstücke« um eine Fälschung handelte, und zum anderen interessierten ihn zentral Fragen, die den Umgang mit der Vergangenheit betrafen. Auf der Ebene der Fakten erfuhr man bei ihm wenig Neues. Wichtiger waren ihm psychologische Aspekte, nicht nur im Hinblick auf das Individuum Wilkomirski, sondern auch auf seine Umwelt und die Gesellschaft. Er warf die in den Vereinigten Staaten häufig diskutierte Frage nach der Suggestivwirkung von Psychotherapien auf und beleuchtete ausführlich die Rolle Bernsteins. Dessen Haltung, den Entscheid über die historische Wahrheit letztlich dem Individuum zu überlassen, läßt nach Gourevitchs Ansicht die Shoah zur Glaubensfrage verkommen. Er zitierte im Bestreben, die Instrumentalisierung der Shoah einer Kritik zu unterziehen, den rumänisch-jüdischen Schriftsteller Norman Manea: »Der Holocaust ist ein ungeheures Geschehen, so daß es unvermeidlich zur Trivialisierung, Kommerzialisierung, falschen Erinnerung und zum Auftritt von Betrügern kommt. Da müssen wir Grenzen setzen.« Gourevitch selbst beschäftigte, was das Phänomen Wilkomirski über den gesellschaftlichen Umgang mit der Vergangenheit aussagt: »Nachdem ich mehr als sechs Monate den Unfug studiert habe, der Wilkomirskis Phantasien und Verdunkelungen entsprungen ist, gilt meine Niedergeschlagenheit und große Sorge mehr der Kultur, die ihn zum Apostel der Erinnerung erhoben hat, als dem Mann selbst, für wen auch immer er sich halten mag.«[36]

Lea Balints bedingungsloser Glaube

Nach Gourevitchs Artikel schrieb Lea Balint einen Brief an den »New Yorker«, in dem sie Wilkomirski verteidigte und den Medien einen leichtfertigen Umgang mit der Wahrheit vorwarf. Sie wiederholte ihre bekannten Argumente, neu war jedoch ein Hinweis »auf die Überlebende von Auschwitz, die Wilkomirski mit Gewißheit als ein Kind identifizierte, das mit ihr zusammen in dem Block von Dr. Mengele und wie sie ein Opfer dessen medizinischer Experimente war«. Obwohl sie keinen Namen nannte, konnte es sich hier nur um Laura Grabowski handeln, die sich seit den Recherchen der CBS irgendwo versteckt hielt. So warf Balint den Medien auch vor, sie würden den Überlebenden, die für Wilkomirski aussagen könnten, Angst vor ähnlichen Attacken einflößen und sie ins Verbergen und Verstummen treiben. Sie schloß ihr Schreiben mit den Sätzen: »»Selbst wenn nur eine geringe Möglichkeit besteht, daß Wilkomirskis Geschichte wahr ist, haben wir die moralische Verpflichtung, zu verhindern, daß er einen zweiten Holocaust erfährt und wieder dem Gefühl ausgesetzt ist, das seine Lebenserinnerungen durchzieht: des Wirkens ungeheurer Kräfte, die er nicht verstehen kann. Die achtlose, häßliche und unmenschliche Behandlung, die ihm widerfahren ist, muß aufhören. Solange noch zusätzliche Beweise für die Wahrheit seiner Geschichte entdeckt werden können, muß gelten: im Zweifel für den Angeklagten. Es wäre möglich, daß er sich irgendwann an seinen richtigen Namen erinnert, was zu einer erneuten Archiv-Recherche führen würde, wie es bei anderen Kindern ohne Identität der Fall war. Oder es wird sich vielleicht, wie seinerzeit bei Dreyfus, ein Émile Zola des 20. Jahrhunderts zu Wort melden und seine Unschuld ans Licht bringen.«[37]

Lea Balint ist die engagierteste unter den Verteidigern, die Wilkomirski geblieben sind, und eine der wenigen, die sich noch öffentlich zu ihm äußern. Wie sie auch in ihrer Stellungnahme gegenüber Suhrkamp – wenige Tage nach Ganzfrieds erstem Artikel – schreibt, setzt sie sich seit 1991 für Kinder-Überlebende ein und leitet die im Januar 1995 eingerichtete Abteilung »Kinder ohne Identität« im Ghetto-Fighters House in Israel. »Im Rahmen meiner Arbeit für die Abteilung habe ich eine Datenbank aufgebaut, die Informationen zu 2400 Waisen enthält, welche von den verschiedenen jüdischen Hilfsorganisationen nach dem Krieg gefunden wurden. Es handelt sich um die einzige Datenbank der Welt, welche zum Ziel hat, denjenigen Überlebenden zu helfen, die sich nicht an ihre Vergangenheit erinnern können, weil sie während des Krieges Kinder waren und ihre Eltern verloren haben.«[38]

Viele Überlebende könnten auch erst nach 50 Jahren erzählen, betont Balint, als ich sie im Juli 1999 zu einem Gespräch in Zürich treffe. »Ich sage immer, man muß all diese unglaublichen Geschehnisse glauben. Sogar Professor Friedländer sagt: Jedes Zeugnis ist Geschichte. Jedes Zeugnis; denn für diejenigen, die dort waren, gibt es keinen Grund zu lügen.«[39] Balint selbst hat Geschichte und Literatur studiert (Master Degree), sich aber ebenfalls lange vom Holocaust ferngehalten. Erst 1991 – etwa gleichzeitig mit Wilkomirski, meint sie – fing sie an zu recherchieren. Daneben führt sie heute das Büro ihres verstorbenen Mannes, das sich mit Wiedergutmachungen für Überlebende des Holocaust befaßt.

Durch ihre historischen Forschungen lernte sie auch Wilkomirski und Bernstein kennen. Sie nahm Ende November 1993 im Moschaw Ein Iron an einem Treffen von Überlebenden teil, die nach dem Krieg in Lodz in einem zionistischen Kinderheim gelebt hatten. Ein bärtiger Mann tauchte zusammen mit einem verwirrt wirkenden und des Hebräischen unkundigen Begleiter auf und fragte die Versammelten, ob jemand seinem Freund Bruno helfen könne, der in einem Krakauer Kinderheim gewesen sei. Balint ging zu ihnen und erklärte, sie seien am falschen Ort. Diese Leute hier seien von Zionisten betreut worden, das Heim in Krakau habe hingegen einer kommunistischen Organisation gehört.

Wenig später vereinbarte Balint mit Vered Berman vom israelischen Fernsehen eine Zusammenarbeit, aus der sich dann »Wandas Liste« ergab. Bevor sie nach Polen ging, um für dieses Projekt zu recherchieren, fragte sie Wilkomirski: »Möchtest du bei unserem Film mitmachen? Dadurch wird dich vielleicht jemand finden.« Er sagte zu. »Vielleicht erkennt mich jemand in Israel.« Als Balint bald darauf im Jüdisch-Historischen Institut von Warschau arbeitete, fand sie Spuren zu den Erzählungen, die sie bereits von ihm gehört hatte: die Adressen an der Miodowa-, Długa- und Augustiańskastraße sowie den Namen Karola.

Balint sagt mir, sie habe selbst nie nach Beweisen für Wilkomirskis Geschichte gesucht, da sie ihm immer geglaubt habe. Ich frage sie, ob sie nach dem Gespräch mit Sparr und Koralnik im Jahre 1995 weiter recherchiert habe. »Höchstens zufällig. Ich begann damit, als Ganzfried Wilkomirskis Geschichte bestritt. Da wollte ich wissen, wie ist das möglich. Hatte ich mich geirrt? Es ist unmöglich, für mich war dies unmöglich. All seine psychischen Reaktionen sind genau die Reaktionen von Kindern mit verlorener Identität: Diese Angst, die er hat; dieses Mißtrauen gegen Leute, daß sie wie Nazis sind; die Suche, bei der er etwas wissen will und dann zurückschreckt, monatelang ist er untätig, dann versucht er erneut etwas herauszufinden – dies alles ist typisch für Kinder ohne Identität.« »Können Sie mir beschreiben«, frage ich, »wie Sie zum Gefühl kamen, alles sei eindeutig und ohne Zweifel?« »Dies ist kein Gefühl, dies sind Fakten«, korrigiert sie mich. »Welche Fakten geben Ihnen diese Sicherheit?« – »Beispielsweise, daß er zum Treffen der Überlebenden von Lodz statt von Krakau kam. Als Historiker wüßte er genau, daß er sich diese weite Reise hätte ersparen können. Alles, was ihm früher geschah, war ihm so klar, daß ich nie einen Zweifel hatte. Er hatte für alles eine Antwort. Ich zeigte ihm viele Fotos. Nie sagte er, ich bin auf diesem Foto. Nie sagte er, ich erinnere mich an diese Person. Und seine Reaktionen auf den Namen Karola und auf das Bild in der Zeitung waren so echt.« Einmal habe sie ihn gebeten, ihr den Film von dem Besuch in Majdanek zu zeigen. »Ich befand mich in der Küche. Er schob das Videoband ein und – er sah mich nicht – begann zu zittern, als er die Bilder anschaute, wo er gewesen war.« Sie hörte ihn sagen: ›»Wenn ich in meine Heimat komme, ist dies für mich, wie wenn ich in meine Kindheit zurückkehre.‹ Er war allein, und ich war in der Küche.

Ich sah ihn zittern. Ich brachte ihm Wasser, und er zitterte so« (sie imitiert sein Zittern). »Verstehe ich richtig?« frage ich. »Es waren Wilkomirskis Reaktionen, die Sie so sicher machten?« – »Eines der Dinge, die mich sicher machten, war sein Verhalten.«

Balint beklagt sich über die Journalisten, die so sicher seien, daß Wilkomirski lüge. »Wissen Sie, welches Leiden ein solcher Mensch durchgemacht haben könnte? Und jetzt kommt er in einen neuen Holocaust. Wir haben ein Menschenleben in den Händen. Nachher begeht er vielleicht Selbstmord, wie Primo Levi und all die anderen. Diese Menschen sind doch so zerbrechlich.« Sie malt mir die Situation eines Mannes aus, der zuerst den Respekt aller genießt und seiner Vergangenheit und Zukunft gewiß ist. Auf einen Schlag wird er zu einem Niemand erniedrigt, alle sind gegen ihn, und keine Dokumente, keine Erinnerungen, keine Zeugen sprechen für ihn.

Es beeindruckt mich, wie bedingungslos sie noch immer von Wilkomirskis Geschichte überzeugt ist und ihn mit fast grenzenloser Empathie verteidigt. Zum Schluß rät sie mir, vorsichtig zu sein. Solange es keinen DNA-Test gebe, finde man zu jeder Antwort auch ihre Widerlegung. Einige Zeit nach unserem Treffen schreibt sie mir einen Brief, der folgendermaßen endet: »Vor einer Woche trafen sich Herr Wilkomirski, Dr. Bernstein und ich bei dem Historiker Herr Dr. Nachum Bogner. Zu unserer großen Überraschung fanden wir in den Kinderlisten, welche sich bei Herrn Bogner befinden, den Namen eines Kindes namens Andrzej. Schon im Jahre 1945 wußte dieses Kind nichts anderes als diesen Namen, nicht einmal seinen Familiennamen. Herr Wilkomirski – und ich glaube auch Laura – glaubt schon seit 1945, daß dies sein Name ist. Zum erstenmal stieß ich auf diesen Namen in den Listen der geretteten Kinder aus Polen. Herr Wilkomirski bekam eine Kopie dieses Dokuments. Ich hoffe, daß Ihr Gefühl für Gerechtigkeit und Ihre Vorsicht Sie bei Ihrer Arbeit leiten werden. Wir beide, Sie und ich, suchen schlußendlich nur die Wahrheit, und diese werden wir nicht in historischen Dokumenten finden, sondern in den medizinischen Labors. Ich werde mich nicht mehr weiter mit dem Wilkomirski-Case beschäftigen.«[40]

Gegen den Mahlstrom des Zweifels – der ORTHO-Preis

Obwohl eindeutige und öffentlich einsehbare Beweise fehlten, erschienen Ganzfrieds Enthüllungen vielen plausibel, und nach der CBS-Sendung vom Februar 1999 wurden Stellungnahmen, die für Wilkomirski Partei ergriffen, selten. Um so erstaunter nahm die Öffentlichkeit einen Akt zur Kenntnis, der beim Jahrestreffen der American Orthopsychiatric Association (ORTHO) – einer interdisziplinären Organisation von Fachleuten, die sich für die psychische Gesundheit von Kindern und Erwachsenen einsetzen – zelebriert wurde. Am 10. April 1999 verlieh die ORTHO nämlich in Arlington, Virginia, zum siebten Mal den Hayman Award for Holocaust and genocide study, und zwar an Binjamin Wilkomirski – »als Anerkennung für seine Schriften und seine Zusammenarbeit mit Klinikern, durch die er das Verstehen von Völkermord und Holocaust gefördert hat«.[41]

Zusammen mit seiner Frau Tsipora war Harvey Peskin einer der drei Personen, die die Auszeichnung dem ORTHO-Vorstand vorgeschlagen hatten. Der Psychoanalytiker und emeritierte Professor der Universität Berkeley gehörte selbst dem Gremium an und verteidigte Wilkomirski mehrfach auch öffentlich. Seine Hochschätzung für jenen ging so weit, daß er ihn in einem Atemzug mit Jean Améry, Paul Celan und Primo Levi nannte.[42] Unmittelbar vor der Preisverleihung schrieb er einen langen Brief an Carol Brown Janeway, die Übersetzerin der englischsprachigen Ausgabe von »Bruchstücke«, in dem er eine Lanze für den angegriffenen Autor brach. Sein Text ist nicht die offizielle Laudatio, aber er enthält in repräsentativer Weise die wichtigsten Argumente, die die Verteidiger des Angegriffenen ins Feld führten.[43]

Zum einen wiederholt er die bekannten Argumente und Aussagen, die schon andere vorgebracht hatten (hauptsächlich die Zeugnisse von Balint, Löwinger und Genislav, die angeblich vergleichbaren Vertauschungen von Zigeunerkindern durch das Hilfswerk Pro Juventute usw.). Zum anderen, und dies ist sein eigentliches Anliegen, sieht er in der kritischen Behandlung Wilkomirskis durch die Medien die Wiederholung einer altbekannten Erfahrung von Holocaust-Kindern: »In Wilkomirskis Scheitern, unwiderlegbar seine eigene Unschuld zu beweisen, wiederholt sich die Tragödie vieler Kinder-Überlebender, (...) deren rechtmäßige Ansprüche auf Wiedergutmachung zurückgewiesen werden, weil sie keine unanfechtbaren Beweise für ihr Leiden im Holocaust vorlegen können.« Peskin erinnert daran, wie schädlich sich auf einen Überlebenden auswirke, wenn man ihm keinen Glauben schenkt, und daß das Fehlen von Zeugen dieses Unrecht noch verschärfe. »Statt den noch höheren Preis zu riskieren, daß ihm nicht geglaubt wird, zieht er sich eher zurück und verbannt seine Erinnerung an das Erlittene selbst. Nirgendwo sonst ist Hitlers Plan, keine Zeugen des Holocaust zu hinterlassen, seiner Realisierung näher gekommen als in der Abspaltung der Jüngsten von ihrer eigenen Erfahrung.«

Peskin betrachtet die Preisverleihung in erster Linie als Demonstration gegen den »Mahlstrom des Zweifels«, der die Überlebenden in angstvolles Schweigen treibe. Keinen Glauben finden heiße, erneut gejagt zu werden. In dieser Situation setze die ORTHO mit ihrem Preis ein Zeichen: »Indem sie bei einer Person würdigt, wie unsicher die Identität eines Kinder-Überlebenden ist, anerkennt sie die unvollständigen Erinnerungen vieler. Die übliche Ausgrenzung fragmentarischer, verborgener und einsamer Erinnerung hat das Vergessen begünstigt. Vielleicht gibt das jetzt einigen eine größere Sicherheit, sich zu erinnern.« Der Preis soll zudem Wilkomirski dafür auszeichnen, daß er das »Interesse für traumatische Erinnerungen« gefördert habe. »Im besonderen ehrt der Preis auch Wilkomirski als Historiker in seiner Zusammenarbeit mit Dr. Elitsur Bernstein, einem klinischen Psychologen aus Israel. Auf der Grundlage ihrer innovativen Konzepte helfen sie vielen Kinder-Überlebenden, ein Gefühl persönlicher Identität wiederzuerlangen, indem sie ihre bruchstückhaften Erinnerungen historisch verifizieren. (...) Der ORTHO-Preis würdigt somit den Erinnernden und den Heilenden und seine Reise vom einen zum andern.«

Vor der Preisverleihung rief die Geschäftsführerin der ORTHO Lawrence Langer an und besprach mit ihm die Absicht der Organisation, Wilkomirski auszuzeichnen. Der Literaturprofessor riet entschieden von einem solchen Vorhaben ab, da er »Bruchstücke« von Anfang an als Fiktion angesehen hatte. Einer der Gründe für seine Skepsis war, daß er bei der Lektüre sofort an Kosinskis Buch »Der bemalte Vogel« denken mußte, mit dem er sich intensiv befaßt hatte. Kosinski habe ihm in einem Interview 1968 erzählt, daß »seine Erfahrungen während des Krieges sogar schlimmer gewesen seien als das, was dem Jungen in ›Der bemalte Vogel‹ geschah. Wie sich herausstellte, hat er gelogen. In den Kriegsjahren hielt er sich mit seinen Eltern in Polen versteckt. Er erzählte auch mehreren Leuten, einschließlich Elie Wiesel, daß er nicht jüdisch sei – eine weitere Lüge. So kam mir bei der Lektüre von Wilkomirskis Text nie der Gedanke, daß er etwas anderes als Fiktion sein könnte.« Es war nicht nur die Erinnerung an Kosinski, die Langer kritisch machte. Er hatte mit vielen Überlebenden gesprochen, Hunderte von Videointerviews mit Zeitzeugen untersucht und ein Buch über Holocaust-Zeugnisse geschrieben. »Niemand, der zu dieser Zeit ein kleines Kind war, hatte mehr als ein paar konfuse Erinnerungen, keine waren so lebendig wie die von Wilkomirski präsentierten. Viele Episoden in ›Bruchstücke‹ haben eine eindringliche Wirkung als imaginierte Erfahrung, aber nicht als reale Erinnerung.« Die ORTHO ließ sich jedoch trotz Langers begründeten Zweifeln nicht von ihren Plänen abbringen.[44]

Die Preisverleihung in Arlington war der erste öffentliche Auftritt Wilkomirskis in den Vereinigten Staaten, seitdem er von Ganzfried angegriffen worden war. Um ihn abzuschirmen, verweigerten die Organisatoren Fernsehteams den Einlaß in den Hotelsaal, wo die Zeremonie stattfand. Die Redner wollten und konnten die weltweiten Diskussionen dennoch nicht ignorieren. Richard Ruth, der neben dem Ehepaar Peskin der dritte gewesen war, welcher der ORTHO Wilkomirski als Preisträger vorgeschlagen hatte, verglich »Bruchstücke« in seiner Einleitung mit »den Sklavenerzählungen aus einer früheren Zeit, der Wahrheit, die sie offenbarten, und den Kontroversen und Kritiken, die sie hervorriefen«. Der Dekorierte persönlich las eine E-Mail-Gratulation von Lea Balint vor: »Du verdienst diesen Preis, besonders angesichts der Angriffe und Verunglimpfung, die einzig darauf abzielen, diejenigen zum Schweigen zu bringen, die als Kinder im Holocaust gelitten haben.«[45]

Wilkomirski machte in seiner Dankesrede zuerst allgemeine Ausführungen über den Zusammenhang zwischen »Erinnerung, Sprache und Identität«.[46] Da wir nur diejenigen Dinge sprachlich ausdrücken könnten, die im kollektiven Gedächtnis vorkommen, sei Sprache (speech) immer Erinnerungsarbeit (memory-work). »Eine Sprache, die unsere gemeinsamen Erfahrungen und Erinnerungen wiedergibt, erlaubt uns, unser Gefühl der Identität als Individuen, als Volk oder Nation und als sozio-kulturelle Gemeinschaft zu entwickeln.« Nachdem er die Bedeutung der Anerkennung für jede kollektive Identität unterstrichen hat, erläutert er die analoge Situation des Individuums. Dessen Identität wurzle in der Erfahrung gemeinsam geteilter Sprache in der Familie und in der Gesellschaft. »Aber es gibt Menschen«, fährt er fort, »die in ihrer Kindheit weder eine anerkannte individuelle Identität noch ein Gefühl der Zugehörigkeit zu einer größeren sozialen Gemeinschaft entwickeln konnten. Dies geschieht, wenn Kinder brutal aus ihrem sozio-kulturellen Milieu herausgerissen werden. Sie wachsen mit Erfahrungen und entsprechenden Erinnerungen auf, die dem Bewußtsein und Horizont der Gesellschaft, in der sie später leben, völlig fremd sind.« Dies verursache bei diesen Menschen das konstante Gefühl, in ihrer Identität und Existenz gefährdet zu sein. »Die meisten von ihnen spüren, daß sie in dieser feindseligen Welt nur überleben können, wenn sie ihre Erinnerungen unterdrücken, verfälschen und verbergen. (...) Sie werden von einer Gesellschaft zum Schweigen verurteilt, die ihrer Sprache Beachtung und Anerkennung verweigert. Ich sage dies im Hinblick auf jene Menschen, die als kleine Kinder in die Todesmaschinerie der Shoah geworfen wurden und wie durch ein Wunder überlebten. Die Sprache von Kinder-Überlebenden nicht zu akzeptieren und anzuerkennen bedeutet, ihre wahre Persönlichkeit zu leugnen, und letztlich, ihre Identität zu vernichten. Aber die Vernichtung der Identität bedeutet auch die Zerstörung einer Persönlichkeit und ist damit eine unmittelbare Bedrohung ihrer seelischen wie körperlichen Existenz.«

Seinen abstrakten Ausführungen über die desaströsen Folgen verweigerter Anerkennung quasi ein Gesicht gebend, beschreibt Wilkomirski anschließend dem Publikum die Geschichte von Sabina Rapaport, die ihn vor zwei Jahren um Hilfe gebeten hatte. Er erklärt, wie man ihr in der Schweiz die amtlichen Dokumente eines anderen Kindes gab, ihr dann ihre Erinnerungen verbot und sagte, sie träume, lüge, sei verrückt – »dies alles nur, weil sie reguläre und einwandfreie Schweizer Papiere hatte«. Erst Jahrzehnte später brachte ein Psychologe sie dazu, ihrer Erinnerung zu vertrauen. »Er vermochte eine Atmosphäre der Sicherheit zu schaffen, die es ihr ermöglichte, auszusprechen, was sie von jeher gewußt hatte, aber immer verbergen mußte.«

Wilkomirski erklärt, als sie ihn um Hilfe angegangen sei, habe sie sich an den Namen Theresienstadt und das Kosewort Zizi, mit dem man sie gerufen habe, außerdem an eine fünf bis sechs Jahre ältere Schwester mit dem Namen Rivka erinnert. Aber sie kannte weder ihren Familiennamen noch ihr Heimatland, nicht einmal ihrer Muttersprache war sie sich sicher. Er beschreibt, wie er diese herausfand: Bei einem ihrer ersten Telefongespräche erzählte ihm Sabina einen oftmals wiederkehrenden Alptraum: »Sie stand mitten auf einer Straße in einem Lager und sah viele Kinder auf sich zukommen. Die in der vorderen Reihe trugen ein Banner mit den Initialen EEM. Als sie es sah, begann sie zu weinen, dann wachte sie auf. Sabina erzählte mir, daß ihr erster Gedanke war: ›Diese Initialen stehen für die französischen Worte: Elle Est Morte‹, das heißt: Sie ist tot, was für sie bedeutete: ›Meine Mutter ist tot!‹ Ich riet ihr, jemanden, der mehrere Sprachen beherrscht, um die verschiedenen Übersetzungen von ›Sie ist tot‹ zu bitten und mit geschlossenen Augen zuzuhören. Ich dachte, sie würde vielleicht den Klang einer Sprache wiedererkennen. Wie sich herausstellte, bewirkte dieser Satz in allen osteuropäischen Sprachen nicht das geringste, aber wann immer er auf französisch gesprochen wurde, stieg ihr Puls, und ihr brach der Schweiß aus. Dies veranlaßte uns, unsere Recherche nach historischen Ereignissen, die mit ihren Erinnerungen übereinstimmten, auf französischsprachige Länder auszudehnen.«

Vorher schon, erklärt Wilkomirski, habe er ihre Erinnerung an Theresienstadt überprüft. Sie erinnerte sich an die Zeichen L 4 1 4 beim Eingang des Hauses, wo sie gewohnt hatte. Wilkomirski zeigt dem Auditorium in Arlington mit dem Tageslichtprojektor einen Plan von Theresienstadt und erklärt, was er herausgefunden hat: L 4 war eine Straßenbezeichnung, und die Nummer 14 war das Mädchenhaus. Er visualisiert die weiteren Schritte der Recherche. Sabina hatte ihre Erinnerung an weiße Häuser mit auffällig schmalen Türen und Pfählen zwischen den Häusern in Zeichnungen festgehalten. Zwischen die Häuser schrieb sie »Durst. Heiß! Trokken, sandiger Boden, viel Wind«. Dies waren offensichtlich keine Erinnerungen an Theresienstadt mit seinem feuchtkalten Klima. Nach halbjähriger Suche fanden sie ein Foto des südfranzösischen Lagers Rivesaltes, das Wilkomirski ebenfalls zeigt; man sieht weiße Häuser mit schmalen, hohen Eingangstüren und Telefonmasten vor den Häusern. Er legt Sabinas Zeichnung neben das Foto. Selbst der sandige Boden, die Ziegeldächer, Fenster und die Ausrichtung der Häuser gleichen sich. Sabina war in Rivesaltes.

Den Familiennamen entdeckte er dank einer Schulerinnerung Sabinas, erklärt Wilkomirski. Immer wenn sie unglücklich oder in Schwierigkeiten gewesen sei, habe sie für sich ganz schnell die Silben »rababorababorababor« wiederholt, und es sei ihr sogleich besser gegangen. »Weißt du«, habe er gesagt, »Rapaport ist ein bekannter jüdischer Name! Wenn dieses Wort dir ein gutes Gefühl gegeben hat, sogar ein Gefühl der Sicherheit, könnte es dein richtiger Name sein, vielleicht hast du deinen Familiennamen gefunden!«

Da Sabina sich erinnerte, von Rivesaltes, und zwar in der heißen Jahreszeit, abtransportiert worden zu sein, schaute er in den Klarsfeld-Listen nach, wo alle Deportationen verzeichnet sind. Auf der Liste, die er präsentiert, sind zwölf Rapaports untereinander aufgeführt, dahinter jeweils die Nummer 72. Es handelt sich um eine große Familie, die im Frühsommer 1944 mit dem Transport 72 deportiert worden ist. Unter den Namen fand Wilkomirski eine Sabina Rapaport, Jahrgang 1939. Dies konnte Zizi sein – sie wußte nun ihren richtigen Vornamen und ihren Geburtsort, Bielitz in Polen. Auf der gleichen Liste fand er auch eine Rivka Rapaport, sechs Jahre älter als Sabina: die ältere Schwester, an die sich Zizi erinnerte. »Nun war ich überzeugt, daß wir konkrete Spuren ihrer Familie gefunden hatten und ›Rapaport‹ ihr wirklicher Familienname war. Es ist interessant zu sehen, wie ein Kindergedächtnis funktioniert: Zu jener Zeit war es gefährlich, einem Kind zu erzählen, daß es jüdisch war, aber dennoch war es notwendig, sich irgendwie an seinen ursprünglichen Namen zu erinnern. So bewahrte ihn das Kind als ›Zauberwort‹ im Gedächtnis. Auf diese Weise wäre es nie versucht, ihn einem möglichen Feind zu offenbaren. Heute ist Sabina eine ausgeglichene, realistisch denkende und sprechende Person. Und zum ersten Mal in ihrem Leben hat sie das Gefühl, in sich zu ruhen. Sie bat mich, die Nachforschungen an diesem Punkt zu beenden. Sie möchte jetzt das Gefühl ihrer wiedergewonnenen Identität genießen. (...) Die Auszeichnung, die Sie mir heute verliehen haben, ermutigt mich, meine Zusammenarbeit mit Therapeuten fortzusetzen, um Menschen wie Sabina zu helfen, trotz der vielen Hindernisse, auf die ich in den letzten Monaten gestoßen bin.« Das Publikum antwortete auf die Heilungsgeschichte mit einer Standing ovation.[47]

Als Peskin Wilkomirskis Übersetzerin Carol Brown Janeway die Hintergründe der Preisverleihung erklärte, wußte er bereits, daß nun ein Historiker mit der Aufklärung des Falles beauftragt werden sollte. Genau dies bereitete Peskin Sorge: »Bis jetzt haben Historiker die Suche nach Beweisen für Wilkomirskis Schuld dominiert, ohne Experten für Traumata und traumatische Erinnerung zu konsultieren. Ich befürchte, daß eine nur einem Historiker anvertraute Untersuchung den Grundfehler wiederholt, den dokumentarischen Nachweis zu privilegieren. Dabei leiden so viele Kinder-Überlebende, nicht zuletzt Wilkomirski, gerade unter dem doppelten Manko, daß Dokumente in der Regel gefälscht worden sind und keine Zeugen mehr existieren, die Erinnerungen verifizieren könnten. Eine Überprüfung, die sich nur auf das dokumentarisch Belegbare stützt, wird erneut die Erinnerung marginalisieren. Ich denke, der Verleger wird unwillkürlich ein Risiko eingehen, wenn der Historiker im Alleingang, d. h. ohne die Mitwirkung von Trauma-Experten, arbeitet.« In diesem Brief schlägt Peskin also vor, die mit dem ORTHO-Preis ausgezeichnete Methode von Wilkomirski und Bernstein zu adaptieren und auf ihren eigenen Erfinder anzuwenden.

Als Historiker, der sich seit längerem mit der Shoah befaßt, weiß ich natürlich, daß das Trauma auf individueller wie kollektiver Ebene den Kern jenes Jahrhundertverbrechens ausmacht. Begegnungen mit traumatisierten Menschen gehören zu meinen nachhaltigsten Erlebnissen. Als wesentlichstes Merkmal eines individuellen Traumas erachte ich den Umstand, daß eine vergangene Erfahrung die Gegenwart eines Menschen besetzt, als würde sie nie vergehen.[48] Ein sprachloser Terror, der mit Bildern, Gefühlen und Empfindungen den Alltag überwältigt und sich der Ordnung des Erzählens mit Anfang, Mitte und Ende verweigert. Dies Unverstandene und Unverständliche ist das eigentliche Grundcharakteristikum des Traumas. Eine Erfahrung entzieht sich im Moment des Geschehens und in der Nachträglichkeit dem Verstand und zeigt uns nur ihre Symptome, für die jede Sprache fehlt. Sich mit den Symptomen einer Traumatisierung auseinanderzusetzen heißt, sich mit dem Unzugänglichen, dem Unverstehbaren einer Geschichte zu konfrontieren. Es ist ein fundamentaler Unterschied, ob man das Symptom eines vergangenen Ereignisses als seine getreue Repräsentation oder als Ausdruck seiner subjektiven Unverständlichkeit auffaßt. Traumatische Erinnerungen ernst nehmen heißt, das Evozierte als Erinnerungen an ein Sich-Entziehendes und keineswegs als umstandslos lesbares Abbild der Vergangenheit zu begreifen. Die authentische Erinnerung an ein Trauma ist eine nicht mögliche Erzählung. Vorausgesetzt, Wilkomirski hat traumatische Erinnerungen (und als Arbeitshypothese gehe ich davon aus), kann ich als Historiker nur eines tun: die Umstände untersuchen, die ihn so traumatisierten, daß er sie nicht verstand und heute nicht vollständig erzählen kann. Dabei dienen der Arbeit eines Historikers der Zeitgeschichte natürlich nicht nur Akten – wie Peskin mit seiner simplen Gegenüberstellung von Dokumenten und Gedächtnis nahelegt –, sondern ebenso die vorhandenen und fehlenden Erinnerungen von Zeitzeugen, diejenigen Wilkomirskis eingeschlossen.

Der Biographie auf der Spur – historische Recherchen

Der Schiffer von Riga

In seinen Vorträgen und persönlichen Gesprächen erzählt Wilkomirski, wie der Historiker Marģers Vestermanis die Erzählung seiner Flucht aus Riga in wesentlichen Punkten bestätigt habe, als er ihn im August 1994 zusammen mit Piller und Bernstein in Lettland besuchte. Im Mai 1999 nehme ich brieflich Kontakt mit Vestermanis auf. Er antwortet, daß er die »Hetze« gegen den Autor eines »guten Buches aufs schärfste verurteile« und Wilkomirski »als interessierter Leser und Survivor zu seinem Werk beglückwünsche. Ich bin der Ansicht, daß jeder Autor das Recht auf eine Ich-Form hat, auch auf eine Mystifizierung seiner Identität.« Gleichzeitig denke er aber, daß »einige Einzelheiten seiner Riga-Erinnerungen nicht ganz präzise sind«.[1]

Vestermanis erinnert sich, wie etwa Mitte der neunziger Jahre zwei Herren bei ihm auftauchten: »Der eine, höhere von Wuchs, sagte, er sei ein Psychiater aus Israel, er sprach übrigens ein akzentfreies Deutsch, der andere sprach kaum, verhielt sich irgendwie scheu, unsicher. Die erste Frage war, ob ich glaube, daß ein zwei- bis dreijähriges Kind sich an eine Getto- und Lagervergangenheit erinnern könne. Ich bejahte: man kann sich nicht an die Zusammenhänge erinnern, aber an einzelne Episoden, gewöhnlich bleiben sie als Bruchstücke, Visionen, ›Blitzlichter‹ im Gedächtnis, auch wenn sie vom später Erlebten überlagert werden. Der Psychiater sagte daraufhin, daß das beim zweiten Besucher der Fall wäre. Das schien mir interessant, und meine anfängliche Zurückhaltung wich einem lockeren Gesprächston.«

Sie sprachen unter anderem darüber, wie Wilkomirski aus Riga geflüchtet war. »Eine Rettung per Schiff ist sehr unglaubhaft«, schreibt Vestermanis, »obschon man ja natürlich nichts ausschließen kann. Wohin hätte man im Winter 41 per Schiff fahren können? Die Ausfahrt aus der Düna in den Rigaschen Meerbusen war hermetisch abgeriegelt. Theoretisch hätte man stromaufwärts fahren können, aber alle Städte auf dem lettischen Territorium waren schon ›judenfrei‹. Weiter stromaufwärts gelangte man nach Bjelorussija/Weißrußland, zu den Städten Polozk und Witebsk, wo es noch Juden in Gettos gab. Für solch eine lange Fahrt benötigte man nicht nur arische Dokumente, sondern auch verschiedene ›Passierscheine‹ der deutschen Okkupationsbehörden. Aus Weißrußland hätten die Wilkomirskis (bei arischem Aussehen und sehr guten Dokumenten) nach Polen, Kraków, gelangen können. Bei meinen Holocaust-Forschungen und meiner jetzt laufenden Arbeit an einem Buch über Rettungsgeschichten, in denen auch ganz phantastische Fälle vorkommen, ist nichts unmöglich, trotzdem ist aber diese Variante kaum zu glauben.«

Als Argument für die Glaubwürdigkeit seiner Flucht erwähnt Wilkomirski das historisch belegte Beispiel eines Schiffers, der Menschen über den Fluß Düna in Sicherheit brachte. »Die Version der Rettungsaktion durch einen lettischen Fischer ist ein absolutes Mißverständnis«, korrigiert ihn Vestermanis. »Ich erinnere mich genau, daß ich den Herren die Geschichte von Žanis Lipke erzählte, einem *ehemaligen Hafenarbeiter*, der über 50 Juden das Leben rettete – aber in Verstecken in Riga und auf dem flachen Land bei Dobele.« Als Wilkomirski und Bernstein trotzdem auf der Flucht per Schiff bestanden hätten, habe er ihnen erklärt, die Gestapo habe mehrfach Menschen mit der Information getäuscht, es gäbe Möglichkeiten, mit Booten nach Schweden zu flüchten. »(D)ie in den Hafen gelockten Leute wurden aber alle dort verhaftet.«[2]

Wilkomirski referiert eine angebliche Vermutung Vestermanis', der kleine Binjamin sei wegen des Schneefalls in jener Nacht durchnäßt gewesen, darum habe er am Hafen so fürchterlich gefroren.

Vestermanis bestreitet jedoch, von Schneefall gesprochen zu haben: »Es war Kahlfrost bei Sonnenschein. Das werden auch andere Überlebende aus dem Getto Riga bestätigen.«³

Der Flucht war eine Razzia vorausgegangen; Wilkomirski erinnert sich noch an den Ruf »Achtung lettische Miliz!«. Bereits der Historiker Hilberg hielt diese Erinnerung für historisch unmöglich. »Die Bezeichnung ›lettische Miliz‹ wurde bei uns nie gebraucht«, schreibt nun auch der Rigaer Historiker und Zeitzeuge. »Der Begriff ›Miliz‹ wurde in Lettland in breiteren Kreisen erst durch den sowjetischen Einmarsch von 1940 bekannt als Bezeichnung der sowjetischen Polizei: Polizist = Milizionär. Raul Hilberg hat hundert Prozent recht – man nannte allgemein die lettischen Kollaborateure, die lettische ›Hilfspolizei‹, ›Bendeldikke‹ nach ihrer grünen Armbinde zu der Militärkleidung der Vorkriegszeit.«

Wilkomirski fand 1994 nicht nur das Haus an der Iela Katolu wieder, in dem sich – wie er Vestermanis zitiert – ein jüdischer Unterstützungsverein befunden haben soll, sondern er erinnert sich sogar an Kirchtürme und eine Bibliothek mit Uhr, die er, als höchstens Dreijähriger, von dort aus sehen konnte. Von einem solchen Verein weiß der lettische Historiker nichts, diese Behauptung sei »absoluter Unsinn«. Korrekt sei hingegen, daß in der Iela Katolu mehrere Kirchtürme zu sehen seien: »katholische und russisch-orthodoxe. Eine Bibliothek mit Uhr (!!) gab es dort natürlich nicht, ein dreijähriges Kind hätte ja auch von einer Bibliothek keine Notiz genommen.«⁴

Korrekt dürfte hingegen Wilkomirskis Erzählung sein, daß Vestermanis damals den Besuchern in einem Adreßbuch den Eintrag einer Familie Avraam Wilkomirski gezeigt habe, die in der Nähe der Iela Katolu wohnte. Vestermanis kann sich zwar nicht mehr daran erinnern, aber die Episode ist so in Bernsteins Tonbandprotokoll festgehalten. Zudem habe ich im Staatsarchiv von Riga ebenfalls einen Avraam gefunden, der sich Wolkomirski schrieb und bis Juli 1941 in Riga gelebt hatte.⁵

Die Ratten von Majdanek

Wilkomirski erzählt, seine Erinnerungen seien zum Teil ganz körperlich und affektiv: zum Beispiel wenn er das Überbein an seinem Hinterkopf betastet, das er mit dem Fußtritt eines Nazischergen verbindet, oder bei emotionalen Reminiszenzen, die ihn anläßlich von Prüfungen, Behördengängen oder Verkehrskontrollen in Panik ausbrechen lassen. Er schildert eine Attacke, die er mit seiner Lebensgefährtin erlebt hat:

»Vor einiger Zeit kamen wir von Israel zurück und wollten in Kloten in den Zug steigen. Es war etwas knapp, wir mußten uns beeilen. Meine Frau sagte zu mir. ›Komm schnell.‹ Da ging bei mir alles weg. Ich bekam eine riesige Panik und geriet völlig außer mich. Ich hatte das Gefühl, der letzte zu sein. Um mich herum glaubte ich zwar viele Menschen wahrzunehmen, ich war aber allein, fühlte mich klein, rund um mich herum Beine, die mich alle fast zertrampelten. Alles drängte in den Zug hinein, doch die Rampe war viel zu hoch für mich. Da hatte ich plötzlich ein Körpererinnerungsgefühl, das mir sagte, daß ich zehn Schritte Anlauf nehmen und eine Pirouette machen müsse und mit dem Schwung hinaufkäme. So schmiß ich meine beiden Koffer, die ich eigentlich gar nicht allein tragen konnte, in den Zug hinein und landete dann bäuchlings selbst drin. Ich war total aufgelöst. Meine Frau sagte mir später, der Bahnsteig sei ganz leer gewesen.«[6]

Wilkomirski beschreibt auch Zustände, die ihn an die Insektenplage im KZ erinnern. »Ich hatte Zeiten, wo ich Ausschläge auf der Haut bekam, die mich grauenhaft bissen. Ich kratzte mich nur noch die ganze Nacht und hatte das Gefühl, ich werde von Insekten aufgefressen, ich habe überall Läuse, ich habe überall Wanzen. Ich mußte Medikamente nehmen, um dies zu bändigen. Am schlimmsten war es in den Monaten vor und während der Tournee für das Holocaust-Museum. Ich spürte ständig Läuse, überall, wie sie in die Nase gehen, in die Augen, Ohren.«[7] Verena Piller schildert, wie er auch durch äußere Umstände in eine solche Verfassung gerät: »Im Frühling haben wir immer dreieckige Käfer; sie kommen aus dem Gebälk, in unserem Haus ist das normal. Sie kommen jeweils im Frühling, machen einen ganz komischen Lärm, prallen an die Scheiben und surren. Dann gerät er in eine absolute Panik und verläßt das Zimmer und ruft. Er ruft richtig um Hilfe.« Dies ist nicht bei allen Insekten so, nur bei den Käfern, die ihn an die Hundehütte von Majdanek erinnern. »Und er bringt es nicht fertig, in die Nähe zu gehen. Dann muß ich wirklich kommen und das Ungeziefer wegtun.« Es nützt gar nichts, ihm zu erklären, wie harmlos das ist.

Die Rattenplage im KZ habe bis heute die Folge, daß er nachts immer die Füße bewege, erzählt Piller. »Ich fragte ihn, warum machst du das, du bist immer so nervös. Er sagte, man dürfe nie so tief einschlafen, daß man nicht mehr die Füße bewegen könne, sonst fressen die Ratten daran. Das haben andere Kinder-Überlebende auch gesagt. Sie redeten von diesen Ratten, die einfach überall waren und vor denen vor allem die kleinen Kinder wahnsinnige Angst hatten. Es ist manchmal wahnsinnig schwierig, ihn zu wecken, damit er da herauskommt, denn er macht dies meistens in einem sehr tiefen Schlaf.«[8]

Verena Piller erzählte mir diese Beispiele auf meine Frage, was für sie am eindrücklichsten seine Erinnerungen bestätige. »Das sind Sachen, die einfach immer präsent sind, die man nicht vormachen und zu denen man nicht Theater spielen kann.«

Für Wilkomirski ist die Rattenphobie durch die Erfahrungen von Majdanek verursacht. Laut Tomasz Kranz von der Forschungsabteilung des dortigen Museums hat es in jenem KZ tatsächlich Läuse und Flöhe, jedoch keine Ratten gegeben. Man könne für Majdanek nicht die Existenz einzelner Ratten ausschließen, aber eine Rattenplage sei – im Gegensatz zu Birkenau – nicht belegt. Wilkomirski habe die Lager vielleicht verwechselt. Eine solche Verwechslung ist jedoch ausgeschlossen, da Wilkomirski mehrfach ausführlich erzählt, wie er durch seinen Freund Jankl gelernt habe, die Füße zur Abwehr der Ratten zu bewegen. Laut »Bruchstücke« war Jankl aber nur in Majdanek, wo er vor Wilkomirskis eigenen Augen verstarb.[9]

Außerdem erzählt Wilkomirski von seinen heutigen Augen- und Blutleiden sowie von einem gebrochenen Steißbein und führt dies auf medizinische Experimente zurück, die die Ärzte namens Fischer und König mit ihm angestellt hätten, nachdem er Ende 1944 nach Birkenau gekommen sei. Dr. Hans Wilhelm König war jedoch nur bis September 1944 in Birkenau tätig und Dr. Horst Fischer gar nur bis November 1943.

Ein Überbein am Hinterkopf hat übrigens auch einer von Wilkomirskis Söhnen.[10]

Krakau

Nach seiner Befreiung von Birkenau, erzählt Wilkomirski, lebte er in verschiedenen Waisenhäusern in Krakau. Er berichtet von Personen, an die er sich erinnere oder die er später wiedergetroffen habe, und außerdem von einem Pogrom, das Auslöser für seine Flucht in die Schweiz gewesen sei. Teilweise hat Elena Lappin diesen Teil seiner Erzählungen bereits recherchiert.[11]

In Krakau herrschten in der unmittelbaren Nachkriegszeit chaotische Verhältnisse, aber sie sind gleichwohl gut dokumentiert. Wer sich ein Bild machen will über das damalige Leben der jüdischen Kinder in dieser Stadt, kann beispielsweise das Jüdisch-Historische Institut von Warschau besuchen, das viele zeitgenössische Dokumente gesammelt hat, oder die Zeugnisse der Kinder lesen, die teilweise in Buchform publiziert sind. Vor allem aber gibt es zahlreiche Überlebende, die mündlich Auskunft geben können.

Bereits 1946 veröffentlichte Maria Hochberg-Mariańska die Aussagen von Kindern, die sie ab Anfang 1945 gesammelt hatte. Während der deutschen Okkupation Krakaus hatte Hochberg in der jüdischen Widerstandsbewegung Żegota geholfen, Kinder zu verstecken. Nach Kriegsende betreute sie die jüdischen Kinder, die zurückkehrten, aber verlassen und obdachlos waren. Hochbergs Organisation war das kommunistische Centralny Komitet

Żydowski C.K.Ż.P., zu dem die Heime an der Długa- und der Augustiańskastraße gehörten. Daneben kümmerten sich um diese Kinder auch die zionistische Koordynacja sowie die religiöse Kongregacja, die an der Miodowastraße ein Heim unterhielt.[12]

Zuerst kehrten Kinder aus den Lagern zurück, erzählt Hochberg, dann aus den Verstecken und schließlich diejenigen, die sich mit »arischen« Papieren geschützt hatten. Sie kamen wie Maulwürfe aus ihren Höhlen, sahen die Welt mit neuen Augen, waren wie alte Frauen und Männer, zugleich aber wie Neugeborene. Gewisse alltägliche Gegenstände sahen sie zum ersten Mal und mußten zuerst lernen, mit ihnen umzugehen. »Einige fürchteten sich vor einem Bett, Schrank, Stuhl, Teller oder Löffel. Es war schwer, erklärende Wörter für die Veränderung zu finden, die sie so erschreckte. Betäubt und geblendet durch ihre neue Umgebung, weinten sie oft hilflos und stießen die tröstenden Arme zurück. Sie verstanden dies alles nicht und wollten zu ihren Verstecken zurückkehren.« Mit der Zeit normalisierte sich vieles. Ein Teil der Kinder wurde in bewegenden Szenen von ihren aus den Lagern zurückkehrenden Müttern gefunden. Aber andere ahnten, daß sie niemand holen würde. »Erneut erlosch in den Augen dieser Kinder die Hoffnung. ›Warum durfte ich nicht mit meiner Mama sterben?‹ war während depressiver Anfälle immer häufiger zu hören.«[13]

Die ersten Kinder, denen Hochberg nach der Befreiung begegnete, waren Mädchen und Knaben ab vier Jahren, die Ende Januar 1945 aus dem KZ Birkenau kamen. Als sie deren Erzählungen von Leid und Terror zuhörte, schreibt Hochberg, seien ihr all ihre eigenen Erfahrungen im Widerstand bedeutungslos, blaß und nicht der Rede wert vorgekommen. Einige dieser Kinder brachte man in das Heim an der Długastraße. »In den nächsten drei Monaten kamen noch mehrere Gruppen, die Kinder blieben vorübergehend hier und wurden dann in ihre ›Heimregionen‹ geschickt.« Es waren auch Zwillinge unter ihnen, »die zu wissenschaftlichen Zwecken in Birkenau gehalten worden waren. So hatte es nämlich dem Oberhenker Dr. Mengele gefallen. In dieser Zeit haben insgesamt ca. 200 Kinder im Heim an der Długa Unterschlupf gefunden. Es blieben zwanzig; sie waren die Unglücklichsten, diejenigen, die noch keine Familienangehörigen gefunden hatten.«[14]

In den ersten Monaten lebten die Kinder an der Długa in sehr unzulänglichen Verhältnissen. Sie waren in Lumpen gekleidet, schliefen in feuchten Räumen auf dem Boden und mußten Pferdefleisch essen – Butter und Zucker waren Luxus.[15] Die materiellen Bedingungen verbesserten sich aber recht schnell, vor allem dank der Unterstützung der verschiedenen jüdischen Heime durch philanthropische Organisationen aus den USA.

Auch die damalige Erzieherin Misia Leibel, die Wilkomirski bei den Dreharbeiten zu »Wandas Liste« begegnete, kann über die Situation im Heim berichten. Sie kehrte Ende April 1946 mit ihrer zwölfjährigen Tochter aus Rußland zurück, wo sie sich während des Krieges aufgehalten hatte. Ihre Eltern und ihren Ehemann hatte sie verloren. Bis 1951 arbeitete sie in Krakau als Erzieherin, erzählt sie mir.[16] Es war für sie eine sehr wichtige Zeit, an die sie sich noch heute bis in die Details erinnert.

Als sie im Mai 1946 ihre Arbeit an der Długa aufnahm, war das Heim provisorisch in einer Wohnung mit drei, vier Zimmern eingerichtet; zwei davon waren den Kranken vorbehalten. Insgesamt lebten dort zu dieser Zeit etwa 25 bis 30 Kinder. Im Juni 1946 holte Leibel am Bahnhof über 100 Kinder ab, die aus Rußland zurückkehrten. Man mußte für diese Schar dringend eine andere Unterkunft organisieren und fand ein geeignetes Haus an der Augustiańska. Das große, vierstöckige Gebäude war vor dem Krieg als Altersheim gebaut, aber ab 1939 von den Deutschen als Hotel oder Bordell – wie ein Gerücht lautet – genutzt worden. Es gab eine Terrasse mit Aussicht auf die Berge, einen Garten und sogar einen Spielplatz.

Im August 1946 fand der Umzug von der Długa- an die Augustiańskastraße statt, wie man auch in einem Brief Hochbergs nachlesen kann. Hochberg hatte an der Długa eine leitende Funktion inne, und nach dem Wechsel an die Augustiańska war sie dort eine regelmäßige Besucherin. Einem ihrer Schreiben hatte sie eine Liste der Vollwaisen beigelegt, die an der Długa wohnten. Ein Kind, das Wilkomirski hätte gewesen sein können, ist nicht dabei.[17]

Leider kann ich Hochberg nicht mehr selbst befragen, da sie vor wenigen Jahren gestorben ist. Wilkomirski hat sie jedoch, dank der Vermittlung durch Lea Balint, einmal in Israel getroffen, wo sie inzwischen unter dem (hebräisierten) Namen Peleg lebte. Nach dem Gespräch rief Hochberg verärgert bei Balint an und bat, in ihrem Alter doch in Ruhe gelassen zu werden. Sie hatte den Besucher aus der Schweiz offensichtlich nicht mit ihrer Vergangenheit in Zusammenhang bringen können. Nach so vielen Jahren könne sie die ehemaligen Kinder, die unterdessen längst erwachsen seien, nicht wiedererkennen. Später entschuldigte sie sich allerdings und erinnerte sich nun an einen Binjamin, der nicht in die Schweiz, aber nach Frankreich gegangen sei, erzählt Balint.[18]

Von seinem Besuch bei Misia Leibel im Jahre 1994 erzählt Wilkomirski, daß sie heute von ihrer Vergangenheit als Erzieherin an der Augustiańska nichts mehr wissen wollte und ihn nicht erkannte. Erst später erfuhr er indirekt, daß sie sich doch an ihn erinnere.[19] Frau Leibel ist sehr freundlich, als ich sie anrufe, und vermittelt mir keinen Moment den Eindruck, sie wolle von den vergangenen Zeiten nichts mehr wissen. An die Begegnung mit Wilkomirski, der sich ihr als Bruno vorgestellt hatte, kann sie sich gut erinnern. Sie ist vollkommen sicher, daß er weder an der Długa noch an der Augustiańska war. »Er hat mir hier in dieser Wohnung, wo ich jetzt sitze, gesagt, daß er bei uns im Kinderheim war und nicht sprechen konnte. Ich sagte: Wenn er anders war als alle anderen, dann ist es unmöglich, daß ich ihn vergessen habe.« Leibel kann die Namen von vielen Kindern nennen, die wegen Besonderheiten auffielen, etwa weil sie hinkten, blind waren, kränklich und so weiter. Ein stummes Kind war nicht darunter. Sie betont, Wilkomirski kein Unrecht antun zu wollen. Zur Absicherung hat sie sich bei mehreren »Schützlingen«, mit denen sie immer noch in regelmäßigem Kontakt steht, erkundigt. Niemand von der Długa oder Augustiańska kann sich an ein Kind erinnern, das zu Wilkomirskis Beschreibung passen könnte.

Wilkomirski erzählt, daß er in diesem Heim an der Augustiańskastraße gewohnt habe. Aber niemand kann sich an ihn erinnern.

Meine telefonischen Gespräche mit verschiedenen ehemaligen Insassen dieser Heime bestätigen alle Leibels Aussage.[20] Dies ist um so bemerkenswerter, als sich die Befragten durchaus erinnern können, wenn ich die Namen anderer Kinder nenne, die ich im Archiv gefunden habe. Ein Zeuge, der zu den ersten Kindern an der Długa gehört hat, erinnert sich allerdings an ihn, aber nicht aus der Heimzeit. Er erzählt, daß sich Wilkomirski vor vielen Jahren bei ihm gemeldet habe. Später traf er ihn bei den Dreharbeiten zu »Wandas Liste« erneut.[21] Ob Wilkomirski die Kontaktaufnahme dazu gedient hat, seine Geschichte zu recherchieren?

In »Wandas Liste« sieht man ihn im Gespräch mit Julius Löwinger. Er überzeugte den ehemaligen Heiminsassen davon, daß er an der Augustiańska war, indem er seine Fragen zu dessen Zufriedenheit beantwortete. Unter anderem beschrieb Wilkomirski einen Spielplatz mit einer Reckstange. Lappin fand nun heraus, daß sich Löwinger getäuscht hatte: In den fraglichen Jahren war keine derartige Einrichtung installiert.[22] Ich rufe Löwinger an und frage, ob Wilkomirski denn nicht auf anderen Wegen zu seinem Wissen hätte kommen können. Löwinger bittet mich, ihn dies nicht zu fragen. »Bruno beantwortete mir einige Fragen, durch seine Antworten kam ich zu meiner Realität: Er war in Krakau. Wann, in welchem Jahr, weiß ich nicht. Vielleicht traf ich ihn, vielleicht nicht. Mehr weiß ich nicht und kann ich nicht sicher sagen. Zu seinen Antworten kann ich unter Eid aussagen, aber zu mehr nicht.«[23]

Während der Dreharbeiten ereignete sich ein merkwürdiger Vorfall, von dem mir die Regisseurin Vered Berman berichtet: Als Löwinger und Wilkomirski gemeinsam Fotos aus der Krakauer Zeit betrachteten, schauten – unsichtbar für die Kamera – auch noch weitere ehemalige Insassen der Augustiańska zu. Wilkomirski deutete plötzlich auf ein Foto und rief: »Oh, dies ist ja Karola!« Doch alle Umstehenden kannten das abgebildete Mädchen nur unter dem Namen Marta. Wilkomirski war der einzige, der ihren damals gebräuchlichen Rufnamen nicht kannte.[24] In den Akten des Heims ist das Mädchen allerdings als Karola aufgeführt. Deshalb war Balint so beeindruckt, als sie diese Listen entdeckte und von Wilkomirski auf den Namen hingewiesen wurde, von dem er schon früher erzählt hatte.

Ich hätte mich gerne mit Karola/Marta über die seltsame Diskrepanz der Benennung unterhalten. Wilkomirski ist aber nicht bereit, den Kontakt zu ihr herzustellen. Leibel und andere Ehemalige der Augustiańska können sich zwar gut an sie erinnern – sie sei ein schönes, blondes Mädchen gewesen, heißt es übereinstimmend –, jedoch weiß niemand ihre aktuelle Adresse. Bernstein, den ich darauf anspreche, erzählt, er habe sie nur ein einziges Mal gesehen, und zwar bei Wilkomirskis Erinnerungsfeier im Januar 1995. »Sie war schlecht ansprechbar und mitgenommen und hat kaum ein Wort gesprochen. Mir gegenüber hat sie immer gesagt: ›Ich weiß, du bist sein bester Freund, und es ist auch wichtig, daß du sein bester Freund bist, denn er ist mein Bruder, er war immer mein Bruder.‹ Sie hat mir zu verstehen gegeben, daß sie ihn von früheren Zeiten her kennt. Die ganze Geschichte mit Karola ist sehr kompliziert, weil Bruno nicht bereit ist, irgendwelche Einzelheiten über sie zu erzählen, die sie erkennbar machen. Er möchte aus verschiedenen Gründen nicht, daß man Kontakt mit ihr aufnimmt. (...) Ihr Mann hat ihr verboten, darüber zu sprechen, und hat sie immer unter Druck gesetzt.« Ich bedaure dies, denn schließlich könnte Karola vielleicht Wilkomirskis Geschichte belegen.[25]

Wilkomirski erzählt, wie er in Krakau gebettelt hat. In Interviews erklärt er sogar genau, wie die Bettler je nach Zugehörigkeit (Juden, Christen, Zigeuner) ihre Reviere verteidigten und wie jede Gruppe an der Art, wie sie mit den Händen um Almosen bat, zu erkennen war. Als er zusammen mit seinem Freund Bernstein 1993 nach Krakau reiste, entdeckte er im Quartier Podgórze sogar eine Straßenecke, an der er damals gebettelt hatte.[26] Sowohl Leibel wie auch alle ehemaligen Heimkinder bestreiten heftig, daß Kinder von der Długa oder Augustiańska je gebettelt hätten. In dankbaren und warmen Tönen beschreiben sie statt dessen, wie gut sie versorgt worden seien. Eine ehemalige Erzieherin sagt, sie seien auch zu Bauern gegangen, um sich Lebensmittel zu kaufen. Wilkomirski erklärt jedoch, er habe betteln müssen, weil er aus dem Heim ausgerissen sei. Zudem habe ihm ein ehemaliger Insasse des Heims an der Długa erzählt, ältere Kinder hätten kleinere dazu angestiftet, um Geld zu betteln.[27]

Das Pogrom, das Auslöser für Wilkomirskis Flucht in die Schweiz war, gibt verschiedene Rätsel auf. Tatsächlich war mit der Niederlage der Nazis der Antisemitismus in Krakau keineswegs verschwunden. Bereits am 11. August 1945 ereigneten sich im alten jüdischen Viertel Kazimierz Ausschreitungen.[28] Es war Sabbatmorgen, in der Synagoge an der Miodowastraße fand ein Gottesdienst statt, vor den Toren versammelten sich etwa 60 Randalierer und bewarfen das Haus mit Steinen. Einer der steinewerfenden Jungen wurde durch jüdische Bewaffnete verprügelt, er lief weg und schrie, die Juden wollten ihn töten. Dies genügte, um die Menge in Raserei zu versetzen. Sie beschimpften und verprügelten die Juden der Umgebung, demolierten ihre Wohnungen und raubten sie aus. Die Gewaltakte endeten gegen Abend, aber die Spannung in der Stadt hielt noch Tage an. Auch in anderen Orten kam es zu Ausschreitungen, unter anderem in Rabka. Besonders verheerend war im folgenden Jahr das Pogrom von Kielce, bei dem eine wütende Menge 41 Juden ermordete.[29]

Wilkomirski datierte das Pogrom, das zu seiner Flucht geführt hat, zunächst auf das Jahr 1947. Da er nie etwas anderes gelesen habe, hätte er gedacht, es müßte mit demjenigen von Kielce zusammenhängen (jene Ausschreitungen fanden allerdings 1946 statt). Nachdem bekannt geworden war, daß er bereits im Oktober 1945 in Zürich angemeldet war und dort ab April 1947 die Primarschule besuchte, datierte er die Angriffe um zwei Jahre nach vorn: Von Lea Balint habe er im Sommer 1998 erfahren, daß es bereits am 15. August 1945 zu Ausschreitungen gegen jüdische Kinderheime gekommen sei. Damit gemeint ist wohl das historisch verbürgte Pogrom vom 11. August 1945. Wilkomirski erzählte allerdings bisher immer, daß er die Gewalttätigkeiten entweder an der Augustiańska oder an der Długa erlebt hatte. Beide Straßen liegen jedoch außerhalb des betroffenen jüdischen Viertels. Auch Misia

Leibel und die damaligen Insassen bezeugen, daß weder an der Długa noch an der Augustiańska derartige Gewaltakte stattfanden. Zudem existierte das Heim an der Augustiańska erst seit Sommer 1946.

Bleibt als möglicher Schauplatz nur noch die Miodowa, wo sich exakt der Herd der Ausschreitungen befand. Tatsächlich gab es dort eine Herberge für Juden, die aus dem KZ kamen (was sich mit Wilkomirskis Beschreibung seiner Ankunft in Krakau decken könnte).[30] Außerdem befand sich nach Balints Aussage in der gleichen Straße ein Waisenhaus, dessen Direktorin die von ihr angeführte Zeugin Sara Stern Katan gewesen war. Balint fragte Stern nach dem Pogrom, von dem Wilkomirski berichtet hatte. Dies werde sie nie vergessen, antwortete Stern, und erzählte genau die gleiche Geschichte wie Wilkomirski. Dieser hatte Balint geschildert, wie man ihn von der Miodowa an die Długa brachte, vielleicht weil der erste Ort nicht sicher war. Stern ist allerdings der Ansicht, die Kinder in ihrem Heim seien acht- oder neunjährig, also älter als Wilkomirski gewesen. An einen Binjamin erinnere sie sich nicht.[31]

Hinzu kommt, daß dieses Waisenhaus zu einer anderen Organisation gehörte als die Heime an der Długa und Augustiańska; es ist schwer nachvollziehbar, weshalb Wilkomirski die ihn betreuende Organisation gewechselt haben sollte. Noch rätselhafter ist aber etwas anderes: Er erzählt bei verschiedenen Gelegenheiten, wie er in den Heimen Długa und Augustiańska gewohnt, zwischendurch auf der Straße gelebt und mindestens noch einen Ausflug nach Rabka oder Zakopane gemacht hat. Angekommen in Krakau ist er irgendwann nach der Befreiung von Auschwitz, die am 22. Januar 1945 stattfand. Nach dem Pogrom, das er nun im August 1945 erlebt haben will, brach er in die Schweiz auf. Es scheint doch eher unwahrscheinlich, daß er in dieser Zeitspanne zuerst an der Miodowa ankam, dann eine Tour mit verschiedensten Stationen machte, an die Miodowa zurückkehrte, wo er das Pogrom erlebte, dann an die Augustiańska kam, von wo er in die Schweiz gebracht wurde. Ganz zu schweigen von dem Widerspruch, daß man ihn somit 1945 aus einem Heim abholte, das erst ein Jahr später eröffnet wurde.

Ich schicke Leibel ein Exemplar von »Bruchstücke«. Nach der Lektüre schreibt sie mir einen Brief, in dem sie mir bestätigt, was wir schon telefonisch besprochen haben. Zusätzlich führt sie an, daß Olga, die in seinem Buch in der Funktion einer Erzieherin geschildert wird,[32] in Wirklichkeit ein 14jähriges Mädchen war. Obwohl Leibel konsequent bestreitet, daß Wilkomirski in einem ihrer beiden Heime gewesen sein könnte, beurteilt sie sein Buch als »grausam wahr«. Sie kenne sein Umfeld nicht. »Jemand hätte ihm von diesen Greueltaten erzählen können – auf mich wirkte die Beschreibung der Angst sehr ehrlich.« In Krakau sei man sehr an der Polemik interessiert, die durch das Buch in Europa und Israel entstanden sei. »Die KZ-Thematik wurde schon so viele Male aufgenommen, in Büchern mit unterschiedlichem literarischem Niveau. Ich muß zugeben, daß dieses Buch besonders bewegend ist – unabhängig davon, ob es sich um die wahre Biographie von Wilkomirski handelt.« Man werde das Buch im Kreise der Zeitzeugen vorlesen, sie werde mir dann über die Reaktionen berichten.[33]

Wie ich ihr telefonisch für den Brief danken will, empfängt sie mich merkwürdig kühl. Ich habe den Eindruck, sie bereue es, so positiv über das Buch geschrieben zu haben. Irgend etwas scheint in Krakau zu brodeln. Am nächsten Abend läutet das Telefon; eine anonyme Frauenstimme sagt, daß sie aus Krakau anrufe, verstummt und legt den Hörer auf.

Ankunft in der Schweiz

Wilkomirski erzählt, wie er nach dem Krieg von Krakau nach Basel gebracht wurde, wo er inmitten einer Gruppe französischer Ferienkinder ankam. Allein und nur mit einem leeren Namenstäfelchen um den Hals, ist er im Wartesaal des dortigen Bahnhofs aufgefunden, in ein Heim verbracht und schließlich mit einem christlichen Kind vertauscht worden. Dazu stellen sich verschiedene Fragen:

Konnte nach dem Krieg ein Kind auf die beschriebene Weise in die Schweiz einreisen? Was passierte mit ihm nach seinem Empfang durch ein Hilfswerk? Ist der anschließende Identitätswechsel plausibel?

Ich habe mich viele Jahre mit der Ausländerpolitik der Schweiz auseinandergesetzt und die unwahrscheinlichsten Geschichten erfahren, wie Flüchtlinge zur Zeit der Shoah heimlich oder regulär, mit falschen oder richtigen Papieren in die Schweiz gekommen waren. Eine Geschichte, wie sie Wilkomirski erzählt, ist mir vorher noch nie begegnet. Um nun alle Möglichkeiten sorgfältig zu prüfen, forsche ich in den einschlägigen Schweizer Archiven nach und befrage außerdem die Zeitzeugin Liselotte Hilb, die von 1940 bis 1948 beim Schweizerischen Hilfswerk für die Emigrantenkinder SHEK gearbeitet hatte. Sie kennt die Verhältnisse aus eigener Praxis und kann mir am ehesten Aufschluß geben über illegale Aktionen, die in den Akten häufig nur unzureichend dokumentiert sind – schließlich liegt es im Interesse der Akteure, keine Spuren zu hinterlassen.

Zur Zeit von Wilkomirskis Einreise holte das Schweizerische Rote Kreuz SRK tatsächlich viele Kinder in die Schweiz, damit sie bei einer Familie einen Erholungsurlaub verbringen konnten.[34] Woche für Woche fuhren Züge, seit Beginn der Waffenruhe hatten die Transporte noch zugenommen. Im Jahre 1945 reisten rund 28 000 Kinder ein, die Hälfte davon kamen aus dem benachbarten Frankreich. Eine Delegation des Roten Kreuzes wählte vor Ort die bedürftigen Kinder aus; psychisch kranke Kinder, die nach ihrer Ansicht nicht innerhalb von drei Monaten heilbar waren, schloß sie dabei aus. Unmittelbar vor der Abfahrt untersuchte sie die Kinder medizinisch und entschied über die endgültige Zulassung. Sogenannte Convoyeusen begleiteten die Züge in die Schweiz. »Freiwillig und ohne jede Entschädigung«, heißt es im Jahresbericht von 1945, »versehen sie seit Jahren diesen Dienst und übernehmen in aller Stille Strapazen, die nur kennt, wer weiß, was es heißt, auf tagelanger Fahrt in oft ungeheizten Zügen Kinder stillzuhalten und zu beschäftigen; dazwischen mütterlich die Köpfchen zu stützen, wenn die berüchtigte Reisekrankheit kommt; die vielen zu betreuen, denen daheim noch die Mutter die Höschen aufknöpft; zu kochen und Brote zu streichen, Listen zu kontrollieren, Aborte zu putzen – und dann nach einem anstrengenden Tag in der Nacht unter den schlafenden Kindern zu wachen und all das Heimweh zu trösten, das mit der Dunkelheit unweigerlich kommt.« In der Schweiz warteten in vier Zentren – Basel, wo Wilkomirski eintraf, war eines davon – andere Freiwillige, die die Kinder empfingen und sie in die Familien verteilten.

Neben diesen Ferienkindern, die auf regulären Wegen in die Schweiz kamen, betreute das Rote Kreuz SRK auch illegal Eingereiste. Es teilte diese Aufgabe mit dem Schweizerischen Hilfswerk für Emigrantenkinder SHEK. Wer denn diese Kinder seien, fragt der Jahresbericht des SRK. »Sie sind nicht in großen Wellen über unsere Grenzen geworfen worden noch in geordneten Zügen gekommen mit Namenstäfelchen um den Hals. Über die Berge oder sonstwo sind sie über geheime Pfade gewandert, illegal, manchmal mit Eltern oder Verwandten, oft in Grüppchen, oft ganz allein – kleine verlorene Blätter, die der Wind über unsere Grenze wehte –, elternlose, heimatlose, manchmal sogar namenlose.« Während des Krieges waren zahlreiche Kinder illegal in die Schweiz gekommen; allein in der Altersgruppe der unter Siebenjährigen, zu der auch Wilkomirski zu zählen wäre, waren es rund 4000. Überwiegend hatten ihnen jüdische Organisationen, zum Teil aber auch Mitarbeiterinnen des Roten Kreuzes zur Flucht verholfen.[35]

Die Kinder kamen illegal über die Grenze, weil die Schweiz, die einzige noch freie Insel im nazibesetzten Europa, den Juden jeden legalen Zugang versperrte. Der Kleinstaat, der sich selbst gerne als Zufluchtsort für Verfolgte und als Hort der Humanität verstand, betrieb seit langem eine dezidiert antijüdische Politik. Heinrich Rothmund, der nach dem Ersten Weltkrieg eine zentralstaatliche Fremdenpolizei aufgebaut hatte und diese bis Mitte der fünfziger Jahre leitete, resümierte seine Politik einmal folgendermaßen: »Wir haben seit dem Bestehen der Fremdenpolizei eine klare Stellung eingehalten. Die Juden galten im Verein mit den anderen Ausländern als Überfremdungsfaktor. Es ist uns bis heute gelungen, durch systematische und vorsichtige Arbeit die Verjudung der Schweiz zu verhindern.«[36] Selbst nachdem die Nazis mit der systematischen Vernichtung der Juden begonnen hatten, hielten die helvetischen Behörden weiterhin an ihren Zielen fest und wiesen ungezählte Zufluchtsuchende an den Grenzen ab, was für die meisten einem Todesurteil gleichkam.

Sie setzten diese antisemitische Bevölkerungspolitik auch nach Ende des Zweiten Weltkriegs fort, so daß auch die Juden, die in der Schweiz Schutz gefunden hatten, das Land wieder verlassen mußten. Dies galt auch für die Waisenkinder: Nach Ansicht von Polizeichef Rothmund gab es unter diesen nur etwa 50, die hier bleiben und eingebürgert werden sollten. Er konnte in dieser Haltung auf breite gesellschaftliche Unterstützung zählen; selbst auf diejenige der Hilfswerke, wie Rothmund befriedigt feststellte: »Die ausgezeichnete Leiterin des Schweizer Hilfswerkes für Emigrantenkinder, Frau Dr. Sutro, hat ihre Aufgabe wirklich ganz vorzüglich verstanden. Frei von jeder unfruchtbaren Humanitätsduselei, im Bewußtsein ihrer großen Verantwortung diesen Kindern gegenüber, hat sie bald festgestellt, daß die Schweiz nicht der Boden ist, auf dem diese bedauernswerten Geschöpfe ihre Persönlichkeit frei entfalten können werden. Sie hat deshalb alles daran gewendet, die Kinder in Länder weiterzubringen, wo diese Voraussetzungen bestehen.«[37] Bei den »verbleibenden 50 besonders assimilierten Kindern« teile er aber Sutros Ansicht, daß diese die schweizerische Nationalität erhalten sollten; er werde sich gerne dafür einsetzen.

Was geschah nun mit Wilkomirski, als er zu jener Zeit in der Schweiz eintraf? Da er nach seiner Erzählung nicht heimlich, sondern in aller Öffentlichkeit über die Grenze kam und zudem noch für einige Aufregung sorgte, mußte er bei seiner Ankunft verschiedene Spuren hinterlassen haben. Im Kanton Basel wurden alle Personen, die ohne ordentliche Papiere einreisten, in einem Journal eingetragen. Aber weder dort noch in den Akten der kantonalen Fremdenpolizei finden sich irgendwelche Hinweise. Wie Wilkomirski erzählt, wurde er von Frauen betreut. In Frage kommen Mitarbeiterinnen des Schweizerischen Roten Kreuzes und vor allem des Schweizerischen Hilfswerkes für Emigrantenkinder, denn dieses betreute alle seit Juni 1945 irregulär eingereisten Kinder. Auch in deren Archiven findet sich nicht die geringste Spur.[38]

Die Hilfswerke arbeiteten damals eng mit den Behörden zusammen; sie hätten den Knaben bestimmt bei der Eidgenössischen Fremdenpolizei gemeldet. Alle deren Personendossiers sind heute im Schweizerischen Bundesarchiv elektronisch erfaßt. Ich lasse die Datenbank für die fragliche Einreisezeit systematisch nach den verschiedensten Merkmalen durchsuchen: nach einem Wilkomirski in allen erdenklichen Schreibweisen, allen von ihm genannten Vornamen und schließlich nur nach einem Knaben mit dem ungefähren Geburtsdatum, der an beliebigem Einreiseort ohne Eltern eintraf. Alles ergebnislos.[39] Wilkomirski erzählt, er sei mit einer ehemaligen Schweizerin aus Krakau gekommen. Doch auch die Akten über die Rückkehr von Auslandsschweizern durchforstet das Archiv vergeblich.[40]

So wende ich mich an Liselotte Hilb, die sofort mit Feuer und Witz von Kinderproblemen und -psychologien zu erzählen beginnt, als steckte sie noch mitten in ihrer Arbeit beim SHEK.[41] Sie hatte Wilkomirski zufällig, noch vor Ganzfrieds Enthüllung, auf einer Veranstaltung erlebt. »Seltsam«, habe sie gedacht, »von diesem Fall habe ich damals nichts gehört. Zum Glück war es nicht das Kinderhilfswerk, das den Buben in diese blöde Familie geschickt hat. Und dann sagte ich zu mir selbst: Ich muß ja auch nicht alles wissen.« Beeindruckt von seinem Auftritt, hatte sie schließlich Wilkomirskis Geschichte geglaubt. Doch als Ganzfrieds Artikel erschien, fand sie nachträglich ihre erste Irritation bestätigt. Aufgrund ihrer eigenen Erfahrung hält sie Wilkomirskis Beschreibung der Einreise für unglaubwürdig.

Hilb arbeitete in der Zentralstelle des SHEK und stand so im engen Kontakt mit den Behörden; selbst Polizeichef Heinrich Rothmund, der sich für den Aufenthalt der 50 Kinder eingesetzt habe, sonst aber ein zwielichtiger Mann gewesen sei, kannte sie persönlich. Natürlich kümmerte sie sich auch um einzelne Kinder, die einreisten und betreut werden mußten. In der Kriegszeit war sie von Zürich aus daran beteiligt, Flüchtlingskinder in Ferientransporten in die Schweiz zu schmuggeln. Nach dem Krieg begleitete sie selbst zwei Ferientransporte.

Diese Transporte, erzählt sie, waren ganz straff organisiert. Jedes Kind brauchte im voraus Papiere für eine Einreisebewilligung, erst dann kam es auf die Liste. Bei jedem Grenzübertritt und jedem Halt wurde dies kontrolliert. Ein Kind, das wie Wilkomirski nicht auf der Liste stand und nicht zur Gruppe gehörte, wäre schnell entdeckt worden. Ein Namensschild hätte es auch erst bekommen, nachdem am Abreiseort die anderen Formalitäten erledigt waren. Zudem hätte man es dann sicher nicht leer gelassen, sondern einen fiktiven Namen (vermutlich in unserem Fall Bruno Grosjean) und den Namen der vorgesehenen Ferieneltern darauf geschrieben.[42] »Wilkomirski machte in seiner Erzählung einen Fehler«, sagt Hilb. »Er hätte vor Kriegsende kommen müssen. Vorher herrschte ein Chaos, ein Durcheinander, ein Menschenschmuggel und alles Mögliche.«

Nach Friedensschluß kamen kaum mehr illegale Kinder, die Einreisen waren überschaubar. Wenn Wilkomirski tatsächlich allein im Basler Bahnhof angekommen wäre, meint Hilb, dann hätte man ihn entweder in die Obhut des SRK, des SHEK oder eventuell von Pro Juventute gegeben. Er wäre sofort bei der Eidgenössischen Polizeiabteilung gemeldet worden. Man hätte eine Kennkarte mit Fingerabdrücken, Fotos und Personalien erstellt und ihm aufgrund dieser Unterlagen einen blauen Flüchtlingsausweis ausgefertigt. Daß ich bei all diesen Institutionen keine Spur unseres Ankömmlings gefunden habe, erscheint Hilb nur logisch. »Die Geschichte stimmt bestimmt nicht«, bekräftigt sie.

Davon ist sie auch deshalb überzeugt, weil es ab und an Kinder gab, bei denen man die Herkunft herausfinden mußte: Das involvierte Hilfswerk hätte auch in diesem Fall alles Erdenkliche zur Abklärung unternommen. »Wie ein Detektiv hätte man alles in Bewegung gesetzt, um Geschwister oder andere Verwandte zu finden.« Man schickte Daten und Fotos in die verschiedensten Länder und Büros; wobei für das Ausland die Schweizer Sektion des Internationalen Sozialdienstes, die Aide aux Émigrés, die Recherchen übernahm. Manchmal wußte ein Kind nur ganz wenig, vielleicht fand man nur einen Namen in der Jacke eingenäht. Sie erzählt das Beispiel von Jacques, der im Krieg illegal in die Schweiz gekommen war und dermaßen litt, daß er weder redete noch aß. Schließlich zeigte man dem Knaben ein Foto aus Belgien. Als Antwort aß er es – er hatte seinen Bruder wiedergefunden.

Hilb kann auch nicht begreifen, warum nach Friedensschluß ein Kind in der Schweiz falsche Papiere gebraucht hätte, es sei doch hier niemand mehr in Gefahr gewesen. Ich wende ein, die Behörden hätten ja auch in der Nachkriegszeit die Juden nicht behalten wollen. Hilb stimmt dem zu und ergänzt, auch die Hilfswerke seien der Ansicht gewesen, daß die Weiterwanderung für die Kinder das Beste sei. Dennoch ist sie der Ansicht, ein Kind hätte bleiben können, wenn es dies unbedingt gewollt hätte. Das Hilfswerk hätte dann dafür gekämpft und »auf alle Fälle« gewonnen. Obwohl sie mir dazu Beispiele erzählt, muß ich an den verschwindenden Anteil der Dagebliebenen denken und lasse mich in diesem Punkt nicht recht überzeugen. Ob sie in ihrem bedingungslosen Engagement für die Kinder, das man noch heute aus jedem ihrer Sätze hört, ihre damaligen Möglichkeiten nicht überschätzt?

Während des Krieges hatten die helvetischen Behörden die Familien, die ausnahmsweise Einlaß gefunden hatten, in bürokratischer Engstirnigkeit auseinandergerissen. Die Männer und Frauen steckten sie in separate Lager, die Kinder übergaben sie den Hilfswerken, die sie in Familien, Heimen oder Jugendlagern unterbrachten. Weitaus der größte Teil der Kinder waren Juden, doch konnte man unmöglich für all diese einen jüdischen Pflegeplatz finden, denn die Gemeinschaft der in der Schweiz lebenden Juden (18 000) war dafür viel zu klein. Bei einzelnen jüdischen Gruppierungen reaktivierte die Plazierung der Kinder bei Christen aber die alte Angst vor einer Missionierung, und sie warnten, ihr Nachwuchs ginge ihnen durch Taufen verloren. Die Hilfswerke beschlossen als Gegenmaßnahme eine religiöse Betreuung. Die Kinder sollten Religionsschulen besuchen oder von jüdischen Wanderlehrern aufgesucht werden.

Nach Kriegsende entbrannte in Europa vielerorts ein heftiger Streit um die überlebenden Kinder. Die jüdische Gemeinschaft war schrecklich dezimiert worden, von den geretteten Kindern sollte ihr keines verlorengehen. In Polen sei es sogar vorgekommen, erzählte Lea Balint,[43] daß jüdische Organisationen Kinder aus den christlichen Familien, wo sie während des Naziterrors versteckt worden waren, entführt hätten. In vielen Ländern waren zionistische Emissäre unterwegs, die die elternlosen Kinder nach Palästina bringen wollten. Allerorts fanden sie vernachlässigte, kaum jüdisch erzogene, an das christliche Milieu angepaßte oder gar heimlich getaufte Kinder.

In der Schweiz reiste nach Kriegsende der größte Teil der Waisen und Verlassenen aus; das Interesse richtete sich auf die gute Hundertschaft der noch Verbliebenen. Orthodoxe jüdische Kreise plädierten dafür, die für später geplante Abreise der Kinder nicht abzuwarten, sondern sie sofort aus den christlichen Familien herauszunehmen. Dem widersetzten sich der Dachverband der schweizerischen Juden und die Hilfswerke, die davor warnten, die Kinder erneut und zudem kurz vor ihrer ohnehin vorgesehenen Auswanderung zu entwurzeln. Dieser Seite drohten die orthodoxen Kontrahenten, die »jüdische Welt« werde ihre »bisherige Haltung als ein unverzeihbares jüdisches Attentat auf das verlassene jüdische Kind« brandmarken. So weit die verschiedenen Parteien mit ihren Meinungen auch auseinanderlagen, waren sie sich doch einig, daß die Kinder der jüdischen Gemeinschaft erhalten bleiben sollten. Eine »Ideologie der Verzweiflung«, die für die radikale Assimilation der jüdischen Kinder plädierte, ist mir erst in Wilkomirskis Beschreibung von Jadassohn, aber nie in der historischen Debatte begegnet.[44]

Ich frage Liselotte Hilb, ob sie es für wahrscheinlich hält, daß in der Nachkriegszeit eine jüdische Organisation Wilkomirski überhaupt in die Schweiz geschmuggelt hätte. »Nein, gar nicht. Die hätten ihn behalten, die waren so froh um jedes Kind, das man retten konnte.« Als ich ihr Wilkomirskis Geschichte über Jadassohn erzähle, hält sie diese aus demselben Grund für unglaubwürdig. Eine jüdische Organisation hätte nie ein Kind mit einer christlichen Identität versehen. Jadassohn müßte ein völliger Einzelgänger gewesen sein. Hilb hat sich noch bei jüdischen Bekannten erkundigt, auch sie können einer Vertauschung keinen Sinn abgewinnen. Falls Jadassohn dies getan hätte, wäre er ein Trottel (»Lappi«) gewesen. »Es wäre überhaupt undenkbar gewesen, daß man einem Kind einen anderen Glauben anhängte. Dies ist unethisch, dies hätte niemand gemacht.« Zwei Tage nach unserem Gespräch erhalte ich von meiner quirligen Informantin gleich zwei Briefe. Im ersten zitiert sie, was Nettie Sutro, die jüdische Leiterin des Kinderhilfswerkes, über die religiöse Betreuung geschrieben hat: »Jedes Kind wurde in der Tradition seiner Eltern erzogen; waren diese nicht mehr vorhanden, so fühlten wir uns als deren Treuhänder und versuchten ihre Anschauungen, soweit sie uns bekannt wurden, getreulich zu verwirklichen. Dies war und blieb oberstes Prinzip. (...) Wer sich je mit religiös-pädagogischen Fragen befaßte, und nicht nur mit ihnen, sondern auch mit der tiefen Wirkung eines echten Milieus, der weiß, wie leicht man Kinder beeinflussen, daher auch unwissentlich und ungewollt bekehren kann. (...) Wir haben in ganz wenigen Fällen den Wunsch nach einem Glaubenswechsel genau verfolgt und die äußeren Umstände dafür zu erschweren versucht. Denn im Grunde haben wir gewußt, daß junge, alleinstehende Menschen selbst mit einer Taufe keine endgültigen Entscheidungen trafen, es sei denn, daß sie in ihrer neu gewonnenen religiösen Welt bleiben konnten.« Hilb fügt an, ich sei mit meiner Untersuchung in einer schwierigen Lage, vielleicht werde sie mir noch Ergebnisse ihrer Recherche zu Jadassohn nachschicken. Dies macht sie schon mit ihrem zweiten Brief, in dem sie mir bestätigt, daß der Arzt tatsächlich seit 1946 an der Universität Genf unterrichtet hat.[45] Die Genfer Begegnung, bei der er gegenüber Wilkomirski seine Vertauschungsmotive enthüllte, hätte also zumindest von den äußeren Umständen her stattfinden können.

Es bleibt noch zu prüfen, ob ein Identitätswechsel mit den Praktiken des Hilfswerks Pro Juventute zusammenhängen könnte. Wilkomirski und sein Anwalt haben wiederholt darauf hingewiesen, daß Pro Juventute bei Zigeunerkindern in ähnlicher Weise Identitäten vertauscht habe. Zudem stand, erzählt Wilkomirski, sein Pflegevater in einem eigenartigen und intensiven Kontakt mit jenem Hilfswerk und dessen Leiter Alfred Siegfried. Und mir selbst ist bekannt, daß dieser Siegfried auch Funktionen in der Kinderhilfe von SRK und SHEK bekleidete.[46]

Pro Juventute hatte 1926 innerhalb ihrer Institution das »Hilfswerk für die Kinder der Landstraße« gegründet. Im Bestreben, die sogenannte »Vagantität«, das Herumwandern ganzer Familien und Sippen, zu unterbinden, nahm das Hilfswerk bis Anfang der siebziger Jahre den Jenischen (Zigeunern) systematisch die Kinder weg und plazierte sie in Heimen und bei Pflegeeltern. Diese Maßnahmen wurzelten in einer Entwicklung, die Mitte des 19. Jahrhunderts begann, als der aufkommende moderne Staat alles Randständige bekämpfte und disziplinierte, um seine bürgerliche Ordnung durchzusetzen. Seither wurden immer wieder Forderungen laut, die »Zigeunerplage zu sanieren« und die Fahrenden seßhaft zu machen. Als in der Zeit des Ersten Weltkriegs die Schweizer Gesellschaft von sozialen Konflikten geschüttelt wurde und sich der Ruf nach Ordnung und Disziplinierung verstärkte, begann das »Hilfswerk für die Kinder der Landstraße« gezielt die Kultur der Jenischen zu zerstören. Es war eine private Institution, die aber so stark von staatlichen Stellen unterstützt wurde, daß sie wie eine Behörde auftreten konnte. Nicht zufällig waren ihre Förderer teilweise die gleichen Männer, die sich auf staatlicher Seite den Kampf gegen alles Fremde und Jüdische auf ihr Banner geschrieben hatten.

Siegfried, der fanatische Leiter des Hilfswerkes, entriß den jenischen Eltern ihre Kinder und verwischte alle Spuren. Er nötigte ihnen nicht nur das schriftliche Einverständnis mit der bedingungslosen Wegnahme, einem Namenswechsel und einer späteren Adoption ab, sondern auch das Versprechen, auf Forschungen nach den Aufenthaltsorten ihres Kindes zu verzichten. Das unsägliche Leid und Unrecht, das Pro Juventute Hunderten von Fahrenden antat, wurde erst 1972 zum öffentlichen Skandal, und Behörden wie Hilfswerk tun sich bis heute schwer, ihre Verbrechen konsequent aufzuarbeiten.[47]

Wenn man Wilkomirskis Darstellung mit dieser Geschichte vergleicht, stößt man zwar auf einige Parallelen, entscheidender ist aber ein Unterschied: Wilkomirski bekam die Identität von Bruno Grosjean, einem Knaben, der existiert haben mußte, denn es gibt über ihn umfangreiche Akten aus der Zeit vor der angeblichen Vertauschung. Wenn hingegen Siegfried ein Kind wegnahm, gab er ihm nicht die Identität eines anderen bereits existierenden Kindes, sondern einfach den Namen und die Papiere der neuen Familie. In der Tat hätte er sich mit einem Vorgehen à la Wilkomirski ein beträchtliches Problem eingehandelt: Was hätte er mit den Kindern machen sollen, von denen er nur die amtliche Biographie, nicht aber auch ihre tatsächliche Existenz gebrauchen konnte? Er hätte sie verschwinden lassen müssen, aber das ist mitunter nicht so einfach. Zumindest fehlt bis heute eine plausible Erklärung, wo denn Bruno Grosjean die Jahre seit seiner Vertauschung bis zu seiner Auswanderung im 17. Lebensjahr verbracht hat.

Trotz der angeblichen Kontakte zwischen seinem Pflegevater und Siegfried findet sich zu Wilkomirski in den Akten des »Hilfswerkes für die Kinder der Landstraße« keine Spur.[48]

Ein unerwartetes Ereignis – Bruno Berti erinnert sich

Bruno Berti wohnt in einem kleinen Haus am Fuß des Zürichbergs. Trotz seines fortgeschrittenen Alters, er ist 78, geht er noch immer seiner Tätigkeit als Architekt nach.[49] Er kennt mein Anliegen und hat von sich aus akribisch verschiedene Dokumente, Postkarten und Fotos zusammengestellt, die zeigen, daß er seit 1942 in regelmäßigem Kontakt mit Wilkomirskis späteren Pflegeeltern stand. Er hat sie damals durch seine künftige Frau Rosie Baumann kennengelernt, die von 1938 bis 1957 bei Dr. Dössekker als Praxisgehilfin arbeitete.

Da Rosie keinen hohen Lohn bekam, erhielt sie jährlich zu Weihnachten von Frau Dössekker eine Gratifikation, die sie in deren Villa abholte. Seit 1942 wurde sie dabei von Bruno Berti begleitet. »Es wurde üblich, daß wir jedes Jahr hinaufgingen, ein kleines Präsent brachten, gute Weihnachten und ein gutes neues Jahr wünschten.« Und da erschien zu ihrer Überraschung in einem Jahr Frau Dössekker mit einem fünfjährigen Knaben am Arm. »Diese Erinnerung ist wie ein Foto«, sagt Berti. »Wissen Sie, in dieser Gesellschaft war das natürlich eine Sensation. Die Leute tuschelten: ›Hören Sie, Frau Doktor Dössekker hat ein Kind angenommen‹ usw.« Auch er und Rosie hätten nie gedacht, daß die reichen Dössekkers ein Kind annehmen könnten. »Einige Mitglieder ihrer Familie wuchsen auf Schloß Wetzikon auf, früher hätte man gesagt, das ist unser Landadel.« Berti zeigt mir Listen der Verwandtschaft, in der es von bedeutenden Industriellen wimmelte. Unter diesen Leuten gehörten Kurt und Martha Dössekker noch zu den »Ärmsten«. Aber auch deren Villa, weiß Berti, war sehr vornehm. »Der Salon: ›Rühre mich nicht an!‹ Man getraute sich fast nicht, die vornehmen Stühle zu gebrauchen, und setzte sich auf die Vorderkante. Angesichts der Möblierung und der sorgfältigen Hauspflege konnte man sich ein herumtollendes Kind gar nicht vorstellen.« Ich frage Berti, ob er an jener Weihnacht den Eindruck hatte, Bruno sei erst vor kurzem angekommen. »Ja, absolut. Dann passierte bald Folgendes: Wenn Frau Dr. Dössekker in die Stadt ging, gab sie Bruno bei meiner Frau in der Praxis ab. Sie mußte ihn dann hüten. Sie erzählte mir jeweils auf dem Heimweg, Bruno sei wieder bei ihr gewesen, sie hätten es so nett gehabt.« Das kam öfter vor.

Ich frage Berti, ob der aufgetauchte Knabe mit Sicherheit der heutige Binjamin Wilkomirski gewesen sei. »Ja, es war 1945 kein anderer.« Und er habe ihn regelmäßig gesehen? »Ja.« Seine Frau habe ihn noch viel häufiger gesehen, »sie hätte von einer Vertauschung gewußt«, erklärt Berti. »Angenommen, 1945 wäre irgendein Bub in diese Familie gekommen, die Aufnahme hätte Schwierigkeiten bereitet, und ein halbes Jahr später wäre ein anderer gekommen, hätte Ihre Frau dies gemerkt?« frage ich nach. »Ja, zu hundert Prozent. Meine Frau und Herr Dössekker erzählten sich alles; er las sogar ihre Liebesbriefe; sie erzählte ihm alles von mir. – Ich will Ihnen eines sagen: Natürlich konnte sich Herr Doktor Dössekker nicht viel mit dem Kind befassen, er war ein Vollblutarzt, ein guter. Aber ich bin überzeugt, daß er die genausten Erkundigungen über Bruno eingeholt hat.«

Berti erinnert sich an Bruno als einen stillen, bescheidenen und zufriedenen Knaben, der immer schön gekleidet war. Er macht aus seiner Entrüstung über sein heutiges Verhalten und sein Buch keinen Hehl. »Daß er am Schluß von den hartherzigen Pflegeeltern schreibt, ist gegenüber den Dössekkers eine Gemeinheit. Dies würde ich ihm auch ins Gesicht sagen. Diese Frau Dössekker, die ihn so verwöhnte und gern hatte! Glauben Sie mir, auch noch nachdem er geschieden war, hielten sie ihm die Stange.« Berti zählt Beispiele auf, wie die Dössekkers Bruno verwöhnten und ihn auch später finanziell unterstützten. Wenn Bertis Frau noch leben würde, würde sie sich auch sehr aufregen und Bruno zur Rede stellen.

Berti ist der Ansicht, Bruno bereits Weihnachten 1945 gesehen zu haben. Wilkomirskis Erzählung und Bertis Aussagen widersprechen sich offensichtlich. Wenn Berti recht hat, konnte Wilkomirski sich nie im Kinderheim an der Augustiańska, das erst im Sommer 1946 eröffnet wurde, aufgehalten haben.

Wilhelm Tell und andere Sagen

Am 22. April 1947 trat Wilkomirski im Schulhaus Fluntern in Zürich in die erste Primarklasse ein. Das Datum überrascht, da er in Interviews gelegentlich das Frühjahr 1948 angibt. In den Schulakten ist er als Bruno Dössekker eingetragen.[50]

Ich suche Ruth Akert-Giger auf, die damals für die ersten anderthalb Jahre Wilkomirskis Lehrerin war.[51] Meine über 80jährige Gastgeberin beginnt lebendig und passioniert von der Schule zu erzählen. »Bruno Dössekker kam mit seiner sogenannten Mutter zu mir. Er sagte mir aber schon bald, sie sei nicht seine richtige Mutter. (...) Er kam mir etwas zappelig und ängstlich vor. Ein aufgeregtes Büblein, das sich nirgends festlegt; er hatte keinen bestimmten Freund, er hatte keine bestimmten Vorlieben für Kinder, die mit ihm in die Schule gingen; er war ziemlich isoliert, nicht absichtlich.« Frau Dössekker holte ihn manchmal ab, »aber er war mit dieser Mutter nie so verbunden wie andere Kinder, die abgeholt werden und unbedingt wollen, daß ich die Mutter sehe und begrüße. Es war eine ganz kühle Beziehung. Kühl, kann man sagen, war er der Mutter gegenüber und sie gegenüber ihm. Ich erlebte nie ein richtig herzliches Verhältnis zwischen den beiden. Ich dachte, na ja, es ist halt eine relativ alte Mutter. Sie war über 40 und machte natürlich keine Späße, war nicht lustig mit dem Büblein, führte es einfach an der Hand und ging wieder.«

Gegenüber Ruth Akert blieb er etwas fremd und scheu. Andere Kinder »umarmten mich, wenn ich in die Schulstube kam. So etwas gab es bei ihm nicht.« Aber er war kein Sorgenkind. »Es lag kein trauriger Schatten auf dem Büblein.« Seine Sprache war normal, allerdings habe er gestottert. Seine Leistungen hat sie als durchschnittlich in Erinnerung. Wir schauen zusammen die Schulchronik an. Es zeigt sich, daß Bruno im ersten Schuljahr sogar zu den besten Schülern gehörte.

Ich frage sie nach einem Schulausflug auf ein Volksfest, bei dem Wilkomirski mit seiner Bettelei für Aufsehen gesorgt haben soll. »Davon weiß ich überhaupt nichts. Ich weiß auch nichts davon, daß ich die Kinder einmal in die Budenstadt mitführte. Es ist ja für einen Lehrer mühsam, mit kleinen Kindern, die dann in alle Richtungen auseinander flattern, eine Budenstadt zu besuchen.« Akert ist sicher, mit ihren Erstkläßlern nie einen solchen Ausflug unternommen zu haben. Ich lese ihr den betreffenden Text aus »Bruchstücke« vor. Die Passage schildert eine Episode, die in den ersten Schultagen im Frühjahr stattgefunden haben soll. Wir sind uns einig, daß von allen Zürcher Festen mit einer Budenstadt nur das traditionelle »Knabenschießen« in Frage kommt. Aber dies findet immer im Herbst statt. Für Akert ist Wilkomirskis Episode »reine Phantasie«. Ich frage, ob er denn anderswo gebettelt habe. Akert hat auch dazu keine Erinnerung, sie verweist statt dessen auf seine Erscheinung: »Er machte einen sehr gepflegten Eindruck, war immer tipptopp angezogen, sauber, ohne Flicken; er kam immer piekfein, wie aus dem Trückli [aus dem Ei gepellt].«

Wir kommen auf die Wilhelm-Tell-Geschichte zu sprechen. Akert sagt, daß sie ihren Schulkindern nie Heldensagen, sondern nur Märchen erzählt habe. Für Sagen wären sie zu klein gewesen, und der Schweizer Tell-Mythos gehörte nicht zum Stoff der ersten Schuljahre. Ein Bild von Wilhelm Tell hat Akert im Unterricht nicht verwendet. Ich lese ihr aus »Bruchstücke« vor, wie der verwirrte kleine Wilkomirski den Freiheitshelden Tell zu einem SS-Mann, die verständnislose Lehrerin zu einer wütenden Blockowa und die Klasse zu einer wilden Horde macht. Wilkomirski hat mir erklärt, welche Lehrerin er dabei beschrieben hätte. Es war Frau Akert,[52] und ich befürchte beim Vorlesen, der Text würde sie vielleicht verärgern. »Er kann gut schreiben«, ist jedoch ihre spontane Reaktion. »Und vieles hat wahrscheinlich schon mit einem Erlebnis zu tun, das er mit Mitschülern gehabt hat. Aber ich kann mich nicht erinnern, daß er zu mir gekommen wäre und gesagt hätte: Diese Kinder haben mich im Stich gelassen, ausgelacht und mich verhöhnt.« Akert glaubt, daß sie solche Konflikte bemerkt hätte und ihnen nachgegangen wäre. Ich frage sie, ob sie wie die Lehrerin in seinem Buch reagiert hätte. »Nein. Ich hätte versucht abzuklären, wie das damals gewesen wäre mit dem SS-Mann. Ich hätte doch den Bub gefragt, hast du schon von einem SS-Mann gehört, hast du schon einen angetroffen?« Ob es denn möglich gewesen wäre, daß in ihrem Schulzimmer die Klasse wie beschrieben reagiert hätte, möchte ich noch wissen. »Nein, wir hatten ein gemütliches Schulzimmer (lacht), keine krächzenden Kinder. Das gehört natürlich alles in die Zusammenhänge, die er schildert.«

Bevor ich gehe, leihe ich ihr Wilkomirskis Buch aus. Drei Wochen später frage ich sie nach weiteren Eindrücken. Sie zeigt sich erstaunt über den ganzen Medienrummel. »Mir kommt die ganze Sache furchtbar belanglos vor. Ich wundere mich nach wie vor, wofür all diese Untersuchungen gut sein sollen.«

Wiłkomirska

Wilkomirski erzählt, wie er Sylwester Marx auf einer Zugfahrt nach Warschau kennenlernte. Sylwester und Christine Marx beherbergten oder begleiteten ihn fortan gelegentlich auf seinen Polenreisen. Früher wohnten sie in Kattowitz, heute in Bochum, wo ich sie anrufe.[53] Sylwester erzählt dagegen, er habe Wilkomirski 1968 in Zürich in einem Restaurant kennengelernt und von seinem Wunsch erfahren, nach Polen zu gehen, um gewissen Dingen seiner Vergangenheit auf die Spur zu kommen. Sylwester lud ihn ein, da damals unter dem kommunistischen Regime die Einreise für Ausländer nicht einfach war. Wilkomirski kam noch im gleichen Jahr nach Kattowitz. Seine Suche war nicht systematisch, sie fuhren in der Gegend von Kattowitz herum, besuchten umliegende Städte und wahrscheinlich – Sylwester ist sich seiner Erinnerung nicht sicher – auch Auschwitz.

Ein zweites Mal kam Wilkomirski im März 1972, erzählt Sylwester (Wilkomirski datiert die Reise auf 1973). Sie besuchten das Auschwitz-Museum, konnten aber den Block des jüdischen Martyriums nicht betreten, der Zugang war verboten. Sie machten auch einen Ausflug nach Krakau. »Er war sehr schweigsam und hat nicht verraten, ob er etwas Genaues suchte. Er sagte nur, er kenne das Gebiet um die Miodowastraße schon von früher, aber sonst gab er keine Auskunft, und er wollte nur die Stadt anschauen.« Leute erklärten ihnen, wo früher das Waisenhaus war, der Ort war unterdessen ganz verändert. Mit ehemaligen Heiminsassen, die eventuell noch in Krakau lebten, sprachen sie nicht.

Wilkomirski geriet tatsächlich auf der Rückfahrt mit Sylwester in eine Milizkontrolle. Da er seine tägliche Meldepflicht nicht erfüllt hatte, sagten ihm die Beamten, »er solle sich besser die nächsten 20 Jahre in Polen nicht mehr blicken lassen«. Sylwester bestätigt, daß Wilkomirskis nächster Polenbesuch in Begleitung der Marx erst 1993 erfolgte, und seine Schilderung der zwei gemeinsamen Reisen in jenem Jahr stimmt mit Wilkomirskis Beschreibung überein.

Sylwesters Ehefrau Christine erzählt, wie Bruno Dössekker, so nannte er sich damals noch, sie 1972 in Kattowitz besuchte. Zufällig gab zur gleichen Zeit die berühmte Geigerin Wanda Wiłkomirska in der Philharmonie ein Konzert. Professor Stanisław Mamin, Direktor der Musikschule und ein guter Bekannter der Familie Marx, besorgte ihnen Eintrittskarten. Bei der Philharmonie, der Musikschule und dem Theater hingen große Plakate mit dem Porträt der Künstlerin. Professor Mamin blickte auf das Bild der Wiłkomirska, schaute zu Dössekker und rief: »Um Himmels willen, er muß doch ein Verwandter oder Bruder sein!« So ähnlich sahen sich die beiden. Dössekker war überrascht und hocherfreut, erzählt Christine. Er wollte unbedingt mit Wiłkomirska sprechen und sie fragen, woran sie sich erinnern könne. Aber sie verweigerte jedes Gespräch, als befürchtete sie, die Westkontakte könnten ihr negativ ausgelegt werden. Dössekker war bedrückt und verzweifelt. Professor Mamin versuchte ihn zu trösten, vielleicht werde mal alles anders, und es komme doch noch zu einem Gespräch. Jedenfalls müsse er seine ganze Geschichte erforschen und aufschreiben, wo und wer er war. Wanda Wiłkomirska gab ein zweites Konzert im Konservatorium, das sie ebenfalls besuchten, diesmal in Begleitung von Lengowski, dem Direktor einer anderen Musikschule. Der Versuch, mit der Geigerin zu sprechen, scheiterte abermals.

»Damals, als Sie mit Herrn Dössekker zusammen Herrn Mamin trafen, wußten Sie schon, daß Wilkomirski sein Name war?« frage ich. »Nein«, antwortet Christine, »das wußte ich noch nicht, erst der Professor hat uns darauf aufmerksam gemacht. Wie er den Bruno sah, sagte er, er muß aus der Familie Wiłkomirski sein.« – »Dann könnte man sagen, Herr Wilkomirski ist durch diesen Professor auf seinen Namen gekommen?« – »Ja, genau«, bestätigt Christine. Sylwester ergänzt, Wilkomirski habe immer gewußt, daß er aus einer polnischen Musikerfamilie stamme. Dies dürfe er nie vergessen, hätte ihm die Frau eingeschärft, die ihn als Kind in die Schweiz gebracht hätte.

Nach Zürich zurückgekehrt, hängte Dössekker in seiner Zweitwohnung (er hatte damals mit seiner ersten Frau und seinen Kindern noch eine andere Wohnung) ein Plakat der Wiłkomirska auf und zeigte später gelegentlich auch ihr Foto. Seiner Umgebung erzählte er, im Osten seiner Schwester oder Halbschwester begegnet zu sein, sie heiße Wanda Wiłkomirska und sei Geigerin. Eine andere Schwester lebe irgendwo am Baikalsee bei Zigeunern, die übrigen Familienangehörigen seien umgekommen, seine Mutter und seine fünf Brüder im KZ, sein Vater bei polnischen Partisanen.[54]

Angesprochen auf Wanda Wiłkomirska, antwortet Wilkomirski: »Ich weigere mich einfach, immer wieder Auskunft zu geben, über Dinge, die eigentlich mit der Geschichte nichts zu tun haben und nur dazu dienen, irgendeine Nebengeschichte aufzublähen. Das einzige, was ich Ihnen sagen kann: Wir haben einen sehr herzlichen, sehr engen, sehr guten Kontakt miteinander, heute.«[55]

Ein empörter Anruf – Karola

Eines Morgens im August klingelt das Telefon. Auf der ganzen Welt habe ich sie gesucht, ihr schließlich über Umwege eine Botschaft zukommen lassen, sie solle sich doch bei mir melden, habe kaum noch eine Antwort erwartet. Und nun ruft sie mich aus Krakau an: Karola.[56]

Wilkomirski erzähle Unwahrheiten, sagt sie gleich zu Beginn mit unverhüllter Empörung. Sie habe ihn vor Jahrzehnten getroffen, er habe sie ausgefragt und dann falsche Dinge über sie aufgeschrieben. Dabei hat sie ihm nur aus ihrem Leben erzählt, ihm als einem Freund ihr Herz geöffnet. Und er hat ihr Vertrauen mißbraucht, hat ihrer Biographie Gewalt angetan. Sie betont, ich dürfe auf keinen Fall über sie schreiben und ihren wirklichen Namen nennen. »Ich will mein Leben nicht durchstreichen!«

Sie ist mir gegenüber begreiflicherweise mißtrauisch: Welches sind die An- und Absichten dieses Schweizer Historikers? Ist er etwa ein Partisane Wilkomirskis? Ist er gegenüber seiner Auftraggeberin unabhängig? Ich lege ihr dar, daß mich einzig und allein die Wahrheit interessiert und ich allen involvierten Personen Gerechtigkeit widerfahren lassen möchte. Ich verspreche ihr, in meinem Bericht ihren Namen nicht zu verraten und von ihrer Geschichte sowenig wie nur möglich preiszugeben.

Sie erzählt schließlich, wie sie Wilkomirski etwa 1971 zum ersten Mal begegnete: in einem Zug von Zürich nach Paris, als sie von einem Besuch bei ihrer Mutter nach Hause fuhr. Damals hatte er noch nicht diese auffällig gelockte Frisur, sondern glatte Haare. Er begann sie über ihre Vergangenheit auszufragen. »Er hat sich mein ganzes Leben, meine ganzen Erinnerungen und das Leben aller Deportierten angeeignet.« Sie sei in Lemberg aufgewachsen, erzählt sie, und im Krieg zusammen mit ihrer Mutter von den Deutschen verhaftet und deportiert worden. »Wir haben uns nie getrennt. Wir wurden zusammen deportiert und kehrten zusammen von der Deportation zurück. Wilkomirski aber behauptet, wir hätten uns verloren.« Nach Kriegsende kam sie mit ihrer Mutter sogleich nach Krakau, wo beide in einer Kollektivunterkunft wohnten. Zum Essen ging sie jeweils an die Długa, später kam sie an die Augustiańska. Es entbehrt also der Grundlage, wenn Wilkomirski schreibt, das Mädchen laufe in Krakau durch die Straßen und frage nach Vater oder Mutter.[57]

Wir kommen auf verschiedene Details seiner Erzählungen zu sprechen. Ich frage zuerst nach seinen Krakauer Jahren. »Ich kannte ihn in Krakau nicht, er war damals nicht dort, erst später, um die Lüge zu suchen. Ich war im Kinderheim, er nicht.« Er behauptet aber, ihr an der Augustiańska wiederbegegnet zu sein. »Dies sagt er, aber es ist nicht wahr. Es ist eine große Lüge. Er sagt, daß ich mit ihm in Auschwitz war. Ich war nie dort, ich war in einem Konzentrationslager in Deutschland.« Er erzählt, ein

SS-Mann habe Karola und ihre Mutter gerettet. »Dies ist wahr«, bestätigt sie. »Er hat diese Geschichte von Ihnen?« erkundige ich mich. Ja, doch er habe sie überhaupt nicht gefragt, ob er sie erzählen dürfe. »Er hat sie einfach benützt. Dazu hatte er nicht das Recht, er hätte fragen müssen, dies war doch vertraulich.«

Zumindest bei dieser Schilderung scheint Wilkomirski sich an die Wahrheit gehalten zu haben, denke ich. Aber irgend etwas irritiert mich. Ist es der Umstand, daß der Erzähler, der sonst vollkommen in seiner eigenen engen Kinderperspektive gefangen blieb, hier die Erfahrungswelt anderer Personen ausführlich und wahrheitsgemäß wiedergab? Ist es der durchkomponierte Charakter der Erzählung, der schlecht zu realen Erfahrungen paßt? Oder die allzu wundersame Errettung? Eine weitere Bemerkung meiner Zeugin läßt mich aufhorchen: »Man hat uns laufen lassen, weil meine Mutter der Ehefrau eines Nazis glich und ich seiner Tochter. Diese Geschichte stimmt. Und als wir den Ort verließen, sagte ich zu meiner Mutter: Wir dürfen das nicht, man wird uns sofort zurückholen.« »Aber im Buch erzählt er eine andere Geschichte«, wende ich ein. »Welche?« fragt sie. Es stellt sich heraus, daß sie sein Buch in der Befürchtung, daß es voller Lügen sei, bis heute nie richtig gelesen hat. Sie lehnt es auch jetzt ab, daß ich ihr daraus vorlese. So fasse ich nur kurz Wilkomirskis Darstellung zusammen, wie sie und ihre Mutter im KZ von einem SS-Mann auf einen Leichenhaufen geworfen worden und in der Nacht zu den Lebenden zurückgeschlichen seien. »Nein, das ist nicht wahr«, protestiert sie. »Der Mann hat uns gesagt: Haut ab, geht!« »Sie waren blond?« frage ich. »Das war der Grund unserer Verschonung, meine Mutter war rothaarig, und ich bin blond. Man hat uns nicht auf die Leichen geworfen. Das hat Wilkomirski erfunden, es ist nicht wahr.« Dies habe sich auch nicht im KZ ereignet, wie Wilkomirski erzählt, sondern vorher im Getto von Lemberg. Der SS-Mann ließ sie laufen, als es eine Razzia gab, um die Bewohner des Gettos zu deportieren. Ins KZ seien sie erst später gekommen. Dort wurden sie von den Amerikanern befreit. Auch mit Wilkomirskis Beschreibung, wie er in Krakau trotz seiner Befreiung aus dem KZ das Gefühl hatte, auf die falsche Seite geraten oder von den Erwachsenen betrogen worden zu sein, ist sie nicht einverstanden. Dies sei Blödsinn, meint sie. »Dieses Gefühl hatte man überhaupt nicht, es wurde einem geholfen.«

Die merkwürdige Episode mit dem Namen Marta, den alle damaligen Heiminsassen kannten, nur Wilkomirski nicht, findet eine einfache Erklärung: Meine Zeugin heißt tatsächlich Karola, im Krieg trug sie aber zu ihrem Schutz den christlichen Namen Marta, dieses Pseudonym behielt sie auch an der Augustiańska bei. Wilkomirski hat sie davon jedoch nie etwas gesagt.

Wilkomirski hat Karola nie in Polen getroffen. Aber sie selbst und viele ihrer damaligen Lebensstationen – Lemberg, ein KZ, Krakau, Długa, Augustiańska – kommen in seinen autobiographischen Geschichten vor. Sie ist überzeugt, daß er sich von ihren Erzählungen hat inspirieren lassen und durch sie auf die Idee kam, wiederholt nach Krakau zu reisen. »Ich war sein Gedächtnis, er hat es sich angeeignet.«

Wilkomirski erzählte ihr auch von seiner Herkunft aus einer polnischen Musikerfamilie. Einmal zeigte er ihr in seiner Wohnung ein Klavier und erklärte, es stamme von seinen Eltern in Polen. Anfang der siebziger Jahre kehrte er von einer Reise nach Kattowitz zurück und verkündete, er habe seine Schwester kennengelernt, sie heiße Wanda Wiłkomirska und sei eine bekannte Geigerin. Sie sei so schön, er habe sich in sie verliebt und nicht länger gewagt, bei ihr zu bleiben, da sie doch seine Schwester sei.

Schließlich erzählt mir Karola, wie sie Ende Januar 1995, am 50. Jahrestag der Befreiung von Auschwitz, bei Wilkomirski eingeladen war. Es war ein Fest, um die bevorstehende Veröffentlichung des Buches anzuzeigen. »Alle wollten etwas von mir, wie wenn ich der Angelpunkt dieser Geschichte gewesen wäre. Die Leute spürten, daß ich dies in der Tat auch war. Ohne mich hätte er nichts gewußt über Krakau.« Verschiedene Psychotherapeuten waren dort und versuchten, aufdringlich, meint sie, mit ihr ins Gespräch zu kommen. Die Frau von Georges Wieland, der aus Freundschaft und als erster Wilkomirskis Manuskript lektoriert hatte, wollte sie unbedingt kontaktieren, auch nach dem Fest rief sie sie noch mehrmals an. Wilkomirskis Psychotherapeutin sagte ihr, daß ihr das schwarze Kleid gut stehe. Bernstein nannte sie wegen ihrer Vergangenheit ein armes Kind. Die Mutter von Wilkomirskis Freundin fragte sie, wie sie ihn kennengelernt habe. Um nicht lügen zu müssen, entzog sie sich einer Antwort, indem sie den Raum verließ. Meine Zeugin hat die Veranstaltung als schlechte Inszenierung in Erinnerung, bei der niemand etwas glaubte und selbst die Musikdarbietungen schlecht waren. »Es war schrecklich. Man spürte die Unechtheit.« Zu dieser Zeit hatte sie bereits das Manuskript einmal überflogen. »Ich hatte Mitleid mit ihm, wußte aber noch nicht alles. Ich erfuhr erst später, daß es nicht ernst zu nehmen war.«

Wir reden im Verlauf der nächsten Monate mehrmals und lange am Telefon. Sie sagt mir, daß sie seit dem Krieg den Menschen mißtraue und einen zuverlässigen Instinkt für Unstimmigkeiten entwickelt habe. Um so mehr beeindruckt mich, wie offen sie mit mir redet. Nach vielen Gesprächen erlaubt sie mir schließlich auch, in meinem Bericht ihren wirklichen Namen zu gebrauchen.

Diese Sache mit Wilkomirski beschäftige sie die ganze Zeit, erklärt Karola. Besonders ärgere sie, daß er ihre Geschichte verfälscht habe. »Und nun übernehmen die Journalisten die Verfälschungen oder fügen noch zusätzliche hinzu; so erzählt Elena Lappin der ganzen Welt, ich sei gar nicht im KZ gewesen. – Finden Sie es richtig, daß man meine Geschichte so in aller Öffentlichkeit mißbraucht? Ich habe mir nach diesen schrecklichen Jahren ein bescheidenes Leben eingerichtet. Plötzlich kommt dieser Schwachkopf und bringt es durcheinander. Ich bat ihn, mir sein Buch zu schenken. Er sagte, ich könne es in der Buchhandlung kaufen. Dabei benützt er darin mein Leben.«[58] Trotz aller Verärgerung und Empörung ruft sie ihn, angeregt durch unsere Gespräche, während meiner Recherche mehrmals an. Sie will ihre Aussagen, die ihren alten Freund belasten, nicht zurücknehmen, spürt aber gleichzeitig, daß er zunehmend in Not gerät und Gefahr läuft, noch den letzten Realitätssinn zu verlieren. Ratlos und mitleidig gewahrt sie, wie er sich immer mehr von dem entfernt, als den sie ihn in Erinnerung hat, und zum Opfer einer Vergangenheit wird, die er sich selbst geschaffen hat.

Besonders wütend ist sie auf Bernstein. Er hat Wilkomirski, meint sie, in seine Gewalt gebracht und ihn angestiftet, sich in einer fremden Identität darzustellen. »Er hat ihn verleitet, mich lange auszufragen, als ich in Zürich wohnte.« Auf mein Nachfragen hin sagt sie, dies sei nur ihre Vermutung, Belege habe sie dafür keine.

Einmal ruft sie mich in nachdenklicher und melancholischer Stimmung an. »Ich hatte einen Verwandten, den ich in Auschwitz verloren habe. Ich glaube, er ist 1939 geboren. Ich dachte viele Jahre, er sei Wilkomirski. Nun verstehen Sie, warum ich mich in diese Geschichte habe hineinziehen lassen.« Dieser Gedanke sei ihr nicht gleich zu Anfang gekommen. »Erst nach und nach, er sah ein wenig ähnlich aus. Verstehen Sie, man macht sich Illusionen, wenn man jemanden verloren hat. Dies machte meine Zuneigung zu Wilkomirski aus, als ich ihn kennenlernte.« – »Haben Sie ihm die Geschichte Ihres Verwandten erzählt?« – »Selbstverständlich, aber ich weiß nicht, ob er sie tatsächlich akzeptierte, da er sich absolut nicht betroffen fühlte.« Ich frage sie, ob ich dies in meinem Bericht erwähnen dürfe. »Ich werde darüber nachdenken. Ich denke, Sie dürfen schreiben, daß ich damals unbewußt etwas suchte. Sie beschäftigen sich mit dem Holocaust und wissen dies: Es gibt so viele Menschen, die jahrzehntelang andere Menschen suchen. Ich dachte, er sei mein verlorener Verwandter. So ist es gewesen.« Sie habe Wilkomirski damals ein Foto des Knaben gegeben. Einige Tage später schickt sie mir eine Kopie; es ist ein hübscher, etwa dreijähriger Knabe, seine Haare sind blond, mit einer Tolle in der Mitte, so wie es damals Mode war; aus seinen Augen blickt das Entsetzen, als sähe er in seine Zukunft.

Meine Zeugin rief im Sommer 1999 auch Daniel Ganzfried an. Anfang November 1999 schreibt dieser in der »Weltwoche« über jenes telefonische Gespräch: »Sie bestritt vehement, Dössekker irgend einmal im Krakauer Kinderheim getroffen zu haben, betonte, daß sie noch vor der Drucklegung des Manuskriptes auch die Literaturagentin Eva Koralnik davon in Kenntnis gesetzt habe.«[59]

Dies ist ein schwerer Vorwurf; trifft er zu, muß sich die Agentur zumindest Fahrlässigkeit vorwerfen lassen. Ich bin irritiert, von einer solchen Warnung hat mir Karola nie erzählt; zudem bin ich aufgrund meines Studiums der Akten und der Gespräche mit Koralnik zur Ansicht gekommen, daß Verlage und Agentur das Buch gutgläubig publizierten. Obwohl die Abklärung der publizistischen Verantwortung nicht zu meinem Auftrag gehört, bitte ich Koralnik um ihre Stellungnahme. Sie ist über Ganzfrieds Behauptung empört und bestreitet, je etwas Derartiges vernommen zu haben.[60]

Als ich Karola zu diesem Zitat in der »Weltwoche« befrage, erklärt sie, sie habe Koralnik nur ein einziges Mal gesehen, nämlich bei Wilkomirskis Feier im Januar 1995.[61] Dies war zwei Wochen vor dem Brief Helblings an Suhrkamp, rekonstruiere ich. Koralnik war also noch nicht gewarnt; aber nachträglich mußte jene Veranstaltung für die Anwesenden eine besondere Bedeutung bekommen haben. Ich frage Karola, ob sie an jenem Abend mit der Literaturagentin geredet habe. »Ja, nach der Lesung. Sie fragte mich, womit ich mich beschäftige. Wilkomirski sagte ihr, ich schreibe Gedichte. Frau Koralnik fragte, wie ich den Krieg überstanden hatte.« »Hat sie nach Ihrer gemeinsamen Vergangenheit mit Wilkomirski in Krakau und in den Lagern gefragt?« will ich wissen. »Nein.« Auf meine Nachfrage, ob sie Koralnik gewarnt habe und Ganzfrieds Zitat zutreffend sei, erklärt sie: »Nein, ich kann dies nicht gesagt haben.« Sie habe zwar gespürt, daß die Erzählung Wilkomirskis »eine Parodie oder Fiktion« sei, und das Manuskript »gleich in den Abfall geworfen«, nachdem sie es überflogen hatte. »Und auf der Veranstaltung fühlte ich mich dann nicht wohl und blieb nicht lange.« In ihrer kurzen Unterhaltung mit Koralnik habe sie ihr aber nichts davon gesagt.[62]

Trotz der verschiedenen langen Gespräche mit meiner Zeugin begriff ich nie genau, warum sie sich damals schlecht gefühlt hatte und was mit ihr passiert war. Ich bitte sie nun, mir nochmals den Ablauf des Abends zu schildern. Sie erzählt, zuerst habe Wilkomirski eine Ansprache gehalten, in der er unter anderem dafür gedankt habe, daß sie extra aus dem Ausland zur Feier gekommen sei. Dann habe Georges Wieland aus dem Text vorgelesen. Was man denn vorgelesen habe, frage ich. »Über mich doch!« stößt sie entrüstet hervor. »Von Ihrer gemeinsamen Zeit in Krakau?« frage ich verblüfft. »Aber nein, da hätte ich laut herausgeschrien. Man las von den Treffen zwischen mir und Wilkomirski in den siebziger Jahren in Zürich, ich glaube auch von der Geschichte, wie meine Mutter und ich befreit wurden.« »Aber diese Geschichte ist doch falsch erzählt, da hätten Sie protestieren müssen«, wende ich ein. »Es war auf deutsch, ich habe es nicht gut verstanden.«

Er führte Karola also beim Publikum mit ihrer KZ-Geschichte ein, exponierte durch die Textauswahl ihre gemeinsame Vergangenheit und stärkte damit die Glaubwürdigkeit seiner Geschichte als KZ-Erinnerung. »Ich kam mir ausgestellt und mißbraucht vor«, erklärt meine Gesprächspartnerin, »ich hatte das Gefühl, alle wollten sich auf meine Geschichte stürzen.« »Die Geschichte von Ihrer Begegnung in der Nachkriegszeit hat eine gewisse Wahrheit«, stelle ich fest, »schließlich haben Sie sich tatsächlich getroffen. Er läßt etwas vorlesen, gegen das Sie nicht protestieren können, und führt Sie als Kronzeugin, als materiellen Beweis seiner Geschichte vor.« – »Ja, dies war der Grund für seine Einladung an mich. Ich wollte nicht zu der Feier gehen, aber er hat mich so lange angefleht, bis ich nachgab.«

Ich schicke Karola die Textpassagen meines Berichts, in denen sie erwähnt wird. Sie ist mit meiner Darstellung einverstanden. Zusätzlich korrigiert sie Bernsteins Behauptung, laut Wilkomirski habe ihr Mann ihr verboten, über diese Geschichte zu sprechen und sie deswegen unter Druck gesetzt. »Dies ist überhaupt nicht wahr. Meine Vergangenheit ist kein Geheimnis. Alle wissen davon, natürlich auch mein Mann.«[63]

Die Vermutung, Bernstein habe Wilkomirski massiv beeinflußt, begegnete mir übrigens nicht nur im Gespräch mit Karola. Um Stellungnahme gebeten, weist Bernstein »diese Behauptung in aller Form zurück«. Er habe Wilkomirski niemals, »direkt oder indirekt, angeleitet, geführt, ermutigt, schon gar nicht manipuliert, irgendwelche Erinnerungen, geschweige denn eine ganze Biographie zu entwerfen oder zu konstruieren. (...) Alle Behauptungen, wonach ich seine Gestalt erfunden habe oder daß ich die treibende Kraft hinter seinen Handlungen gewesen sein soll, sind lächerlich und unwahr.« Er habe seit September 1998 (also seit Ganzfrieds Artikel) auch überprüft, ob ihn »unbewußte Motive« geleitet haben könnten. Bis jetzt seien ihm keine solchen bewußt geworden. Wesentlich sei auch, daß er sich durch Wilkomirski »nie materiell bereichert habe. Im Gegenteil. Nicht nur, daß ich eigenes Geld und enorm viel Zeit für sein Anliegen verwendet habe, meine ganze Familie war emotional sehr engagiert. Dazu kommt noch, daß mir gegenwärtig fast alle professionellen Aufträge in der Schweiz gestrichen wurden. Ich sage dies in keiner Weise klagend oder anklagend. (...) Ich kann mir zwar vorwerfen, Fehler gemacht zu haben, manipulierende Motive hatte ich absolut keine.«[64]

Ein entsetzliches Opfer – Laura Grabowskis Vergangenheit

Bei einem unserer Gespräche erzählt mir Bernstein eine aufschlußreiche Episode, die er erlebt hatte, noch bevor Wilkomirskis Erinnerungen öffentlich unter Beschuß kamen. Wilkomirski und er waren in Begleitung ihrer Frauen bei einer Einladung. Zugegen war auch Aharon Appelfeld, der bekannte israelische Schriftsteller rumänischer Herkunft, der selbst als achtjähriger Knabe seine Mutter durch die Deutschen verloren hatte, deportiert wurde, aus dem Lager flüchten konnte, drei Jahre in den Wäldern verbrachte und mit elf Jahren von der sowjetischen Armee gefunden wurde, die ihn als Küchenjungen mitnahm. Appelfeld erzählte der Gesellschaft, wie er in den frühen Jahren seiner Laufbahn in einer Literaturzeitschrift eine Geschichte publiziert hatte, die vollkommen erfunden war. Sie handelte von einer Reise zum Hof eines Rabbi und allem, was dort passierte, von den Chassidim, die kamen und gingen, von den Sitten und Gebräuchen und so weiter. Daraufhin riefen ihn verschiedene Leute an und lobten ihn für seine genaue

Beschreibung, denn sie seien dort gewesen. Appelfelds Geschichte brachte alle zum Lachen. Auf der Heimfahrt fragte Bernsteins Frau: »Du, warum hat Appelfeld dies erzählt?« Da erst ging Bernstein auf, daß der Dichter mit seiner Anekdote Wilkomirski vielleicht signalisieren wollte, daß an seiner Geschichte zu zweifeln sei.[65]

Ich hätte diese Episode gerne Laura Grabowski erzählt, der Frau, die im April 1998 mit Wilkomirski zusammen eine Veranstaltung in Los Angeles bestritt, weil sie mit ihm Erinnerungen an Birkenau teilte. Wilkomirski erzählte bei jenem Anlaß, wie er Grabowski im KZ und später in einem Krakauer Heim getroffen hätte. Nachdem auch Karola seine Erinnerungen bestreitet, bleibt Grabowski die letzte mögliche Zeugin zu seinen Gunsten. Aber ein Kontakt zu ihr ist unmöglich. Bernstein sagt mir, sie sei nach der CBS-Sendung »60 Minutes« untergetaucht, weil sie von einem Journalisten »verfolgt wurde, der behauptet, sie lüge, und ihre Geschichte stimme nicht«; Balint erklärt, sie sei so krank und Erinnern für sie so schrecklich, daß sie nie aussagen werde; Wilkomirski bezeichnet ihren Zustand als sehr schlecht, sie sei nicht mehr ansprechbar. Hinzu kommen Wilkomirskis generelle Vorbehalte gegen die Kontaktierung von Kinder-Überlebenden. Er geißelt mehr als einmal die »respektlose und infame Behandlung des Problems der jüngsten Child-Survivors durch die Medien«. Die Betroffenen seien so schockiert und verängstigt, daß sie selbst gegenüber ihren psychologischen Betreuern keine Aussagen mehr machen würden. »Wenn Betroffene, die in irgendeiner Weise eine Beziehung zu meiner Biographie haben, bereit sind, etwas zu sagen, dann werden sie sich selbst melden. Ich aber werde sie niemals dazu auffordern oder sie darum bitten. Dies würde mir eine Verantwortung aufbürden, die ich nicht zu tragen vermag.«[66]

Leon Stabinsky, den ich durch die Vermittlung Ganzfrieds und der BBC kennengelernt habe, konnte Laura Grabowski vor ihrem Verschwinden noch persönlich sprechen.[67] Er war Kovorsitzender der Survivor-Gruppe von Los Angeles, die 1998 die Veranstaltung mit Grabowski und Wilkomirski organisierte. Wie auch andere

Gruppenmitglieder hatte er allerdings von Anfang an Vorbehalte gegenüber dieser Frau, die im Sommer 1997 plötzlich aus dem Verborgenen auftauchte, sich als Überlebende outete, aber immer nur weinte, wenn man sie auf ihre Vergangenheit ansprach, und nie etwas Substantielles erzählte. Skepsis löste auch Wilkomirskis Erzählung aus. Es schien Stabinsky und anderen Überlebenden unmöglich, daß ein so kleines Kind einen jahrelangen Aufenthalt im KZ überstehen konnte. (Die lokal kursierenden Zweifel an seiner Geschichte waren vielleicht der Grund, weshalb Wilkomirski in seiner Rede in Los Angeles erklärte, erst Ende 1944, also nur Wochen vor seiner angeblichen Befreiung, nach Birkenau gekommen zu sein. Meines Wissens hatte er vorher noch nie ein Ankunftsdatum für Birkenau angegeben.)

Stabinsky brach ein Tabu unter den Survivors und stellte Grabowskis Shoah-Geschichte in Frage. Dies war ein Hauptgrund für die Spaltung der Gruppe im Herbst 1998. Den ersten greifbaren Anhaltspunkt für die Unstimmigkeit ihrer KZ-Biographie fand Stabinsky in einem Brief Grabowskis vom 20. Juni 1997, der ihm in die Hände gekommen war. Sie hatte als Lauren Grabowski-Stratford unterzeichnet, ohne für diesen Doppelnamen eine befriedigende Erklärung geben zu können. Der zweite Nachname verschwand später, und aus Lauren wurde Laura. Stabinskys Mißtrauen wuchs. Eine Suche im Internet nach den verschwundenen Namen brachte ein unglaubliches Ergebnis: »Satan's Sideshow: The Real Story of Lauren Stratford«[68], hieß eine Enthüllungsgeschichte, die Stabinsky von der Webseite der kleinen evangelikalen Zeitschrift »Cornerstone« herunterlud.

»Greift zu! Kauft die Geschichte von Satans Untergrund! 100 000 Exemplare im Druck! Präsentiert in Radio und Fernsehen, von ›Geraldo‹ bis zum ›700 Club‹! Geschichten von satanistischen Ritualen, Snuff-Filmen und Menschenopfern! Autorin Lauren Stratford überlebte, um uns alles darüber zu erzählen! Nun urteilt selbst... Dieser Artikel dokumentiert als außergewöhnliche Chronik, wie die grausige Phantasie einer Frau in vermeintliche Wahrheit verkehrt wurde. (...) Der unumstößliche Beweis, den wir aufgedeckt haben und nun hier vorlegen, spricht für sich. Die Geschichte von Satans Untergrund ist erfunden.«

Die Journalisten Bob und Gretchen Passantino sowie Jon Trott hatten sehr sorgfältig recherchiert und dokumentiert, wie aus einer verwirrten Frau namens Laurel Rose Willson die Bestseller-Autorin Lauren Stratford wurde. Die Frau fabrizierte seit ihrer Jugend schreckliche Geschichten, in denen sie in verschiedensten Varianten immer die Rolle des Opfers spielte. Mitte der achtziger Jahre, als in den Staaten angeblich grassierende Kindesmißhandlungen durch Satanismuskulte (Satanic Ritual Abuse, SRA) zu einem öffentlichen Thema wurden, erschuf sie sich mit Elementen dieser Horrorgeschichten eine Biographie, die an erlittenen Grausamkeiten nicht zu überbieten war, jedoch mit der Realität nichts gemein hatte. Nach drei Jahren waren von ihrem Buch bereits 140 000 Exemplare verkauft, und die Autorin erhielt einen prominenten Platz in den Medien, wo sie als Opfer des Satanismus, das durch Therapie seine Erinnerung wiedererlangt hatte, und als Expertin für diese Kulte auftrat.[69]

In ihrer »Autobiographie«[70] beschreibt Stratford, wie sie als uneheliches Kind geboren und von einem gutsituierten Ehepaar adoptiert wurde; dies war nahezu das einzige wahre Element in ihrer Geschichte. Sie erzählt weiter, ihre Mutter habe sie als Sechsjährige über Wochen und Monate Männern zur Vergewaltigung ausgeliefert; zwei Jahre später kamen pornographische Aufnahmen, Sodomie eingeschlossen, hinzu. Obwohl das Opfer bei verschiedenen Erwachsenen um Hilfe nachsuchte, stieß es immer auf Unglauben. Lauren wurde durch ihre Mutter in eine Organisation von Pornofotografen eingeführt, der sie auch als Jugendliche und Erwachsene ausgeliefert blieb. Sie wurde zur Liebesdienerin von Victor, dem Chef des Kartells, der mit Pornos, Prostitution, Drogen und Kindersex seine Geschäfte machte. Er zwang sie zur Beteiligung an Satanismusritualen, bei denen sie von ihm und anderen regelmäßig vergewaltigt wurde. Schließlich verlangte er von ihr, sich an der rituellen Opferung von Babys zu beteiligen. Sie weigerte sich, wurde wochenlang in eine Kiste mit Schlangen gesperrt, dann in ein Metallfaß. Jede Woche warf man ein gehäutetes und getötetes Baby zu ihr ins Verlies hinein, bis ihr Wille endlich gebrochen war und sie bei einer Opferung assistierte. Schließlich mußte sie drei Kinder zur Welt bringen, deren Schicksal vorbestimmt war. Die ersten zwei wurden kurz nach der Geburt in Snuff-Filmen ermordet; das dritte, Joey, töteten die Satanisten in einem blutigen Ritual vor ihren Augen. »Als die Flammen das Opfer verzehrten, rief ich: ›Satan, du hast Joey nicht bekommen. Joey ging zum Herrn Jesus. Ihr alle täuscht euch. Ihr mögt sein Herz haben, aber nicht seine Seele!‹«[71]

War es möglich, daß die Autorin dieser vollkommen erfundenen »Autobiographie«, die unterdessen ihren Weg zu Jesus gefunden hatte, identisch war mit der Jüdin Laura Grabowski, die mit Wilkomirski die Hölle von Auschwitz geteilt hatte? Bester Beweis wäre eine identische Nummer der Social Security. Stabinsky war im Beirat des Swiss Fund for Needy Victims of the Holocaust/Shoa. Er entdeckte, daß Grabowski, die sich unterdessen mit ihrer Biographie als jüdisches KZ-Opfer bei den verschiedensten Stellen Geld beschaffte, auch bei diesem Fond um finanzielle Unterstützung nachgesucht und rund 500 Dollar erhalten hatte.[72] Dazu mußte sie ihre Versicherungsnummer angeben: Sie war identisch mit derjenigen von Laurel Willson alias Lauren Stratford. Die Beweiskette war geschlossen, das Satanismus-Opfer war tatsächlich zum Nazi-Opfer mutiert. Die Frau hatte ihr Kreuz gegen den Davidstern eingetauscht; es quälte sie nicht mehr der Satanist Victor, sondern der Nazi-Arzt Mengele; man entriß ihr nicht mehr ihre Leibesfrucht, sondern man machte sie unfruchtbar; ihre entsetzten Augen starrten nicht mehr in Opferflammen, sondern in den beißenden Rauch des Krematoriums, und ihre heutigen körperlichen Gebrechen waren nicht mehr Folgen von Mißbrauch und Vergewaltigung, sondern von abscheulichen medizinischen Experimenten.

Die Frau, die sich später all diese Biographien aneignete, war in Wirklichkeit am 18. August 1941 in einem Spital im amerikanischen Tacoma, Washington, zur Welt gekommen. Nach 44 Tagen wurde das Baby vom Ehepaar Willson abgeholt, das es im Februar 1942 adoptierte. Laurels Adoptiveltern waren tiefgläubige Presbyterianer, die Großeltern mütterlicherseits polnische Katholiken und hießen Grabowski.[73] Das heranwachsende Mädchen erwies sich als musikalisch sehr begabt und erhielt Unterricht in Gesang, Klavier, Klarinette und Flöte. In der Adoleszenz verbreitete Laurel Geschichten von sexueller Belästigung, die nicht zutrafen, und machte einen ersten Selbstmordversuch. Auch als Erwachsene erzählte sie viele Lügengeschichten, in denen sie das Opfer war, und machte Versuche, sich selbst zu verletzen. 1989, nur ein Jahr nach Veröffentlichung ihrer Satanismus-Autobiographie, publizierte sie »I Know You're Hurting«, einen Jesus gewidmeten psychologischen Ratgeber für Leidende, ein in schwärmerischem Stil geschriebenes Buch voller Platitüden. Dem folgte 1993 »Stripped Naked«, ein weiterer »autobiographischer« Text, in dem sie sich als multiple Persönlichkeit beschreibt, die zusammen mit ihren Therapeuten ihren verschiedenen Ichs begegnet.[74]

In diesem letzten Machwerk wird ihr aufkommendes Interesse an der Rolle eines Shoah-Opfers bereits an mehreren Stellen erkennbar. Sich auf den Historiker Raul Hilberg beziehend, der nachzeichnete, wie die Juden im Mittelalter stigmatisiert, in späteren Jahrhunderten separiert und unter den Nazis liquidiert wurden, vergleicht sie die Opfer von Satanismus und Shoah: »Wir, die Opfer und Überlebenden, mußten zu lange schweigen. Wir wagten uns endlich hervor und brachen unser Schweigen, vorsichtig, mit leiser Stimme. Manche von euch hören uns jetzt zu, und manche glauben uns. Aber es gibt viele, die uns nicht zuhören und die uns nicht glauben. Und da sind einige unter euch, die nicht einmal glauben, daß es uns gibt! Dies ist eine Tragödie.«[75]

Frappierend sind die inhaltlichen Ähnlichkeiten zwischen »Satan's Underground« und »Bruchstücke«, zwischen den Lebensläufen von Stratford und Wilkomirski. Beide »Autobiographien« erzählen die Geschichte eines adoptierten Kindes, das in eine gutbürgerliche Familie kommt. Beide Kinder sind unschuldige Opfer entsetzlichster Verbrechen, finden kein Gehör und lernen erst spät, zu ihrem Leiden und ihrer Vergangenheit zu stehen. Die Niederschrift von »Bruchstücke« gründet in einer therapeutisch inspirierten Haltung und erfolgt teilweise im Rahmen der Therapie. Bei »Satan's Underground« verhält es sich ähnlich: Stratford zitiert die Erklärung ihrer Therapeutin, »daß das Aufschreiben meiner Gefühle zu einer Katharsis führe, bei der die Wunden meiner Emotionen gereinigt würden (Katharsis/Abreagieren = Beseitigen eines Komplexes durch Erkennen und Aussprechen). Sie sagte mir auch, daß ich nach einiger Zeit das Tagebuch als meinen Freund betrachten würde. Ich stellte das in Frage, aber nach vielen tränenerfüllten Sitzungen begann ich zu merken, daß das Aufschreiben eine heilende Wirkung hatte.«[76] Es ließen sich viele weitere inhaltliche Parallelen anführen.

Noch interessanter sind die strukturellen Ähnlichkeiten der Texte, die ich hier ebenfalls nur andeute. Beide Texte bedienen sich hemmungslos einer Rhetorik der Gewalt. »Die Seiten sind voll von Mißhandlungen, Schmerzen und Entsetzen«, schreibt Stratford. »Es ist gut, wenn wir schockiert sind. Denn dann werden wir uns fragen, warum und wie sich das Böse in unserer Mitte so entwickeln konnte.« Beide Texte bleiben bezüglich der Fakten sehr vage. »Das dient zu meinem Schutz und auch zur Erinnerung daran, daß das, was ich mitgemacht habe, nicht auf eine Stadt oder Region beschränkt ist«, lautet Stratfords Erklärung, weshalb sie keine näheren Ortsbezeichnungen angibt. Wie bei Wilkomirski soll auch hier eine Rhetorik des Faktischen von der Wahrheit der Geschichte überzeugen: »Es ist nichts Ausgedachtes«, behauptet Stratford. Aber das Gedächtnis ist lückenhaft; so kann sie sich »der furchtbaren Szene« einer Vergewaltigung »nur bruchstückhaft erinnern, wie eine Zusammenstellung von Schwarzweißbildern, wie sie manchmal bei Kriegsdokumentationen gezeigt werden«.[77]

Beide Texte leben durchgängig von einer simplen Zweiteilung der Welt in Opfer und Täter; sie lassen den Lesern keine andere Wahl, als sich mit dem Opfer zu identifizieren. Sonst gehört man zu den Tätern, zu denen, die den Opfern noch nie Gehör geschenkt haben. Die identifizierende Lesart verschafft einem den Gewinn,

sich selbst als Opfer fühlen und Tröstung erfahren zu dürfen.
»Wenn es nicht um Euch ginge und die Tausende gleich Euch, die allein, verletzt und verzweifelt sind und nach einem Ausweg suchen, hätte ich dieses Buch nicht geschrieben«, erklärt Stratford ihren Lesern. Die Opfer sollen merken, meint sie an anderer Stelle: »sie sind nicht allein!« Wilkomirskis Buch endet mit dem Satz: »Sie sollen wissen, daß sie nicht ganz allein sind.«[78]

Auch Stratford blieb, unterdessen zum Mengele-Opfer Grabowski mutiert, in ihrem Leiden nicht allein. Damit sie ihre Blutkrankheit kurieren und zu Wilkomirski fliegen konnte, spendete ihr eine Deutsche 1998 aus tiefem Mitleid und dem Gefühl moralischer Verpflichtung über 1000 Dollar.[79]

»Der bemalte Vogel« – die Wahrheit eines Romans

Wilkomirski erzählt, ihn habe kaum etwas so erschüttert wie »Der bemalte Vogel« von Jerzy Kosinski,[80] den er in den sechziger Jahren gelesen habe. Der Ich-Erzähler des Buches berichtet von seinen schrecklichen Kindheitserfahrungen in Polen zur Zeit der Okkupation durch die Nazis. Mit sechs Jahren wird er von seinen Eltern getrennt und kommt zu einer Pflegemutter in ein fernes Dorf. Die alte Frau stirbt jedoch zwei Monate nach seiner Ankunft, und für den allein zurückgebliebenen Knaben beginnt eine jahrelange Wanderschaft von Dorf zu Dorf. Manchmal findet er Zuflucht, doch zumeist erfährt er Gewalt, Haß und Erniedrigung, denn seine Haare, Haut und Augen sind dunkel, so daß ihn die Bauern für einen Zigeuner oder Juden halten, den sie verachten und verfolgen. Alptraumartig erlebt er in dieser Welt, in der unsagbare Gewalt, widerwärtige Sexualität und Aberglaube vorherrschen, eine schreckliche Episode nach der anderen. Ein Müller sticht einem Möchtegern-Liebhaber seiner Frau die Augen aus. Mädchen werden brutal vergewaltigt. Ein Vater mißbraucht seine Tochter und zwingt sie zur Sodomie. Ein Zimmermann wird lebendigen Leibes von Ratten aufgefressen. Bauern werfen den Protagonisten in eine Jauchegrube, so daß er vor lauter Entsetzen für Jahre die Stimme verliert. Vorbeifahrende Züge, aus denen Säuglinge geworfen werden, verkünden die Schrecken der Deportationen. Aber der Ich-Erzähler, obwohl beständig Todesgefahren ausgesetzt, überlebt den Krieg und kommt in ein Waisenhaus, wo ihn seine Eltern wiederfinden. Später findet er auch seine Sprache wieder.

Die amerikanische Originalausgabe von Kosinskis Buch erschien im Oktober 1965 und erhielt begeisterte Kritiken. Peter Prescott verglich es mit dem Tagebuch der Anne Frank und nannte es »nicht nur ein Zeugnis für die Grausamkeiten des Krieges, sondern für das Versagen der menschlichen Natur«. Elie Wiesel, dem der Autor mitgeteilt hatte, daß sein Buch autobiographisch sei, würdigte es ebenfalls als authentisches Zeugnis des Holocaust. »Gerade als Chronik erreicht ›Der bemalte Vogel‹ (…) seine ungewöhnliche Eindringlichkeit«, schrieb Wiesel. »Geschrieben mit tiefer Aufrichtigkeit und Sensibilität, übersteigt dieser ergreifende, in der Ich-Form verfaßte Bericht das Bekenntnis und erlangt in Teilen den quälenden Zug einer gleichsam surrealistischen Erzählung. Man kann ihn nicht ohne Angst, Scham und Trauer lesen.« Wiesel betont, die Leiden des Knaben hätten ihre Ursache in dessen zufälligem dunklen Aussehen; »es hätte jedem zustoßen können, überall. Wenn es jemals eines Beweises bedurft hätte, daß Auschwitz mehr ein Programm war als ein Name, dann erhalten wir ihn mit niederschmetternder Eloquenz in ›Der bemalte Vogel‹, einer bewegenden, aber auch beängstigenden Erzählung, in der der Mensch angeklagt und für schuldig befunden wird, ohne mildernde Umstände.« Wiesels Urteil war typisch für die Rezeption, die das Buch als ein authentisches Zeugnis und historisches Dokument betrachtete. Es wurde in alle wichtigen Sprachen übersetzt; in Deutschland entwickelte es sich zum Bestseller, in Frankreich erhielt es den Preis für das beste ausländische Buch. Es erschien auch auf den Lektürelisten der Universitäten, und Lawrence Langer analysierte es eingehend in seiner Studie »The Holocaust and the Literary Imagination«. Der Autor, der sich viel später bei der Lektüre von »Bruchstücke« an den »Bemalten Vogel« erinnern und dadurch an Wilkomirskis Geschichte zweifeln sollte, las Kosinskis Buch damals als eindrückliche literarische Darstellung des »univers concentrationnaire«. Das Buch zeige die Reduktion des Menschen zu einer Bestie, den »Abstieg des Menschen vom Podest der Zivilisation in den Sumpf brutalen Überlebens«, so daß der Leser seine Vorstellung über die menschliche Natur revidieren müsse.[81]

Der tiefe Eindruck, den Kosinskis Buch auf Wilkomirski gemacht hat, blieb vermutlich nicht ohne Folgen. Jedenfalls fallen die vielen Parallelen zu »Bruchstücke« auf: In beiden Büchern ist der Protagonist ein vollkommen auf sich allein gestellter Knabe, der in Polen zur Zeit des Nazi-Terrors entsetzlicher Gewalt ausgesetzt ist; ein schwaches Kind zwar, aber dennoch ein Superheld, der wundersam überlebt. Auch die Täter gleichen sich: In »Bruchstücke« spielen die Nazis eine zentrale Rolle, und die primitiven Bauern erscheinen in der Figur der furchterregenden Bäuerin, bei der sich der kleine Binjamin versteckt. Im »Bemalten Vogel« sind die Bauern die Haupttäter; manchmal tauchen auch Deutsche auf, aber meistens bleiben sie als Bedrohung im Hintergrund. Die Welt, in der sich die beiden Kinder bewegen, ist von einer radikalen Brutalität, Primitivität und Grausamkeit; es dominiert eine menschliche Natur, die weder Vernunft noch Liebe noch Fürsorge kennt – das krude Gegenteil jeder Zivilisation. Beide Kinder sind derart dieser sinnlosen, normlosen und gewalttätigen Welt ausgesetzt, daß sie beständig um ihre Identität ringen und schließlich ihre Sprache verlieren. Metapher dieser zerstörten Identität ist bei Kosinski der bemalte Vogel, der durch die aufgezwungene Maskerade der Vernichtung preisgegeben wird. Wilkomirskis Erinnerung an das Spiel mit dem Flugzeug, die er angesichts des Schreckens als eine Rettung im Imaginären aufruft, erscheint wie das positive Gegenbild dazu. Beide Texte erzählen von einem Aufenthalt im Waisenhaus nach Kriegsende; während Kosinskis Protagonist dort von den Eltern abgeholt wird, ist es bei Wilkomirski eine Frau Grosz, die verspricht, ihn als ihren angeblichen Sohn in die Schweiz mitzunehmen. Weitere Parallelen sind die tödliche Gefahr der Rattenplage und schließlich die exzessive Konfrontation mit Exkrementen: Kosinskis Held ertrinkt fast in einer Jauchegrube, Binjamins Füße versinken im menschlichen Kot. Auch formal erscheint Kosinskis Werk als inspirierendes Vorbild für »Bruchstücke«: Der Text zerfällt in einzelne zusammenhanglose Episoden, die aus einer Kinderperspektive erzählt werden. Diese stärkt die Identifikation des Lesers mit dem unschuldigen Opfer, das sich ohnmächtig einer Welt der Täter ausgeliefert sieht. Der Stil ist einfach, schildert aber Gewalttätigkeiten in einer Drastik, wie man sie kaum je gelesen hat.

Wilkomirski erzählt, Kosinski sei in der Nachkriegszeit in die Schweiz gekommen; offensichtlich sieht er eine Parallele zu seinem eigenen Leben. Er geht aber noch viel weiter und vergleicht die heutigen Angriffe auf ihn mit Kosinskis Erfahrungen: Weil dieser »schonungslos niederschrieb, was es hieß, als Zigeuner oder Jude ein ›Kind zwischen den Fronten‹ in Kriegspolen gewesen zu sein«, habe man ihn verfolgt. Man habe sich auf Kosinski gestürzt, ihn verleumdet und beschimpft »wie einen Schwerverbrecher, ohne Mitgefühl oder Verständnis für die Verwirrung eines geschundenen Kindes«. So habe man ihn schließlich in den Tod gehetzt. Diese Erfahrung, sagt Wilkomirski, sei ein Grund, warum er heute die Adressen der Kinder-Überlebenden nicht herausrücke, die für ihn zeugen könnten.[82]

Was ist mit Kosinski geschehen? Im Juni 1982 kam der Autor, der unterdessen zu literarischem Ruhm gekommen war und sogar als Anwärter für den Nobelpreis gehandelt wurde, unter massiven Beschuß. Die amerikanische Zeitschrift »Village Voice« warf ihm vor, zeit seines Lebens ein Lügner gewesen zu sein. Unter anderem erzähle er divergierende Versionen seiner Auswanderung von Polen in die USA. (Er verließ erst 1957 sein Herkunftsland und kam nach dem Krieg nicht in die Schweiz, wie Wilkomirski meint.) Besonders folgenreich war der Vorwurf, daß er für seine Bücher, auch für den »Bemalten Vogel«, exzessiv die Dienste von Übersetzern und Lektoren beansprucht habe, ohne dies zu deklarieren. Der Artikel löste in der literarischen Welt ein Erdbeben aus und zerstörte weitgehend Kosinskis Glaubwürdigkeit. Im Jahre 1991 nahm er sich das Leben.

Die zentrale Kritik betraf seinen Umgang mit den Fakten seiner Lebensgeschichte. Wie man bei seinem Biographen James Park Sloan nachlesen kann, verwischte Kosinski in seiner Karriere immer wieder die Grenze zwischen Fingiertem und Faktischem. Was er erfand, schien zu seinem Leben zu werden, und sein erzähltes Leben entpuppte sich als Erfindung. Dieses Problem begleitete schon die Publikation des »Bemalten Vogels«: Kosinski konnte die spätere Verlegerin des Buches für das Manuskript begeistern, weil er ihr suggerierte, es sei autobiographisch. Ähnlich beeindruckte er auch die Rezeption: »Ich hielt es für Fiktion«, sagt Elie Wiesel, »aber als er mir erzählte, es sei eine Autobiographie, zerriß ich meine Rezension und schrieb eine tausendmal bessere.«[83]

Tatsächlich hatten die biographischen Fakten wenig gemein mit den Schilderungen in seinem Buch:[84] Kosinski wurde 1933 im polnischen Lodz als Sohn des jüdischen Ehepaars Lewinkopf geboren. Um den Deutschen zu entgehen, verließ seine Familie bald nach Kriegsausbruch ihren Wohnort. In Sandomierz nahm sie den nichtjüdischen Namen Kosinski an. Dank ihres Vermögens und der Hilfe von Einheimischen konnte sie in relativ guten Verhältnissen leben und überstand unter falscher Identität in verschiedenen Dörfern die Schreckenszeit. Der Sohn lebte nie von den Eltern getrennt und verlor nie die Stimme. Die meisten Ereignisse, die Kosinski schildert, sind erfunden. Dennoch ist wahrscheinlich, daß das jahrelange Leben unter falscher Identität den damals kleinen Knaben extrem belastet hat, so daß er als Erwachsener dafür einen Ausdruck suchte. Aus inneren Bildern schuf er einen Roman. Die Handlung war erfunden, aber der Schmerz war echt und wurzelte in der frühen Kindheit. – Könnte dies auch für seinen Bewunderer Wilkomirski gelten?

Maroko und Wilkomirski – eine tröstliche Geschichte

Durch den Film »Wandas Liste« stieß Yakow Maroko auf Wilkomirski, den er für seinen verlorenen und nun wiedergefundenen

Sohn hielt. Welche Rückschlüsse auf die Biographie Wilkomirskis lassen sich aus dieser Konstellation ziehen? Der 1998 verstorbene Maroko hat eine Autobiographie geschrieben, die ganz auf diese Begegnung ausgerichtet ist und ihr ein eigenes Kapitel einräumt. »Außergewöhnliche Augenblicke dieser Art gehören nicht in den Bereich der Natur«, schreibt er. »Sie gehören seit jeher zu den Mysterien des Lebens. Nur mit dem Glauben an ein Wunder kann man mit einer solchen Situation fertig werden.« Damit ist die Perspektive gesetzt; der ultraorthodoxe Autor – Maroko gehörte der Gemeinschaft der Gurer Chassidim an – interpretiert seine Begegnung mit seinem vermeintlichen Sohn als Wundergeschichte, als Beweis für das sinnvolle Walten Gottes. Der Ton ist schwärmerisch, beinahe ekstatisch, der Stil barock und ausschweifend, die Argumentation wolkig und selten faktengetreu.[85] Zieht man noch andere Quellen hinzu, ist sein subjektiver Erlebnisbericht dennoch aufschlußreich.

Maroko erzählt, wie er sich Anfang 1995 plötzlich an Sara Lerner erinnerte, die Schwester seiner ersten Frau, die er in Majdanek verloren hatte. Er wußte nicht, wieso diese Erinnerungen plötzlich auftauchten. »Die Stimmen in meinem Herzen verließen mich nie, ich fürchtete um meinen Verstand und spürte den Zwang, meine Schwägerin zu suchen, um mit ihr zu reden.«[86] Diese lebte ebenfalls in Israel, hatte den Kontakt zu Marokos Familie verloren, und er fand ihre Telefonnummer erst nach drei Tagen. Trotz der Jahrzehnte, die ohne Verbindung verflossen waren, zeigte sie sich über seinen Anruf nicht im geringsten erstaunt. Er habe sie sicher wegen der Fernsehsendung angerufen, begrüßte sie ihn. Aus religiösen Gründen sah Maroko nicht fern, und er wußte von nichts. Da begann Lerner »wie ein Wasserfall« von einem Bruno Wilkomirski zu erzählen, den sie im Film gesehen habe und der seit Jahren nach seinen Wurzeln suche. »Yakow!« beschwor sie ihn, »dieser Mann erinnert mich auf den ersten Blick an meine verstorbene Schwester! An deine erste Frau!! Die Gesichtszüge, (...) die Augen, die Haarfarbe, sein ganzes Auftreten. Ich bin fast überzeugt, daß es sich hier um deinen ermordeten Sohn Benjamin handelt, um den du so lange getrauert hast.«[87] Maroko kamen die Tränen, ein unkontrollierbares Zittern überfiel seinen Körper, und er befürchtete, einen Herzinfarkt erlitten zu haben. »Gott hat sich einer jüdischen Seele erbarmt, die wegen ihres Verlusts der eigenen Wurzeln verzweifelt ist«, dachte er. »Sicher ist die Stunde gekommen, in welcher das verlorene Kind seinen Vater wiederfindet«. Die Schwägerin erklärte ihm, daß sie weitere Abklärungen getroffen und von der Sendeanstalt die Adresse eines Elitsur Bernstein, eines Doktors der Psychologie, erhalten habe.[88]

Maroko rief Bernstein an und fragte ihn nach Einzelheiten über den Mann, der möglicherweise sein Sohn war und den er jahrzehntelang unter den Toten geglaubt hatte. Er überfiel den Psychologen mit einem Schwall von Fragen, ohne Zusammenhang und Logik, er wußte nicht, wie ihm geschah. »Vor meinen Augen drehten sich Kreise. Stellt euch vor: Mein Michael Benjamin lebt!« Maroko bat um die Telefonnummer des Mannes, aber Bernstein bestand darauf, zuerst ausführlicher mit ihm zu reden.[89] So begab sich Maroko mit seiner zweiten Frau Guta zu Bernstein, und sie führten ein langes Gespräch. Als der Psychologe den beiden Filmaufnahmen von Wilkomirski zeigte, wurde Maroko von Gefühlen überwältigt. »Immer wieder kehrte die Gestalt vor meinen Augen zurück«, erzählt er. »Mein Herz sagte immer wieder: Er ist es! Ich hielt meine Tränen zurück, ein harter Klumpen saß mir in der Kehle.« Erinnerungen tauchten auf an die Verhaftung im Warschauer Getto, die Märsche in eisiger Kälte, die Ankunft mit Frau und Kindern in Majdanek. Er begann Bernstein, der möglichst viele Einzelheiten wissen wollte, zu erzählen. Aus den Reaktionen von Bernstein und dessen Frau schloß er: »Die zwei Geschichten stimmen überein! Ich erbat von meinem Gastgeber ein Telefonbuch der Schweiz. Aber Dr. Bernstein weigerte sich. Er sei sich im klaren über meine Gefühle, aber er zögere noch, endgültige Schlüsse zu ziehen. (...) Mir blieb nichts anderes übrig, als mich zu fügen. Ich verbrachte schlaflose Nächte. Dr. Bernstein fuhr ins Ausland, und bis zu seiner Rückkehr konnte ich nichts mehr unternehmen.«[90]

Bernstein erklärt heute seinen anfänglichen Vorbehalt mit seiner »Sorge um die beiden. Ich wollte vor allem eine schwere Enttäuschung verhindern und war darauf bedacht, diesen Kontakt auf beiden Seiten sehr behutsam anzubahnen, ihn auf alle Fälle erst mit dem Einverständnis von Benjamin einzuleiten.« Er habe daher einen Teil des Gesprächs mit den Marokos, mit ihrer Zustimmung, auf Video aufgenommen und diese etwa zehnminütige Aufnahme sowie zwei Fotos der ersten Frau Marokos bei einem Besuch in der Schweiz Anfang Februar 1995 Wilkomirski persönlich vorgelegt, um seine Reaktion genau zu beobachten. Zuerst gab er ihm die Fotos. »Nach ca. zwei Minuten habe ich ihm Frau Lerners Annahme, er müßte ihr Neffe sein, unterbreitet. Seine Reaktion war: ›Vielleicht hat es etwas, aber ich weiß nicht.‹« Bernstein schilderte ihm dann das Gespräch mit Yakow und Guta. Als er ihm die Videoaufnahme zeigte, war Wilkomirski sichtlich gerührt. Doch er äußerte weiterhin Zweifel an einer möglichen Verwandtschaftsbeziehung. »Darauf unterbreitete ich ihm den Vorschlag von Frau Lerner, eine DNA-Untersuchung durchführen zu lassen. Benjamin bat um eine Bedenkzeit, stimmte nach zwei Tagen zu. In der zweiten oder dritten Februarwoche 1995 flog ich nach Israel zurück und brachte dem genetischen Labor des ›Assutta‹-Spitals in Tel Aviv eine Blutprobe von Benjamin mit.«[91]

Maroko hatte endlich die ersehnte Telefonnummer von Wilkomirski erhalten: »Hier spricht Maroko!« Er brachte zuerst kein weiteres Wort heraus und begann zu weinen. »Ich habe nie aufgehört, dich zu lieben, seit ich dich in Majdanek verloren habe. Diese Liebe brennt in mir bis heute.« – »Eine solche Liebe habe ich noch nie erlebt, auch nicht von meinen Adoptiveltern, nicht ein einziges Mal!« sagte Wilkomirski. Ob es ihn nicht störe, daß er ein Haredi, ein Hüter der Tradition sei, fragte Maroko. »Ich schätze die Haredim sehr«, antwortete Wilkomirski, und Maroko hörte »Ehrlichkeit in seiner Stimme«.[92] Schon am nächsten Tag erhielt er einen Brief:

»Sonntag, 12. Februar 1995

Mein Lieber

Ich weiß noch gar nicht, wie ich Dich ansprechen darf. Ich weiß noch gar nicht recht, was ich sagen soll – meine Gefühle sind so unbeschreiblich! Du kannst Dir sicher vorstellen, wie verwirrt und glücklich zugleich ich gestern nach Deinem Telephon war.

Über 50 Jahre habe ich gelebt ohne Eltern und jetzt – kann es sein, daß ich Dich, meinen Vater gefunden habe? Hat ›ER‹ ein Wunder gemacht? Und denk Dir: Heute ist der 12. Februar, der Jahrestag meiner Einreise in die Schweiz, und dieser Tag wurde zu meinem amtlichen Geburtstag gemacht. Ist das nicht ein Geschenk?

Mir ist es nicht so wichtig, was die wissenschaftlichen Blut- und Gewebetests ergeben – zuviel Zusammenhänge sind da, wie Elitsur Bernstein mir erzählt hat. Du warst auch in Majdanek. Ich habe Listen von über tausend jüdischen Kindern aus Polen, die versteckt oder in Lagern überlebten, und der Name Benjamin kommt kein einziges Mal vor. Es scheint in der damaligen Zeit in Polen ein sehr seltener Vorname gewesen zu sein. Es ist daher sehr unwahrscheinlich, daß es gerade in Majdanek 1943 zwei verschiedene Benjamin gegeben hat. Auch entsprechen einige Sachen, die Du Elitsur erzählt hast, meinen eigenen Erinnerungen! Ich werde bald abklären, wenn möglich vor Pessach Dich zu besuchen in Israel. Ich kann es kaum erwarten, Dich zu umarmen.

Bis bald und alles Liebe

Benjamin.«[93]

Im April 1995 ist es soweit, Maroko wartet mit seiner Familie in der Ankunftshalle des Flughafens Lod. Wortreich und mit den Übertreibungen, die sein ganzes Erzählen auszeichnen, schildert er sein Erlebnis: »Vor meinen Augen spielte sich ein Drama ab: Viele Menschen, Hunderte, vielleicht auch Tausende (...) aus allen Schichten der Bevölkerung! Unter ihnen viele Reporter der lokalen und internationalen Presse. Viele Fotografen (...), niemand fehlte! Wer hat die ganze private Geschichte publik gemacht? Woher kamen diese vielen Leute? Bis heute weiß ich nicht, wer die Quelle dieser Indiskretion war. Was ich dafür weiß, ist der herrliche Anblick. Ich sah ein riesiges, neugieriges Publikum, das die Wartehalle bis auf den letzten Platz ausfüllte.« Wilkomirski traf ein. »Mein Sohn, mein Sohn!!« rief Maroko. »Mein Kind, mein Kind! Wie fühlst du dich?« Marokos Herz floß über vor Liebe, schreibt er. »Allen Anwesenden schlug das Herz wie wild vor Aufregung, sie waren gerührt. Auch die abgehärteten Polizisten versteckten ihre Gesichter, um die ungewollten Tränen zu verbergen. Auch die Beamten, die über alles Auskunft wollten, erweichten sich, und die Aufregung erfaßte auch sie, als mein Benjamin als Höhepunkt in meine ausgestreckten Arme fiel und mich lange und innig umarmte.«[94]

Maroko erinnert sich an das »riesige Echo«, welches das »einzigartige Zusammentreffen zwischen mir und meinem verlorenen Sohn erzeugte (...). In der ganzen Welt lasen Tausende die Zeitungsberichte über unsere Geschichte, ich wurde mit unzähligen Briefen überhäuft und tagelang mit Telefonanrufen überschwemmt. Darunter waren Glückwünsche, auch von Unbekannten, denen das Geschehen das Herz erwärmt hatte. Andere sahen in mir jedoch einen Magier, dessen Augen verlorene Seelen zurückholen konnten (...). Ich wurde gebeten, sie von schrecklichen Leiden zu erlösen, ihnen mit meinen Wundern zu helfen und ihre in den Schreckensjahren verlorenen Familienmitglieder, über die sie nichts wußten, zu finden. Obwohl schon über fünfzig Jahre vergangen waren, hatten sie ihre Hoffnung nicht aufgegeben.«[95]

Wilkomirski jedoch war fündig geworden. Nach seiner Ankunft versammelte sich Marokos ganze Familie im Feriendorf Yad Habanim, wo sie Pessach und die Wiederkunft des verlorenen Sohnes feierten. »Und er – der berühmte Redner, der in der ganzen Welt Serien von Vorträgen gehalten hatte – saß mit geschlossenem Munde da«, erzählt Maroko in gewohnt dramatischer Überspitzung. Endlich löste sich Wilkomirskis Zunge: »Ich bin glücklich an diesem Tag, und ich danke meiner Familie, daß sie mich auf diese Weise in ihr Herz geschlossen hat.«[96]

In der wundersamen Wiedervereinigung von Vater und Sohn fallen drei Mechanismen auf, die für Wilkomirskis eigene Geschichte grundlegend sind: Fakten werden gegenüber dem Bedürfnis nach Zugehörigkeit unwichtig; Zugehörigkeit entsteht durch eine gemeinsame Vergangenheit; die Geschichte des wiedergefundenen Sohnes füllt schmerzhafte Lücken in individuellen und kollektiven Erzählungen und gibt symbolisch zurück, was unwiederbringlich verloren ist.

Zur Bedeutungslosigkeit der Fakten: Bernstein erzählt, Sara Lerner, die selbst Krankenschwester war, habe die Idee zu einem Bluttest vorgebracht und sehr darauf insistiert. Wilkomirski sei von der Idee nicht begeistert gewesen, doch er, Bernstein, habe ihn schließlich dazu überredet. In seinem ersten Brief an Maroko, den Wilkomirski noch vor Erhalt der Resultate schrieb, spielt er die Bedeutung des Tests herunter. Statt dessen zählt er dem völlig verwirrten alten Mann Argumente auf, die dessen Glauben an eine wundersame Fügung nähren konnten.[97] Der DNA-Test fällt negativ aus. Wilkomirski ist sich dessen sehr wohl bewußt, aber »das äußerst starke Gefühl zusammenzugehören«, wie er sich in »Wandas Liste« ausdrückt, ist das Entscheidende, »das biologische Moment tritt in den Hintergrund«. Maroko hingegen scheint den Test zu ignorieren, er erwähnt ihn in seinem Buch überhaupt nicht. Seine Argumente waren anderer Art. »Es genügte, in sein Gesicht zu blicken und zu seinen Haaren, die wie diejenigen seiner verstorbenen Mutter waren. Es genügte, seine Hände mit den meinen zu vergleichen, um zu wissen, daß er mein Sohn ist!« Maroko macht einen Segensspruch und fährt dann fort: »Wir beanspruchten noch die Hilfe von Dr. Liebermann, einem Fachmann, der auf das Vergleichen von Identitäten spezialisiert ist. Bilder meines Sohnes und seiner Mutter (...) bewiesen zweifelsfrei, daß weitere Abklärungen von Spuren unnötig waren. Aber, um die Wahrheit zu sagen, ich brauchte keinerlei weitere Beweise.« Er hatte schließlich seinen Glauben, den ihm verschiedene Rabbiner bestätigten. Wie anhaltend dieser Glaube war, ist unsicher. Bernstein erklärt, Maroko habe sich vier Wochen vor seinem Tod in Anwesenheit seiner Frau und Tochter klar ausgedrückt, daß er um die Nichtverwandtschaft wisse. »Ich habe einen verlorenen Sohn, Bruno [hat] einen verlorenen Vater gefunden, das ist, was zählt.«[98]

Zugehörigkeit entsteht durch eine gemeinsame Vergangenheit:[99] Wilkomirski fragt Maroko in seinem ersten Brief, ob er in ihm seinen Vater gefunden habe. Er legt eine positive Antwort nahe, indem er gleiche Erinnerungen und eine gemeinsame Vergangenheit in Majdanek behauptet. Nach Marokos Erzählung spielte die Vergangenheit auch für das Urteil der Rabbiner eine wichtige Rolle. Die beiden finden zusammen, weil sie für sich eine gemeinsame Geschichte beanspruchen. Interessant ist die Motivation von Sara Lerner. Nach Bernstein war sie eine säkulare Jüdin und hatte nach ihrer Scheidung den Kontakt zur orthodoxen Familie Marokos verloren. Die Entdeckung des »verlorenen Sohnes« gab ihr die Möglichkeit, die Verbindung wiederherzustellen; sie findet ein Stück angeblich gemeinsamer Vergangenheit und gehört dazu.[100]

Um zu dieser Vergangenheit zu kommen, mußte Wilkomirski seine eigentliche Zugehörigkeit aufgeben. Gegenüber Maroko behauptet er, man habe seinen Einreisetag, den 12. Februar, zu seinem Geburtsdatum gemacht. Die Unlogik dieser Behauptung ist evident, denn gleichzeitig besteht Wilkomirski seit jeher darauf, mit dem Knaben Bruno Grosjean, der tatsächlich existierte, vertauscht worden zu sein, und konzediert, daß dessen Papiere echt sind. Wie soll sich dann noch die Eintragung des falschen, aus der Einreise abgeleiteten Geburtsdatums vom 12. Februar 1941 plausibel erklären lassen?[101] Man könnte vielmehr die Erzählungen Wilkomirskis als permanenten Versuch verstehen, seine Geburt in eine Einreise zu verwandeln, um anderswo hinzugehören und eine kohärente Geschichte zu finden.

Welche Lücken füllt die inszenierte Geschichte des wiedergefundenen Sohnes? Bernstein meint, Sara Lerner sei immer sehr in ihrer schrecklichen KZ-Vergangenheit gefangen geblieben. Die Rückkehr des totgeglaubten Neffen bedeutet ein Stück Gegenwart, das den unaufhebbaren Schmerz ein wenig lindern kann. Von Maroko können wir vermuten, daß er sich den Verlust seiner Familie im KZ und seine eigene Rettung kaum ohne Schuldgefühle vergegenwärtigen konnte. Er bringt nun seiner Familie den Sohn zurück und wird damit für viele Leidensgenossen zu einer Hoffnungsfigur, die nach einem halben Jahrhundert verzweifelten Sehnens und Suchens Verlorenes wundersam zurückbringt. Wilkomirski wiederum fehlt jede Erinnerung an seinen Vater, genauer noch: selbst das Fehlen hat ihm nach eigenen Aussagen gefehlt, da er doch immer nur nach seiner Mutter suchte. Er erhält erstmals eine Familie, die er akzeptieren kann. In diesem Licht besehen, erscheint die Geschichte von Maroko und Wilkomirski als beeindruckender Versuch, das Nichterzählbare, das immerfort erzählt werden will, in eine tröstliche Geschichte zu verwandeln und als Lebensrealität zu inszenieren.

»Ab sofort beendet« – rechtliche Schritte

Zur Abklärung seiner Geschichte machte Wilkomirski aufwendige Forschungen in Polen, Lettland und Israel. Bemerkenswerterweise widmete er den Akten in der Schweiz weit weniger Aufmerksamkeit, obwohl hier angeblich doch die Vertauschung stattgefunden hat, die seinem Leben eine neue Wendung gab. Er behauptete wiederholt, er habe »schon vor ca. dreißig Jahren versucht, von den zuständigen Amtsstellen Auskunft und Einblick« in seine Papiere zu erhalten. Die Einsicht sei ihm aber verweigert worden; die neue Identität entziehe sich »einer juristischen Beweismöglichkeit, nachdem etliche solche Versuche an den geltenden Gesetzen scheiterten«.[102]

Als Beispiel dafür erwähnt Wilkomirski häufig seine Bemühungen um seine Geburtsdaten. »Ich besitze bis heute keinen originalen Geburtsschein. Ich besitze, wie alle Schweizer Adoptivkinder als Ersatz nur einen ›Gekürzten Geburtsschein‹, auf dem nur ein Geburtsdatum, Ort, der Name einer Mutter und die zuständige Gemeinde als ›Heimatort‹ steht. Der Unterschied: Schweizer Adoptivkinder haben dieses ›Ersatzdokument‹ seit der Geburt oder unmittelbar danach erhalten. Mein ›Gekürzter Geburtsschein‹

wurde mir jahrzehntelang verweigert und erstmalig nach wiederholter Anfrage 1995 ausgestellt. Geschrieben und Ausstellungsdatum meines Dokumentes (›Gekürzter Geburtsschein‹) ist der Februar 1995 (!).«[103]

Wilkomirskis Argumentation geht von verschiedenen Fehlannahmen aus. Erstens weisen die Geburtsscheine von adoptierten und nichtadoptierten Kindern nicht die von ihm suggerierten Unterschiede auf. Der für Adoptierte ausgestellte »Abgekürzte Geburtsschein« – so die etwas mißverständliche Bezeichnung nach altem Recht – ist keineswegs unvollständiger. In der Schweiz bekommt niemand ein Dokument mit ausführlicheren Angaben; es ei denn Auszüge aus dem Familienregister. Wilkomirskis Auszüge wurden aber seinem Anwalt Sandberg anstandslos ausgehändigt. Sandberg ging ebenfalls von falschen Voraussetzungen aus, als er 1995 gegenüber Suhrkamp behauptete, man müsse gegen die Behörden prozessieren, um mehr zu erhalten. Zweitens gibt es keine einheitliche Regelung, nach der ein Kind, ob adoptiert oder nicht, automatisch einen Geburtsschein bekommt. In manchen Gemeinden muß man ihn erst anfordern. Drittens hat jede Person ein Recht auf die entsprechenden Auszüge; Zuwiderhandlungen könnte man einklagen. Auf dem zuständigen Zivilstandsamt Biel gibt es keinerlei Hinweise auf die von Wilkomirski behauptete Verweigerung.[104]

Er erklärt 1995, er habe »als Adoptivkind nach altem Gesetz kein Recht auf vollumfängliche Akteneinsicht«. Sein Anwalt Sandberg war etwas vorsichtiger und betonte gegenüber Suhrkamp nur den großen Aufwand, der erforderlich wäre, »die Blockade zu durchbrechen«. Tatsächlich gab es Fälle, wo erhebliche Hürden zu überwinden waren, denn das Interesse des Kindes konnte in Konflikt geraten mit demjenigen des leiblichen Vaters. Sandbergs Aussage beruhte jedoch keineswegs auf Erfahrungen bezüglich Wilkomirski, denn er hatte zu diesem Zeitpunkt die zuständigen Behörden noch gar nicht um Akteneinsicht gebeten und konnte also gar nicht wissen, ob die konkreten Interessen von Bruno Grosjeans Vater dem entgegenstanden. Selbst für diesen hypothetischen

Fall stand keineswegs fest, daß die Behörden zuungunsten des Kindes entschieden hätten.[105]

Suhrkamp-Chef Unseld hatte im April 1995 Sandberg gegenüber insistiert, Wilkomirski müsse rechtliche Schritte unternehmen. Auf eigene Initiative – nicht etwa auf Veranlassung Wilkomirskis – ersuchte der Anwalt hierauf die Bieler Vormundschaftsbehörden, die Akten Bruno Grosjeans vollständig offenzulegen. Für ihren Entscheid mußten die Bieler zuerst den leiblichen Vater um Einverständnis fragen. Da die Geschichte viele Jahrzehnte zurücklag und die Behörden seine Adresse nicht kannten, verzögerte sich die Klärung, so daß sich Sandberg zu zwei Mahnungen veranlaßt sah.[106]

Mitte Oktober 1995 erfährt der Anwalt vom Vormundschaftsamt, Grosjeans Vater sei nun gefunden, und erhält anbei dessen anonymisiertes Schreiben, in dem er um Aufklärung über die »Beweggründe« für die » Suchaktion« bittet. »Ich bin gerne bereit, hier Hand zu bieten, wenn es sich um ein menschliches Verlangen handelt. Meine Frau und meine Tochter sind derselben Meinung.« Zwei Wochen später folgt ein Brief der Tochter. »Sehr geehrter Herr Anwalt X. Ich möchte gerne meinen Halbbruder kennenlernen. Könnten Sie bitte abklären, ob seinerseits auch ein Interesse besteht.«[107]

Sandberg leitet die Anfragen an Wilkomirski weiter, der umgehend zurückfaxt: »Ich habe nochmals alle bisherigen amtlichen Angaben sorgfältig durchgesehen und sehe, daß auf diesem Wege nicht zu klären ist, wann und wie man darauf gekommen ist, meine Person mit einem ›Grosjean-Sohn‹ identisch zu erklären. Wenn nun durch die Recherchen Nachkommen aus dessen Verwandtschaft alarmiert werden und sich womöglich falsche Hoffnungen machen, geht mir das (bes. emotional) entschieden zu weit. Ich möchte daher keine weiteren Schritte unternehmen und die Suche auf diesem Wege jetzt definitiv beenden.« Zur Verdeutlichung wiederholt er die Geschichte von der Vertauschung, von dem Jungen, den er kurz vor dessen Auswanderung in die USA nochmals gesehen habe, und von den Bemühungen der Pflegeeltern, ihn systematisch von seinem Vormund Stauffer fernzuhalten. »Auch erinnere ich mich«, ergänzt er, »an ein belauschtes Gespräch meiner Pflegeeltern nach dem letzten Besuch des Vormundes, als ich volljährig wurde. Sie gaben ihrer großen Erleichterung Ausdruck, daß nun ›endlich alles vorbei‹ sei, daß sie ›aufatmen‹ könnten und daß dieser ›Schnüffler‹ nun nie mehr ins Haus kommen werde.«[108]

Wilkomirski ist unsicher, ob seine Botschaft richtig angekommen ist, und verleiht ihr per Einschreiben Nachdruck. »Wie kommt es eigentlich«, fragt er seinen Anwalt, »daß die Familie vom sog. ›biologischen Vater‹ von den Nachforschungen in Kenntnis gesetzt wurde? Ich suche ja nicht etwaige Personen, um mit ihnen in Kontakt zu kommen. War es unbedingt nötig, die Leute in Aufregung zu versetzen? Die Frage war doch lediglich, an Hand der erreichbaren Dokumente zu prüfen, ob sich darin ev. ein Bruch oder eine Unvollständigkeit zeigt, die erklären könnte, wie man dazu kam, mich mit einem ›Grosjean-Sohn‹ gleichzusetzen! Mit der Erkenntnis, daß die Dokumente nichts in dieser Frage hergeben und ich gegebenenfalls noch andere Quellen verfolgen kann, will ich, daß vorläufig keine weiteren juristischen Aktivitäten erfolgen und die Sache ab sofort beendet wird. Ich will diesen Teil meiner Nachforschungen noch vor Ablauf des Jahres 95 abgeschlossen wissen.«[109]

Am 30. Juli 1996, neun Monate, nachdem man die Anfrage von Vater und Tochter an Sandberg weitergeleitet hatte, fragte das Bieler Amt nach, warum die Antwort ausgeblieben war, obwohl er damals so zur Eile gedrängt hatte. Drei Monate später erkundigte sich die Vormundschaft per Telefon auch bei Wilkomirski und erhielt die Auskunft, er sei nicht mehr interessiert, sein Anwalt habe den Sinn seiner Anfrage nicht richtig verstanden. Sandberg selbst antwortete erst ein Jahr später: Obschon es für ihn »nicht völlig einsichtig« sei, habe sein Klient »das Interesse an der Weiterverfolgung der Spur« verloren. Er müsse dies akzeptieren.[110]

Ausgerechnet als der leibliche Vater Grosjeans sein Entgegenkommen signalisierte und einer vollständigen Einsicht in die Bieler Vormundschaftsakten wohl nichts mehr im Wege stand, stoppte Wilkomirski die Bemühungen seines Anwalts. Er verzichtete so von vornherein auf das Einsichtsrecht in die Akten, von denen er am ehesten Aufschluß über die angebliche Vertauschung hätte erwarten können. Diesen Sachverhalt verschleiert Wilkomirski, wenn er heute behauptet: »Ich habe 1995 alle meine Papiere, die von den Behörden damals zur Einsicht freigegeben wurden, juristisch untersuchen lassen, um herauszufinden, ob es echte Papiere sind oder ob Behörden etwas Sichtbares manipuliert haben. Resultat: Die Papiere sind echte Papiere eines ›Bruno Grosjean‹; den Behörden ist, was die Akten betrifft, bis heute nichts Erkennbares vorzuwerfen. Mein Verdacht (Manipulation und Austausch von Papieren) richtet sich gegen andere beteiligte Personen, die heute nicht mehr am Leben sind.«[111]

Die »rechtlichen Schritte gegen diese verfügte Identität«, die Wilkomirski im Nachwort zu seinem Buch[112] erwähnte, bestanden einerseits darin, seinen Anwalt bei der Suche nach Akten einige Monate gewähren zu lassen, und andererseits in der Anfrage, ob der Name Binjamin Wilkomirski wie ein Markenname gesetzlich geschützt werden könnte. In die Bieler Vormundschaftsakten nahm Sandberg erstmals im April 1999 Einsicht; er wollte das Dossier nun doch noch selbst anschauen, bevor mir sein Klient den Zugang erlaubte. Wilkomirski, der angibt, »seit Jahren pausenlos« nach Lücken in den Papieren recherchiert zu haben, sah das Dossier Ende April 1999 zum ersten Mal. Wenige Tage vorher hatte ich es ebenfalls durchsucht und so die Spur eines Mannes gefunden, der sich im Verlauf der Recherche auf verblüffende Weise als wichtigster Zeuge entpuppen sollte:

Der polnische Bauernhof in der Schweiz

Der kleine Bruno Grosjean war vom Juni 1944 bis März 1945 als Pflegekind bei der Familie Aeberhard im schweizerischen Nidau, bevor er ins Kinderheim nach Adelboden kam. Anfang Juni 1999 habe ich René Aeberhard, den Sohn der Familie, in seinem früheren Wohnort getroffen. Im Laufe des Gesprächs zeigte ich ihm eine Serie alter Fotos von verschiedenen etwa gleichaltrigen Kindern, darunter auch Wilkomirski. Auf einer Aufnahme hat Aeberhard einen Knaben eindeutig als Bruno Grosjean erkannt, abgebildet war Wilkomirski. In diesem Moment gab es für mich keinen Zweifel mehr, daß Wilkomirski und Grosjean identisch sind. Dennoch bin ich neugierig, ob Aeberhard nach seiner Rückkehr in die USA ein Foto des kleinen Bruno finden wird, und rufe ihn am 10. Juni 1999 an.[113]

Aeberhard überfällt mich gleich mit aufregenden Erkenntnissen. Er habe unterdessen Brunos Buch gelesen – was dieser beschreibe, seien doch Erinnerungen an Nidau! Auf Seite 28 schreibe Bruno nämlich von einem Bauerngehöft, einem leeren Stall und eine Seite weiter von einem Kanal: »Am Gehöft vorbei floß ein Kanal. Wir mußten über den schmalen Steg eines Stauwehres gehen, um auf eine Wiese zu gelangen, wo wir einige Male spielen durften. Die einzige Geländerstange war mir zu hoch, und ich fürchtete die tiefen Strudel unter mir.« – Dies sei doch ganz genau wie bei ihnen zu Hause, an der Grasgartenstraße, wo seine Familie damals gewohnt habe. Es gibt dort den Nidau-Büren-Kanal, ein Stauwehr mit einem Steg und jenseits des Kanals ihre damals noch unverbaute Spielwiese, wo heute das neue Haus seiner Tochter steht. Man konnte über die Schleuse hinübergehen. »Dort und bei der Kanalbrücke gab es Geländer, aber die Rohre waren für ihn zu hoch.« Ich frage Aeberhard, ob es beim Nidauer Steg auch solche furchterregenden Strudel gab. »O ja, und wie. Das Wasser stürzte zwei bis drei Meter hinunter, und dann gibt es Wirbel. Man hörte einen unmäßigen Lärm dort.« Bruno beschreibe alles haargenau so, wie es bei ihnen ausgesehen habe, meint Aeberhard. »Unser Haus war effektiv ein Bauernhaus; es hatte eine Heubühne und einen kleinen Stall für zwei, drei Kühe. Er war auch leer wie im Buch; wir waren keine Bauern, wir hatten nur Kaninchen.« Auch Motti, der aus Papier und Stäbchen Segelflugzeuge gemacht habe, komme ihm bekannt vor. »Ich habe auch Segelflugzeuge gemacht. Sogar ein Motorflugzeug, mit einem Dieselmotörchen, Marke Dino, ein Schweizer Patent. Damit habe ich ein Rietstern-Modell gebaut. Ich glaube, Bruno macht aus mir seinen größeren

Bruder Motti. Das wäre ja vom Alter her gut möglich gewesen, ich war vielleicht 14, 15 Jahre älter als er.« Aeberhard zitiert Binjamins Erinnerung an Motti, der »auf einer sonnigen Wiese sein gebasteltes, wunderschönes Flugzeug in die Lüfte wirft«. Das sei doch er, René Aeberhard, wie er auf der Wiese hinter seinem Haus das Segelflugzeug steigen lasse. »Und Bruno war dabei, und es hat ihm gefallen?« will ich wissen. »O ja, und wie, er sprang herum und schlug Purzelbäume.« Aeberhard erzählt, daß er das Flugzeug nicht nur hinter dem Haus, sondern – wie Motti in »Bruchstücke« – manchmal auch auf einer Wiese am Waldrand hat fliegen lassen. »Das ist auf der Hueb, dort konnte man das Flugzeug schön runtersegeln lassen.«

Die Übereinstimmungen sind so faszinierend, daß ich mich zu einer systematischen Überprüfung aller Details entschließe. Ich erinnere meinen Zeugen an die Furcht des kleinen Wilkomirski vor der Bäuerin, vor »ihrem strengen und bösen Blick«. Das verstehe er, meint Aeberhard, seine Mutter habe ein maßloses Temperament gehabt, das Feuer habe aus ihren Augen gelodert. »Ein Kind wurde durch sie sicher wahnsinnig eingeschüchtert. Ihren Blick konnte man nie mehr vergessen.« Nach Aeberhards Ansicht beschreibt Wilkomirski in der Figur der Bäuerin so eindeutig Frau Aeberhard, daß er es unnötig findet, diese Annahme zu erklären, geschweige denn zu begründen. Wilkomirskis Bäuerin geriet völlig außer sich und schickte alle hinaus. Aeberhard weiß von seiner Mutter ähnliches. Sie sei in furchtbare Zustände gekommen, habe hysterisch herumgeschrien, sich die Kleider zerrissen und sei mit dem Kopf gegen die Wände gerannt. Der Teufel sei dann los gewesen, und man sei froh gewesen, wegzukommen. »Strafte sie wie die Bäuerin, sperrte sie Bruno auch in den Keller?« frage ich. Sie habe einen gepackt und geschüttelt, sei aber nicht so handgreiflich geworden, »daß man später Folgen davon hatte. Daß sie ihn in den Keller sperrte, ist schon möglich, in solchen Momenten war alles möglich. Wenn er sie geärgert hat, dann hat sie ihn einfach in den Keller geworfen, sagte: ›So, geh in den Keller!‹ Und er mußte dort bleiben. Und aus dem Kellerfenster in der Waschküche konnte

So wie Motti in Polen bastelte auch René Aeberhard in der Schweiz
(auf dem Bild) Modellflugzeuge.

er natürlich hinausschauen und sah, was draußen alles vor sich ging.«

Auf dem Bauernhof trifft Binjamin mehrfach auf Soldaten. Auch dafür hat Aeberhard eine Erklärung: Es habe damals Krieg geherrscht. Der benachbarte Bauer, der nur 100 bis 200 Meter von ihnen entfernt gewohnt habe, habe bei sich immer Soldaten einquartiert. Wilkomirski erzählt, wie er auf dem Bauernhof erfährt, daß Krieg war. Eigentlich eine späte Entdeckung, wenn man an die vorherigen Ereignisse von Riga denkt. Mit den Informationen über den Nidauer Bauernhof macht der Zeitpunkt aber Sinn. Dies dürfte der Ort gewesen sein, wo Bruno zum ersten Mal Soldaten sah und so vom Krieg erfuhr. Ob ich mir denn die Schießereien, die Binjamin gehört habe, auch so erklären könne, frage ich. Nein, das seien vielmehr militärische Hilfskräfte gewesen. »Jeden Samstag und Sonntag kam die Ortswehr an unserem Haus vorbei. Etwa einen Kilometer entfernt lag ein Schießstand, wo sie schießen gingen. Das hörte man natürlich. Sie trugen Uniformen wie die Soldaten, nur daß sie noch eine Armbinde hatten. Ich war auch in der Ortswehr. Wir schossen wie verrückt, nur während der Messe hörten wir auf.« An einen besoffenen Soldaten, der, wie in der Erzählung Wilkomirskis, in die Küche eingedrungen sei und alles demoliert habe, kann er sich hingegen nicht erinnern. Sein älterer Bruder, der als Korporal Militärdienst geleistet habe, könne dies nicht gewesen sein. Es sei aber denkbar, daß dieser Szene auch Brunos Erlebnisse mit Frau Aeberhard zugrunde liegen. Sie habe zuweilen alles herumgeschmissen, so daß es Scherben gegeben habe; ab und an sei bei ihnen wirklich die Hölle ausgebrochen.

Die Ergebnisse des langen Gesprächs mit René Aeberhard beeindrucken mich sehr: Der Bauernhof von der Zamość-Gegend lag im Schweizer Jura, jener Kanal entsprach der Aare, Mottis Flugzeug demjenigen Aeberhards, die furchterregende polnische Bäuerin der geisteskranken Berner Pflegemutter, die Soldateska der helvetischen Miliz, und deren Schüsse fielen auf dem Nidauer Schießstand. – Mit so viel Authentizität habe ich nicht gerechnet. Wilkomirski-Grosjean hat nicht zwei Köpfe, er führt kein Doppelleben, sein Buch erzählt in atemberaubender Verfremdung sein eigenes Leben, dasjenige von Bruno Grosjean.

Aeberhard schwankt zwischen Mitleid mit dem kleinen Bruno und Empörung über den erwachsenen Dössekker, der alle Tatsachen auf den Kopf stellt. Er bedauert, bei seinem Aufenthalt in Europa nicht rechtzeitig von der Sache erfahren zu haben. »Wenn ich ihn nur besuchen könnte. Wo wohnt er jetzt, der Bruno? Da würde ich ihm was sagen, ihm ins Gewissen reden. Der Schock würde ihm in die Knochen fahren. Ich bin zu hundert Prozent sicher, daß er bei uns war; es paßt alles zusammen. Ich würde ihm Fotos von unseren Eltern zeigen, da würde die Erinnerung kommen. Es nähme mich wunder, was er sagen würde.« Auf jeden Fall werde er weiterhin nach Fotos mit Grosjean suchen.

In den nächsten Wochen machen wir weitere Entdeckungen.[114] Ich schicke Aeberhard Pläne, die Wilkomirski aus der Erinnerung von seinem Versteck bei Zamość gezeichnet hat, zudem Sequenzen von Videointerviews, in denen er diese Pläne erläutert und von seiner Erfahrung auf dem polnischen Bauernhof erzählt. Mein Zeuge ist der Ansicht, daß auch Wilkomirskis Zeichnungen und Interviewaussagen weitgehend den Verhältnissen im Grasgarten entsprechen: Auch Aeberhards Haus hatte einen Keller mit kleinen Fenstern und Obsthurden; es gab einen Pferdewagen, der nicht mehr benutzt wurde, ein Haus in der Nachbarschaft, das wie ein Speicher aussah, die Brücke, das Stauwehr und in der Nähe einen Hügel. Selbst die Position der aufgehenden Sonne hat Wilkomirski korrekt eingezeichnet. Sein akkurates Gedächtnis – der Knabe war schließlich damals erst drei, vier Jahre alt – verblüfft uns.

Nichts anfangen kann Aeberhard hingegen mit einigen weiteren Beschreibungen Wilkomirskis vom Bauernhof: mit Mottis Erzählung über Jonas und den Walfisch, der Suppenausgabe in einer Hütte im verschneiten Wald, dem Gefährt, das gegen die Hauswand prallte, und mit der Beschreibung des Klohäuschens. Allerdings habe – wie Wilkomirski und seine Brüder – auch Aeberhards Familie viel Brei gegessen, Haferbrei oder eine Mischung von Äpfeln und Erdäpfeln.

Einige Details von Nidau verwendet Wilkomirski in seiner Erzählung nicht für die Bauernhof-Episode, sondern für andere Szenen. So lokalisiert er sein Schweizer Kinderheim irgendwo an den Juraabhängen am Neuenburger oder am Bieler See, an dem auch Nidau liegt. Seine Erinnerungen an Riga, wo glückliche Fahrten mit dem Schlitten auf dem gefrorenen Stadtgraben, unter silbrigen Ästen hindurch, jäh von düsteren Ereignissen unterbrochen wurden, dürften ebenfalls nach Nidau gehören: Eislaufen, meint Aeberhard, sei auch in Nidau möglich gewesen. Denn dort, wo der Kanal den See verlasse, sei das Wasser jeden Winter gefroren. Sie seien unter den Erlenbäumen Schlittschuh gelaufen; Bruno hätten sie sicherlich immer auf dem Schlitten mitgenommen.

Zwei andere von Wilkomirskis Erzählungen können wir nicht definitiv lokalisieren, aber auch sie könnten gut in das schicksalhafte Nidauer Jahr gehören. In Interviews kommt er verschiedentlich auf den Besuch einer sehr wichtigen Dame zu sprechen. Ihre Anwesenheit sei *das* große Ereignis gewesen, habe ihn glücklich gemacht und ihm erlaubt, endlich einmal das Haus zu verlassen und auf der anderen Seite des Flusses im Gras herumzutollen. Aeberhard ist sicher, daß diese Besucherin Brunos Mutter war. »Sie kam fast jedes Wochenende. Sie war doch eine elegante Frau, schön angezogen. Bruno freute sich doch, wenn sie kam. Und unsere Mutter war dann sicher auch anders. Sie konnte vor Wut toben; aber sobald Besuch kam, war sie ganz verwandelt.« Es scheint mir plausibel, daß der Besuch der Mutter auf Bruno ähnlich positiv wirken mußte, wie Wilkomirski seine Begegnung mit der Dame beschreibt. Er erlaubte Bruno, noch einmal die Nähe seiner Mutter zu erleben, und schützte ihn zugleich vor den unerträglichen Seiten seiner Pflegemutter.

Durch Wilkomirskis mündliche und schriftliche Erzählungen zieht sich wie ein Leitmotiv die Begegnung mit seiner Mutter, die er nur im KZ Majdanek ein einziges Mal gesehen haben will, als er vier Jahre alt war:[115] Eine Blockowa, die die gleiche Uniform trägt wie die Frau, die ihn vom Bauernhof hergebracht hat, schreit nach ihm, bedeutet ihm, er werde seine Mutter sehen, heißt ihn strikt zu schweigen und nur von ferne zu schauen, so jedenfalls versteht er heute deren merkwürdiges Wort »dahle«, führt ihn an Reihen von im Sterben liegenden Frauen vorbei zu einer Frau, die ihn unter ihren schwarzen Locken mit großen Augen anblickt, er aber wagt nicht, sich zu nähern, was er bis heute tief bereue, bekommt schließlich von der Tür her das Zeichen, seinen Besuch zu beenden, die Frau winkt ihn zu sich, er tritt neben sie, blickt in ihr tränennasses Gesicht und nimmt aus ihrer Hand, die feucht und heiß einen Moment die seine berührt, ein Brot entgegen, wendet sich ab und geht dem schon weit geöffneten Ausgang zu.

Diese erschütternde Szene erinnert an Yvonne Grosjean, die im Bieler Bezirksspital um ihr Leben kämpfte, als man ihr ihren vierjährigen Sohn für immer wegnahm. Zumal Wilkomirski in der ihn begleitenden Blockowa eine Frau beschreibt, die Brunos Wahrnehmung der damaligen Pflegemutter Aeberhard entsprechen könnte: Die sonst böse Blockowa, die ihn an seine Verhaftung auf dem Bauernhof durch die gleich uniformierte Frau erinnert, tut nun überraschenderweise etwas Gutes. Ich frage Aeberhard, ob Bruno in Begleitung von Frau Aeberhard die Mutter im Spital besucht habe und ob ihm das Wort »dahle« etwas sage. Aus eigener Erfahrung als Patient in jenem Spital weiß er, daß man sich damals bei einem Besuch sehr still verhalten mußte. »Es wurde nur geflüstert, nie laut geredet.« Auf meine Bemerkung über die zahlreichen daliegenden Frauen meint er, die Zimmer seien damals größer gewesen, meistens für vier bis sechs Personen. Aber von einem konkreten Besuch weiß er nichts, und auch zu »dahle« fällt ihm nichts ein.

Die überall gesuchten Fotos mit Bruno Grosjean kommen nie zum Vorschein. Statt dessen findet Aeberhards Schwiegersohn einige Tage später auf dem Dachboden in Nidau unter Spinnweben und dickem Staub zwei Modellflugzeuge. Eines ist das Modell Rietstern, mit dem damals auch Bruno gespielt hat. Es ist eine Konstruktion aus Tannenholz und millimeterdünnen Sperrholzrippen, die Tragflächen sind mit Seidenpapier überzogen und mit Spannlack bemalt. Nur der kleine Motor fehlt, sonst würde der Vogel noch fliegen.

Das Erbe der Mutter und der Alptraum des Vaters

Seit ihrem Wegzug aus Biel wohnte Yvonne Grosjean in Bern. Im Jahre 1951 heiratete sie Walter Max Rohr, einen charmanten, aber unglücklichen Mann, erzählt mir seine in der französischen Schweiz lebende Schwester. Schon als kleines Kind sei er krank geworden.[116] Walter Rohr verstarb 1978 und hinterließ Yvonne ein kleines Vermögen. Sie machte sich nun daran, ihre eigenen Angelegenheiten zu regeln. Über eine Drittperson ließ sie die Verhältnisse ihres einzigen Kindes Bruno abklären, zu dem sie gezwungenermaßen den Kontakt verloren hatte, seitdem er nach Adelboden gebracht und von den Dössekkers angenommen worden war. Am 25. September 1981 starb Yvonne Rohr-Grosjean in Bern.

Eines Tages habe ihn ein Anwalt angerufen, erzählt Wilkomirski, und ihm erklärt, er würde das bescheidene Vermögen seiner sogenannten Mutter erben. Es gebe kein rechtsgültiges Testament; die Verstorbene habe nur in einem Brief angeordnet, die Hinterlassenschaft zwischen ihrem Sohn und zwei ihrer Freundinnen zu teilen. »Ich sagte ihm selbstverständlich, daß ich sie nicht als meine Mutter akzeptiere.« Aber der Anwalt entgegnete, dies sei ihm »wurst«, wichtig seien allein die rechtlichen Grundlagen: Wilkomirski werde als amtlich eingetragener Sohn automatisch als Erbe berücksichtigt.

Wilkomirski erzählt, zu jener Zeit in Yvonne Grosjean die Frau vermutet zu haben, die ihn in die Schweiz begleitet hatte und plötzlich spurlos verschwunden war. Zudem ging es ihm damals schlecht. Er hatte eben eine Milzoperation hinter sich, für die er eine hohe Geldsumme hinterlegen mußte, und er wußte nicht, wie er seine Familie durchbringen sollte. Da es bei der Hinterlassenschaft »nur um einige tausend Franken« ging und er darauf bestand, das Geld mit den beiden Frauen zu teilen, habe er sie schließlich angenommen, erzählt Wilkomirski.[117]

Ich beschließe, Yvonne Grosjeans Erbschaft nachzugehen, und finde ein Testament, das sie am 16. September 1979 handschriftlich verfaßt hat. Darin schreibt sie: »Ich bin über das Pflichtteilrecht meines Sohnes Bruno Dössekker, den ich kurz nach seiner Geburt zur Adoption freigegeben habe, orientiert worden. Doch hoffe ich, Bruno Dössekker werde dieses Pflichtteilrecht nicht geltend machen, nachdem er sich heute ein eigenes Leben aufgebaut hat und keine persönliche Verbindung besteht.« Sie setze deshalb als Erbinnen die beiden Schwestern ihres bereits verschiedenen Ehemannes ein.[118] In Ausführung der geltenden Gesetze teilte die Testamentabteilung der Stadtkanzlei Bern Wilkomirski mit, daß die Verstorbene ihn nicht begünstigt hatte. Bei dieser Gelegenheit hat man ihn zweifellos darauf hingewiesen, daß er als leiblicher Sohn einen Teil des Erbes beanspruchen konnte.

Am 3. November 1981 schrieb Wilkomirski an die Testamentabteilung einen Brief, in dem er sich auf die »letztwillige Verfügung von Frau Yvonne Berthe Rohr-Grosjean, meiner *leiblichen Mutter*«, bezog. Er möchte gegen das »genannte Testament Einsprache erheben zur Geltendmachung des gesetzlichen Pflichtteils«. Wilkomirski hatte gute Karten, als leiblichem Sohn hätten ihm drei Viertel des Erbes als Pflichtteil zugestanden. Er einigte sich mit Yvonnes Schwägerinnen außergerichtlich, die Hinterlassenschaft gleichmäßig zu teilen. Am 10. November 1981 trafen sich Wilkomirski und die beiden Frauen in Bern vor der Wohnung der Verstorbenen. Ein Beamter entfernte die an den Türen angebrachten Siegel, der Testamentsvollstrecker inventarisierte den Nachlaß. Es ergab sich ein Reinvermögen von 90 000 Franken. Wilkomirski erhielt davon ein Drittel.[119]

Ich erzähle Wilkomirskis damaliger, seit langem von ihm geschiedenen Frau von der Erbschaftsgeschichte.[120] Um sie vor dem Verdacht zu schützen, an den Vorwürfen gegenüber Wilkomirski beteiligt gewesen zu sein oder sie gar initiiert zu haben, kontaktiere ich sie erst, nachdem ich die wesentlichen Recherchen abgeschlossen und mein Urteil definitiv gebildet habe. Sie ist völlig überrascht, da sie nichts von der Anfechtung des Testaments wußte. Zudem erzählt sie, daß sie damals nichts mit Wilkomirskis Behauptung anfangen konnte, Yvonne Grosjean sei die Frau, die ihn in die Schweiz gebracht hatte. Er konnte ihr keine befriedigende Erklärung geben, warum eine fremde Frau ihn suchen sollte, um ihm Erspartes zu vermachen. Da gestand er ihr, Yvonne Grosjean sei tatsächlich seine Mutter, aber sie entstamme einem jüdischen Geschlecht. Es war jedoch unschwer herauszufinden, daß ihr Name nicht eben jüdisch war.

Unbekannte, mit denen man sich an einem öffentlichen Ort verabredet, fallen einem in der Regel zuerst wegen ihrer wartenden und suchenden Haltung auf. Bei Rudolf Z. ist es jedoch anders; ich erkenne ihn sofort an seiner Physiognomie, insbesondere an den Augen, die mich an seinen Sohn erinnern; auch das Kinn, das in jungen Jahren wohl schön geschnitten war, ist jetzt bei beiden ähnlich konturlos. Im Verlauf des Gesprächs stellen sich noch andere Ähnlichkeiten heraus, etwa, daß beide manuell begabt und musikalisch sind. Daß Bruno ein guter Tänzer ist, hat er hingegen von seiner Mutter.[121]

Rudolf Z. erzählt, er habe bis zu Brunos Adoption im Jahre 1957 Alimente bezahlen müssen; dann habe man ihn gänzlich aus der Verantwortung entlassen. Einen persönlichen Kontakt hatte er zu seinem Sohn nie, sein Vorname war das einzige, was er von ihm wußte. Um so mehr überraschte ihn der Brief der Bieler Behörden, die ihm 1995 mitteilten, der Rechtsanwalt seines Sohnes wolle seine Akten sehen. Bei einer Besprechung in Biel riet man ihm, im Prinzip zuzustimmen, aber vorher nach den Beweggründen zu fragen. Trotz mehrfacher Schreiben des Jugendamtes an den Rechtsanwalt blieb die Antwort aus. Erst zwei Jahre später kam ein Brief: »die Gesuchsteller hätten kein Interesse mehr« – ohne jegliche Begründung.

Rudolf Z. erzählt, wie seine Tochter durch die Medienberichte, die Ganzfrieds Enthüllungen folgten, auf Yvonne Grosjeans Namen stieß und glaubte, endlich am Ziel ihrer Suche angekommen zu sein. »Sie kam freudestrahlend zu mir und sagte: ›Ich habe jetzt den Kontakt zu meinem Bruder gefunden. Er heißt Bruno.‹ – ›Ja, das wissen wir bereits.‹ – ›Und er wohnt in Zürich und ist Schriftsteller. Ich bekomme seine Adresse.‹« Diese wurde ihr aber schließlich doch verweigert, und heute ist sie sehr enttäuscht, weil er den Kontakt ablehnte und wegen all dem, was sie über ihn gehört hat.

»Wie ist das für Sie als Vater, wenn Sie von der Biographie Ihres Sohnes hören?« frage ich ihn. »Das ist schwer zu erklären, aber seither schlafe ich schlecht und habe ständig Träume, was ich vorher nie hatte, grausame Träume, in denen ich immer auf der negativen Seite bin. Ich muß mich immer verteidigen, muß immer um jemanden kämpfen, bin einfach immer in der schlechteren Situation.« Das erinnere mich an seine machtlose Situation von 1941, als seine Eltern die Verbindung mit Yvonne nicht wollten, bemerke ich. »Ja. Wie gesagt, ich bin froh, wenn das alles ein Ende nimmt.« Er erzählt mir von seinen schweren Operationen, dann bricht er auf zu einem Arzttermin. Beim Abschied betont er nochmals, wie froh er ist, wenn alles »in der Versenkung verschwindet«.

Metamorphosen der Erinnerung

Wilkomirski erklärt, er habe seine heutige Geschichte schon immer in identischer Weise erinnert und sie sogar mit zehn Jahren ein erstes Mal aufgeschrieben. Diese frühen »Memoiren« sind aber nirgends zu finden und bleiben nicht mehr als eine Behauptung. So interessiert mich, wie sich Wilkomirskis Umgebung an sein Leben und seine früheren Erzählungen erinnert, und ich befrage dazu einige Personen oder werte Aussagen aus, die sie anderweitig gemacht haben.

Fast alle Befragten, die die Dössekkers gekannt haben, empören sich darüber, daß Wilkomirski seine Pflegeeltern so negativ beschreibt. Einige gestehen allerdings zu, daß sie sehr konservativ und möglicherweise von der Erziehungsaufgabe überfordert waren. Hinweise auf seine Nöte der Kindheit sind sein Selbstmordversuch, der verschiedentlich erwähnt wird, und die Tatsache, daß die Haushaltshilfe Hermine Egloff tatsächlich seine einzige Vertrauensperson war. Wilkomirskis Jugendfreundin Annie Singer meint jedoch, er habe »seinen Adoptiveltern viel zu verdanken. Er wurde

Die Ähnlichkeit von Bruno Grosjeans Vater – hier als Unteroffizier während des Zweiten Weltkriegs – mit Wilkomirski ist unübersehbar.

Binjamin Wilkomirski etwa 1958, als er in Zürich das Gymnasium besuchte.

verwöhnt und geliebt. Als er größer wurde, hatte er für damalige Verhältnisse viel Freiheit, durfte große Feste machen, spät nach Hause kommen, mit Freunden in die Ferien fahren, Privatschulen besuchen, studieren usw.«[122]

Singer kannte die Verhältnisse genauer, da sie in ihrer Jugendzeit mit Wilkomirski befreundet war. Sie hat ihn als sehr charmanten, blendend aussehenden Jüngling und vorzüglichen Tänzer in Erinnerung. Er sei religiös gewesen und habe den Konfirmandenunterricht sehr ernst genommen; sie habe an ihm nichts Jüdisches bemerkt. Er habe über eine blühende Phantasie verfügt, die ihn sympathisch gemacht, allerdings auch zu vielen Erzählungen verleitet habe, die nicht mit der Realität vereinbar waren. Diese Einschätzung teilen viele von mir Befragte, darunter mehrere ehemalige Schulkameraden. Singer hält seinen Panikanfall wegen des Skilifts für erfunden, da sie ihn als leidenschaftlichen, sicheren Skifahrer kannte. Entsprechende Zweifel äußern auch andere, die ihn beim Wintersport erlebten.[123]

Ich fand keine Zeugnisse dafür, daß er sich schon in der Primarschulzeit als Überlebender der Shoah ausgegeben hat.[124] Als er das Gymnasium besuchte, erzählte er aber, er sei als Flüchtlingskind aus dem Baltikum in die Schweiz gekommen. Seine Zugehörigkeit zum Judentum manifestierte er erst ab Mitte der sechziger Jahre; er trug ein Kettchen mit einem Davidstern um den Hals und zu Hause eine Kipa; an der Wohnungstür montierte er eine Mesusa, eine kleine eingekapselte Schriftrolle.[125] Er behauptete damals, Nils Raiskin (oder ähnlich) zu heißen. Erst ab 1972 verwendete er den Namen Wilkomirski und erzählte nun, er habe zwei Schwestern und fünf Brüder. Letztere seien mit seiner Mutter im KZ Mauthausen oder Treblinka umgekommen. Auch jetzt sah er sich selbst noch nicht als KZ-Überlebenden; jedenfalls hat seine Frau, mit der er seit 1964 verheiratet war, von ihm nichts Derartiges erfahren. Wilkomirski erklärt hingegen, sie habe ihn mit ihrem Weinen gehindert, von seiner Vergangenheit zu erzählen. Seine ehemalige Frau – sie trennten sich 1982 – protestiert heftig gegen diese Behauptung. Auch von den Symptomen, die Wilkomirski heute auf die KZ-Schrecken zurückführt, habe sie während ihrer Ehe nichts bemerkt.

Wilkomirskis Erzählung, daß er bei seiner Eheschließung Schwierigkeiten mit den Dokumenten hatte, wird von seiner damaligen Braut widersprochen. Eventuell habe sich aber die Beschaffung verzögert, weil in seinem Heimatort eine ehrenamtliche Behörde zuständig war. Bei jenem Anlaß sei auch der Name von Yvonne Grosjean aufgetaucht. Zuerst habe Wilkomirski sie als eine Fremde bezeichnet, die ihn in die Schweiz brachte, und später als seine jüdische Mutter.[126]

Anfang der achtziger Jahre begann eine krisenhafte Zeit für Wilkomirski; seine Ehe zerbrach, und er war häufig ernsthaft krank. Seinen Bekannten erzählte er, er habe Krebs oder Leukämie und könne jeden Tag sterben. In Wirklichkeit litt er an einem Mangel an weißen Blutplättchen und an anderen Krankheiten, die ihn sicherlich massiv belasteten, aber nicht tödlich gefährdeten. Doch seine Umgebung erhielt den Eindruck, einem Todkranken zu begegnen.[127] »Es hat mich fast umgeworfen, als viel später sein Buch erschien. Ich ging davon aus, er sei schon lange gestorben«, erklärt mir im Juni 1999 Peter Indergand, der 1983 als Kameramann für den Film über Wilkomirski vorgesehen war. Man habe den kranken Mann noch vor dem eigentlichen Produktionsstart (zu dem es dann nie kam) bei einem Konzert gefilmt, aus Angst, später keine Drehgelegenheit mehr zu haben. Auch den Brüdern Rolando und Fernando Colla, die das Projekt initiiert haben, sind starke Bilder eines gequälten Todeskandidaten im Gedächtnis geblieben.[128]

Nicht weniger eindrücklich empfanden die damals jungen Filmschaffenden, wie sie von Wilkomirski bewirtet und in Brauchtum und Lebensweise der Juden eingeführt wurden. Er habe ihnen distanzlos und perfektionistisch eine jüdische Identität vorgelebt, wie ein Musterschüler, erinnert sich Indergand. Auf sie als nichtjüdische Besucher habe sein Verhalten beklemmend und befremdend gewirkt, man habe es einfach über sich ergehen lassen müssen. Sie machten offensichtlich eine völlig andere Erfahrung als Bernstein, der Wilkomirski nur zwei Jahre früher in dieser Hinsicht als unwissend erlebt, zugleich aber eine schlummernde Vertrautheit vermutet hatte. Die Filmemacher hätten aber sein Verhalten keineswegs als Inszenierung empfunden und daher auch an seiner Geschichte keinen Moment gezweifelt, betont Rolando Colla.

Ihr Drehbuch – Wilkomirski händigt es mir nicht aus, so daß ich es über Umwege bekommen muß – ist sehr aufschlußreich, da es ausschließlich von seinem vergangenen und gegenwärtigen Leben handelt.[129] Es entstand auf der Basis vieler Gespräche mit ihm und enthält zahlreiche persönliche Informationen, die von ihm stammen müssen. Also ist anzunehmen, daß das von den Filmemachern geschriebene Skript von Wilkomirski autorisiert wurde und der Geschichte entspricht, die er selbst zu jenem Zeitpunkt erzählte. Der Film sollte Wilkomirski als Instrumentenbauer, Musiker und KZ-Überlebenden porträtieren. Das Drehbuch sieht als Schauplätze unter anderem Genf, Zürich, Wien, ein KZ und eine polnische Kleinstadt vor, die in der Stimmung gezeigt werden, wie sie von Wilkomirski als Lebensstation erfahren wurden. Eine Off-Stimme, die durch den Film leitet, versetzt das Publikum vollends in Wilkomirskis Perspektive, denn er selbst erzählt tagebuchartige Notizen aus seinem Leben.

Beispielsweise beschreibt das Skript ein nächtliches Bild vom fast menschenleeren Wiener Südbahnhof; ein Zug mit Waggons verschiedener Länder, einzelne Personen verabschieden sich. Im Off-Kommentar erzählt Wilkomirski von der »Reise nach Polen zu historischen Forschungszwecken und auf der Suche nach Spuren der Kindheit. Problem der eigenen Identität, der Schwierigkeit, sich später in eine Normalität zu integrieren.« In einer anderen Sequenz sieht man einen ärmlichen, menschenleeren »Bauernhof nach einem Gewitter. Donnergrollen in der Ferne.« Im Off erzählt Wilkomirski, wie er sich »vollkommen verlassen und hilflos fühlte. Während des Zweiten Weltkrieges lebte er als Pflegekind auf einem Bauernhof. Er war im Keller, als deutsche Soldaten ins Haus drangen und seine fünf Brüder und die Pflegeeltern in ein Lager deportierten, das keine Überlebenden kennt.« Eine weitere Szene ist in einem Konzentrationslager geplant. »Eine Schulklasse besichtigt den Ort. Binjamin tritt durch das Eingangsportal, sieht die eher unbeschwerte Schulklasse. Er schlendert die Baracken entlang und tritt dann auf einen weiten, menschenleeren Platz. Ein Knabe, der sich offensichtlich von der Schulklasse entfernt hat, blickt ihm vom gegenüberliegenden Ende des Platzes entgegen. Sein Blick ist warm und ruhig. Wir sehen den Knaben vor einer Barackenwand aus der Sicht des Klarinettenbauers. Nach einer Weile wendet sich der Knabe ab und verschwindet hinter der Baracke.« Wilkomirski erzählt im Off von seinem »Lebensgefühl im Lager: Angst, Mißtrauen, Zwang zur totalen Unterwerfung«. Dann erzählt er von seiner »einzigen Begegnung mit der leiblichen Mutter«. Diese zentrale Erinnerung, deren Schilderung im wesentlichen bereits seinen späteren Erzählungen entspricht, greift das Drehbuch in einer anderen Szene wieder auf, diesmal von Schauspielern nachgestellt.

Der vorgesehene Film sollte in der judäischen Felsenwüste mit Bildern von »fast schmerzhafter Helligkeit« enden. Wilkomirski liest dazu ein dreistrophiges Abschiedsgedicht. Von ihm ursprünglich zum Adagio von Albinoni geschrieben, thematisiert es den »nahen Tod« und »den Schmerz, in dieser Situation von einer Freundin verlassen worden zu sein«,[130] und endet: »Ich hab mit Dir / nun alles weggegeben / was an Hoffnung ich besaß. / So rettet nur der Tod / mich vor dem Leben. / Oh spende doch, / mir, als geheime Quelle, / Erinnerung, / die Kraft zum Tod / als einen Weg / in meine / ewig große / Freiheit.«

Dem Drehbuch beigefügt ist eine Auflistung seiner wichtigsten Lebensstationen: »Vermutlich 1940/41 geboren im deutschbesetzten Gebiet. / Früheste Erinnerungen an fünf ältere Brüder. / Als einziger Überlebender einer Razzia kurzer Aufenthalt in einem Nebenlager von Majdanek. Befreiung durch den russischen Vormarsch. / Zu Kriegsende in einem jüdischen Waisenhaus in Krakau. / Reise durch das zerstörte Deutschland in die Schweiz. / Aufenthalt in verschiedenen Kinderheimen und bei Pflegefamilien.« An anderer Stelle findet man die zusätzliche Angabe: »Im Alter von acht Jahren kam er in die Schweiz, nachdem er Eltern und Geschwister in einem Konzentrationslager in Polen verloren hatte.«

Aus Wilkomirskis Biographie ist bis Anfang der achtziger Jahre definitiv eine Shoah-Geschichte geworden; die Drehbücher sind dafür das umfassendste Beispiel. Zeugen berichten, in dieser Zeit aus seinem Munde ähnliche, wenn auch nicht so ausführliche Erzählungen gehört zu haben.[131] Vergleicht man das Skript mit den früheren Versionen, ist Wanda Wiłkomirska als seine angebliche Schwester verschwunden.

Zahlreicher sind die Unterschiede zu seinen späteren Erzählungen in »Bruchstücke« und Interviews der neunziger Jahre:[132] Im Drehbuch datiert er seine Geburt in die Jahre 1940/41, später verschiebt er sie auf 1938/39. Hier weiß er um die Ermordung seiner Eltern in einem polnischen KZ, wo er seine Mutter trifft; später nennt er für diese Begegnung den konkreten Ort Majdanek; über einen KZ-Aufenthalt seines Vaters sagt er nichts mehr, er hat nur noch die vage Erinnerung, vielleicht seine Ermordung in Riga erlebt zu haben. Aus den Pflegeeltern auf dem Bauernhof wird später eine alleinstehende Bauersfrau. Hier weiß er, daß seine fünf Brüder und die Pflegeeltern im KZ ermordet wurden; in späteren Versionen verschwinden die Brüder und die Bäuerin vom Hof, ohne daß er von ihnen je weiteres erzählt. Hier kommt er nur in ein Nebenlager von Majdanek, wo ihn die Russen befreien; später kommt er zuerst in das Hauptlager Majdanek und von dort nach Birkenau, wo er die Auflösung des KZ erlebt und weggeht. Hier lebt er in einem einzigen Krakauer Heim, später werden daraus mehrere. Hier fährt er im Alter von acht Jahren in die Schweiz, dies wäre angesichts seines damals behaupteten Geburtsjahres etwa 1948 oder 1949 gewesen; Anfang der neunziger Jahre datiert er die Einreise auf 1948 oder 1947 und heute auf Winter 1945. Hier kam er in verschiedene Schweizer Pflegefamilien (was der Geschichte von Bruno Grosjean entspricht); in »Bruchstücke« und danach erzählt er nur noch von einer einzigen, den Dössekkers.

Die erste Fassung des Drehbuchs sah vor, den Film mit einer Sequenz enden zu lassen, in der Wilkomirski mit anderen über die »Notwendigkeit« spricht, »sich selber erfassen und verstehen zu können (mit Hilfe des Schreibens, Musizierens, Filmens)«. Über die Musik als Medium der Selbstfindung verfügte er bereits. Der filmische Weg stellte sich vorerst als unmöglich heraus, weil das Projekt nicht zustande kam. Blieb das Schreiben.

Mit dem Anfang der neunziger Jahre geschriebenen Manuskript zu »Bruchstücke« lag die Geschichte in der Form vor, wie Wilkomirski sie heute erzählt. Nach der Publikation machte er nur noch Ergänzungen, die jene Geschichte nicht veränderten, und eine Modifikation, die ihm aufgezwungen wurde. Dies betraf im wesentlichen das Pogrom von Krakau und seine Einreise in die Schweiz, die er vordatierte, weil seit Ganzfrieds Enthüllungen klar war, daß seine ursprünglichen Angaben im Widerspruch zu belegbaren Ereignissen standen. Am Text der »Bruchstücke« gab es trotzdem nichts zu korrigieren, denn Jahreszahlen nannte er nur in seinen Interviews. Nach der Niederschrift des Manuskripts ergänzte er seine Darstellung um zwei weitere Elemente. Zum einen erzählte er – vermutlich erstmals Anfang 1995, als er eine Antwort auf Helblings Zweifel finden mußte – eine vage Geschichte seiner Vertauschung. Zum anderen begann er in Interviews anzudeuten, daß man ihn zum Objekt medizinischer Experimente gemacht hatte. Die letzte eigentliche Metamorphose erfuhr seine erzählte Biographie also in den zehn Jahren, die zwischen der Erstellung des Colla-Drehbuchs und des »Bruchstücke«-Manuskripts verstrichen waren. Seine Erinnerungen an seine frühe Kindheit waren nun konkreter und vollständiger denn je. Aus einem baltischen Flüchtlingskind ist ein KZ-Opfer geworden, dessen Schicksal an Schrecklichem nicht mehr zu überbieten ist. Die Frage stellt sich, wie seine Erfindungen überhaupt entstanden sind.

Seine Verwandlungen sind offensichtlich inspiriert durch Begegnungen, etwa mit Karola, die ihm von ihrer Krakauer Zeit erzählt, oder mit dem Professor, der ihn zu einem Wilkomirski macht. Wahrscheinlich hatten auch Bücher und Filme einen Einfluß; beispielsweise zeigten sich erstaunliche inhaltliche und strukturelle Parallelen zu Jerzy Kosinskis Erzählung »Der bemalte Vogel«. Möglicherweise ging der Einfluß darüber hinaus und betraf Kosinskis Methode des »Erinnerns« selbst, die Wilkomirski kannte.

Denn er besitzt eine deutsche Ausgabe des »Bemalten Vogels« mit einem Nachwort Kosinskis, in dem dieser die literarische Behandlung der Erinnerung und das Verhältnis von Fiktion und Fakten theoretisiert. Für einen Schriftsteller sei »die eigentliche Wirklichkeit (...) zweitrangig«, erklärt Kosinski, »er benützt sie nur in dem Maße, in dem er sie seiner Vorstellungswelt bereits angepaßt hat. Man könnte sagen, ein Schriftsteller übernehme von außen nur das, was er in seiner Phantasie auch selbst zu schaffen vermag.«[133] Um sein »eigenes Denken und Identitätsgefühl« zu unterstützen, schaffe man sich aus seinen Erinnerungen eigene, persönliche Muster. »Diese Bilder sind unsere ganz persönlichen kleinen Fiktionen. Denn wir pressen unsere Erfahrungen in Formen, die sie vereinfachen und ihnen eine emotional erträgliche Klarheit geben. *Das Geschehene wird in der Erinnerung zur Fiktion, zu einem Gebilde, das den Rahmen für bestimmte Gefühle bietet.*« Sich erinnern sei »von vornherein ein Bearbeitungsprozeß«. »Es wäre unzutreffend, von genauer oder wirklichkeitsgetreuer Erinnerung zu sprechen; was sie an Wahrheit enthält, ist eher emotionale als tatsächliche Wahrheit.« Folgerichtig hält Kosinski es für »anfechtbar«, sein Buch als »Tatsachenbericht« zu bezeichnen; es sei »keine Untersuchung«, sondern eine »Vision«. »Sowohl Schauplatz wie Handlung sind bildlich zu verstehen, denn die ganze Reise könnte sich ebensogut nur innerlich abgespielt haben.« Der Rahmen sei metaphorisch, die Figuren würden zu Archetypen. Seine Erzählung sei nicht einfach das Produkt von Fakten und Erinnerung, sondern »weit eher das Ergebnis des langsamen Auftauens eines von Ängsten umkrallten Gemütes«. »*Der bemalte Vogel* kann gleichsam als ›Märchen‹ angesehen werden, wie sie ein Kind wirklich *erlebt*, im Gegensatz zu jenen anderen Märchen, die man bloß *erzählt*«. Der Behauptung Kosinskis – die Erinnerung sei Fiktion, eine subjektive Wirklichkeit, die man zur Angstbewältigung in ein Märchen verwandle – würde Wilkomirski nie zustimmen, beharrt er doch immer auf dem Abbildcharakter seiner Erzählung. Dennoch hat Kosinski wahrscheinlich ziemlich präzise den Vorgang beschrieben, wie aus Wilkomirskis inneren Bildern »Erinnerungen« entstanden sind.

Eine weitere Inspirationsquelle war vermutlich Eberhard Fechners 1984 ausgestrahlter Dokumentarfilm über den Düsseldorfer Prozeß gegen 15 Schergen des Konzentrationslagers Majdanek, der Wilkomirski nachhaltig beeindruckte.[134] Verena Piller erzählt, wie emotional Wilkomirski darauf reagierte; er selbst behauptet, in diesem Film erstmals historische Bilder des Lagers gesehen zu haben. In der viereinhalb Stunden dauernden Dokumentation kommen Richter, Verteidiger, Staatsanwälte, Angeklagte und Zeugen – vor allem ehemalige Häftlinge sowie einige damalige Wächter – ausführlich zu Wort. Außergewöhnlich für einen NS-Prozeß war in Düsseldorf, daß viele KZ-Wächterinnen auf der Anklagebank saßen. Es ist gut denkbar, daß diese Frauen in ihrer Dumpfheit und Uneinsichtigkeit Wilkomirski dazu anregten, in seinem Buch die Täterinnen besonders zu profilieren. Im Film kommen viele weitere Umstände vor, die Wilkomirski später in seinen mündlichen oder schriftlichen Erzählungen beschreibt, etwa die miserable Wasserversorgung, die Hütten der Hundestaffeln, die Läuseplage, das Krematorium mit den eisernen Ofenklappen oder die Frauenbaracken und die Kinderquarantäne auf Feld Fünf. Erwähnt werden auch Erfahrungen und Ereignisse, die man in Wilkomirskis Erzählungen wiederfindet: Die Häftlinge werden ausgepeitscht, die Kinder haben kein Klosett und müssen die Notdurft in der Baracke verrichten, sie werden in Panik auslösenden Kinderaktionen abgeführt, das KZ-Personal ist korrupt und so weiter. Sehr ausführlich wird auch die »Aktion Erntefest« vom 3. November 1943 dargestellt, bei dem alle jüdischen Insassen, es sind etwa 18 000, ermordet wurden. Zweimal hört man von Transporten von Majdanek nach Auschwitz; ein Staatsanwalt meint sogar, dies sei für die Majdanek-Insassen die einzige Überlebensmöglichkeit gewesen. Vielleicht inspirierte diese Aussage Wilkomirski dazu, in seiner Geschichte genau diesen Weg anzudeuten, was ihm später die Kritik des Historikers Raul Hilberg eintragen sollte. Es gäbe im Film noch weitere Details, die bei Wilkomirski wieder auftauchen, aber zu den meisten Informationen konnte er auch auf andere Weise – durch Literatur, Archivrecherchen oder durch die Befragung von Überlebenden – kommen.

Durch einen Film ließ sich Wilkomirski möglicherweise auch zur Episode von seinem Panikanfall beim Skiliftfahren inspirieren. Er erklärt seine Reaktion damit, daß der Lift ebenso wie damals die Vergasungswagen von Majdanek mit einem Motor der Marke Saurer betrieben worden sei. Nun gibt es bei der Forschungsabteilung Majdanek weder Belege für solche Vergasungswagen noch für den Einsatz von Saurer-Motoren. Beides ist aber bekannt für Chełmno (Kulmhof): In einer der eindrücklichsten Szenen des fast zehnstündigen Dokumentarfilms »Shoah« von Claude Lanzmann sieht man auf einer Autobahn im Ruhrgebiet einen Lastwagen, der sich langsam nähert. Lanzmann liest dazu einen Bericht des SS-Obersturmbannführers Rauff über technische Verbesserungen an Spezialwagen für Chełmno. In dem Moment, wo der Wagen so nahe kommt, daß man auf dem Kotflügel »Saurer« entziffern kann, erfährt man aus dem Text, was die Ingenieure der Firma wirklich tun: Sie perfektionieren die Einrichtungen, mit denen sie auf der Ladebrücke Menschen vergasen. Wir sehen nur den harmlos Güter transportierenden und die Umwelt mit seinen Abgasen verpestenden Lastwagen, aber die Präsenz der Vergangenheit könnte unerträglicher nicht sein. Die Szene hat dieselbe Struktur und teilweise denselben Inhalt wie Wilkomirskis Panikanfall in seinen Skiferien. Es wäre sehr verwunderlich, wenn der Autor von »Bruchstücke« Lanzmanns Werk, diesen Meilenstein in der Geschichte der filmischen Auseinandersetzung mit der Shoah, nie gesehen hätte.[135]

In Wilkomirskis Geschichten finden sich jedoch auch zahlreiche Elemente, die sich seiner eigenen Erfahrungswelt zuordnen lassen. In Videointerviews erzählt er etwa, wie er nach der Flucht aus Riga in eine Stadt kam, wo ihn jemand von Haustür zu Haustür schleppte und erfolglos nach einem Platz für ihn fragte. Diese Suche gleicht auffallend der Geschichte des kleinen Bruno Grosjean, der in seinen ersten Lebensjahren sehr häufig – zuerst mit seiner Mutter, dann ohne sie – Adresse und Pflegeplatz wechselte. Ebenfalls auffällig sind die Parallelen zwischen den Heimaufenthalten in Krakau und in Adelboden: Binjamin kommt aus dem KZ und gerät in Krakau unter Menschen mit fetten Gesichtern und schönen Kleidern, die statt in Baracken in Steinhäusern wohnen; er fühlt sich fremd, auf der falschen Seite, und fragt sich, ob er nicht besser zu den Baracken zurückkehren sollte. In der Schweiz kommt Bruno Grosjean von Nidau, wo ihm die Pflegemutter teilweise das Leben zur Hölle machte, nach Adelboden in ein privates Erholungsheim mit ungewohntem Luxus, mit sauberen Räumen und unter Kinder, die teilweise aus der Oberschicht stammen – ob er sich nicht auch zuweilen nach dem einfachen Nidauer Bauernhaus gesehnt hat? Eine dritte Auffälligkeit ist die Metapher der illegalen Ankunft. Binjamin reist ohne Papiere in die Schweiz, ist plötzlich ohne Frau Grosz, die doch versprochen hat, ihn als ihren Sohn auszugeben; er bekommt eine falsche Identität und fürchtet später ständig, seine unrechtmäßige Anwesenheit würde bemerkt und er müßte wieder gehen. Frau Grosz könnte man durch Frau Grosjean[136] ersetzen, die ordnungsliebende Schweizer Gesellschaft durch die Familie Dössekker: Schon hätte man die Geschichte des unehelich ins Leben eingetretenen Proletarierkindes Bruno, das, von seiner Mutter im Stich gelassen, in das bourgeoise Milieu der Dössekkers verpflanzt wird, wo es ein Teil der Verwandtschaft als Eindringling empfindet, weil es ohne genuine Zugehörigkeit, unrechtmäßig sozusagen, zu einem großen Erbe kommen würde.

Genauer dargelegt habe ich bereits die Parallelen zwischen dem Bauernhof in Nidau und demjenigen bei Zamość: die Ähnlichkeit von Haus und Umgebung, von Frau Aeberhard und der Bäuerin, dem Erscheinen Yvonne Grosjeans und dem der Dame, einem möglichen Krankenhausbesuch bei Frau Grosjean und der Mutterbegegnung im KZ. Motti, der in der literarischen Erfindung Binjamin schützt, entspricht in der biographischen Realität René Aeberhard, dem ältesten Sohn des Hauses. Sowohl das erfundene wie das historisch reale Duo spielen auf der Wiese mit Modellflugzeugen. Die Erzählung gibt diesem idyllischen Bild einen prominenten Platz. Es steht für die Bedeutung der Freundschaft zu einem Älteren als sichere Gegenwelt zu den schrecklichen Erlebnissen mit der Pflegemutter/Bäuerin. Zugleich ist es eine Grundmetapher für Wilkomirskis Leben und Erzählen: die Flucht in die Phantasie.

Wenn die Realität unerträglich wird, etwa weil ihn seine Mitschüler wegen seiner Reaktion auf Wilhelm Tell verprügeln, flüchtet er in Gedanken in wolkige Höhen, wo Motti sein Flugzeug in die Lüfte wirft. Als tragisches Gegenstück zu dieser evasiven Rettungsbewegung könnte man die Titelmetapher des Buches lesen, das ihn vor Jahrzehnten so berührt hat: Der Vogel wird mit bemaltem Federkleid in die Lüfte geworfen, er steigt hoch zu seinen Artgenossen, wird aber wegen seiner Verkleidung verkannt, ausgestoßen und getötet. Wer müßte bei diesem Bild nicht an Wilkomirski denken, der im fremden Kleide eines KZ-Opfers einen phänomenalen, fast apotheotischen Aufstieg erfährt, bevor er, als Fälschung entlarvt, ins Bodenlose stürzt?

Verlorene Erinnerungen wiederfinden – Theorie und Technik

Auf den ersten zwei Seiten von »Bruchstücke« schreibt Wilkomirski, daß seine frühen Erinnerungen »in erster Linie auf den exakten Bildern (seines) fotografischen Gedächtnisses und den dazu bewahrten Gefühlen« gründeten und »einem Trümmerfeld einzelner Bilder und Abläufe« glichen. »Brocken des Erinnerns mit harten, messerscharfen Konturen, die noch heute kaum ohne Verletzung zu berühren sind. Oft chaotisch Verstreutes, chronologisch nur selten zu gliedern; Brocken, die sich immer wieder beharrlich dem Ordnungswillen des erwachsen Gewordenen widersetzen und den Gesetzen der Logik entgleiten.« Er versuche, das im Gedächtnis Aufbewahrte »so exakt wie möglich abzuzeichnen«.[137] Im Gespräch erklärt er weiter, eine Hauptarbeit sei gewesen, für diese Bilder den angemessenen sprachlichen Ausdruck zu finden. Er konnte seine Erfahrungen, die er damals – als sogar zeitweise Verstummter – gemacht hatte, nur »in der Art« aufschreiben, wie er sich damals »Sprache vorgestellt« hatte. Es mußte eine Kindersprache sein, die aber auch »ein heutiger Erwachsener verstehen kann, sonst hätte die Übersetzung ja keinen Sinn gehabt«.[138]

Dieser Bergungs- und Übersetzungsvorgang läßt sich genau rekonstruieren, denn seine gedächtnistheoretische Vorlesung und sein – im »Selbstversuch« – gemeinsam mit Bernstein entwickeltes Therapiekonzept enthalten ausschließlich eigene Beispiele.[139] Im Herbst 1995 hält er an der Universität Ostrau eine Vorlesung über das »Kindergedächtnis als historische Quelle«, in dem er sich mit der »Reaktivierung verlorener Erinnerungen« befaßt – somit geht er davon aus, daß diese abhanden kommen können. Er erläutert vier Techniken: »1) Durch möglichst regelmäßige Konzentrationsübungen vor dem Einschlafen während eines längeren Zeitraums. 2) Wenn immer es dem Zeugen möglich ist, sollten die originalen Orte aufgesucht werden. Die Konfrontation mit dem Ort des Geschehens holt oft vergessen geglaubte Erinnerungen zurück. 3) Eine große Hilfe kann sein, wenn der Zeuge vorher versucht, seine Erinnerungen auf Papier zu zeichnen, ev. Pläne anzufertigen. Kleinste Details solcher Zeichnungen können entscheidend sein zur Identifizierung eines Ortes oder eines Ereignisses. 4) Das Gespräch des Zeugen mit Menschen, die in vergleichbarer Weise betroffen sind, kann ihm Mut geben und erleichtert oft das Aussprechen von noch unklaren, scheinbar ›unlogischen‹ Erinnerungen. Es hilft ihm, die Angst zu überwinden, mit seinen unvollkommenen Erinnerungen lächerlich zu wirken und unqualifizierte Kritik auf sich zu ziehen.«[140]

Dank der Anwendung dieser Techniken kam Wilkomirski etwa zu seiner heutigen Geschichte von Riga. Durch »Konzentrationsübungen« unter therapeutischer Anleitung (Technik 1) wurde aus »vagen Erinnerungen« ein detailliertes Wissen, das ihn befähigte, in einer fremden Großstadt nach stundenlangem Marschieren das Haus zu finden, wo er sich als höchstens Dreijähriger aufgehalten hatte. Seine Reisen in den Osten (Krakau, Majdanek, Birkenau, Riga) entsprechen Technik 2. Hier griff er auch auf Technik 3 (Zeichnungen) zurück, etwa wenn er dank der vorher skizzierten Kirchtürme eine Bestätigung erhielt, daß das Haus an der Iela Katolu das seinige war. Oder wenn ein gezeichneter Hydrant als Beleg für seinen Aufenthalt in Birkenau gelten konnte. Letztere Entdeckung machte er nur, da er zugleich Technik 4 anwandte: die Gespräche, die er mit Überlebenden an besuchten Orten und bei vielen anderen Gelegenheiten führte.

Nach Wilkomirskis Darstellung helfen diese Techniken, verlorene Erinnerungen wiederzufinden. In seinem Fall dienten sie aber primär dazu, seine Erzählung in den Augen seiner Umwelt und seines Publikums mit der Glaubwürdigkeit des Faktischen auszustatten. Die Reisen an die historischen Orte und die Gespräche mit Zeitzeugen dürften ihm – neben dem Studium der einschlägigen Literatur – auch dazu verholfen haben, seine Erinnerung überhaupt zu produzieren. Ein Beispiel dafür ist seine Rekonstruktionsleistung von Riga über 50 Jahre später. Sie war um so beachtlicher, da ihn im Jahre 1941 eine Frau des Nachts im Laufschritt von jenem Haus zum weit entfernten Hafen getragen hatte,[141] während er nun den Weg in umgekehrter Richtung zurückverfolgte und damit eine Perspektive einnahm, die er als Kleinkind noch gar nicht erlebt haben konnte. Man darf annehmen, daß ihn nicht allein Konzentrationsübungen, sondern auch Ortserkundungen dazu befähigten.

Weiteren Aufschluß über die Genese seiner Erinnerungen findet man in seiner Beschreibung der verschiedenen Probleme, die beim »Umgang mit dem Kindergedächtnis« auftauchen. Dazu gehört etwa die »Gedächtnisfraktierung«: »Ist ein traumatisches Kindheitserlebnis zu kompliziert oder zu belastend, um als ein Ganzes im Gedächtnis bewahrt zu werden, kann es zu einer Aufspaltung in verschiedene Teilbilder kommen, die als Einzelbilder (oder Einzelerinnerungen) auf ein zu ertragendes Maß reduziert werden. Es kann von Bedeutung sein, bei einem Zeugen somit auch die kleinsten Einzelerinnerungen zu sammeln und einmal aufzulisten. Es besteht dann durchaus die Möglichkeit, daß der Historiker, der Psychologe oder der Betroffene selbst zwischen den einzelnen Bildern einen inneren, vernünftigen Zusammenhang findet und bei entsprechendem Konzentrationstraining vielleicht sogar das ganze Ereignis wiedererkennt.«

Als Beispiel für dieses Phänomen könnte man Wilkomirskis Erinnerungsarbeit zum obskuren Ortswechsel von Majdanek nach

Birkenau lesen: »Ein Klient [gemeint ist er selbst; St. M.] erinnert, daß er an einem Abend nach einer Art Massaker mit einigen wenigen Überlebenden die Flucht ergriff und in einem langen Fußmarsch einem Bahngeleise folgte. Er erinnert genau, wie er seinen Kopf stets nach links wenden mußte, da die zu seiner Rechten untergehende Sonne in seine eitrig entzündeten Augen schien, was ihm schlimme Schmerzen verursachte. So konnte er schlecht sehen, wo er hintrat, und er fiel mehrmals hin. Die Überlegung des Historikers [Wilkomirski selbst; St. M.] dazu: Wenn die Sonne genau zu seiner Rechten unterging, dann ist der Klient damals entlang der Gleise nach Süden gelaufen. Nächster Schritt: Der Historiker sucht in alten Eisenbahnkarten, ob in der fraglichen Region eine Eisenbahnlinie über eine längere oder kürzere Strecke genau nach Süden verlief. Bei dem dünnen Eisenbahnnetz im Vorkriegsosteuropa eine leichte Überprüfung.«[142]

Als weitere Schwierigkeit erwähnt Wilkomirski in seiner Vorlesung Alpträume, die zunähmen, wenn »der Zeuge sich intensiv mit seiner kindlichen Vergangenheit« beschäftige und vielleicht sogar vor dem Einschlafen entsprechende Konzentrationsübungen mache. Solche Träume seien »besonders sorgfältig zu untersuchen«, da sie »äußerst klare, präzise und oft auch überprüfbare reale Erinnerungen darstellen« könnten. Sie hätten oft eine »Deutlichkeit in Details, die der Zeuge in rein wachem Zustand nicht in der Lage wäre wiederzugeben«. Im Gespräch äußert Wilkomirski die Vermutung, daß sich die Alpträume durch das »Zurückdrängen« der Vergangenheit noch verschärften. Sie seien dann besonders unerträglich, da sie »überwiegend direkt in den Körper« gingen und man sie nicht wie Gedanken beiseite schieben könne. »Man liegt im Alptraum auf dem Holzgestell und kämpft gegen die Insekten. Und dies ist immer vergeblich, dies kann man nicht aufhalten, es gibt keine Grenzen.«[143]

Weiter postuliert Wilkomirski, »bei jeder traumatischen Erinnerung [sei] möglichst zu untersuchen, ob es sich um die originale Traumatisierung handelt. Es kann beobachtet werden, daß eine unerträglich schmerzhafte Erinnerung später von einer zweiten, etwas weniger schweren Erinnerung verdeckt und scheinbar undurchdringlich überlagert wird. Voraussetzung ist aber immer, daß die beiden Erinnerungen in irgendeiner Weise thematisch oder emotional zusammenhängen. Die hermetische Überlagerung einer traumatischen Erinnerung durch eine zweite weniger schwere, ist besonders bei Kindern ein häufiger Selbstschutzmechanismus (Deckerinnerung).«

Auch Verleugnungen können die Rekonstruktion von Gedächtnisinhalten behindern, erklärt Wilkomirski: »Bei schwersten traumatischen Erinnerungen, die oft von starken Scham- und Schuldgefühlen begleitet sind, kann ein Zeuge die Tendenz entwickeln, die Erinnerung zu bagatellisieren, sich zu weigern, sie als seine eigene Erinnerung anzuerkennen, oder gar sie ganz zu verleugnen, sie nicht als wahr zu akzeptieren. So wie kleine Kinder manchmal Erträumtes zur Wahrheit und Realität erklären, erklären umgekehrt traumatisierte Kinder gerne die unerträgliche Wahrheit und Realität kurzerhand zur Einbildung, zum Traum, um darin einen entlastenden Ausweg zu finden.« Bei dieser Beschreibung denkt man unwillkürlich daran, daß Wilkomirski jahrelang den Gedanken abgewehrt haben will, im KZ Birkenau gewesen zu sein, aus Scham über die dort am eigenen Leibe erlittenen medizinischen Experimente.

Wilkomirski geht in seiner Vorlesung und seinem Therapiekonzept also explizit davon aus, daß fotografisch exakte Erinnerungsbilder durch psychische Prozesse – Verdrängung, Verleugnung, Fraktierung, Deckerinnerung – unzugänglich und durch bestimmte Methoden wieder ins Bewußtsein geholt werden können.[144] Auch in eigener Sache spricht er von rückgängig gemachten Verdrängungen. Erst nach 50 Jahren habe er, seine beginnende Selbstzerstörung spürend, den »Deckel« über seiner Kindheit vorsichtig gehoben, auch wenn er »durch die beschworenen Erinnerungsbilder in akute Angstzustände versetzt« worden sei.[145] Er erhielt bei diesem Prozeß therapeutische Unterstützung durch Monika Matta, die mit ihm, wie sie Suhrkamp mitteilte, die Erinnerungen durch mehrfaches Wiederholen durcharbeitete und seinem Erleben wieder zugänglich machte. So wie seine Therapeutin das Buch als ein Ergebnis dieses überaus schmerzhaften und kraftverzehrenden Prozesses betrachtet, beschreibt Wilkomirski seine Erinnerungen als Produkt von Konzentrationsübungen.[146] Heute wehrt er sich jedoch – ebenso wie Bernstein und Piller – mit Vehemenz dagegen, »Bruchstücke« als »recovered memory«, als wiederhergestellte Erinnerung, zu verstehen. »Niemals in meinem Leben habe ich vergessen, was ich in meinem Buch aufschrieb«, behauptet Wilkomirski. »Ich hatte NICHTS WIEDERZUENTDECKEN! Einige der Erinnerungen waren – und sind es noch jetzt – jeden einzelnen Tag präsent!!«[147]

Die Recovered Memory Therapy ist vor allem in den Vereinigten Staaten seit einigen Jahren den heftigsten Vorwürfen ausgesetzt. Der Journalist Mark Pendergrast, selbst einer der Kritiker, war meines Wissens der erste, der »Bruchstücke« in diesen Kontext stellte.[148] Im Frühjahr 1998 war er durch den Buchumschlag der britischen Ausgabe hellhörig geworden, auf dem es über Wilkomirski hieß: »Erst als Erwachsener fand er einen Weg, seine Erinnerungen wiederzuerlangen.«[149] Die Wiederentdeckungs-Therapien gehen von einer doppelten Annahme aus. Erstens: Traumata aus der Kindheit werden verdrängt, wirken unbewußt jedoch weiter und erzeugen spezifische psychische Symptome. Diese verschwinden, wenn die verdrängte Erinnerung bewußt gemacht und durchgearbeitet wird. Zweitens: Die traumatische Situation erhält sich als sozusagen fotografisches Abbild im Unbewußten; die Erinnerung daran entspricht einer vergangenen Wirklichkeit. Im Nachwort des ersten Buches von Lauren Stratford alias Laura Grabowski schreiben drei Wortführerinnen dieser Therapie: »Wenn Kinder oder Erwachsene über die Schmerzgrenze hinaus unausweichlichen Leiden ausgesetzt sind und sie längere Zeit ertragen müssen, verbannen sie die wahrgenommenen Ereignisse aus ihrem Bewußtsein. Dieser Mechanismus der inneren Distanzierung geschieht, damit sie überhaupt überleben können. Je ernster das Trauma, desto größer die Bewußtseinsspaltung, die dann stattfindet. Ständiger Mißbrauch wird jahrelang Schicht für Schicht im Unterbewußtsein abgelagert.

Diese Dinge dann wieder zutage zu fördern gleicht dem Schälen einer Zwiebel: Schicht für Schicht kommt ans Licht. Diese ins Unterbewußtsein verdrängten Erinnerungen können nicht einfach auf Kommando wiedergegeben werden.«[150]

Diesen Therapien wird nun durch ihre Gegner vorgeworfen, die wiedererlangten Erinnerungen seien in Wirklichkeit nichts weiter als die Erfindungen von Patienten und Therapeuten. Der »Mythos der Verdrängung« produziere eingebildete Opfer von sexuellem Mißbrauch und beschuldige unschuldige Menschen als Sexualverbrecher. Es ist hier nicht der Ort, die im Stile eines Glaubenskrieges erbittert geführte Debatte nachzuzeichnen.[151] An Wilkomirskis Gedächtnistheorie fällt jedoch auf, daß er sich die beiden referierten Grundannahmen der Recovered Memory Therapy zu eigen gemacht hat. Diskussionswürdig ist insbesondere die Annahme, vergangene Erfahrungen hinterließen sozusagen fotografische Spuren, die sich bis in die Gegenwart unverändert erhalten. Wenn es im weiten Feld der Gedächtnisforschung einen Konsens gibt, dann betrifft er den Abschied von Gedächtnismodellen, die von einer Speicherung in Engrammen oder Repräsentationen ausgehen. Sowohl kognitionswissenschaftliche wie psychoanalytische Schulen betrachten seit langem die Erinnerung als eine Konstruktion, die den Einflüssen der Gegenwart ausgesetzt ist.[152] Damit wird nicht der Zusammenhang der Erinnerungen mit der Vergangenheit bestritten, sondern ihre Auslegung als getreues Abbild. Verschiedene Untersuchungen zeigen sogar, daß man durch Hypnose oder Suggestion Erinnerungen an Ereignisse erzeugen kann, die nie stattgefunden haben. Die Psychologin Elizabeth Loftus, eine der schärfsten Kritikerinnen der Recovered Memory Therapy, schreibt: »Wenn eine Person erst einmal eine konstruierte Erinnerung angenommen hat, neigt sie dazu, an diese genauso fest zu glauben wie an echte Erinnerungen und sogar frühere Erinnerungen durch die neuen, erfundenen Fakten zu ersetzen.«[153]

Bisher gibt es allerdings noch keine Belege dafür, daß man auch traumatische Erinnerungen ohne jeglichen Realitätsbezug implementieren kann.[154] Doch selbst Wissenschaftler, die überzeugt sind, daß sich verdrängte Traumata wieder bewußt machen lassen, gehen davon aus, daß solche Erinnerungen stark verfälscht werden können. Zu den Vertretern dieser Lehrmeinung – aber keineswegs zu den unseligen Vereinfachern des Recovered Memory Movement, die Freuds Theorien völlig mißinterpretieren – gehört der Traumaforscher Bessel A. van der Kolk, für den das Problem in der Natur des Traumas selbst liegt: Ein traumatisches Erlebnis wird zuerst nonverbal und als fragmentarischer Sinneseindruck des Ereignisses erfahren und in dieser Form gespeichert, ohne Eingang in das persönliche Narrativ zu finden. Entsprechend taucht die erste Erinnerung an das Trauma als Flashback von Körperempfindungen auf: als Bild, Geruch, Geräusch, Bewegung oder Gefühl. Patienten erklären regelmäßig, ihre Wahrnehmungen seien genaue Wiedergaben der damaligen Empfindungen.[155]

Traumatisierte Menschen versuchen, diese sprachlose, unzusammenhängende und abgespaltene Erfahrung zu integrieren und in eine Erzählung zu übersetzen, die erklärt, was einmal mit ihnen geschah. Genau diese Notwendigkeit, für einen namenlosen Horror Worte zu finden, öffnet ein Tor für Konfabulationen. »Traumata können einen unauslöschlichen Eindruck hinterlassen, doch sobald Menschen beginnen, über diese Empfindungen zu sprechen, und versuchen, ihnen Sinn zu verleihen, werden sie in gewöhnliche Erinnerungen übertragen – und wie alle gewöhnlichen Erinnerungen sind sie dann anfällig für Verzerrungen. Menschen sind offenbar unfähig, Erfahrungen zu akzeptieren, die ihnen sinnlos erscheinen (...). Sobald sie sich bedrängender Elemente des Traumas bewußt werden, neigen sie dazu, die Leerstellen auszufüllen und das Bild zu vervollständigen.«[156] Bei Traumata in der Kindheit sind diese Gefahren noch größer, denn Kinder haben geringere mentale Fähigkeiten, eine kohärente Erzählung dazu zu konstruieren: »Es ist wahrscheinlich, daß ihre biographischen Erinnerungslücken und ihre anhaltende Disposition zur Abspaltung es diesen Patienten sehr schwer machen, ein präzises Bild ihrer vergangenen wie auch ihrer gegenwärtigen Realität zu rekonstruieren. Die Kombination aus fehlender autobiographischer Erinnerung, ständiger Abspaltung und Deutungsmustern, die Opferrolle, Hilflosigkeit und Verrat beinhalten, wird diese Menschen vermutlich anfällig machen für Suggestionen und konstruierte Erklärungen ihrer traumabedingten Affekte, die wenig mit ihrer tatsächlichen Lebensrealität zu tun haben.«[157]

Die Ereignisse in den ersten Lebensjahren, allem voran der Aufenthalt bei der psychisch schwer leidenden Frau Aeberhard, lassen kaum Zweifel, daß Wilkomirski traumatische Erfahrungen aus dieser Zeit mit sich trägt. Dies mag zu einem Teil die starke Wirkung seiner Texte erklären, denn als alptraumartige Artikulationen erscheinen sie authentisch. Ohne Zweifel schlugen diese Erlebnisse traumatische Leerstellen in seine Erinnerung, die es später sinnstiftend zu füllen galt. Wie das geschah, erklärt er etwa am Beispiel seiner Verhaftung auf dem Bauernhof bei Zamość, an die er sich zunehmend genauer erinnerte:

»Ein Klient erzählt von seiner Verhaftung als kleines Kind an seinem Wohnort durch Männer in Uniform. *Er erinnert sich nur vage* an den Namen des Ortes – drei ähnlich klingende Ortsnamen kommen in Frage – der Historiker weiß nicht, in welchen Archiven nach der Familie des Klienten zu forschen ist. *Der Therapeut kann den Klienten zu immer detaillierteren Angaben über den Hergang seiner Verhaftung veranlassen.* Nach mehrmaligem Erzählen erwähnt der Klient plötzlich die hellgrüne Farbe der Uniform und eine glänzende Gürtelschnalle auf seiner Augenhöhe. Der Historiker weiß nun schon, daß der Klient nicht von der SS, Gestapo oder Militär, sondern von einer Einheit der Reservepolizeibataillone verhaftet wurde. Sie waren die einzigen Einheiten in auffallend grünen Uniformen, die hinter der Front Dienst taten – das heißt, in den meisten Fällen auch Jagd auf Juden machten. Nun gab es aber mehrere solcher Bataillone in verschiedenen Einsatzgebieten. *Der Therapeut kann nun den Klienten dazu bewegen*, eine Zeichnung der Gürtelschnalle anzufertigen, obwohl der Klient *abweisend* sagt, er könne sich doch nicht an ein solches Detail erinnern, es sei ›irgend so etwas‹ auf der Schnalle gewesen, und er zeichnet etwas verärgert und irritiert seltsam ineinander verschlungene Linien auf die Schnalle. Der Historiker konsultiert nun einen Militärhistoriker, einen Spezialisten für Uniformen.« Es stellt sich heraus, welche Einheit Gürtelschnallen trug, die der Zeichnung glichen. Diese Truppe hatte ihr Einsatzgebiet dort, wo der Klient seine Verhaftung vermutet.[158]

Falls Wilkomirski das therapeutische Geschehen getreu schildert, ist der Anteil der Therapeutin (bei ihm war es eine Frau) an der Fabrikation seiner Pseudoerinnerungen beträchtlich. Sie veranlaßt ihn zu *mehrmaligem* Erzählen und gegen seinen Widerstand sogar zur Zeichnung von Einzelheiten. Am Schluß sind aus den vagen Erinnerungen an einen möglichen Ortsnamen das szenische Wissen über den Hergang seiner Verhaftung[159] und die detailgenaue Skizze einer Gürtelschnalle geworden, die wiederum zum Auffinden der Region ausreicht.

Ob wohl auch in anderen Therapien, die auf Wilkomirskis und Bernsteins Konzept beruhen, die Erinnerungen auf diese Weise zustande kommen? Die Autoren postulieren auf der Basis von Wilkomirskis Gedächtnistheorie, daß für »›Kinder des Holocaust‹ ganz andere Wege der psychotherapeutischen Arbeit beschritten werden müssen als die bis dahin von den Schulmeinungen vertretenen«. Als Grundhaltung »soll der Therapeut die vom Klienten vorgetragenen Erinnerungen als Hinweis auf seine vergangene ›äußere Realität‹ akzeptieren und ihn in seiner weiteren Erinnerungsarbeit unterstützen. Die Haltung des Psychotherapeuten wird für den Klienten zunächst durch das Einbeziehen des Historikers in das Vorgehen dokumentiert. Dabei muß der Therapeut dem Klienten zur Ermutigung immer wieder bestätigen, daß seine Erinnerungen als Bestandteile einer historischen Realität angehört und aufgenommen werden.« Das »Setting« sei »ganz anders als sonst üblich gestaltet. Die Bedeutung von ›Grenzen‹ erfährt in solchen Therapien eine ganz andere Dimension. Zudem müssen Übergänge von verbalen zu nichtverbalen Modalitäten ermöglicht werden.« Hier erwähnen die Autoren – unter Betonung der »unermeßlichen Bedeutung« von »Körpererinnerungen« – etwa Zeichnungen und Bewegungen.[160]

Die Haltung des beizuziehenden Historikers hat Wilkomirski bereits in der Ostrauer Vorlesung formuliert: »Der Historiker darf nie erwarten, beim Zeugen lediglich die Bestätigung seines eigenen bisherigen Wissens zu erhalten – im Gegenteil. Der Historiker soll nie unüberlegt die Aussage eines Zeugen bestreiten und sagen: ›Das gab es nicht, sonst müßte ich als Fachmann davon wissen.‹ Der Historiker vergesse nie: Nicht er, sondern der Zeuge war am Ort des Geschehens – der Zeuge hat immer einen Wissensvorsprung!«[161] – Nun gehört es zum elementaren Handwerk eines Historikers, die Aussagen der Zeugen ernst zu nehmen; freilich im Wissen darum, daß Erinnerungen in aller Regel unzuverlässig sind. Wilkomirskis Forderung läuft darauf hinaus, die affirmative Grundhaltung des Therapeuten zu verdoppeln. Nur der Klient verfügt offenbar über die Kriterien, historische Tatsachen in ihrem Wahrheitsgehalt zu beurteilen. Da in den Fallbeispielen Wilkomirski selbst nicht nur dieser Klient ist, sondern – obwohl er sein Geschichtsstudium nie abgeschlossen hat – meistens auch der beigezogene Historiker, existiert die postulierte Aufgabenteilung de facto gar nicht. Er verifiziert die Erinnerungen, die er aufgrund seiner historischen Recherchen konstruiert hat, gleich selbst.

Das Konzept ist nicht allein wegen der erfundenen empirischen Grundlage bedenklich. Die Autoren haben eine Therapie für Menschen entworfen, die per definitionem – sie haben keine sichere Identität – schwere Traumatisierungen erlitten haben. Bekanntlich gehören die Therapien solcher Menschen zu den größten Herausforderungen überhaupt und stellen die Therapeuten häufig vor die komplexesten Gegenübertragungsprobleme. Das skizzierte vage Setting, wenn es überhaupt als solches gelten kann, lädt aber zu undurchschaubaren Verstrickungen zwischen den Beteiligten geradezu ein. Dies ist um so bedenklicher, da es Bernstein laut eigener Aussage – in Zusammenarbeit mit Selbsthilfeorganisationen wie ESRA und AMCHA – auf über 50 Patienten anwendet.[162]

Wilkomirski war wohl nicht selbst therapeutisch tätig. Er erzählt jedoch, wie in den letzten Jahren neben der Musik die Recherche für Menschen ohne gesicherte Identität zu seiner Hauptbeschäftigung wurde. Aus wiederholten Äußerungen spürt man seine Leidenschaft heraus, den Kinder-Überlebenden und ihren Erinnerungen die Anerkennung zu verschaffen, die ihnen bisher verweigert worden sei.[163] In seiner ORTHO-Preisrede hat er geschildert, wie er einer Frau zu ihrer Identität verholfen haben will. Ich habe die Gelegenheit, diesen Vorgang zu untersuchen, soweit er in Zusammenhang mit Wilkomirski steht – wobei ich nur die Konstruktion, keineswegs aber ihre wirkliche Geschichte überprüfe, die ich als ihre Privatangelegenheit respektieren möchte.[164]

Die Frau, die Wilkomirski Sabina Rapaport nennt, stellt sich mir als K. M. vor; deshalb werde ich sie im folgenden ebenfalls so nennen. K. ist ein christlicher Vorname, doch sie erzählt, sie sei Jüdin und wisse dies, seitdem sie als Kind ihre Adoptiveltern belauscht und diese Information aufgeschnappt habe. Darauf, daß sie in Theresienstadt gewesen sein muß, kam sie später, als sie in einem Dokumentarfilm oder auf Fotos die Hausecke entdeckte, wo der Schuster Klein gearbeitet hatte, an den sie sich erinnerte. Eine Lektüre etwa im Jahre 1995 bestätigte ihr die Ortserinnerung. »Beim Lesen eines Buches von Ruth Klüger«, erzählt sie, »wußte ich dann auch, was der Buchstabe L und die Zahlen 4 und 1 zu bedeuten hatten. Es war die Bezeichnung der Mädchenhäuser. Block L 4 und L 14 in Theresienstadt!«[165] Wilkomirski nahm diese Entdeckung im ORTHO-Referat für sich selbst in Anspruch. Zudem behauptete er, K. M. hätte sich an den Namen Theresienstadt erinnert, während sie selbst betont, sie hätte den Ort aufgrund von Bildern später rekonstruiert.

Anfang Dezember 1997 lernt sie Wilkomirski kennen. Bald darauf findet sie heraus, daß sie vor Theresienstadt im französischen Lager Rivesaltes gewesen ist. Die Lösung findet sie in einer Zeitung, die ein Foto des Lagers publiziert. Ebenfalls noch in den ersten Wochen ihrer Freundschaft mit Wilkomirski macht sie eine weitere Entdeckung: »Diese Geschichte«, schreibt sie, »war bis am 29.12.97 nicht in meinem Bewußtsein. Nachdem ich eine Woche lang vor dem Einschlafen versuchte, Bilder wieder aufleben zu lassen, ohne zu wissen, was genau ich sehen wollte, wachte ich plötzlich um zwei Uhr nachts auf, weil ich etwas in mir klingen hörte. Drei Worte. Ich höre sie ganz deutlich, und es ist meine Kinderstimme, die sie schreit. Ich vernehme nur den Klang, die Worte verstehe ich nicht. Ich habe diese drei Worte immer wieder geschrien. Ich war schweißgebadet und hatte Herzflattern. Diese Schreie waren mit etwas verbunden, mit etwas Schrecklichem, das ich gesehen hatte. Nach und nach kamen die Bilder, die zu dem Schrei gehörten, zum Vorschein. Ich stand auf und schrieb alles nieder. Konnte so etwas überhaupt geschehen sein? Die Bilder waren aber so deutlich, die Farben so echt, die Emotionen so stark, daß es so gewesen sein muß.« Die von K.M. notierte Szene hat den Titel »Das tote Mädchen« und schildert, wie ein Mädchen mißhandelt wird. K.M. kommentiert die Szene so: »Mittlerweile weiß ich, was ich geschrien habe, ich habe es wieder gehört: elle est morte, elle est morte! Da ich den Beweis habe, daß ich vor Theresienstadt im Lager ›Rivesaltes‹ bei Perpignan war, ist es natürlich, daß ich in meiner Panik Französisch gesprochen habe.« K.M. hat ihre Aufzeichnung Wilkomirski übergeben. Für seinen ORTHO-Vortrag macht dieser daraus aber eine ganz andere Geschichte, die er zudem völlig willkürlich interpretiert. Von der ursprünglichen Szene übernimmt er nur den Satz »elle est morte« und erfindet dazu ein Banner mit den Buchstaben EEM. Ferner bezeichnet er die Szene als Alptraum, während sie für K.M. eine Erinnerung ist. Laut Wilkomirski deutet sie den Schrei »elle est morte« als den Tod ihrer Mutter. Sie sagt hingegen: »Ich habe nie behauptet, diese Geschichte hätte etwas mit dem Tod meiner Mutter zu tun. Darüber weiß ich nämlich gar nichts.«

Nach der Niederschrift einer weiteren Erinnerung an Mißhandlungen notiert sie: »Ich weiß nicht mehr, was ich machen soll. Ich kann nicht mehr schlafen und weiß nicht, ob ich jemals wieder essen kann. Zusammen mit der Geschichte vom Mädchen, das tot umfiel, weil ihm jemand etwas in den Mund stopfte, bin ich jetzt doppelt blockiert. Wann hört das endlich auf, ich kann nicht mehr. Ich will keine Bilder mehr heraufbeschwören. Ich halte das nicht mehr aus!« Aufmerksam geworden durch derartige Bemerkungen, frage ich sie nach ihrer Erinnerungstechnik. Sie habe ein Buch zur »Selbsthypnose« gekauft, erklärt sie mir.

Ihren Unterlagen kann ich entnehmen, daß sie nach Aufenthalten in Rivesaltes und Theresienstadt nach Krakau kam. Dies erstaunt mich, zumal sie sogar vermutet, sie sei im Heim an der Augustiańska gewesen. Als ich sie darauf anspreche, erklärt sie, sich nur vage an ein Haus erinnert zu haben, woraufhin Wilkomirski ihr Krakau und die Augustiańska suggeriert habe.

Im Januar 1998 blättert sie in einer jüdischen Zeitschrift und findet ein Wort, das in ihr ein Gefühl der Geborgenheit auslöst: Rapaport. Sie stellt einen Zusammenhang mit ihrem möglichen Familiennamen her. Wilkomirski hingegen schreibt diese Leistung in der ORTHO-Rede sich selbst zu. Gegen Ende März 1998 erinnert sie sich an den Namen einer älteren Schwester: Rivka. Daraufhin schreibt sie ihrer Tochter einen hoffnungsvollen Brief: »Davon ausgehend, daß ich Rapaport hieß, wird es vielleicht möglich, eine Liste aufzutreiben, auf der dieser Name steht. Ich muß nur noch die Liste suchen! Ob ich sie je finden werde, ist eine andere Frage, aber ich beginne das kleine Mädchen aus Theresienstadt zu erkennen, ich habe jetzt eine Haut, in die ich schlüpfen kann, und das tut gut.« Schon zwei Tage später ist es soweit: »25.3.98. Ein Anruf von Binjamin. Eine Liste mit einer Familie Rapaport. Eine Rivka Rapaport geb. 1929. Ein Kindertransport aus Rivesaltes, am 29.4.44. Ma Rivka in meinen Erinnerungen ca. 15jährig. Die Frage nach dem Vater. Die Schmerzen in meinem Bauch werden stärker, unerträglich. Ich beschließe, wieder einmal eine Selbsthypnose durchzuführen.« Unter dem Titel »Mon papa« beschreibt sie nun, wie sie Bilder an ihren Vater und an ihre Schwester Rivka evoziert, und schließt: »Es hat eine halbe Stunde gedauert, und ich bin erschöpft! Ich lasse bewußt den Film tausend Mal durchlaufen. Alles ist ganz klar, die Stimmen deutlich, die Farben intensiv. Die Sonne scheint durch ein Fenster, und ich kann Bäume sehen, ihr Laub ist gelb, braun und rötlich, Herbstfarben! Ich trage ein dunkelblaues Kleid mit langen Ärmeln, Rifka einen gelben gestrickten Pullover und eine braunbeige Jupe. Sie hat halblange braune Haare, leicht gewellt. Papa hat schwarze Haare, trägt ein in verschiedenem Grün kariertes Hemd und eine beige Stoffhose. Ich muß noch mehr erfahren, aber später, ich bin ausgelaugt und überwältigt. Es sind die ersten Bilder meines Vaters, die in mein Bewußtsein dringen. Mein Bauch schmerzt noch immer, ich bin unruhig und habe Angst. Ich nehme eine Schlaftablette und gehe schlafen.«

K. M. studiert die Liste mit den Rapaports; die Liste hat die Nummer 72 und stammt aus einem Buch, das der Nazi-Jäger Serge Klarsfeld über die Deportationen aus Frankreich zusammengestellt hat. Das Alter ihrer Schwester Rivka stimmt. »Wo aber bleibe ich? Kein Geburtsdatum auf dieser Liste kann mit meinem Alter übereinstimmen.« Sie spricht mit Wilkomirski. »Binjamin erwähnt, daß ich eben doch auf der Liste 72 sein könnte. Eine Sabina Rapaport, geboren in Bielize am 11. Juni 38, würde in Frage kommen. Ich habe aber absolut keine Erinnerung an irgend etwas Polnisches.« Sie versucht, »etwas Ordnung zu schaffen«: »Noch einmal lese ich all die Geschichten, die ich bisher geschrieben habe, durch, achte besonders auf Kälte- oder Wärmeempfindungen, auf die Farbe der Bäume, ob sie Laub haben oder kahl sind. Resultat: ich könnte ca. im April 1940 geboren sein.« Die Recherchen reichen noch nicht aus. Sie kontaktiert Serge Klarsfeld, der antwortet, ihre Geschichte sei unmöglich, es gebe keine jüdischen Kinder in der Schweiz, zu denen man keine Akten finde.

In seinem ORTHO-Vortrag vom April 1999 erklärt Wilkomirski, Sabina Rapaport fühle sich das erste Mal bei sich selbst, sie habe ihre Ruhe gefunden und genieße die wiedererlangte Identität. Er selbst dankt der ORTHO, daß sie ihm Mut mache, weiterhin Menschen wie Sabina zu helfen. K. M. hat das Referat, das Wilkomirski über sie gehalten hat, nie bekommen und bittet mich, es ihr zuzuschicken. Kaum hat sie es gelesen, ruft sie mich an. Sie ist wütend auf Wilkomirski, fühlt sich in ihrem Vertrauen aufs schlimmste mißbraucht und getäuscht. Es ärgere sie, daß er sich in seiner Rede zu ihrem Therapeuten aufgespielt habe. Sie habe sich ihre Techniken selbst angeeignet, und alle ihre Erinnerungen seien schon vorher dagewesen. Er schreibe sich Leistungen zu, die sie selbst vollbracht habe. Am meisten aber ärgere sie, daß er behaupte, sie sei Sabina Rapaport. Derartiges habe sie nie geglaubt, woher er denn dies wisse, dies sei überhaupt nicht überprüft und wäre fast reiner Zufall. Sie wisse überhaupt nicht, wer sie sei.[166]

Nach den Aussagen und Materialien von K. M. bleibt von Wilkomirskis Fallbeispiel, wie er Sabinas Identität »rekonstruiert«, wenig übrig: Ihre Erinnerungen hat sich K.M., teilweise mittels Selbsthypnose, selbst angeeignet. Seine akrobatische Konstruktion steht nicht nur im Widerspruch zu jeder historischen Wahrscheinlichkeit, sondern selbst zu K. M.s Erinnerungen und Empfinden.

Wilkomirskis eigene Geschichte und sein Umgang mit K.M.s Vergangenheit sind die einzigen mir bekannten Umsetzungen des Therapiekonzeptes, das er zusammen mit Bernstein entwickelt hat. Das Konzept selbst ist höchst fragwürdig, die beiden dokumentierten Umsetzungen entpuppen sich als Scharlatanerie – was macht wohl Bernstein mit seinen 50 Klienten?

Auf meine Anfrage hin erklärt dieser, er sei zwar der Meinung, daß sein Konzept empirisch überprüft und modifiziert werden könne, er arbeite aber seit September 1998 nicht mehr damit. Die Zahl von 50 Klienten sei ein »grober Fehler« gewesen; von den insgesamt nur sechs Klienten seien drei bereits nach wenigen Stunden und die übrigen nach Bekanntwerden der Zweifel an Wilkomirski ausgestiegen.[167]

Die Wahrheit der Biographie

Die Fakten

Die Recherche zu den einzelnen Elementen seiner Erzählung ergab im wesentlichen die folgenden Resultate:

1 Wilkomirski erzählt, der Historiker Vestermanis, selbst Überlebender von Riga, habe ihm gegenüber seine Erinnerungen in mehreren wichtigen Punkten bestätigt, etwa die historisch verbürgte Rettungsaktion durch einen Schiffer. Tatsächlich ist das Gegenteil der Fall: Vestermanis erklärt auf Anfrage, Wilkomirski habe die Geschichte des Hafenarbeiters Lipke vollkommen falsch verstanden. Jener habe in Verstecken in Riga und auf dem flachen Land (aber nicht mit dem Schiff!) Leute gerettet. Eine Rettung mit dem Schiff sei »sehr unglaubhaft«. Ebenfalls nicht zutreffend sei, daß es bei der Liquidierung des Gettos geschneit habe und daß man den Ruf »lettische Miliz« hören konnte.
2 Anschließend will sich Wilkomirski mit seinen Brüdern auf einem Bauernhof in der Nähe von Zamość versteckt haben. Auf einem Bauernhof wohnte auch Bruno Grosjean, als er 1944/45 bei der Familie Aeberhard im schweizerischen Nidau in Pflege war. Der – damals 18jährige – Sohn René Aeberhard kann sich gut an ihn erinnern und ist überzeugt, daß Wilkomirski und jener Knabe identisch sind. Zudem entdeckte er bei der Lektüre von »Bruchstücke« sehr viele Parallelen zwischen dem Aufenthalt in seinem Elternhaus und den Szenen auf dem polnischen Bauernhof. Auch die Pläne von Polen, die Wilkomirski aus der Erinnerung gezeichnet hat, weisen große Ähnlichkeiten mit den Gegebenheiten in Nidau auf.

3 Wilkomirski erklärt die Bewegung seiner Füße im Schlaf als eine Folge davon, daß er sich im KZ Majdanek so gegen die Rattenplage habe schützen müssen. Auch das Überbein an seinem Hinterkopf stamme aus jener Zeit, es sei die Folge einer Mißhandlung. Es gab aber in Majdanek nach Auskunft der dortigen Forschungsabteilung keine Rattenplage. Das Überbein hat in ausgeprägter Form auch Wilkomirskis ältester Sohn.

4 Nachdem er Ende 1944 in Birkenau angekommen sei, erzählt Wilkomirski, sei er das Opfer der Ärzte Fischer und König geworden. Beide hatten jenes Lager aber schon vor seiner angeblichen Ankunft verlassen. Wilkomirski erinnert sich an Laura Grabowski, die damals mit ihm zusammen zu den wenigen noch lebenden Kindern gehört habe. In Wahrheit ist sie eine amerikanische Staatsbürgerin christlicher Religionszugehörigkeit, die sich seit ihrer Jugend fingierte Opferrollen zuschreibt, unter anderem als Objekt sexuellen und satanistischen Mißbrauchs.

5 Den Namen Wilkomirski habe er erstmals 1945 in Krakau gehört, behauptet er. In Wirklichkeit kam er zu seinem Namen erst im Jahre 1972, als er ein Konzert der Geigerin Wanda Wiłkomirska besuchte und ein Bekannter meinte, daß er dieser Frau sehr ähnlich sehe und mit ihr verwandt sein müsse.

6 Wilkomirski behauptet, in Krakau in verschiedenen Heimen gelebt zu haben. Die vielen befragten ehemaligen Heimbewohner erinnern sich durchaus an andere Kinder, doch keiner von ihnen hat eine Erinnerung an Wilkomirski. Nach einem Pogrom, das er an der Długa- oder Augustiańskastraße erlebt haben will, sei er in die Schweiz geflüchtet. Historisch belegt sind jedoch nur Ausschreitungen an der Miodowastraße im August 1945. Das Heim an der Augustiańska wurde erst im Sommer 1946 eröffnet. Der Zeuge Berti ist aber der Ansicht, Wilkomirski spätestens Weihnachten 1945 bei seinen Schweizer Pflegeeltern gesehen zu haben. Er kann also nie in jenem polnischen Heim gewesen sein.

7 Wilkomirski erzählt, daß er Karola vom Krakauer Kinderheim sowie schon von vorher (er suggeriert: von einem KZ) gekannt habe. Sie begegneten sich jedoch erst Anfang der siebziger Jahre. Die Geschichte, die er in »Bruchstücke« über die Rettung von Karola und ihrer Mutter aus dem KZ sowie über deren spätere Trennung erzählt, ist falsch. Im übrigen wußte er den damaligen Decknamen nicht, unter dem Karola den ehemaligen Insassen der Augustiańska noch heute bekannt ist.

8 Wilkomirski nannte Lea Balint, der Hauptzeugin von Suhrkamp und der Agentur Liepman, den Namen Karola, bevor dieser in den Akten des Jüdisch-Historischen Instituts Warschau auftauchte. Da er die Angaben über Karola von dieser selbst erhielt, erwies sich der für Balint wichtigste Wahrheitsbeweis als Täuschung.

9 Im Jahre 1945 (früher nannte er die Jahre 1947 oder 1948) will er in einer Gruppe französischer Ferienkinder am Basler Bahnhof eingetroffen sein, alleine, eine leere Namensetikette um den Hals. Ein solcher Vorgang war selbst bei illegalen Aktionen unmöglich: Weder hätte er im Rahmen eines Rotkreuz-Transports mit einer leeren Halsetikette einreisen können, noch hätte er diese ohne – echte oder gefälschte – Papiere bekommen.

10 Wilkomirski erzählt, daß er in Basel von Frauen empfangen wurde, die um das verlorene Kind viel Aufhebens gemacht hätten. Die Hilfsorganisationen, die sich um einreisende Kinder kümmerten, arbeiteten eng mit den zivilen Behörden zusammen, bei denen sie ihre Schützlinge auch anmeldeten. Ein solcher Fall hätte sicher schriftliche Spuren hinterlassen. Die systematische Analyse aller einschlägigen Daten in den Schweizer Archiven blieb jedoch erfolglos.

11 Wilkomirski will kurz nach seinem Eintreffen bei den Pflegeeltern entdeckt haben, daß vor ihm schon ein anderer Knabe dort gewesen sei. Er habe ihn schon von seinem Heimaufenthalt her gekannt und bei einem späteren Treffen von seiner bevorstehenden Auswanderung in die USA erfahren. Es gibt jedoch in den Akten von Bruno Grosjean, der ab Oktober 1945

als Pflegekind der Dössekkers registriert ist, keinerlei Hinweise auf eine Vertauschung. Auch die Zeitzeugen, denen ein solcher Vorgang sicher aufgefallen wäre, zumal schon die Aufnahme des Knaben für Aufsehen gesorgt hatte, haben keine entsprechenden Erinnerungen. Zudem gibt es weder ein plausibles Motiv der Pflegeeltern für eine illegale und schwierige Aktion noch eine Erklärung für das spurlose Verschwinden des »Vorgängers«, dessen amtliche Dokumente auf Wilkomirski übertragen wurden (wo war Bruno Grosjean, bis er angeblich mit 17 Jahren auswanderte?). Eine weitere Ungereimtheit ergibt sich aus der behaupteten Begegnung im Heim: Bruno Grosjean war von März bis Oktober 1945 im Kinderheim zu Adelboden. Wilkomirski muß also spätestens im Oktober 1945 in der Schweiz gewesen sein – wo er doch noch in Krakau im Heim an der Augustiańska gelebt haben will, das zudem erst seit Sommer 1946 existierte.

12 Durch die Vertauschung soll das Judenkind Wilkomirski die Papiere des nichtjüdischen Bruno Grosjean erhalten haben. Eine maßgebliche Rolle soll dabei der Arzt Jadassohn gespielt haben. Es ist jedoch höchst rätselhaft, warum eine jüdische Organisation oder Einzelperson *nach* dem Krieg freiwillig ein jüdisches Kind mit einer christlichen Identität versehen hätte, gab es damals doch intensive Bestrebungen von jüdischer Seite, alle überlebenden Kinder für das eigene Volk zu retten.

13 Wilkomirski versucht seine Geschichte plausibel zu machen, indem er auf ähnliche Erfahrungen jüdischer Kinder verweist, die zu ihrem Schutz andere Dokumente bekamen, oder auf die Kindesentziehung bei Schweizer Zigeunerfamilien durch ein parastaatliches Hilfswerk. Doch weder die jüdischen Kinder noch die Zigeunerkinder erhielten Papiere von existierenden Personen. Genau dies behauptet aber Wilkomirski, der damit seine umfangreichen Akten erklären will, die auf den Namen Bruno Grosjean lauten und auch nach seinem eigenen Bekunden echt sind.

14 Nach übereinstimmenden Auskünften der Lehrerin und aller

befragten Mitschüler fand weder die Wilhelm-Tell- noch die Bettelbub-Episode statt. Die Tell-Geschichte wurde von der betreffenden Lehrerin gar nicht erzählt und der Ausflug, auf dem er gebettelt haben will, nicht durchgeführt. Mehrere gute Bekannte Wilkomirskis haben ihn als sicheren und leidenschaftlichen Wintersportler erlebt, an seine Panikattacke beim Skiliftfahren haben sie keine Erinnerung und halten sie auch für unglaubwürdig.

15 Es gibt kaum ernsthafte Nachforschungen Wilkomirskis zu seiner Vergangenheit in der Schweiz, was doch bei einer angenommenen Vertauschung hierzulande erstaunt. Er nahm im Frühjahr 1999 *erstmals* persönlich Einsicht in die doch so bedeutsamen Bieler Vormundschaftsakten. Seine im Nachwort zum Buch behaupteten »rechtlichen Schritte gegen diese verfügte Identität« gibt es höchstens, wenn man die Kontakte mit seinem Anwalt nach dem Brief Helblings großzügig in diesem Sinne interpretiert. Doch selbst die Bemühungen um Einsicht in die wichtigen Bieler Vormundschaftsakten entsprangen der Initiative des Anwalts. Wilkomirski hatte ihm keinen Auftrag dazu erteilt, im Gegenteil, er schreckte davor zurück, aus Angst, daß zuviel ins Rollen kommen würde. Er versuchte seine Geschichte glaubwürdiger zu machen, indem er von einem Abgekürzten Geburtsschein erzählte, von dem er nur einen behelfsmäßigen Auszug habe, oder von anderen Schwierigkeiten mit seinen Schweizer Dokumenten. In Wirklichkeit ist der Abgekürzte Geburtsschein ein vollständiges Dokument, und es gibt keine Hinweise auf diesbezügliche Unregelmäßigkeiten, etwa daß man ihm den Schein verweigert hätte. Es ist auch unwahrscheinlich, daß er auf ernsthafte Schwierigkeiten gestoßen wäre, wenn er – als Reaktion auf Helblings Zweifel – die Akteneinsicht verlangt hätte, zumal sein leiblicher Vater, der ihn allenfalls hätte behindern können, sowie dessen Tochter sich im Oktober 1995 um einen Kontakt zu ihm bemühten. Dies blockte er jedoch ab. Wenn man auf Fotos den etwa 19jährigen Wilkomirski mit dem 19jährigen Vater von Bruno Gros-

jean vergleicht, stellt man eine verblüffende Ähnlichkeit fest, die sich im übrigen bis heute recht gut erhalten hat.

16 Wilkomirski behauptet, mit Yvonne Grosjean nichts gemein zu haben. Im Jahre 1981 hat er jedoch mit einem Brief an die Stadtkanzlei Bern die »letztwillige Verfügung (...) *meiner leiblichen Mutter*« angefochten und »den gesetzlichen Pflichtteil« verlangt. Es kam zu einer außergerichtlichen Einigung, bei der er ein Drittel der Erbschaft erhielt.

Zusammenfassend läßt sich sagen, daß die Elemente seiner Geschichte sowohl in sich als auch in ihrem Bezug zur historischen Realität voller Widersprüche sind. Vor allem aber sind sie unvereinbar mit seiner biographischen Realität. Es besteht nicht der geringste Zweifel, daß Binjamin Wilkomirski mit Bruno Grosjean identisch ist und seine in »Bruchstücke« niedergeschriebene und anderswo erzählte Geschichte einzig und allein in seinem Denken und Empfinden stattgefunden hat.

Die Gründe

Es ist nicht die Aufgabe eines Historikers, im Detail zu beschreiben, durch welche Motive oder psychische Prozesse Wilkomirski zu seinen Erzählungen gelangt ist. Drei Grundzüge sind jedoch offensichtlich. Erstens ist seine Erinnerung keine durchkonstruierte Erzählung. Zweitens hängt sie eng mit seinen biographischen Erfahrungen zusammen. Drittens ist die Erinnerung in ihrer heutigen Form weitgehend das Produkt einer bestimmten therapeutischen Haltung und der Interaktion mit seiner engsten Umwelt.

Es fällt auf, wie widerspruchsvoll und historisch schlecht fundiert seine Erzählung ist. Daher läßt sich ausschließen, »daß wir es mit einem kalt planenden, systematisch vorgehenden Fälscher zu tun haben«, wie dies Ganzfried behauptet.[1] Wilkomirski hat nicht eines Tages in umsichtiger Weise eine Figur konstruiert und sich eine Geschichte zurechtgelegt, mit der er die Welt betrügen wollte. Seine heutige Identität entstand vielmehr im Laufe von

Jahrzehnten, ungeplant, improvisiert, fortwährend neue Erfahrungen oder Notwendigkeiten einflechtend und mangels Konzept entstandene Widersprüche ausbügelnd – was allerdings immer seltener gelang.

Die Genese seiner Erzählungen hängt mit traumatischen Erlebnissen zusammen, die – zumindest bis zur Lektüre dieses Berichts – kaum Eingang in sein autobiographisches Wissen gefunden haben dürften. Seine Erfahrungen der ersten Lebensjahre haben die Dimension eines kumulativen Traumas, das sich jedem Verstehen entzieht und um so einschneidender wirkt, als es gerade in eine Phase fällt, in der ein Kind die Fähigkeit entfaltet, zu sprechen, symbolisch zu denken und schließlich aus dem Erlebten Geschichten zu formen. »Bruchstücke« ist der Versuch des erwachsenen Bruno Grosjean, mittels Versatzstücken aus dem kulturellen Fundus des Gedächtnisses an die Shoah einen Ausdruck für eine Erfahrung zu finden, die schon im Moment des Geschehens sprachlich nicht einholbar war und es auch später nicht wurde, aber gerade darum nach sinnstiftender Erzählung rief. Das Nichterzählbare wiederum verdichtet sich im fragmentarischen Charakter des Textes und in der Metapher des Verstummens.

Die Aufnahme bei der Familie Dössekker dürfte dieses Bedürfnis, für Unverständliches eine Erzählung finden zu müssen, noch verstärkt haben. Denn Wilkomirskis Geschichte ist ein Lehrstück, wie gewisse Adoptionen scheitern müssen:[2] Die leibliche Mutter wird von den Behörden regelrecht genötigt, den Knaben wegzugeben. Bevor er endlich zu den Zürcher Pflegeeltern kommt, hat er bereits viele Wechsel der Pflegeplätze und die schlimmsten Erfahrungen hinter sich. Es fehlt an einer professionellen Unterstützung und Kontrolle der verschiedenen Pflegeeltern durch die Behörden. Die Dössekkers haben ihren Adoptionswunsch nicht so reflektiert, daß sie den Bedürfnissen des Knaben gerecht werden können (ihr Wunsch nach Fortsetzung der Ärztedynastie tut seiner Entwicklung Gewalt an). Ihre Verwandtschaft ist ihm teilweise feindlich gesinnt (Erbschaftsfrage). Seine Vergangenheit wird durch die Pflegeeltern tabuisiert, so daß er zu Phantastereien über seine Herkunft geradezu genötigt wird. Der Kontakt zur leiblichen Mutter wird behördlich unterbunden und ist dem Herangewachsenen durch gesetzliche Hürden erschwert; beides kann die Identitätsbildung belasten. Die Aufnahme bei den Dössekkers erfolgt erst im fünften Lebensjahr, die definitive Adoption erst nach weiteren zwölf (!) Jahren, so daß der Knabe nicht nur viel zu spät eine Familie findet, sondern auch noch die längste Zeit in Unsicherheit lebt, und so weiter. – Wilkomirski hatte die denkbar schlechtesten Bedingungen für eine erfolgreiche Bewältigung seiner Adoption. Es scheint mir naheliegend, daß all diese Schwierigkeiten die Wirkung der ursprünglichen Traumata noch verschlimmerten und den Drang, sich in Phantasien zu flüchten, förderten.

Vermutlich hat Wilkomirski über die längste Zeit für sich alleine versucht, die Leerstellen seiner Erinnerung zu schließen. In den achtziger und dann fast explosionsartig in den neunziger Jahren erfuhren seine Opferphantasien aber durch die Mitwirkung der Umwelt eine Radikalisierung. Daß die sozialen Bedingungen für das individuelle Gedächtnis wesentlich sind, haben Maurice Halbwachs' bahnbrechende Arbeiten bereits in den zwanziger Jahren dargelegt. Der französische Soziologe interessierte sich jedoch nicht für traumatische Erinnerungen, die sich dadurch auszeichnen, daß sie sprachlich nicht integrierbar sind und damit außerhalb des Sozialen liegen. Paradoxerweise macht in bestimmten Fällen gerade dies sie besonders empfänglich für soziale Einflüsse: Die Notwendigkeit, eine aus Leerstellen und Bruchstücken bestehende Erinnerung in eine sinnvolle Geschichte zu übersetzen, macht sie offen für Suggestionen und für die Bilder, welche die Gesellschaft für die Erzählung schlimmer Erfahrungen zur Verfügung stellt und akzeptiert: Mißhandlung durch Sexualtäter und Satanisten wie bei Grabowski, Nazi-Terror nun bei Wilkomirski.[3]

Das so disponierte Gedächtnis bewies bei Wilkomirski eine verheerende Produktivität. Während der ganzen Zeit, in der er seine Biographie zur entsetzlichsten aller Opfergeschichten radikalisierte, wurde er begleitet von Elitsur Bernstein und Verena Piller. Nun hat Bernstein – vielleicht auch Piller – eine Haltung, die dem subjektiven Erinnern einen privilegierten Status einräumt. Gerade bei traumatischen Erinnerungen ebnet diese Privilegierung den Weg für Fehlinterpretationen, die in Phantasien auswuchern können. Dieser Prozeß wurde verschärft durch die von Piller angeregte und Bernstein unterstützte Aufschreibetherapie. Pillers Aufforderung an Wilkomirski lautete, er solle seine Erinnerungen ernst nehmen und aufschreiben, sonst würde er sich selbst zerstören. Wilkomirski sagt, in seiner Therapie bei der Psychologin Matta soll »eine bestehende Erinnerung (...) mit den zugehörigen Emotionen verbunden werden«. Alle Beteiligten sind somit explizite Anhänger einer gängigen therapeutischen Philosophie, die sich Heilung durch Integration, Abreagieren oder Durcharbeiten von abgespaltenen Erfahrungen verspricht.[4] Dieses Katharsis- oder Integrationsmodell – das im Freudschen Denken, aus dem es stammt, differenzierter ist, als ich es hier darstelle – mag in vielen Fällen fruchtbar sein, bei Wilkomirski war es katastrophal. Es verschlimmerte die Leiden, von denen es eigentlich befreien sollte – und erzeugte zahllose neue.

In der Konstellation Wilkomirski–Piller–Bernstein spielte ein jeder seinen Part. Piller und Bernstein gingen auf Wilkomirskis Opferphantasien verständnisvoll ein. Ihre Empathie und ihre aktive Begleitung seiner Rekonstruktionsreisen, die zuweilen den Charakter bizarrer Inszenierungen annahmen, ließen Wilkomirski immer weiter in seine Phantasiewelt abdriften. Vom Glanz, der auf das Opfer fiel, strahlte auch noch einiges ab auf die unbeirrbaren Helfer, die den angeblich sozial verpönten Erinnerungen so mutig wie selbstlos zu ihrem Recht verhalfen. Der seelische Gewinn für Wilkomirski war nicht geringer. Als Opfer, das unschuldiger und geschundener nicht hätte sein können, erfuhr er weltweite Solidarität und grenzenloses Mitleid. Er, der sich immer als nicht zugehörig erlebt hatte, fand Anschluß an eine Gemeinschaft von Opfern, die ihm mitunter höchsten Respekt zollte. Außerdem waren seine Marotten oder Fehlverhalten in den konkreten, alltäglichen Beziehungen von vornherein durch seine Leidenserfahrung entschuldigt. Der wichtigste Gewinn war aber, daß er für eine unerklärliche und unzugängliche Vergangenheit eine sinnvolle Geschichte gefunden hatte. Die Schattenseite dieser Metamorphose war, daß er sich in der zugeschriebenen Rolle verlor. In diesem Sinne wurde er tatsächlich zu einem schrecklichen Opfer. Diese unheilvollen Mechanismen verstärkten sich durch die Therapie. Ohne diese und ohne die darüber hinausgehende therapeutische Haltung ist Wilkomirskis tragische Verirrung nicht zu denken.

Daniel Ganzfried vergleicht in seinem ersten Artikel Wilkomirskis Buch mit den Romanen Karl Mays, die ebenfalls zur »Erhebung« der Leser beigetragen hätten. Aber jener Autor habe, wendet er ein, »mit dem Häuptling der Apachen, mit Kara Ben Nemsi und wie sie alle heißen, literarische Figuren geschaffen, die jederzeit als solche erkennbar« seien. So eindeutig, wie dies Ganzfried darstellt, war die Unterscheidung zwischen Fiktion und Fakten bei May jedoch keineswegs. Bereits als jungem Erwachsenen verwischten sich dem späteren Schriftsteller die Grenzen zwischen Imagination und Realität; er hatte pseudologische Anwandlungen und trat unter hochstaplerischen Masken auf, unter anderem als Arzt, Polizeileutnant und Mitglied der Geheimpolizei. Auf dem Höhepunkt seines literarischen Ruhms behauptete er, die Abenteuer Kara Ben Nemsis und Old Shatterhands selbst erlebt zu haben. Er ließ sich in entsprechenden Kostümen ablichten oder entblößte den Oberkörper, um aus Kämpfen stammende Narben vorzuzeigen. In seinem Arbeitszimmer hingen der »Bärentöter« und zahlreiche Jagdtrophäen sowie eine hirschlederne Decke, angeblich ein Geschenk von Winnetous Schwester. Er konnte die Zuhörer mit seinem Erzählen derart fesseln, daß sie ergriffen und frenetisch reagierten. Teilweise glaubte auch die zeitgenössische Kritik, seine Reiseromane seien autobiographisch. Seine Erzählung überwältigte auch den Erzähler selbst: Als Karl May einem großen Publikum den Tod seines Freundes Winnetou schilderte, verfiel er in langes »Trauerschweigen« und brach in Tränen aus.[5]

Die hochemotionale Interaktion zwischen May und seinem Publikum gemahnt verblüffend an unseren Fall. Videoaufnahmen und Augenzeugenberichte von Wilkomirskis Auftritten erwecken den Eindruck, sein öffentliches Erzählen würde ihn euphorisieren, er blühe in seiner Rolle als KZ-Geschundener regelrecht auf und finde darin zu sich selbst. Es macht den Anschein, als empfinde Wilkomirski selbst sein Erzählen gerade darum als wahr und authentisch, weil es ergriffenes Schweigen und eine Welle von Mitgefühl auslöst. Vielleicht glaubte Wilkomirski nicht wirklich an seine Geschichte, doch er glaubte seinem eigenen Erzählen. Was derart auf die Zuhörenden wirkte, konnte doch nur die Wahrheit sein. Der Glanz in ihren Augen verlieh ihm eine lebendige, kohärente Identität, diejenige des größten aller Opfer, und seiner Geschichte eine überwältigende Authentizität. – Ohne Publikum gäbe es keinen Wilkomirski.

Die Wahrheit der Fiktion

Das öffentliche Phänomen Wilkomirski besteht aus zwei Teilen, die gleichermaßen der Analyse und Reflexion bedürfen: zum einen dem Erfolg des Buches und Wilkomirskis ebenso erfolgreicher Verkörperung als KZ-Opfer, zum anderen den Vorgängen, die durch die Enthüllung seiner wahren Identität in der Öffentlichkeit ausgelöst wurden. Das Kernelement dieses Phänomens ist die Interaktion zwischen dem Autor und seinem Publikum, das er mit einer fingierten Autobiographie getäuscht hat. Die Wirkung Wilkomirskis beruht auf vielen Mechanismen, die für den Umgang mit der Erinnerungsliteratur von Überlebenden konstitutiv sind, aber durch seine Entlarvung erst sichtbar werden. Was in seinem Fall fragwürdig geworden ist, ist es nicht a priori auch bezüglich wirklicher Überlebender – diese Diskussion kann ich in der folgenden Analyse nicht führen.

Der beispiellose Erfolg des Buches und die Wirkung der Figur Wilkomirski drückten sich weit weniger in den Auflagezahlen aus als in den enthusiastischen Besprechungen, den Preisverleihungen, den Publikumsreaktionen bei seinen öffentlichen Auftritten und in den Leserzuschriften. Wie erklärt sich dieser Erfolg? Warum haben alle Wilkomirski geglaubt? Die Antworten findet man im Text selbst, in Wilkomirskis Inszenierung seiner Figur sowie in den Voraussetzungen und Bedürfnissen des Publikums.

Warum war das Buch erfolgreich? – Strategien im Text

Wenn wir eine Geschichte schreiben, einer Erzählung zuhören oder sie lesen, spielt immer ein Prinzip eine entscheidende Rolle, das der

Literaturwissenschaftler Peter von Matt als »moralischen Pakt« bezeichnet.[1] Seine Erklärungen treffen meiner Ansicht nach auch auf autobiographische Literatur zu, und sei sie erfunden wie Wilkomirskis Buch. Wer einen Text liest, schreibt von Matt, begegnet einem Wertesystem. Mit diesem kann der Leser nicht einfach machen, was er will. »Vielmehr ist es so, daß alle Lust und alles Vergnügen, die vom Text offeriert werden, nur zu gewinnen sind, wenn der Leser zu dem Normenzusammenhang ja sagt. Der moralische Pakt ist also ein wichtiges Ingrediens der Texterfahrung, und ›Pakt‹ wird er genannt, weil er zu gleichen Teilen aus einer Aktivität des Textes und aus einer des Lesers besteht.«

Lesen wir die ersten Sätze von »Bruchstücke«: »Ich habe keine Muttersprache, auch keine Vatersprache. Mein sprachlicher Ursprung liegt im Jiddisch meines ältesten Bruders Mordechai und im hinzugelernten, babylonischen Wirrwarr aus verschiedenen Kinderbaracken in den polnischen Lagern der Nazis für Juden. Der Wortschatz war klein; er reduzierte sich auf das Notwendigste, um das auszudrücken und zu verstehen, was zum Überleben notwendig war. Irgendwann in dieser Zeit hat es mir ohnehin die Sprache verschlagen, und es dauerte lange, bis ich sie wieder fand. (...) Die Sprachen, die ich später lernte, wurden aber nie ganz meine eigenen, waren im Grunde immer nur bewußte Nachahmungen der Sprache anderer. Meine frühen Kindheitserinnerungen gründen in erster Linie auf den exakten Bildern meines fotografischen Gedächtnisses und den dazu bewahrten Gefühlen – auch denen des Körpers. (...) Will ich darüber schreiben, muß ich auf die ordnende Logik, die Perspektive des Erwachsenen verzichten. Sie würde das Geschehene nur verfälschen. Ich habe überlebt, und etliche andere Kinder auch. Unser Sterben war geplant, nicht unser Überleben! Gemäß der Logik des Plans und nach der Ordnung, die für seine Durchführung ersonnen wurde, müßten wir tot sein. Aber wir leben! Wir leben im Widerspruch zu Logik und Ordnung. Ich bin kein Dichter, kein Schriftsteller. Ich kann nur versuchen, mit Worten das Erlebte, das Gesehene so exakt wie möglich abzuzeichnen – so genau, wie es eben mein Kindergedächtnis aufbewahrt hat: noch ohne Kenntnis von Perspektive und Fluchtpunkt.«[2]

Der Pakt, den Wilkomirski einem Leser implizit abverlangt, heißt: Du mußt meinen Text als fotografisch genaue Wiedergabe meiner erinnerten Erfahrungen lesen; ich bin kein Geschichten erfindender Dichter. In den Genuß der Wahrheit kommst du nur, wenn du verstehst, zwischen den Zeilen zu lesen und das Nichtgesagte zu erahnen, denn die Sprache ist nicht mein eigentliches Ausdrucksmittel, und für das Wesentliche fehlen mir die Worte. Dennoch richte ich mich heute in der reduzierten Kindersprache an dich, die mir damals das Überleben ermöglichte und um deren Wiedererwerb ich später ringen mußte; behandle meinen Text mit Rücksichtnahme, Respekt und ohne falsche Maßstäbe. Vergiß nicht, ich komme aus einer Welt, die sich zweiteilt in Opfer und Täter, und ich gehöre selbst zu den unschuldigsten aller Opfer, die sich statt an Mutter und Vater nur an ihre Ursprünge in KZ-Baracken erinnern. Willst du meine Erzählung verstehen, mußt du auf die ordnende Logik des Erwachsenen verzichten und meine Kinderperspektive einnehmen. Wählst du die Seite der Ordnung, wählst du die Seite der Täter, die mich und meinesgleichen zu ermorden planten. – Soweit der von Wilkomirski implizierte Pakt, den der Leser konsequent einhalten muß. Hat er ihn einmal geschlossen, steht es ihm nicht frei, den Text nur an gewissen Stellen in diesem Sinne zu lesen. Er muß wissen, wer gut ist und wer böse, für wen er bangen und leiden, wen er fürchten und verurteilen soll. Nur dann schöpft er das entsprechende Lektürepotential des Textes aus. Worin dieses besteht und was die Leser daraus machen, werde ich unten genauer darlegen.

Das moralische System, das einem als Leser oder Leserin entgegentritt, hat einen weiteren Grundzug. Denn der Zwang zu einer identifikatorischen Lektüre wird noch dadurch verstärkt, daß der Text vom Topos des verstummenden Opfers und dessen tauber und abwehrender Umwelt durchsetzt ist. »Ich bin aufgewachsen und groß geworden in einer Zeit und in einer Gesellschaft, die nicht zuhören wollte oder konnte«, schreibt Wilkomirski im Nachwort.

Man habe seine Erinnerungen löschen, ihn zum Schweigen bringen wollen.»So habe ich dann jahrzehntelang geschwiegen, aber mein Gedächtnis war nicht zu löschen.«[3] Er scheint von den gleichen schmerzhaften Erfahrungen zu sprechen, wie wir sie aus den Erzählungen vieler Überlebender – von Gerhard L. Durlachers »Streifen am Himmel« bis zu Sarah Kofmans »Erstickte Worte« – kennen. Und er reiht sich ein in den Chor der Stimmen, die Zeugnis von ihren KZ-Erfahrungen ablegten, weil sie darin ihre moralische Pflicht oder gar ihren einzigen Überlebenssinn sahen. Dieser implizierte Kontext erhöht die Autorität seines Textes, wiederholt die Aufforderung, die Stimme des Opfers ernst zu nehmen, und verstärkt die strikte Zweiteilung der Welt in Opfer und Täter. Konkret beschreibt der Erzähler eine Gesellschaft, in der eine traumatische Erinnerung weder Gehör noch Recht bekommt, weil sie auf Personen stößt, die antisemitisch sind und sich mit der Vergangenheit nicht auseinandersetzen wollen. Am ausgiebigsten demonstriert er dies an seiner Schweizer Pflegefamilie, die ihm den Kontakt zu Juden verbietet, die Geschichte des Zweiten Weltkrieges und der Nazi-Herrschaft zum Tabu erklärt und seine Erinnerungen zu einem bösen und zu vergessenden Traum umdeutet.

Vielen Kritikern ist die emotionale und brachiale Ästhetik der Gewalt, einige reden von Gewaltpornographie, aufgefallen. In zahlreichen Briefen an Wilkomirski gestehen die Schreibenden, sie hätten das Buch zuerst nicht lesen können; nach Überwindung ihrer Widerstände hätten sie dies jedoch in einem Zug getan, und noch Wochen oder Monate später würden sie von einzelnen Bildern fast täglich verfolgt. Ich vermute, sein Buch hat bei vielen derart starke Resonanz erzeugt, weil er in gewisser Hinsicht tatsächlich authentisch erzählt, nämlich von seinen Alpträumen. Er faßt in Worte, was er durch Selbsthypnose und vielleicht noch andere Techniken erzeugt und intensiv erlebt, so intensiv, daß er es vielleicht selbst für reale Erinnerungen hält. In der evozierten Emotionalität, in der Dichte der Schrecken ist sein Buch wahr; darum fanden darin vielleicht auch so viele Überlebende ihre Erfahrungen ausgedrückt.

Wilkomirskis besondere Leistung besteht nun darin, für das

Nicht-Darstellbare seiner Erfahrungen eine einzigartige Übersetzung gefunden zu haben, die er als seine Erinnerung versteht. Er griff – da selbst die persönlichsten Erinnerungen immer sozial vorstrukturiert sind[4] – zu ihrer Artikulation auf das kollektive Gedächtnis zurück und wählte – wenn man denn von wählen reden kann, da es sich kaum um einen bewußten und geplanten Akt handelte – Bilder, die mit seinen Erlebnissen in keinem direkten Zusammenhang standen, aber doch die Qualität seiner Erfahrung auszudrücken schienen: Er bediente sich der Shoah als Fundus seiner Metaphern. Wilkomirski, der in seiner Gesellschaft fremd war, wurde zum Juden, dem prototypischen Fremden der Moderne. Wilkomirski, der eine so quälende wie unverständliche Vergangenheit mit sich schleppte, wurde zum Opfer des Unsagbaren. Die gefundene Erzählung über ein KZ-Opfer hat den Vorteil, daß sie überall verstanden und akzeptiert wird, da sich das Gedächtnis an die Shoah über den deutsch-jüdischen Kontext hinaus als kollektives Wissen etabliert hat und in den letzten Jahrzehnten die Memoirenliteratur immer umfangreicher geworden ist. Die Chancen einer vorbehaltlosen Zustimmung sind bei dieser Erzählung größer als bei einer Geschichte eines unglücklichen unehelichen Proletarier- und Adoptivkindes.

Bei diesem Rückgriff auf das kulturelle Gedächtnis der Shoah und ihrer Nachgeschichte verwendete Wilkomirski viele Elemente, die bekannt sind: die Unberechenbarkeit der KZ-Schergen, die Rattenplage, das Verstecken der Kinder in der Wäschebaracke, die Experimente durch Mediziner (nur mündlich erzählt), das zwanghafte Horten von Nahrungsmitteln durch Kinder nach ihrer Befreiung, die Überlebensschuld der ehemaligen KZ-Insassen, die schmerzhafte Erfahrung der Zurückgekehrten, kein Gehör zu finden, und so weiter. So findet ein Leser wesentliche historische Fakten, die er bereits kennt oder die ihm plausibel scheinen, in Wilkomirskis Text wieder. Er wird dessen ganze Geschichte automatisch im Bereich des Realen verorten. Auf diese Weise verleihen der Kontext und die einzelnen eingestreuten Fakten der Erzählung die Autorität des Faktischen.

Zum anderen schlägt Wilkomirski formal einen eigenständigen Weg ein: Geschrieben aus der Warte eines entsetzlich überforderten Kindes, läßt seine Erzählung vieles im Vagen und Unklaren. Sie erklärt nicht, stellt keine historischen Zusammenhänge her, nennt keine Daten und kaum Namen oder Orte, erzählt bruchstückhaft und folgt keiner einfachen Chronologie. Konsequent aus der Kinderperspektive die übermächtige und das subjektive Verstehen übersteigende Gewaltherrschaft der Nazis zu erzählen ist zwar in literarischen Werken ein verbreitetes Verfahren, für ein angeblich autobiographisches Werk ist es jedoch außergewöhnlich.[5] Der Kunstgriff hat den wichtigen Effekt, daß die Leser a priori keine historische Genauigkeit erwarten, schließlich erzählt ein kleines Kind. Etwaige historische Ungenauigkeiten oder Widersprüche tun der Glaubwürdigkeit keinen Abbruch, im Gegenteil, sie unterstreichen die Authentizität der kindlichen Wahrnehmung. Die eingenommene Perspektive suggeriert, die kindliche Erfahrungswelt habe im Text eine unmittelbare Präsenz, das Erzählte sei die unverfälschte Niederschrift des Erfahrenen selbst, die Erlebnisse würden sich quasi selber schreiben. Die eingenommene Position verschleiert, daß eben jedes Schreiben in der Gegenwart stattfindet und der Autor seine Erinnerung sehr wohl mit dem Wissen und Bewußtsein eines Erwachsenen gestaltet.

Dazu gehören offensichtlich Kenntnisse über die Funktion eines traumatisierten Gedächtnisses. Denn indem Wilkomirski eine Kinderperspektive einnimmt, imitiert er Patienten, die häufig erzählen, daß sie das erinnerte traumatische Erlebnis mit einer Intensität empfänden, als wäre es unmittelbar präsent. Auch mit seiner fragmentarischen Form greift der Autor ein Merkmal auf, das die Erinnerungen von Shoah-Überlebenden auszeichnet: Sie scheitern daran, dem Erlebten einen Sinn zu geben und aus disparaten Teilen eine kohärente Erzählung zu machen, so daß das Erlittene seine Gewalt über das gegenwärtige Leben verlöre und zur Vergangenheit würde. Diese formalen Charakteristika machen »Bruchstücke« scheinbar zu einem lehrbuchartigen Beispiel einer traumatischen Erinnerung. Die Psychologin Sarah Traister-Moskovitz schreibt zur Verteidigung Wilkomirskis: »Ich befasse mich jetzt schon über 21 Jahre mit Erlebnisberichten von Kinder-Überlebenden und habe mir schon über 300 individuelle Schicksale angehört. Binjamin Wilkomirskis Buch entspricht durchweg der Art und Weise, wie die Erinnerungen von kleinen Kindern an traumatische Erlebnisse empfunden, gespeichert und verknüpft werden, es entspricht auch dem Ringen, einer chaotischen, schrecklichen Welt während und nach dem Holocaust Sinn zu verleihen. Auch der Kampf, die Bruchstücke des eigenen Selbst und der Welt zusammenzufügen, wirkt so authentisch wie der Zweifel, die Verwirrung und das Mißtrauen in bezug darauf, wer bestimmte Leute waren.«[6]

Wilkomirski potenziert mit der Gestaltung seiner Erzählung einen Mechanismus, der bei jeder Lektüre eine Rolle spielt: Ein Text weist Unbestimmtheiten und Lücken auf, die der Leser selbst füllt. Wilkomirskis Buch offeriert nun ausgesprochen viele solche Leerstellen. Der moralische Pakt läßt kaum etwas anderes zu, als diese mit dem sedimentierten Wissen über die Shoah zu füllen und den Text als authentische Überlebenden-Geschichte zu lesen. Die Elemente dieser Literatur sind ja bekannt; es ist nicht zufällig, daß viele Leser ihre Zuschriften an Wilkomirski mit der Bemerkung beginnen, sie hätten schon viel zum Thema gelesen, aber noch nie etwas Vergleichbares. Wie stark der Text von diesen projektiv zu füllenden Leerstellen lebt, zeigt sich erst nach Ganzfrieds Enthüllung, daß der Autor nie im KZ war. Ruth Klüger, die selbst eine eindrucksvolle Erzählung ihrer Jugend unter der Gewalt der Shoah geschrieben hat, meint daraufhin: »Eine Stelle, die vielleicht gerade in ihrer naiven Direktheit erschütternd wirkt, wenn man sie als Ausdruck erlebten Leidens liest, und die sich dann als Lüge erweist, verkommt in der Darstellung erfundenen Leidens zum Kitsch. Es ist ja ein Merkmal des Kitsches, daß er plausibel ist, allzu plausibel, und daß man ihn nur dann ablehnt, wenn man seine Pseudo-Plausibilität erkennt.«[7] Aus dem vormaligen Meisterwerk ist Kitsch geworden, nachdem die behauptete Beziehung zwischen Ich-Erzähler, erzählter KZ-Geschichte und historischer Realität sich als unglaubwürdig erwiesen hat. Die Leerstellen, die der Leser vorher mit seinem Wissen vom Unsagbaren gefüllt hat, bleiben nun plötzlich leer. Der Text, der sich in artifizieller Machart um ein leeres Zentrum bewegt hat, welches das Namenlose zu umschließen schien, fällt gnadenlos auf seinen schieren Materialwert zurück. Was bleibt, ist eine kindliche Sprache. Der Text ist keine Inkarnation des Schreckens mehr; sein Schweigen ist ohne Inhalt; er bedeutet nur mehr, was er sagt.

Wir lesen ein Buch, das uns als Fiktion vorgesetzt wird, anders als eines, das wir als Autobiographie betrachten, meint Ruth Klüger. »Es gibt keine absoluten Werturteile, und die Literatur ist immer von irgendeinem außerliterarischen Kontext abhängig. Der Kontext, in dem wir dieses Buch vorgesetzt bekamen, war der eines besonderen Lebens innerhalb der bekannten historischen Fakten. Auch wenn die Fakten noch immer so stimmen, daß vieles davon anderen Kindern passiert sein mag, so wird mit dem Wegfallen des authentischen autobiographischen Aspekts daraus lediglich eine Dramatisierung, die nicht recht einleuchtet ohne den Garanten des leibhaftigen Icherzählers, der mit dem Autor identisch ist. Die ursprünglichen Leser haben sich nichts vorzuwerfen. Sie haben vor einigen Wochen ein anderes Buch in der Hand gehabt als jetzt, auch wenn der Text der gleiche geblieben ist. Wir werden auch weiterhin Bücher, die sich als Geschichte ausgeben, anders lesen müssen als solche, die Geschichten enthalten. Und es ist nicht unsere Schuld, wenn uns durch Täuschungen die Sache erschwert wird.«[8] – Entscheidend war, müßte man ergänzen, daß Wilkomirski nicht irgendeinen historischen Kontext wählte, sondern den der Shoah. Als Autobiographie gelesen, wächst der Text durch die Shoah; aber als Fiktion gelesen, ist er den besonders hohen Ansprüchen desselben Sujets nicht gewachsen. Was vormals ein Jahrhundertgewicht getragen hat, bricht unter der Last des Themas zusammen und wirkt nur noch platt.

Wir empfinden ein literarisches Werk als anregend, spannend und reich, wenn es zwischen der Innen- und der Außenwelt Brüche oder Widersprüche gibt. Daraus entsteht eine eigene Art von

Glaubhaftigkeit, Sinn und Wahrheit. Sobald der Autor diese inneren und äußeren Realitäten aber deckungsgleich machen will – etwa indem er ein subjektives Gefühl von Bedrohung ungebrochen in der Schilderung bedrohlicher Ereignisse verdoppelt –, empfinden wir dies als eindimensionale Welt, eben als Kitsch. Genau dies geschieht in »Bruchstücke«. Solange ein Leser von der Echtheit der Erinnerung ausgehen kann, nimmt er diese Eindimensionalität nicht wahr. Er setzt sie automatisch in den Zusammenhang der bekannten historischen Ereignisse, so daß sich in seinem Kopf die kindliche Innenwelt dialektisch mit dem objektiven Schrecken der Shoah verbindet. Fällt diese Annahme der Authentizität aber weg, fügen sich bei »Bruchstücke« Innen- und Außenwelt scheinbar bruchlos in eins, es bleibt nur noch die Welt des Trivialen. – Es sei denn, wir lesen diesen Text als Schilderung einer anderen Realität: derjenigen des traumatisierten kleinen Bruno Grosjean.

Wie überzeugte Wilkomirski sein Publikum?

Wilkomirski hat nach Ganzfrieds Anwürfen geäußert, niemand müsse ihm Glauben schenken. Schon meine knappe Textanalyse zeigt, daß er dem Leser eben genau diese Freiheit nicht läßt und eine Lektüre als authentische Biographie erzwingt. Zusätzlich waren alle seine öffentlichen Auftritte mächtige Inszenierungen dieser behaupteten Identität von Autor und Ich-Erzähler. Nie ließ er den geringsten Zweifel daran aufkommen, daß er ein ehemaliges KZ-Opfer war. Er lebte – anscheinend bis in den intimsten Privatbereich – das Leben der Person, deren Biographie er beschrieben hatte.

Bei seinen Lesungen fällt die auf starke Effekte und Emotionen zielende Inszenierung auf. Er las seinen Text in der Regel nicht selbst, sondern ließ ihn durch einen Schauspieler präsentieren. Für eine Lesung wäre dies nicht ungewöhnlich gewesen, wären nicht weitere Elemente dazugekommen: Indem er sich auf das Musizieren hochemotionaler Weisen beschränkte, inszenierte er sein Verstummen angesichts seines unsäglichen Leidens und dramatisierte die Leerstellen im Text, die das Unsagbare umschlossen. Im übertragenen Sinn blieb sein Platz auf der Bühne leer, die Zuschauer konnten sich automatisch an seine Stelle denken und in seine Welt versenken, denn indem er sich zurücknahm, erfüllte seine Person den ganzen Raum. Sein Auftreten mit dem Schal, der an einen jüdischen Gebetsmantel erinnerte, gab ihm zusätzlich die Aura des religiösen Juden und verlieh der Veranstaltung eine sakrale Würde. Daß dies alles sehr klischeehaft war, machte es – könnte man mit Klüger sagen – nur noch plausibler. Es hätte schon eines außergewöhnlich skeptischen Geistes bedurft, um auf kritische Fragen zu kommen.

Zudem fanden seine Auftritte teilweise im Kontext von etablierten Institutionen statt. Nun zweifelt natürlich niemand an der Authentizität einer Lebensgeschichte, wenn der Autor damit vor Schulklassen auftritt, für ein renommiertes Holocaust-Museum »fund raising« macht oder für eine Universität zum historischen Zeugen wird, und so weiter. Der institutionelle Rahmen setzte die dokumentarische Lesart fraglos voraus.

Besonders wirksam waren seine gemeinsamen Auftritte mit tatsächlichen Survivors. Dadurch, daß er mit einigen Shoah-Überlebenden im Film »Wandas Liste« nach seinen Spuren suchte, war er für das Publikum automatisch einer von ihnen; er hatte nun erstmals öffentlich die Glaubwürdigkeit eines KZ-Überlebenden. Diese Zuschreibung war um so effektvoller, da eben Dokumentarfilme noch mehr als Texte eine selbstverständliche Autorität des Faktischen ausstrahlen. Das gleiche wiederholte sich in den Filmen von Eric Bergkraut und Esther van Messel, die beide distanzlos aus Wilkomirskis Perspektive erzählen und die diesen ebenfalls im Kontext von Überlebenden zeigen. Alle drei Filme verwenden im übrigen Szenen aus den Videos von den Reisen nach Polen und Riga, die durch die amateurhafte Machart erst recht eine Aura des Authentischen erhalten. Dieser Effekt wird besonders stark durch Szenen gefördert, in denen Zeitzeugen mit ihm eine gemeinsame Vergangenheit zu teilen glauben, etwa wenn in van Messels

Film die Überlebende Miriam erklärt, dank Wilkomirski ihren Aufenthalt in der Birkenauer Wäschebaracke besser verstanden zu haben. Die besondere Wirkung eines Dokumentarfilms erklärt sich teilweise dadurch, daß er den Erzähler besonders eng mit dem Erzählten verbindet. Eine Verbindung, die notwendig ist, damit etwas Erzähltes überhaupt als autobiographisch verstanden wird. Der Sprecher erscheint, meint der Literaturwissenschaftler James Edward Young, als Verkörperung der Darstellung und umgekehrt. »Der Sprecher wird nicht von seinen Worten getrennt, sondern erfüllt sie mit seiner Gegenwart, seiner Autorität, und so wird im Video die Verbindung zwischen dem Überlebenden und seiner Geschichte in einer Weise aufrechterhalten, wie dies in der literarischen Darstellung nicht möglich ist.«[9] Das Bild vermittelt zudem auch, wofür die Worte fehlen, was sich nur in Gesten, Haltungen oder einem Gesichtsausdruck manifestiert. Deshalb wirken Szenen besonders echt, in denen Wilkomirski Emotionen zeigt und seine Biographie durch und durch verkörpert. Dies ist im übrigen bei seinen Reisen in den Osten und den Besuchen im KZ viel mehr der Fall als bei den Videointerviews, wo er wie ein chargierender Schauspieler wirkt, der seiner Bühnenpräsenz keinen Moment vertraut.

Die erwähnte Szene mit Miriam, die von der Wäschebaracke berichtet, ist ein Beispiel für Wilkomirskis Technik des »Amalgamierens«: Er nimmt eine historische Tatsache (hier das Verstecken von Kindern in der Wäschebaracke) und verbindet es mit seiner Einbildung (»Ich war auch dort versteckt«), so daß das Eingebildete ebenfalls den Status des Tatsächlichen erhält. Sinnfälligstes Beispiel für diese Technik ist sein Umgang mit dem Foto vom Augustiańska-Heim, auf dem er sich als einen der abgebildeten Insassen erkennt. Solche Beispiele sind zahlreich, seine ganze Geschichte ist – von den Deskur-Akten bis zum Foto mit dem Stützmäuerchen von Majdanek – durchsetzt mit Bezügen auf historische Fakten. Vielleicht noch wirksamer ist seine Instrumentalisierung anderer Personen. Es gibt eine ganze Reihe von Zeugen – Vestermanis, Löwinger, Janowski, Karola usw. –, die er in Inszenierungen verwickelt, so daß deren Mitwirken seiner Geschichte Glaubwürdigkeit verleiht.

Mit dem gleichen Effekt verwenden Wilkomirski und seine Anhänger eine Argumentation, die ihre Überzeugungskraft aus einem Kernproblem der Shoah und ihrer Nachgeschichte bezieht, nämlich der Aporie, die in dem einzigartigen Verhältnis von Faktizität und Unglaublichem begründet liegt: Zum einen vollzogen die Nazis den singulären Schritt, ihre entsetzlichsten Phantasmagorien in die Realität umzusetzen und ein ganzes Volk fabrikmäßig zu vernichten. Was sie wahrmachten, war bis dahin nicht denkbar und derart ungeheuerlich, daß die Zeitgenossen enorme Mühe hatten, es zu glauben, auch wenn sie davon wußten. Selbst über ein halbes Jahrhundert später sind wir noch überfordert, jene Verbrechen mit all ihren Dimensionen kognitiv und emotional zu verarbeiten. Sich mit der Shoah befassen heißt, von vornherein mit dem Unglaublichsten rechnen zu müssen. Zum anderen wissen wir aus den Berichten vieler Geretteter, daß sie ihr Überleben einer Häufung glücklicher und unwahrscheinlicher Umstände verdanken; wo das Getötetwerden Normalität war, blieb jedes Davonkommen eine große Ausnahme. Wilkomirskis Geschichte profitiert von beiden beschriebenen Eigenheiten, der Faktizität des Unglaublichen und der Unwahrscheinlichkeit jedes Überlebens: Er erzählt, wie ihm die unglaublichsten Dinge widerfuhren und wie er auf die unwahrscheinlichste Weise überlebte – beides wird ihm geglaubt. Unter der fraglos akzeptierten Prämisse, daß seine Geschichte authentisch war, erwies sich fast niemand als fähig, zwischen unwahrscheinlich und unmöglich zu unterscheiden. Eine der wenigen Ausnahmen war Gary Mokotoff, der seine kritischen Argumente dem Jewish Book Council schickte, als dieser Wilkomirski für sein Buch mit einem Preis auszeichnete.

Was fand das Publikum im Text?

Das Publikum ist jedoch nicht einfach die Beute von Figur und Text. Der moralische Pakt vollzieht sich erst durch die Aktivität des Lesers, dadurch, daß er den Normenzusammenhang des Textes aufgrund der *eigenen* Voraussetzungen *konstituiert*. »Der moralische Gehalt eines literarischen Textes«, sagt von Matt, »ist also keine statische Größe«, sondern »das, was ich selbst im *Genuß des Textes* für richtig halte«.[10]

Welchen Gewinn das Publikum aus der Lektüre zog, zeigen die Zuschriften an Wilkomirski und die Buchbesprechungen. Eine Leserin, die offenbar zu seinem Bekanntenkreis gehört und an deren Brief ich mich im folgenden exemplarisch halte, schreibt ihm im Herbst 1995: »Erschüttert, beschämt und voller Mitleid stehe ich vor diesem geschundenen Kind, das Du einmal warst und das für Millionen andere Mitleidende spricht. Alle Worte tönen schal neben so vielen absurden schrecklichen Tatsachen. Traurig und schweigend stelle ich mich also in den Kreis Deiner Freunde, Deiner Leser, die sich im Geiste um Dich scharen und nichts anderes können, als sich vor soviel Leid zu verneigen. Vor Dir, der [Du] trotz allen Grauens und aller Gewalt in den ersten Jahren so viel innere Kraft mitbekommen hast, um aus Deinem Leben etwas Gutes, etwas Kreatives zu machen. Ein Wunder, das uns alle tröstet.«[11]

Für die Leserin spricht Wilkomirski als Repräsentant von »Millionen anderen Mitleidenden«, automatisch liest sie seinen Text als eine der zahlreichen Shoah-Erinnerungen. Sie greift, wie dies die Rezeptionsästhetik beschreibt, die ihr zur Verfügung stehenden Bilder auf und macht sich ihre subjektive Vorstellung. Damit das Publikum den Text als einen authentischen liest, braucht es also ein Wissen über die Shoah. Es muß eine Vorstellung haben, was in einer solchen Erinnerung stehen könnte, um das Werk im Kopf zu vollenden. Paradoxerweise beruht der automatische Glaube an die Authentizität der erzählten Erinnerung – ebenso wie die Möglichkeit ihrer Aneignung – nicht zuletzt darauf, daß sich das kollektive Gedächtnis an die Shoah in der westlichen Welt etabliert und damit zugleich von den Trägern des individuellen Erinnerns gelöst hat. So kann auch eine Erinnerung, die nicht durch biographische Wahrheit gedeckt ist, als historische Wahrheit zirkulieren: Nach Ganzfrieds Enthüllungen gab es Stimmen, die sich ausdrückten wie das »St. Galler Tagblatt«: »Das Grauen, das Wilkomirski mit dem Blick des verständnislosen Kindes schildert, behält seine wenn nicht biographische, so doch kollektiv-geschichtliche Wahrheit.«[12]

Viele Leserinnen – es waren mehrheitlich Frauen, die Wilkomirski schrieben, so daß ich fortan nur die weibliche Form verwende – zeigen sich erschüttert, aufgewühlt, verwirrt. Offenbar erleben sie, sobald sie sich auf den Text einlassen, hautnah und mit überwältigender Intensität die Szenarien und Affekte, die früher das Kind und heute den erwachsenen Autor bedrängen. Der Text bietet ihnen Bilder an, die sich dem rationalen Diskurs entziehen und die die Empfindungswelt eines traumatisierten Kindes evozieren. Eine Erfahrung von Hilflosigkeit, Gewalt und Fragmentierung, die das erzählende Ich aufzulösen droht und die Lesenden selbst affiziert. Zahlreiche Leserinnen reagieren darauf mit dem spontanen Wunsch, das geschundene Kind tröstend und beschützend in die Arme zu nehmen.

Empathie oder Identifikation spielen in der Regel bei jeder Lektüre, handle es sich um fiktionale oder dokumentarische Texte, eine wichtige Rolle. Dies gilt auch für die Literatur von Shoah-Überlebenden. Eine identifikatorische Lektüre kann emotionale Erfahrungen ermöglichen, die die Auseinandersetzung mit der Shoah vor der Gefahr bewahren, zum sinnlosen Ritual zu verkommen, das für die individuelle Gegenwart des Lesers keine Bedeutung hat. Dies gilt erst recht für die Nachfahren der Tätergesellschaften; es käme im Effekt einer Perpetuierung der Nürnberger Rassengesetze gleich, würde man ihre identifikatorische Einfühlung in die Opfer untersagen statt begrüßen. Die Rezeption von »Bruchstücke« zeigt jedoch, daß diese Fähigkeit zur Empathie nicht automatisch dazu führt, sich differenziert mit der Vergangenheit zu beschäftigen. Nicht wenige Leserinnen scharen sich – die eingangs zitierte Zuschrift ist kein Einzelfall – »traurig und schweigend« im Geiste um Wilkomirski und können nicht anders, »als sich vor soviel Leid zu verneigen«. Derartige Ergriffenheit macht stutzig; offensichtlich erfüllt das zur Schau gestellte Mitleid Funktionen, die mit den Bedürfnissen der Opfer wenig zu tun haben. Erstens ist es schön, von

Menschlichkeit ergriffen zu sein und sich dabei, die eigene Sensibilität auskostend, selbst zuzuschauen – eine »Pseudovergangenheitsbewältigung«, sagt Ruth Klüger, bei der es nicht mehr um die Betroffenen gehe. Zweitens teilt man das Mitleid mit anderen und macht sich so zum Mitglied einer größeren symbolischen Gruppe. Drittens ist es möglich, fremdes Leid narzißtisch zu okkupieren und darin für eigene Mühsale Trost zu finden. Im Nachwort hat Wilkomirski denjenigen »in vergleichbaren Situationen« ja explizit mitgeteilt, »daß es heute doch Menschen gibt, die sie ernst nehmen, die zuhören und verstehen wollen. Sie sollen wissen, daß sie nicht ganz allein sind.«[13]

Die ehrfürchtige Haltung des Publikums gehört zu den auffälligsten Merkmalen der Rezeption. Was oberflächlich betrachtet als Anerkennung und Zuwendung erscheint, kann sich als subtile Abwehr erweisen. Die »Objekte der Ehrfurcht, wie die des Ekels, hält man sich vom Leib«, konstatiert Ruth Klüger.[14] Was Opfer hingegen verdienten, wäre Respekt, der sie als das wahrnimmt, was sie sind. Die fast religiöse Ergriffenheit, die das Opfer Wilkomirski auf einen Sockel stellt, so daß alle Maßstäbe abhanden kommen, ist auch mitverantwortlich für die erstaunliche Einschätzung seines Werkes als hohe Literatur. Selbst wenn Wilkomirski im KZ gewesen wäre, müßte er deswegen nicht automatisch ein gutes Buch schreiben. Literarische Ausnahmefiguren wie Primo Levi, Elie Wiesel, Imre Kertész oder Jean Améry sollen den Blick dafür nicht verstellen, daß autobiographische Texte von KZ-Überlebenden, wie andere Lebensberichte auch, in der Regel eher unbeholfene Literatur sind.[15] Ihrer Bedeutung tut dies keinen Abbruch. Die allgemeine Reaktion, sich vor Wilkomirski ehrfürchtig zu verneigen und sein Werk auf den literarischen Olymp zu hieven, könnte auch durch Widerstände motiviert sein, sich ernsthaft mit der Shoah zu befassen.

Unsere Leserin steht »beschämt und voller Mitleid (...) vor diesem geschundenen Kind«, das Wilkomirski einmal war. Sie schreibt im Herbst 1995 und wohnt in der Schweiz, die etwa seit dieser Zeit beginnt, sich intensiver denn je damit auseinanderzusetzen, daß der Antisemitismus ein entscheidender Faktor war, warum sie während des Zweiten Weltkrieges ungezählten Flüchtlingen das lebensrettende Asyl verweigerte. Schamgefühle für etwas, das eine frühere Generation verantwortet hat, ist da eine angemessene Empfindung. Man kann die Beschämung, die wiederum in zahlreichen Reaktionen vorkommt, als Ausdruck eines Schuldbewußtseins interpretieren. Ähnliches läßt sich natürlich erst recht für analoge Reaktionen aus Deutschland sagen. Diese Lesart ist im Text selbst angelegt, wimmelt es doch, wie erwähnt, von den Topoi des Verschweigens und der Taubheit. In klischierter Weise wird die Schweiz als eine geschichtsblinde Gesellschaft vorgeführt, die die Vergangenheit tabuisiert. Besonders wirkungsmächtig ist dabei die Szene, in der Binjamin den Nationalhelden Wilhelm Tell mit einem SS-Mann verwechselt und in Panik gerät, worauf die Lehrerin völlig verständnislos reagiert und das verwirrte Gestammel des Knaben über die Ermordung von Kindern als »Gefasel« abtut. Ein Wort, das eine Kritikerin als Inbegriff der Haltung liest, mit der die Schweiz die historische Realität der Massenverbrechen und ihre eigene Verstrickung verdrängt habe. Sie schreibt: »Das Wort ›Gefasel‹ erklärt die Geschichte und den Ort, auf den es sich bezieht, ein deutsches Vernichtungslager, schlicht für inexistent, um das Sprechen davon, von Gas, Feuer, Erschießungen, als gestörte Rede zu qualifizieren, als ›nichtsnutziges, dummes Geschwätz‹ ohne Referenz und logischen Zusammenhang.«[16] Die öffentliche Diskussion über die dunklen Seiten einer Vergangenheit, die die Schweizer Gesellschaft lange teilweise verdrängte, wurde vor allem durch die Kritik von jüdischer und amerikanischer Seite am skandalösen Umgang der helvetischen Banken mit Vermögen von Naziopfern ausgelöst. Sie erreichte in der zweiten Hälfte der neunziger Jahre ein hierzulande nie gekanntes Ausmaß, verkam aber bald zu einem floskelhaften Ritual, das die kritische Auseinandersetzung eher verdrängte denn beförderte. Wilkomirskis Buch bot eine bequeme Gelegenheit, sich in dieser Debatte mit den Opfern zu identifizieren und sich auf die moralisch richtige Seite zu schlagen, ohne den eigenen Ort in den Geschehnissen reflektieren zu müssen. Ein Angebot, das unter anderen historischen Bedingungen auch für Leser in Deutschland, Frankreich und anderen Ländern gelten dürfte.

Betrachten wir diese Art von Identifikation genauer, sehen wir, daß sie den Kindern der damaligen Täter oder »bystanders«, die zum Teil Wilkomirskis Publikum ausmachen, gleich einen doppelten Gewinn offeriert. Zum einen können sie sich anklagend mit ihren Eltern auseinandersetzen, die für die Verbrechen direkt oder indirekt mitverantwortlich waren. Gleichzeitig machen sie sich in ihrer Phantasie zu einem Opfer und reihen sich ein in deren Gemeinschaft. Damit machen sie ihre eigene Position und die Taten ihrer Eltern gleichsam ungeschehen. In der Selbsttäuschung, sich der Vergangenheit kritisch zu stellen, drücken sie sich in Wahrheit um die Frage, wie sie mit der Verantwortung oder Täterschaft der eigenen Eltern umgehen sollen.

Schließlich liegt noch eine besondere Attraktivität der identifikatorischen Lektüre darin, daß der Text mit allen Elementen eines Märchens die Geschichte eines kleinen Kindes erzählt, das in die Fänge des Bösen gerät, aber überlebt. Das unschuldigste und zerbrechlichste aller Opfer übersteht die schrecklichsten Verbrechen der Menschheit. Es erleidet unsagbare Qualen; es verliert mit der Sprache das, was die Menschen gegenüber den Tieren auszeichnet, bewahrt dennoch seine Menschlichkeit und Unerschrockenheit, so daß es aus Empörung über einen Kindermord dem uniformierten Täter in den Arm beißt; es übersteht nicht nur diese Kühnheit, sondern auch die Massaker, die sonst niemanden verschonen, schon gar nicht Kinder; und auch die traumatisierende Blindheit der Nachkriegsgesellschaft kann seinem innersten Sein nichts anhaben. Der Kinderheld ist unzerstörbar, und erwachsen geworden, macht er aus seinem Leben, wie unsere Leserin sagt, »etwas Gutes, etwas Kreatives«. Generationen von Lesern ließen sich durch das Tagebuch der Anne Frank erschüttern, weil sie um das wußten, was das Mädchen nur ahnte und nicht mehr beschreiben konnte: ihr Ende im Vernichtungslager.[17] Wir gehen mit dem kleinen Binjamin den Weg dort weiter, wo Anne Frank uns verlassen hat. Binjamin macht Schrecklichstes durch, überlebt aber und kehrt zurück. Die Geschichte hat doch ein Happy-End. Die Person, die sich als Reinkarnation von Anne Frank erkannt und Wilkomirski geschrieben hat, war an der richtigen Adresse. Wilkomirskis Lebensgeschichte ist, wie unsere Leserin sagte, »ein Wunder, das uns alle tröstet«.

Bei meiner Betrachtung ging ich von der Situation in Deutschland und der Schweiz aus; natürlich müßte man die Rezeption je nach Leserschaft genauer unterscheiden. Im Land der Haupttäter sind die Bedingungen ganz anders als etwa in den USA, die im Vergleich dazu historisch mit dem Holocaust nur wenig und in entgegengesetzten Rollen zu tun hatten. Um so erklärungsbedürftiger wäre die Tatsache, daß sich »Bruchstücke« dort am meisten verkaufte. Wilkomirski scheint davon profitiert zu haben, daß der Holocaust für die amerikanischen Juden seit den siebziger Jahren in der Form einer unvergleichlichen Opfergeschichte zum Kernelement ihrer kollektiven Identität wurde. In dieser besonderen Form überschritt die Holocaust-Rezeption die Grenzen der jüdischen Gemeinschaft und bekam einen zentralen Stellenwert in der gesamten amerikanischen Kultur; die 1978 ausgestrahlte Fernsehserie »Holocaust«, der 1993 produzierte Hollywoodfilm »Schindlers Liste« und der 1999 mit dem Oscar prämierte Film »Das Leben ist schön« sind markante Erscheinungen dieser Entwicklung.[18] Als unschuldigstes aller Opfer, das eine emotionale und erschütternde Geschichte zu erzählen wußte, war Wilkomirski die Figur, auf die das Publikum fast gewartet hatte. Zumal er in seiner subkutanen Rolle als heroisch überlebender Kinderheld auch noch das uramerikanische Bedürfnis nach Erfolgsgeschichten befriedigen konnte.

Auffällig sind auch die biographischen Voraussetzungen der Rezeption. Viele Personen, die an Wilkomirskis Buch oder an Filmen als Produzenten beteiligt waren, standen durch ihre eigene Geschichte seinen Erzählungen nahe und identifizierten sich wohl deshalb besonders leicht mit ihm. So gehören die Filmschaffenden Esther van Messel und Eric Bergkraut der zweiten Generation der Überlebenden an. Van Messel ist zudem – wie auch Wilkomirskis erste Rezensentin Klara Obermüller – ein Adoptivkind. Eine besondere Beachtung verdient schließlich die Rezeption durch die Shoah-Überlebenden. Sie sind keine homogene Gruppe. Einerseits stammt aus diesem Kreis Leon Stabinsky, der schon früh an Wilkomirski zweifelte und die falsche Identität des angeblichen Mengele-Opfers Laura Grabowski mit sicherem Gespür entlarvte. Auch Ganzfried kann man als Sohn eines Auschwitz-Überlebenden diesem Lager zuordnen. Andererseits rekrutierten sich viele der engagiertesten Helfer Wilkomirskis aus der gleichen Gruppe, auffällig viele davon – Balint, Benezra, Peskin usw. – gehören zu den sogenannten Kinder-Überlebenden; eine Tatsache, die viel zu Wilkomirskis Glaubwürdigkeit beitrug. Meine obigen Ausführungen über den Gewinn einer identifikatorischen Lektüre haben für sie keine Gültigkeit. Wie man den Aussagen mancher Überlebender entnehmen kann, hat sie Wilkomirskis Werk getroffen, weil sie ihre eigenen Erfahrungen – insbesondere Zustände von Angst, Hilflosigkeit und Entsetzen – darin wiederfanden. Dies gilt nicht allein für die Erlebnisse im KZ, sondern auch für spätere Erfahrungen. Eva Koralnik, der das Schlimmste erspart blieb, da sie sich als kleines Mädchen vor dem Nazi-Terror in die Schweiz retten konnte, erzählt, besonders aufgewühlt hätten sie Szenen, in denen Wilkomirski beschrieb, wie er von seinen Klassenkameraden ausgestoßen wurde.

Es macht den Eindruck, als hätten viele Überlebende in Wilkomirski ihr Sprachrohr gefunden, der das ihnen Unmögliche möglich machte: Er erinnerte sich präzise an eine Erfahrung, von der sie nur dunkel wußten; er gab dem Erinnerten eine Form, um die sie vergeblich rangen, und er verschaffte seinem Schmerzensschrei das Gehör, das sie für sich vergeblich suchten. Mehr noch als sie war Wilkomirski der wahre Zeuge, denn obwohl jünger als die meisten, hatte er die Öfen der Krematorien gesehen und kehrte im Gegensatz zu fast allen, die jemals dort gewesen waren, zurück, um der Welt davon zu berichten. In der Begegnung mit Maroko ging er sogar noch weiter und brachte in eigener Person den Teil der Geschichte zurück, der definitiv verloren war. Wilkomirski war für sie die täuschende Hoffnung, die Wunde Auschwitz ließe sich schließen, und die Erzählung könne jene Erfahrungen in eine sinnvolle Geschichte verwandeln. Aber die einzige authentische autobiographische Geschichte von Auschwitz ist diejenige, welche die Unmöglichkeit ihrer Authentizität im Text markiert.

Die Aufregung nach Ganzfrieds Enthüllungen – eine Schlußbetrachtung

Die Enthüllungen Ganzfrieds und die Nachgeschichte weisen alle typischen Ingredienzen eines Skandals auf, und wie jeder Skandal macht auch dieser soziale Prozesse wie in einem Fokus sichtbar. Welche Normen und Werte wurden im Fall Wilkomirski verletzt, welche sozialen Mechanismen werden durch die Überschreitungen sichtbar, welche Ordnung soll durch die Verfahren und Rituale der Enthüllung, durch Recherche und möglicherweise Bestrafung gefestigt werden? – Die Analyse zeigt, daß man den Prozeß der Skandalisierung als Kampf um die (richtige) Erinnerung verstehen kann. Bevor ich mich diesem zentralen Aspekt abschließend zuwende, gehe ich den aufgeworfenen Fragen mit Blick auf die wichtigsten Akteure nach: Wilkomirski und seine Sympathisanten; die Verlage, Archive und Museen; Leser und Leserinnen; kritische Medien.

Wilkomirski und seine Sympathisanten: Der Autor von »Bruchstücke« hätte nicht diese Empörung ausgelöst, wenn er sich einfach irgendeine Biographie ausgedacht hätte; entscheidend waren seine Aneignung einer Shoah-Geschichte und sein öffentlicher Erfolg. Nun ist es nicht neu, daß die Shoah in Kontexten instrumentalisiert wird, die mit jenen historischen Ereignissen direkt nichts zu tun haben.[19] Dichter oder Politiker haben sie als Metapher schon auf den Gulag übertragen, auf palästinensische Flüchtlinge, auf die transatlantische Sklaverei, auf eigenes psychisches Leiden, auf die gefährdete Natur und so weiter. Viele solche Übertragungen sind umstritten und haben Kontroversen ausgelöst – das bekannteste Beispiel ist vielleicht der Gedichtband »Ariel« der Lyrikerin Sylvia

Plath, die kein Nazi-Opfer war und dennoch ihre Gefühlswelt in der Figur des Holocaust-Juden darstellte.[20] Neuartig bei Wilkomirski ist nun aber, daß er die Erfahrungen der Shoah als seine eigenen ausgibt, obwohl er eine ganz andere Vergangenheit und keine jüdischen Wurzeln hat. – Warum wählt er gerade diese Bilder? Möglicherweise gründet seine Affinität in der geläufigen Vorstellung vom jüdischen KZ-Opfer: als ein gebildetes und kultiviertes Individuum, als Mensch von nebenan, der auf einen Schlag aus seinem bürgerlichen Leben gerissen wird. In einer solchen Vorstellung – die wie jede Repräsentation nicht identisch ist mit der historischen Realität – kann sich ein Europäer (oder Amerikaner) leichter wiederfinden als in Bildern von anderen Opfergruppen, zu denen größere kulturelle oder soziale Distanz besteht.[21] Bei Wilkomirski kommt hinzu, daß sich die Geschichte eines in die Schweiz eingereisten jüdischen Flüchtlingskindes gut mit den unkorrigierbaren Fakten seiner tatsächlichen Biographie verbinden ließ.

Bereits zur Zeit, als sein Buch noch unbestritten war, hat Wilkomirski prophylaktisch mit leidvollen Erfahrungen der Opfer argumentiert, denen man ihre Geschichte nicht glaubt. An die Adresse von Kritikern, die bezweifeln, daß man sich an Ereignisse in den frühen Kinderjahren erinnern kann, richtete er den Vorwurf: »Es ist jedesmal so, als wollte uns jemand töten, da es uns die Identität wegnimmt.«[22] Seine Argumentation ist primär psychologisch und basiert auf Erkenntnissen aus der Arbeit mit traumatisierten Menschen. Zu diesem Thema findet sich in Wilkomirskis Bibliothek auch ein Werk des Psychoanalytikers Hans Keilson,[23] der aufgrund von Untersuchungen bei jüdischen Waisenkindern, die während der Nazi-Ära versteckt waren oder die Konzentrationslager überlebt hatten, das Konzept der sequentiellen Traumatisierung entwickelt hat. Er zeigt, wie sich in der Nachkriegszeit die früheren Verletzungen der Kinder fortsetzten oder gar verstärkten, wenn die Umwelt nicht angemessen reagierte, etwa indem sie keine Trauer zuließ, die Vergangenheit verleugnete oder erlittenes Unrecht ignorierte. Bei Wilkomirski hat man den Eindruck, er würde solche Erkenntnisse aus der Psychologie eins zu eins in seine Geschichten umsetzen, am auffälligsten, wenn er von seinen Schweizer Pflegeeltern erzählt.

Im Bestreben, seine Geschichte zu verteidigen, griffen seine Anhänger und er selbst nach Ganzfrieds Enthüllungen auf diese Argumente zurück. Diese Strategie war besonders wirksam, weil sie sich auch auf die schlimmen Erfahrungen stützte, die ehemalige Verfolgte in den Verfahren zur sogenannten Wiedergutmachung gemacht hatten.[24] Die Problematik der Verfahren lag darin, daß sie die Menschen zu Objekten von Behörden und Ärzten machten, die ihre Anträge begutachteten und ihnen im Falle der Ablehnung auch die Beweislast für ihre Leiden aufluden. Eine Situation, die an die Verfolgungen der Vergangenheit erinnerte und viele Betroffene enorm belastete, so daß sie teilweise von Anträgen überhaupt absahen. Diese Erfahrungen aufnehmend, argumentieren die Verteidiger Wilkomirskis nun, ihm die Beweislast aufbürden heiße, vergangenes Unrecht wiederholen und ihn erneut traumatisieren. Ohne Umschweife reden sie von erneuter Verfolgung oder einer zweiten Shoah. Bereits nach Helblings Warnbrief hat auch Wilkomirskis Therapeutin dem Suhrkamp Verlag erklärt, sein Manuskript nicht zu publizieren (ihm also nicht zu glauben) mache ihn zu einem Niemand.[25] Diese Reaktionen zeigen, daß das Feld der Akteure – den Manichäismus von »Bruchstücke« widerspiegelnd – nach Opfern und Tätern strukturiert ist. Wer in die Auseinandersetzung involviert wird, hat nur die Wahl zwischen einer Rolle als Retter oder als Verfolger.

Verlage, Archive und Museen: Der öffentliche Erfolg von Figur und Buch beruht teilweise darauf, daß renommierte Verlage und Museen Wilkomirski eine geeignete Plattform boten. Nachträglich stellt sich als Fehler heraus, daß Suhrkamp und die Agentur Liepman nicht ohne Umschweife unabhängige und kompetente Experten beigezogen haben, als die ersten Zweifel auftauchten. Zudem hatte das Nachwort des Autors nur den Effekt, dessen Sicht zu autorisieren. Es war nicht zufällig, daß der dort erwähnte Widerspruch zu den amtlichen Akten von den Rezensenten des Buches nirgends erwähnt und nur durch Klara Obermüller ausführlicher thematisiert wurde, die ihr Wissen eben nicht aus dem Buch, sondern durch persönliche Kontakte erhalten hatte. Zur Dramatisierung der Affäre hat beigetragen, daß die Verlage das Buch nicht sofort aus dem Verkauf nahmen, obwohl doch Ganzfried sehr ernst zu nehmende neue Argumente präsentiert hatte. Ein provisorischer Rückzug des Buches, bis die aufgeworfenen Fragen geklärt gewesen wären, hätte abwegige Spekulationen – etwa den Vorwurf, man behalte das Buch nur aus Profitgründen weiterhin im Programm – gar nicht aufkommen lassen.

Leser und Leserinnen: Wilkomirski hat dem Publikum – Feuilletonisten, Fachhistoriker und Literaturwissenschaftler eingeschlossen – einen »autobiographischen Pakt« (Philippe Lejeune) angeboten, nämlich die Versicherung, er sei identisch mit dem Ich-Erzähler, und das Erzählte entspreche seinem eigenen Erleben.[26] Er bediente sich dabei gesellschaftlicher Konventionen, etwa der programmatischen Formel »Ich bin kein Dichter«, die das Autobiographische einer Erzählung verbürgt. Ganzfried wirft den Rezipienten nun »Urteilsunfähigkeit« und »abhanden« gekommenen »Mut des eigenen Urteils« vor.[27] In Wirklichkeit hat es nicht an Mut gefehlt, setzte Mutlosigkeit doch ein eigenes, vom herrschenden Konsens abweichendes Urteil voraus, sondern an der Fähigkeit, sich von den Konventionen, die unsere Wahrnehmung strukturieren, zu lösen.

Interessant ist deshalb, den Kontext zu betrachten und nach der sozialen Funktion von »Bruchstücke« zu fragen. Auf den ersten Blick fällt an der ursprünglichen Rezeption von Buch und Figur der fetischistische Charakter auf. In der traditionellen ethnologischen Bedeutung gilt ein Objekt als ein Fetisch, wenn es magische oder geistige Kräfte besitzt – im übertragenen Sinn, wenn es übermäßiges Vertrauen oder Verehrung erfährt sowie wenn es als Quelle libidinöser Erfüllung obsessiv besetzt wird. Ein Fetisch erfüllt in einem Kollektiv bestimmte Funktionen. Verschwindet er, stellt sich die Frage, was sich in der Gesellschaft geändert hat, so daß er überflüssig oder untauglich geworden ist. Nehmen wir das Beispiel der Schweiz:

Die deutschsprachige Version kam im Sommer 1995 heraus und

hatte zufälligerweise ganz ungewöhnliche Rezeptionsbedingungen. Denn kurz darauf entwickelte sich vor allem aufgrund von ausländischem Druck ein kritischer Diskurs, der in einem für die hiesige Gesellschaft noch nie gekannten Ausmaß die Verstrickung der Schweiz in die nationalsozialistische Verbrechensherrschaft thematisierte. Zuerst standen vor allem die Schweizer Banken im Zentrum der Kritik, die von jüdischen Organisationen – federführend war der Jüdische Weltkongreß – und von amerikanischer Seite ausging. Den Banken wurde eine skrupellose Zusammenarbeit mit Nazi-Deutschland und für die Nachkriegszeit ein unsensibler, ja zynischer Umgang mit (jüdischen) Anspruchsberechtigten von nachrichtenlosen Vermögen vorgeworfen. Eine weitere Kritik galt der antisemitisch motivierten Rückweisung von Zufluchtsuchenden durch die helvetischen Behörden während des Zweiten Weltkrieges. Die Kontroverse gipfelte im Herbst 1996 darin, daß Holocaust-Überlebende milliardenschwere Sammelklagen gegen die Banken einreichten und zudem die Schweizer Regierung sich genötigt sah, eine »Unabhängige Expertenkommission Schweiz – Zweiter Weltkrieg«, nach ihrem Vorsitzenden Bergier-Kommission genannt, einzusetzen, die die damalige Rolle der Schweiz in einer bisher ungekannten Breite untersuchen sollte. Auch der Holocaust-Fonds, den Laura Grabowski betrog, ist eine direkte Folge dieser Debatte, denn er wurde von den unter Beschuß geratenen Großbanken als Geste des guten Willens konzipiert. Zusammen mit der Schweizer Nationalbank und einem Teil der Schweizer Wirtschaft gründeten sie im Februar 1997 einen Fonds von 273 Millionen Franken, die dann weltweit an Holocaust-Überlebende verteilt wurden. Im August 1998 einigten sich die Sammelkläger mit den Großbanken in einem Vergleich, der die Finanzinstitute zur Zahlung von 1,25 Milliarden Dollar verpflichtete.[28]

Nur zwei Wochen später erschien Ganzfrieds Artikel. Zu dieser Zeit hatte sich die öffentliche Stimmung bereits gewendet. Provoziert durch die teilweise oberflächliche und pauschale Kritik, fühlten sich unterdessen viele Schweizer – vor allem die älteren und konservativeren – in ihrem nationalen Selbstverständnis verletzt und tief verunsichert. Sie waren einer kritischen Auseinandersetzung mit ihrer Vergangenheit müde und manifestierten auch vermehrt antisemitische und antiamerikanische Tendenzen. Politischen Ausdruck fand diese Unzufriedenheit in den Parolen der rechtspopulistischen Schweizerischen Volkspartei SVP, die hemmungslos mit Ressentiments gegen Ausländer spielte und eine isolationistische Vision der Schweiz vertrat. Informeller Anführer der Protestpartei war der schwerreiche Industrielle Christoph Blocher, der sich immer vehement gegen die Forderungen von jüdischer Seite gewandt und die Boykottdrohungen gegen Schweizer Banken sogar mit dem nazistischen Boykott jüdischer Geschäfte verglichen hatte. Der Volkstribun scheute auch nicht davor zurück, ein Machwerk des bekannten Holocaust-Leugners Jürgen Graf zu loben. Graf war für seine Umtriebe bereits in Deutschland und der Schweiz verurteilt worden und ließ es sich nicht entgehen, im Internet verbalen Profit aus Wilkomirskis Entlarvung zu schlagen. Blochers skandalöses Lob wurde einem breiten Publikum kurz vor den nationalen Parlamentswahlen im Oktober 1999 bekannt und dürfte dazu beigetragen haben, die rechtskonservativen Wähler für den Populisten zu mobilisieren. Seine Partei vergrößerte ihren Stimmenanteil um über die Hälfte, wurde zur wählerstärksten Partei und sorgte für die größte Kräfteverschiebung im Parlament seit 80 Jahren.[29]

Zehn Tage nach diesem politischen Erdrutsch warf Ganzfried Wilkomirski einen »kalt geplante(n) Betrug« vor und rief dazu auf, die »Tatbestände« zu ahnden, die »Nachahmer« gehörten »abgeschreckt«. Daraufhin reichte ein Zürcher Anwalt eine Strafanzeige ein.[30] Er schrieb: »Gemäß Ganzfrieds Weltwoche-Artikel handelt es sich um einen von mehreren Personen bewerkstelligten ›kaltblütigen Betrug‹, nicht etwa um das Buch eines Geistesgestörten, weshalb ich Anzeige erstatte gegen Dössekker und Konsorten in eigener Sache als Geschädigter. Ich bin geschädigt um den Buchpreis, denn ich hätte das Buch nie gekauft, wenn es als Roman unter die Leute gebracht worden wäre. Zudem – außerhalb des Strafrechts – bin ich geschädigt um einen Teil meiner Lebenszeit und um meine arglistig erschwindelte Anteilnahme an diesem Thema.« Die Enttäuschung, durch eine erfundene Leidensgeschichte zum Mitgefühl für deren Urheber verleitet worden zu sein, ist ein verständliches Motiv, sie gemahnt an die Verletzung mißbrauchter Liebe. Auch sollten tatsächliche materielle Betrügereien strafrechtlich geahndet werden. Fraglich ist jedoch, ob mit der Delegation an die Staatsanwaltschaft die zahlreichen aufgeworfenen Probleme nicht eher verschleiert werden.

Die Anzeige ist ein Symptom dafür, wie sich die Funktion der Opfergeschichte Wilkomirskis ins Gegenteil verkehrt hat: Im Zuge einer von den Medien Tag für Tag vorgetragenen Kritik an der antisemitischen Vergangenheit der Schweiz konnte das Opfer wie ein Fetisch dazu dienen, sich auf die moralisch richtige Seite zu stellen, in den Chor der Anklagen einzustimmen und auch die massiven Geldforderungen von jüdischer Seite zu akzeptieren. Als individuelles Opfer, das plötzlich wie die bisher tabuisierte Vergangenheit aus seinem unauffälligen bürgerlichen Leben mit der entsetzlichen Seite einer Doppelexistenz ans Tageslicht trat, war Wilkomirski für diese Fetischisierung in den Medien hervorragend geeignet, da er komplexe Vorgänge auf ein Gesicht und eine emotionale, dramatische und manichäische Geschichte verkürzte. Nach der Kehrtwende eines breiten Teils der öffentlichen und veröffentlichten Meinung ist es opportun geworden, das früher praktizierte Mitfühlen als »arglistig erschwindelt« zurückzuweisen.

Ganzfried ist keineswegs ein Exponent dieses neuen Diskurses. Seine Betrugsvorwürfe sind einerseits Ausdruck einer berechtigten Indignation und Sorge über die Schindluderei, die Wilkomirski mit dem Gedächtnis an die Shoah getrieben hat. Andererseits sind sie die Folge seiner Empörung, daß Wilkomirskis Verlage und seine literarische Agentur nicht viel früher Konsequenzen aus seinen Recherchen gezogen haben. Ich teile auch nicht den Vorwurf von Wilkomirskis Verteidigern, Ganzfried leite Wasser auf die Mühle der Holocaust-Leugner, eine Behauptung, die dem Überbringer der schlimmen Nachricht letztlich die schlimmen Taten in die Schuhe schiebt. Auch die Haltung der jüdischen Wochenzeitschriften, statt Ganzfrieds Enthüllungen lieber einen Publikumsbetrug in Kauf zu nehmen, um der Auschwitz-Lüge keine Nahrung zu verschaffen,[31] entspringt einem bedenklichen Verständnis von Aufklärung. Ganzfrieds Enthüllungen waren nötig, couragiert und im Interesse eines integren Umgangs mit dem Gedächtnis an die Shoah. Zugleich fielen sie aber in eine Zeit, in der es obsolet geworden war, ein jüdisches KZ-Opfer zu fetischisieren, um in symbolischer Gemeinschaft mit ihm eine negative Seite der eigenen Geschichte zu bewältigen. Der Diskurs über die Vergangenheit der Schweiz hat sich unabhängig von Wilkomirski verändert. Sowohl sein Aufstieg wie sein Fall waren aber geeignet, den jeweils aktuellen Trend medienwirksam zu personifizieren.

Medien: Die Medien waren die zentralen Akteure, die Wilkomirski zur Inkarnation des wahren KZ-Opfers hochstilisierten. Folgenreich war, daß sich ihre Berichterstattung durch das Fehlen jeder kritischen Distanz auszeichnete und Wilkomirskis Perspektive ungebrochen wiedergab. Die Zweifel, die den Medienschaffenden teilweise bekannt waren, wurden dem Publikum verschwiegen. Bei der Aufdeckung der Wahrheit spielten die Medien, hier allen voran Ganzfried, wiederum die entscheidende Rolle. Auf der Faktenebene haben sich alle Behauptungen Ganzfrieds zu Wilkomirskis Identität bestätigt; nur bezüglich der Erbschaft ist die Wahrheit für Wilkomirski noch belastender, als sein Kritiker angenommen hat. Es fällt auf, wie lange die Medien nur von Ganzfried abschrieben und nicht selbst recherchierten. Außerdem waren – wohl aus der berechtigten Zurückhaltung, vor einer definitiven Klärung der Fakten zu urteilen – substantielle Beiträge zu den aufgeworfenen Fragen dünn gesät.

Nicht wenige Journalisten übernehmen die dualistische Weltsicht Wilkomirskis, die nur die Opposition von Opfer und Täter beziehungsweise Retter und Verfolger zuläßt. Dies führt zur paradoxen Situation, daß noch im Versuch, seine Täuschungen zu stoppen und sich davon zu befreien, sich die schärfsten Kritiker Wilkomirskis seinen manichäischen Spielregeln unterwerfen. In dieser dichotomischen Welt verliert sich auch die Rezensentin Klara Obermüller, die permanent, sogar innerhalb des gleichen Textes, die Fronten wechselt. Sie lobte in ihrer Besprechung das Werk, streute aber gleichzeitig Zweifel, vor deren Vertiefung sie wiederum warnte. Sie förderte das Buch und verteidigte es als Präsidentin der Zürcher Literaturkommission gegen Zweifel. Gleichzeitig verbreitete sie selbst kritische Gerüchte und setzte indirekt Ganzfried auf die Enthüllung an, um dann wenig später den Zeitschriften von einer Publikation der Recherchen abzuraten. Da sie sich nicht entscheidet und jenseits der Dichotomie keine dritte Position findet, wird sie zwischen den entgegengesetzten Seiten hin und her gerissen.

Kampf um die Erinnerung: Die Ordnung, um deren Einhaltung in der Mediendebatte und nun mit juristischen Schritten gekämpft wird, scheint in den Augen vieler Akteure gefährdet. Zu diesem Eindruck komme ich aufgrund der teilweise enormen Aufgeregtheit und Leidenschaftlichkeit, die mir im Laufe meiner Arbeit entgegenschlugen. Zahllose Gespräche – nicht zuletzt Telefonanrufe zu fast jeder Tageszeit – mit Medienvertretern, Zeitzeugen und anderen Akteuren vermittelten mir zuweilen den Eindruck, für sie ginge es bei Wilkomirskis Fälschung um die wichtigste und dramatischste Sache der Welt, zumindest stünde das Gedächtnis an die Shoah in Frage. Aber ist dies tatsächlich der Fall?

Die Erinnerung an den Holocaust ist für die westliche Welt konstitutiver Teil ihres Selbstverständnisses; dies gilt in besonderem Maße für die weltweite Gemeinschaft der Juden, für die israelische und deutsche Gesellschaft, aber auch für andere Kollektive wie Frankreich oder die USA. Wilkomirski hat mit seiner Einbildung diese Erinnerung narzißtisch okkupiert und sich mit traumtänzerischem Können der kollektiven Gedächtnisrituale bedient. Hätte sich dies alles auf seine Therapie und sein engstes Umfeld beschränkt, könnte man allenfalls einen irregeleiteten Mann bedauern – die Öffentlichkeit müßte seine Einbildung nicht weiter beschäftigen. Sein Verhalten erhielt seine Brisanz erst dadurch, daß er zu einer öffentlichen Figur wurde und Verlage, Schulen,

Museen, Medien, Selbsthilfe-Organisationen und das Lesepublikum in sein Spiel verwickelte. Indem Ganzfried nun Wilkomirskis wahre Identität und damit seinen Auftritt als Farce enthüllt, legt er zugleich die Schwächen, Gefährdungen und Auswüchse dieser Erinnerungskultur bloß.

Dies fällt in eine Zeit, in der mit gesteigerter Nervosität nach einem neuen Umgang mit dieser Vergangenheit gesucht wird. Symptome davon sind in Deutschland etwa die Debatte um Martin Walsers Rede, als er den Friedenspreis des Deutschen Buchhandels entgegennahm, der erbittert geführte Streit um die Wehrmachtsausstellung des Hamburger Instituts für Sozialforschung, die nicht weniger emotionalen Auseinandersetzungen um Daniel Goldhagens Buch »Hitlers willige Vollstrecker« oder die langen Diskussionen über Sinn und Form eines Mahnmals in Berlin. In der Schweiz zeigt sich der Umbruch in der Kritik an einer helvetischen Komplizenschaft mit dem Nazi-Regime, die seit Jahren in- wie ausländische Medien füllt. In Israel schließlich findet eine Generation von Historikern Beachtung, die die Instrumentalisierung der Shoah für verschiedenste politische Ziele denunzieren und ein kritisches Bild der eigenen Vergangenheit während der Nazi-Herrschaft und in der Gründungsphase des Staates zeichnen.

Obwohl das Umschreiben der Geschichte zu den normalen Prozessen der Historiographie gehört und sich die Gedächtniskultur immer wandelt, wenn die damaligen Akteure allmählich aussterben, ist es nur logisch, daß im Falle der Shoah die Unsicherheiten überempfindlich machen. Sie sind Spätfolgen der traumatischen Ereignisse selbst. Ebenso verständlich, daß Wilkomirskis Normverletzung in diesem Kontext für Aufregung sorgt. Sie hängt unter anderem mit der Befürchtung zusammen, das Beispiel könnte Schule machen, es tauchten nächstens – siehe Grabowski – noch viele Nachahmungstäter auf.

Als noch wichtigere Ursache für die Aufregung erscheint mir, daß man sich von Argumenten, mit denen sich Wilkomirski eine falsche Bedeutung anmaßt, nicht gelöst hat. Er sagt: Ich bin ein Repräsentant der Shoah-Überlebenden, wer mich zurückweist, weist alle Opfer zurück. Er setzt also den Glauben an seine persönliche Geschichte mit dem Glauben an die Shoah in eins. Ganzfried suggeriert nun das gleiche, wenn er mit Bezug auf »Bruchstücke« von einer »Holocaust-Lüge« spricht und vor der »Erosion der Faktizität von Auschwitz« warnt. Andernorts sagt er explizit, wenn man den Holocaust durch jemanden erfinden lasse, könne man ihn auch leugnen lassen.[32] Dies ist eine falsche Analogie: Ein Holocaust-Leugner leugnet die gesamte Shoah-Geschichte, insbesondere diejenige aller Opfer. Wilkomirski aber leugnet seine individuelle Geschichte und ersetzt sie durch eine falsche Holocaust-Biographie. Zwischen der Erfindung einer persönlichen Geschichte und der Verleugnung von Millionen anderer besteht nicht nur ein quantitativer, sondern vor allem ein qualitativer Unterschied.

Letztlich verbirgt sich hinter der Unruhe ein Mißverständnis darüber, was die Erinnerungen von Zeitzeugen leisten: Indem ehemalige KZ-Häftlinge erzählten und aufschrieben, was ihnen persönlich widerfahren war, vermittelten sie der Öffentlichkeit ein Wissen, das auf keinem anderen Weg, auch nicht durch die historische Forschung, zugänglich geworden wäre. Wir wissen so, wie sie als Opfer damals ihre Situation erlebten und wie sie diese heute interpretieren. Dies ist die eigentliche Leistung der Zeugnisliteratur. Häufig wird ihr aber zusätzlich die Aufgabe aufgebürdet, diese vergangene und selbst erlebte Realität nicht nur zu dokumentieren und zu interpretieren, sondern sie auch noch zu beweisen. Damit verlangt man nicht nur etwas Überflüssiges – da die fundierte Forschung zur Shoah Bibliotheken füllt und es für alle wesentlichen Ereignisse mehr als genug Beweise gibt –, man verlangt auch etwas Unmögliches: Auch die Berichte von Zeitzeugen sind letztlich Texte, sie sind nur Darstellungen der Ereignisse und nicht Teil der Ereignisse selbst. In dem Moment, in dem das erinnerte Grauen niedergeschrieben wird, entsteht aus der Erinnerung ein Text. James E. Young sagt, im schreibenden Arm, auf dem für immer eine KZ-Nummer eintätowiert sei, verkörpere sich die Verbindung zwischen Text, Autor und vergangenem Ereignis, die für die Zeugnisliteratur grundlegend sei. Der geschriebene Text selbst sei ein Beweis dafür, daß ein Überlebender über den Holocaust geschrieben habe. Er beweise das Überleben des Schreibenden, beweise seine Existenz im Jetzt – ein Beweis, den kein Überlebender jener Verbrechen jemals für selbstverständlich halte.[33] Ein Beweis für den Holocaust selbst ist der dokumentarische Text indessen nicht, er muß es auch gar nicht sein. Deshalb ist es für die Faktizität der Shoah auch nicht von Bedeutung, wenn sich ein einzelner solcher Text, wie nun im Fall Wilkomirski, als erfunden herausstellt.

Dies heißt natürlich keineswegs, es sei belanglos, eine fiktive Shoah-Biographie als echt auszugeben. Erstens werden bald keine Überlebenden mehr existieren, die der Nachwelt ihre spezifischen Erfahrungen erzählen können. Um so wichtiger, daß ihre Erinnerungen, dieser kostbare Teil des kollektiven Gedächtnisses, nicht verfälscht werden. Zweitens hat Wilkomirski mit seiner Täuschung Zweifel gesät und damit generell der Glaubwürdigkeit der Zeitzeugen beträchtlich geschadet. Drittens hat er ausgerechnet die Gruppe von Menschen erneut mißbraucht, deren Lebensweg fürwahr von Instrumentalisierungen verschiedenster Art gesäumt ist.[34] Dieser Mißbrauch nahm zuweilen parasitäre Formen an, man denke an Karola oder andere Überlebende, die Wilkomirski direkt in seine Geschichte involvierte. Zudem perpetuierte er mit seiner Darstellung ein Bild des ewigen Opfers, das verschiedene antijüdische Stereotypen aufnimmt.

Letztlich geht es bei der ganzen Wilkomirski-Kontroverse nicht nur um Bilder, sondern um den Kampf, wer denn welche Erinnerung mit welchem Recht besetzt und besitzt. Der ungarische Schriftsteller und KZ-Überlebende Imre Kertész konstatiert mit Seitenblick auf Wilkomirski, den er als »Auschwitz-Schwindler« und »Holocaust-Guru« bezeichnet: »Der Überlebende wird belehrt, wie er über das denken muß, was er erlebt hat, völlig unabhängig davon, ob und wie sehr dieses Denken mit seinen wirklichen Erfahrungen übereinstimmt, der authentische Zeuge ist schon bald nur im Weg, man muß ihn beiseite schieben wie ein Hindernis.«[35] Neben dieser Fraktion, die sich mißbraucht fühlte, gab es auch die Gruppe der Überlebenden, die Wilkomirski engagiert verteidigten, weil sie in »Bruchstücke« ihre eigenen Erlebnisse ausgedrückt und in den Angriffen auf den Autor ihre eigenen Erfahrungen gespiegelt sahen. So findet man paradoxerweise sowohl in den Argumenten von Wilkomirskis Kritikern wie von seinen Sympathisanten die Nachwehen einer Geschichte, die nicht vergeht.

Dabei ist die Debatte unterfüttert von zwei gegensätzlichen Interpretationen; man könnte die eine als historisch, die andere als anthropologisch bezeichnen. Während Ganzfried Verfechter einer historischen Deutung ist, liegt der Rezeption vieler, die sich durch »Bruchstücke« erschüttern ließen, eine geschichtslose und damit letztlich anthropologische Lesart zugrunde. Ganzfried fordert dazu auf, Auschwitz als konkretes Ereignis im Kontext der damaligen historischen Umstände zu analysieren, um seine Entstehung und Bedeutung überhaupt zu erfassen. Er kritisiert eine Haltung, die Auschwitz bloß als Metapher begreift und erklärt, Eichmann sei in einem jeden, oder die Erfahrungen der Shoah-Opfer stünden jedem Individuum für seine persönliche Interpretation und Verwendung zur Verfügung. Eine Haltung, die unter Ausblendung der historischen Bedingungen und Prozesse die singulären Massenverbrechen verpsychologisiert und sie damit gleichsam anthropologisiert und universalisiert. Diese Haltung konstatiert er in der Rezeption von »Bruchstücke«, die primär emotional war und die Frage der Faktizität ignorierte, so daß fast niemandem die zahlreichen Ungereimtheiten auffielen. Vielleicht ist es kein Zufall, daß auf der einen Seite Wilkomirski sich sehr durch das Buch von Kosinski beeindrucken ließ, während auf der anderen Seite der Historiker Hilberg zu seinen schärfsten Kritikern gehörte. Denn der Historiker machte sich einen Namen mit seiner akribischen Analyse der bürokratischen Prozesse, die die Massenverbrechen erst ermöglichten. Kosinskis Buch hingegen offeriert – darin »Bruchstücke« ähnlich – eine ahistorische und metaphorische Darstellung des Holocaust: Die Grausamkeiten sind Folgen der menschlichen Natur, der verfolgte Protagonist ist »everybody's victim« (Elie Wiesel).

Solange das Publikum Wilkomirskis Geschichte glaubte, war diese Teil des kollektiven Gedächtnisses, das wesentlich ist für die

Identität und Selbstdarstellung einer Gruppe. Betrachtet man die Akteure in der Auseinandersetzung um Wilkomirski, erweist sich diese – trotz der fortschreitenden Ausweitung des Gedächtnisses an die Shoah – zuerst als innerjüdische Angelegenheit. Denn die zentrale Rolle bei der Rezeption und Würdigung des Buches spielen jüdische Institutionen; nicht zufällig kommen alle wichtigen Preise von dieser Seite. Und bei der Zurückweisung beziehungsweise Verteidigung von Wilkomirskis Erinnerung sind ebenfalls fast alle Involvierten jüdisch, seine Kritiker (Ganzfried, Stabinsky, Hilberg, Gourevitch, Lappin usw.) nicht weniger als seine Verteidiger (Balint, Bernstein, Koralnik, van Messel, Althof usw.). Dabei manifestiert die distanzlose und hochemotionale Verteidigung Wilkomirskis durch zahlreiche Überlebende, wie brüchig sie ihre Existenz und Sicherheit in der Normalität der Gegenwart erleben und wie tief ihre (post)traumatischen Erfahrungen nachwirken.

Der Erfolg vieler Memoiren und Tagebücher zeigt den Wunsch des Publikums, sich der Geschichte mittels biographischer Erinnerungen zu versichern. Offensichtlich entspricht es einem tiefen menschlichen Bedürfnis, sich das Vergangene in der farbigen und emotionalen Konkretheit des Individuellen zu vergegenwärtigen. Ein Anliegen, das die wissenschaftliche Geschichtsschreibung selten befriedigt. Dieses Bedürfnis nach dem Subjektiven hat beim Gedächtnis an die Shoah seine besondere Berechtigung, da es das individuelle Leiden und Sterben dem anonymen, fabrikmäßigen Morden entreißt und gesichtslosen Nummern die geraubten Namen und Geschichten zurückgibt. Ohne die Bereitschaft, die Stimmen der Opfer zu hören und ihre Geschichten zu retten, wäre Wilkomirskis angebliche Biographie nie in dieser Weise rezipiert worden. Sein erfolgreicher Mißbrauch spricht nicht gegen die Legitimität dieses Bedürfnisses, enthüllt aber viele Wirkungsmechanismen der Zeitzeugenliteratur. Tatsächlich zeichnet sich sein Text durch viele Merkmale aus, die – aus guten Gründen – auch auf echte Zeugenberichte zutreffen, etwa das Angebot zur Identifikation mit dem Opfer, eine Zweiteilung der Welt in Opfer und Täter oder die Rhetorik des Faktischen. Auch seine Rezeption und

Glaubwürdigkeit basierten, ebenso wie seine spätere Verteidigung gegen Zweifel, auf Gesetzmäßigkeiten, die sich im Umgang mit Überlebenden etabliert haben. Daß sein Erfolg weitgehend auf Mechanismen beruht, die auch für wirkliche Shoah-Autobiographien gelten, dürfte zu einem nicht geringen Teil die Aufregung um seine Entlarvung erklären.

Als objektives Ereignis läßt sich die Shoah durchaus beschreiben, und der diesbezügliche Kenntnisstand der Geschichtswissenschaft hat unterdessen ein hohes Niveau erreicht. Es gibt auch einzelne Überlebende, wie Primo Levi oder Paul Celan, die ihre Erfahrungen in meisterhafter Form ausgedrückt haben. Dennoch leiden die meisten damaligen Opfer – dies galt wohl selbst für die genannten – unter der unerträglichen Empfindung, ihre Erlebnisse weder in ihre persönliche Lebensgeschichte integrieren noch einen angemessenen und vermittelbaren Ausdruck dafür finden zu können. Diese Not hat viele dafür empfänglich gemacht, in »Bruchstücke« die authentische Geschichte eines KZ-Schicksals zu sehen. In ihrer Bereitschaft manifestiert sich ihr großes Bedürfnis, das Unmögliche moglich zu machen und die sinnlosen Ereignisse der Shoah in eine sinnvolle Erzählung zu verwandeln.

Aufstieg und Fall der Figur Wilkomirski enthüllen nicht nur Mechanismen, die mit der Shoah und dem Gedächtnis an diese zusammenhängen; es wäre auch falsch, das Phänomen nur in diesem Rahmen zu diskutieren. Dennoch läßt sich sagen, daß das Phänomen Wilkomirski – von der Entstehung seiner Erinnerung über ihre Rezeption bis zur Enthüllung – wie ein Lackmustest anzeigt, wie wir, unterschiedlich je nach Betroffenheit, mit den Nachwirkungen dieser Geschichte umgehen. Diese Nachwirkungen gründen im Unverstandenen und in der Unverständlichkeit der Shoah. So spiegeln sich letztlich in dieser fiktiven »Autobiographie« eines angeblichen KZ-Opfers Kernstrukturen jener Ereignisse selbst.

Nachbemerkung

Ende Juli 1999 eröffnete ich in einer Unterredung meine Ergebnisse Binjamin Wilkomirski, Verena Piller und Eva Koralnik. Am 7. Oktober 1999 schickte ich meinen Bericht auftragsgemäß, allerdings in einer noch provisorischen Fassung, an die Agentur Liepman und die Verlage. Suhrkamp, Schocken und Calmann-Lévy zogen daraufhin das Buch zurück; einige Verlage hatten den Verkauf schon vor Ganzfrieds Enthüllungen mangels Absatz eingestellt. Die Agentur gab ihr Mandat für »Bruchstücke« zurück und vertrat den Autor nicht mehr. Wilkomirski schickte mir – wie dies bei Beginn der Recherche vereinbart wurde – eine schriftliche Stellungnahme zu meinem Bericht. Aus jedem Satz sprach ein durch tiefe Verletzungen, Nöte und Verunsicherungen aggressiv gewordener Mensch, der sich – mit Ausnahme meiner Schilderung von Bruno Grosjeans ersten vier Lebensjahren – auf fast jeder Seite willentlich mißverstanden, beleidigt und erniedrigt fühlte. Seine inhaltlichen Korrekturen habe ich, soweit sie plausibel waren, in den vorliegenden Text eingearbeitet. Weitere Kritikpunkte, die ich nicht akzeptieren konnte, nahm ich als Fußnoten auf. Wilkomirski lehnte in seinem Begleitbrief meine Arbeit grundsätzlich ab: »Selbst wenn es so wäre, daß mein Gedächtnis und meine inneren Bilder seit meiner Jugend mich getäuscht haben sollten, Mächlers Bericht würde dadurch nicht besser oder gar legitimierter«.[1]

Bruno Grosjean ist – es sei denn, er spräche aus Wilkomirskis Satz – wohl für immer verstummt.

Anmerkungen

Vorbemerkung

1 Wilkomirski war Mitunterzeichner des Vertrages, da er mir seine volle Kooperation versprach und mir eine generelle Vollmacht ausstellte, die es mir ermöglichte, unter Datenschutz stehende Akten einzusehen und unter Schweigepflicht stehende Personen zu befragen. Mein konkreter Auftrag bestand darin, zu »untersuchen, ob
Binjamin Wilkomirski alias Bruno Dössekker mit Bruno Grosjean, geb. 12. Februar 1941, von Saules BE, identisch ist;
Binjamin Wilkomirski als Kind mit dem erwähnten Bruno Grosjean vertauscht worden ist bzw. inwiefern ein solcher Vorgang per se und in seinem spezifischen historischen Kontext wahrscheinlich ist;
Anhaltspunkte existieren, die die in ›Bruchstücke‹ beschriebene Biographie von Binjamin Wilkomirski belegen bzw. widerlegen. Schwergewichtig ist dabei der Sachverhalt zu untersuchen, der die Schweiz betrifft.
Der Auftragnehmer berücksichtigt bei seiner Recherche soweit möglich die Entstehungsgeschichte von Binjamin Wilkomirskis Manuskript und Erinnerungen.« Der Vorwurf des Betrugs, der erstmals von Daniel Ganzfried erhoben wurde und zu einer Strafanzeige »gegen Dössekker und Konsorten« führte, war ebensowenig Gegenstand meines Auftrags wie die Verantwortlichkeit der an der Publikation beteiligten Verlage und literarischen Agentur. Vgl. Ganzfried, Daniel: Binjamin Wilkomirski und die verwandelte Polin, in: Die Weltwoche, 4. Nov. 1999, und die Strafanzeige, die der Anwalt Manfred Kuhn aus Uster (Schweiz) am 13. Nov. 1999 beim 1. Staatsanwalt des Kantons Zürich einreichte.
2 Wilkomirski, Binjamin (1995): Bruchstücke. Aus einer Kindheit 1939–1948, (Jüdischer Verlag im Suhrkamp Verlag) Frankfurt a. M., S. 7f.

Die Geschichte des Bruno Grosjean

1 Untersuchungsakten gegen Henri Robert, wohnhaft in Neuenburg, wegen Widerhandlung gegen die Verkehrsvorschriften und fahrlässiger Körperverletzung, Privatklägerin: Yvonne Grosjean, wohnhaft in Biel, 1940–1942, Staatsarchiv Bern, BB 15.1.458, Dossier 529 A.
2 Ebenda; Akten des Vormundschaftsamtes Biel über Bruno Grosjean.
3 Gespräche mit Max und Edeltraut Grosjean, 6. Mai und 4. Juli 1999.
4 Zur bisher kaum erforschten Geschichte der Verkostgeldung: Schoch, Jürg/Tuggener, Heinrich/Wehrli, Daniel (1989): Aufwachsen ohne Eltern: Verdingkinder, Heimkinder, Pflegekinder, Windenkinder; zur außerfamiliären Erziehung in der deutschsprachigen Schweiz, (Chronos) Zürich, S. 39f., 138f.
5 Geburtsschein von Bruno Grosjean, ausgestellt am 20. Feb. 1941, Akten der Vormundschaft Biel.
6 Gespräch mit Rudolf Z., 20. Juli 1999.
7 Vaterschaftsprotokoll vom 14. Mai 1941, vgl. Stauffer, Anträge an die städt. Vormundschaftsbehörde Biel, 9. Juni 1941, Vormundschaftsakten Biel.
8 Ebenda.
9 Vgl. Untersuchungsakten gegen Henri Robert, Staatsarchiv Bern, BB 15.1.458, Dossier 529 A, sowie Rechenschaftsbericht Römer für 1941–1942, Beistandsakten Yvonne Grosjean, Vormundschaft Biel.
10 Dr. med. Schmid an die Generalagentur der Schweizerischen Unfallversicherungsanstalt, 5. Mai 1941, Staatsarchiv Bern, BB 15.1.458, Dossier 529 A.
11 Stauffer an das Erholungsheim Langnau i. E., 18. Juni 1941; Erholungsheim Langnau an Stauffer, 14. Juli 1941, Vormundschaft Biel.
12 Zwischenbericht von Dr. Wendling, 28. Aug. 1941, Dr. Schmid an die Suva, 13. Feb. 1942, Staatsarchiv Bern, BB 15.1.458, Dossier 529 A.
13 Notiz von Stauffer, 2. Feb. 1942. Das Folgende, soweit nicht anders vermerkt, nach den Akten der Vormundschaft Biel.
14 Römer an die Vormundschaftsbehörde, 30. Juli 1941, Vormundschaft Biel.
15 Zusammenstellung der Besuchsberichte, Akten-Nr. 191; Stauffer an Madame Rossel-Vaucher, 13. Juni 1944, Vormundschaftsamt Biel.
16 Telefongespräche mit René Aeberhard und seiner Tochter Marijke Meyer, 20. Mai 1999.
17 Gespräch mit René Aeberhard, 1. Juni 1999. Soweit nicht anders vermerkt, alles Folgende nach diesem Gespräch.
18 Notiz von Stauffer, 17. Feb. 1945, Vormundschaftsamt Biel.

19 Jugendamt Biel an Yvonne Grosjean, 9. März 1945, Vormundschaft Biel.
20 Das Folgende, soweit nicht anders vermerkt, nach den Akten der Vormundschaft Biel.
21 Broschüre und zusätzliche Informationen von Frau Rechsteiner-Güller, Heiden, damals Mitarbeiterin im Heim.
22 Entwurf zur Ermächtigung und Notiz (vermutlich von Stauffer), 17. Mai 1945, Vormundschaft Biel. Der juristische Staatssekretär des Kantons Zürich vertrat die Lehrmeinung, die leiblichen Eltern hätten ein Recht auf persönlichen Verkehr mit ihrem Kind nicht nur während der Pflegekindschaft, sondern sogar nach der Adoption, vgl. Fehr, Otto (1947): Die Zustimmung der leiblichen Eltern zur Kindesannahme, Zeitschrift für Vormundschaftswesen, S. 130–135, S. 134. Für den Hinweis danke ich Kurt Affolter, Leiter der Vormundschaft Biel.
23 Dössekker an das Vormundschaftsamt Biel, 8. Juni 1945; Wohlfahrtsamt der Stadt Zürich, Erkundigungsdienst, 19. Juni 1945, Vormundschaft Biel.
24 Erklärung von Yvonne Grosjean, 27. Juni 1945; die Ermächtigung zur Adoption unterzeichnete sie am 22. Juni 1945, Vormundschaft Biel.
25 Stauffer an Dössekker, 2. Juli 1945, Vormundschaft Biel.
26 Stauffer an das Kinderheim Sonnhalde, 7. Juli 1945, Vormundschaft Biel.
27 Kurt Dössekker an Stauffer, 24. Juli 1945; Stauffer an Herr und Frau Dössekker, 21. Juli 1945, Vormundschaft Biel.
28 Das Folgende nach dem Gespräch mit Max und Edeltraut Grosjean vom 6. Mai 1999.
29 Yvonne Grosjean trat am 4. Juli 1945 in die Firma Ryff & Co. in Bern ein, Bescheinigung der Firma, 26. Juni 1945, Vormundschaft Biel; vgl. auch die An- und Abmeldungen der entsprechenden Einwohnerkontrollen.
30 Stauffer: Vormundschaftsbericht, 28. Aug. 1945; Zusammenstellung der Besuchsberichte, Aktennr. 191, Abschnitt mit Datum 18. Dez. 1945, Vormundschaft Biel; vgl. zum Einzugsdatum auch die Einwohnerkontroll-Karte, lautend auf seinen Namen, Stadtarchiv Zürich. Bei der Einwohnerkontrolle in Adelboden datiert seine Abmeldung vom 20. Okt. 1945.
31 Stauffer: Vormundschaftsbericht, 25. Juli 1947; Zusammenstellung der Besuchsberichte, Akten-Nr. 191, Abschnitt mit Datum 14. Feb. 1947, Vormundschaft Biel.

Wilkomirski erzählt

1 Soweit nicht anders vermerkt, stammt das Folgende aus meinen Gesprächen mit Wilkomirski am 22. und 29. April, 14. Mai, 2. und 19. Juni, 15. Juli 1999 sowie seiner schriftlichen Stellungnahme vom 22. Nov. 1999. Sonstige Quellen sowie Überschneidungen oder Abweichungen von den von mir geführten Gesprächen werden einzeln nachgewiesen.
2 Videointerview Survivors of the Shoah, Visual History Foundation, tape 1–6, 20. März 1997, tape 6.
3 Wilkomirski (1995), S. 113. Das Folgende, soweit nicht anders vermerkt, a.a.O., S. 113–116.
4 Gespräch mit Verena Piller, 14. Mai 1999; Videointerview Shoah Foundation, tape 6.
5 Gespräch mit Wilkomirski, 14. Mai 1999; Lappin, Elena (1999): The Man with two Heads, in: Granta, Nr. 66, Sommer-Ausgabe, S. 7–65, S. 28.
6 Wilkomirski an Thomas Sparr, 4. März 1995, Akten Suhrkamp.
7 Bericht vom 14. Feb. 1947, Vormundschaft Biel.
8 Wilkomirski (1995), S. 38f.
9 A.a.O., S. 9f.; Videointerview Shoah Foundation, tape 1.
10 Videointerview Shoah Foundation, tape 1.
11 Videointerview Holocaust Memorial Museum Washington, tape 1–6, 26. Sept. 1997 (Gespräch auf Englisch), tape 2. Vgl. auch Wilkomirski (1995), S. 12f.
12 Das Folgende nach: Videointerview Holocaust Memorial Museum Washington, tape 2, 6; Videointerview Shoah Foundation, tape 1; Wilkomirski (1995), S. 28–37; Gespräch mit Wilkomirski, 15. Juli 1999.
13 Videointerview Shoah Foundation, tape 1, 4; vgl. auch Wilkomirski (1995), S. 29, 37, 125.
14 Wilkomirski (1995), S. 31f.; Videointerview Holocaust Memorial Museum Washington, tape 2.
15 Videointerview Holocaust Memorial Museum Washington, tape 2; Videointerview Shoah Foundation, tape 1.
16 Wilkomirski (1995), S. 33. Das Folgende a.a.O., S. 33–37.
17 A.a.O., S. 36f. Die Bemerkung zur polnischen Konnotation von Majdanek macht Wilkomirski im Videointerview Shoah Foundation, tape 2.
18 Videointerview Shoah Foundation, tape 2; Wilkomirski (1995), S. 37; Videointerview Holocaust Memorial Museum Washington, tape 2.
19 Videointerview Shoah Foundation, tape 2.
20 Ebenda; Wilkomirski (1995), S. 57.

21 Videointerview Shoah Foundation, tape 2; Wilkomirski (1995), S. 94.
22 Wilkomirski (1995), S. 40f., 81.
23 A.a.O., S. 52. Sein Überbein betastet er z.B. mehrmals im Videointerview Holocaust Memorial Museum Washington.
24 Wilkomirski (1995), S. 74f.; vgl. auch Videointerview Holocaust Memorial Museum Washington, tape 4.
25 Wilkomirski (1995), S. 58–63.
26 A.a.O., S. 44–46.
27 Videointerview Shoah Foundation, tape 2.
28 Videointerview Holocaust Memorial Museum Washington, tape 3.
29 Wilkomirski (1995), S. 92.
30 Videointerview Holocaust Memorial Museum Washington, tape 5.
31 Ebenda; Gespräche mit Wilkomirski, 22. und 29. April 1999; Videointerview Shoah Foundation, tape 3.
32 Videointerview Shoah Foundation, tape 5; Wilkomirski (1995), S. 92f.
33 Wilkomirski (1995), S. 105.
34 A.a.O., S. 106.
35 A.a.O., S. 107; Videointerview Shoah Foundation, tape 5.
36 Videointerview Holocaust Memorial Museum Washington, tape 5.
37 Videointerview Shoah Foundation, tape 5.
38 Wilkomirski (1995), S. 109f.
39 A.a.O., S. 76f.
40 A.a.O., S. 110; vgl. Videointerview Shoah Foundation, tape 6.
41 Wilkomirski (1995), S. 110.
42 Videointerview Shoah Foundation, tape 5.
43 Videointerview Holocaust Memorial Museum Washington, tape 5.
44 Wilkomirski (1995), S. 111, vgl. auch S. 16; Videointerview Shoah Foundation, tape 5.
45 Videointerview Shoah Foundation, tape 5; Wilkomirski (1995), S. 22f.
46 Wilkomirski (1995), S. 64; Videointerview Holocaust Memorial Museum Washington, tape 1; Videointerview Shoah Foundation, tape 1; Gespräch mit Wilkomirski, 22. April 1999.
47 Brief Wilkomirskis an Sparr, 4. März 1995, Akten Suhrkamp.
48 Gespräch mit Wilkomirski, 22. April 1999.
49 Videointerview Shoah Foundation, tape 6.
50 Briefe von Walter Dössekker an Martha und Kurt Dössekker, 30. Juli und 4. Aug. 1946, Hervorhebungen im Original.
51 Brief der Väter von Martha und Kurt Dössekker an dieselben, 5. April 1951, Hervorhebungen im Original.
52 Brief Wilkomirskis an Sparr, 4. März 1995, Akten Suhrkamp.
53 Ebenda; Videointerview Shoah Foundation, tape 6.
54 Brief Wilkomirskis an Sparr, 4. März 1995, Akten Suhrkamp.

55 Wilkomirski (1995), S. 139f.
56 Gespräch mit Wilkomirski, 22. April 1999; Videointerview Holocaust Memorial Museum Washington, tape 1.
57 Videointerview Holocaust Memorial Museum Washington, tape 1.
58 Wilkomirski (1995), S. 119.
59 Videointerview Shoah Foundation, tape 6.
60 Das Folgende nach Wilkomirski (1995), S. 126–129.
61 Das Folgende nach a.a.O., S. 120–125.
62 Videointerview Holocaust Memorial Museum Washington, tape 1; Wilkomirski (1995), S. 116f.
63 Wilkomirski (1995), S. 131–135; Zeindler, Peter: »Bei mir war es eine Baracke«, Interview mit Wilkomirski im Zürcher Tages-Anzeiger, 29. Mai 1997; Videointerview Holocaust Memorial Museum Washington, tape 4.
64 Videointerview Holocaust Memorial Museum Washington, tape 1; Wilkomirski (1995), S. 142; Gespräch mit Wilkomirski, 22. April 1999; Videointerview Holocaust Memorial Museum Washington, tape 1; Tages-Anzeiger Magazin, 9. Dez. 1995.
65 Gespräch mit Wilkomirski, 22. April 1999; Wilkomirski an Sparr, 4. März 1995, Akten Suhrkamp; Videointerview Holocaust Memorial Museum Washington, tape 6; Wilkomirski im Film: »Fremd Geboren«, Buch und Regie: Messel, Esther van, Produktion: Dschoint Ventschr, Zürich 1997, im folgenden zitiert als Messel (1997).
66 Gespräch mit Wilkomirski, 29. April 1999; Messel (1997); Videointerview Holocaust Memorial Museum Washington, tape 1. Den Beginn seiner Rachephantasien datiert er mir gegenüber auf das 15. und im Videointerview auf das 17., 18. Lebensjahr.
67 Videointerview Holocaust Memorial Museum Washington, tape 1; Gespräch mit Wilkomirski, 29. April 1999.
68 Wilkomirski (1995), S. 136; Videointerview Holocaust Memorial Museum Washington, tape 1.
69 Wilkomirski (1995), S. 141.
70 Videointerview Holocaust Memorial Museum Washington, tape 1.
71 Wilkomirski, Binjamin (1996): Fragments. Memories of a Childhood, 1939–1948, (Schocken Books) New York, S. 152; diese Passage fehlt in der deutschen Originalausgabe.
72 Videointerview Holocaust Memorial Museum Washington, tape 1.
73 Ebenda. Welche Erinnerungen er mitteilte, erläutert er nicht.
74 Videointerview Shoah Foundation, tape 6; Gespräche mit Wilkomirski, 22. April und 19. Juni 1999.
75 Wilkomirski an Sparr, 4. März 1995, Akten Suhrkamp; Gespräch mit

Wilkomirski, 22. April 1999; Videointerview Shoah Foundation, tape 6.
76 Videointerview Holocaust Memorial Museum Washington, tape 6; Videointerview Shoah Foundation, tape 6.
77 Videointerview Holocaust Memorial Museum Washington, tape 6; Gespräche mit Wilkomirski, 22. April und 15. Juli 1999; Stellungnahme Wilkomirskis, 22. Nov. 1999.
78 Kosinski, Jerzy (1965): The Painted Bird, (Houghton Mifflin) Boston; dt.: Der bemalte Vogel, (Scherz-Verlag) Bern 1965.
79 Wilkomirski (1995), S. 77f., und diverse Gespräche mit ihm, zwischen 22. April und 15. Juli 1999.
80 Eichenberger, Ursula (1997): »Ich versuchte, ein guter Schauspieler zu werden, damit niemand etwas von meiner wahren Identität merkte«, Interview in der Sonntags-Zeitung, 18. Mai; Fernsehfilm »Das gute Leben ist nur eine Falle«. Ein Besuch bei Binjamin Wilkomirski, Regie: Bergkraut, Eric, Produktion: 3sat (1997); Messel (1997).
81 Zeindler (1997).
82 Videointerview Holocaust Memorial Museum Washington, tape 6; Eichenberger (1997).
83 Messel (1997).
84 Ebenda.
85 Niederland, William G. (1980): Folgen der Verfolgung: Das Überlebenden-Syndrom, Seelenmord, (Suhrkamp) Frankfurt a. M.
86 Im ganzen Buch sind mit dunklem Kugelschreiber Textstellen markiert; ich gebe davon nur eine Auswahl wieder; in Klammern jeweils die Seitenzahlen.
87 Gespräch mit Wilkomirski, 15. Juli 1999; vgl. auch Messel (1997).
88 Gespräche mit Wilkomirski, 22. und 29. April 1999; Videointerview Shoah Foundation, tape 6.
89 Fernando Colla an die Expertenkommission des Bundesamtes für Kultur, Sektion Film, Bern, Mitte April 1983, Akten Wilkomirski, sowie Schweizerisches Bundesarchiv Bern BAR: E 3010 (A) 1990/160, Bd. 46, Dossier 531.3 Binjamin (Fernando Colla).
90 Fechner, Eberhard: Der Prozeß, Teil 1: Anklage, 89 Min.; Teil 2: Beweisaufnahme, 92 Min.; Teil 3: Das Urteil, 88 Min.; alle Teile 1984 vom NDR produziert.
91 Videointerview Shoah Foundation, tape 6; Wilkomirski an Elena Lappin, 20. Dez. 1998, Akten Liepman.
92 Wilkomirski zeigte mir den Videofilm und kommentierte, 14. Mai 1999.
93 Gespräch mit Wilkomirski, 22. April 1999; Videointerview Holocaust Memorial Museum Washington, tape 5.

94 Messel (1997); Videointerview Holocaust Memorial Museum Washington, tape 5.
95 Videointerview Holocaust Memorial Museum Washington, tape 5; Gespräch mit Wilkomirski, 14. Mai 1999.
96 Gespräch mit Wilkomirski, 22. April 1999; Videointerview Holocaust Memorial Museum Washington, tape 5.
97 Czech, Danuta (1989): Kalendarium der Ereignisse im Konzentrationslager Auschwitz-Birkenau 1939–1945, (Rowohlt) Reinbek bei Hamburg, S. 987.
98 Gespräche mit Wilkomirski, 22. April und 14. Mai 1999.
99 Zeindler (1997); Gespräche mit Wilkomirski, 22. April und 14. Mai 1999; Videointerview Holocaust Memorial Museum Washington, tape 6.
100 Gespräche mit Wilkomirski, 22. April und 15. Juli 1999; Videointerview Holocaust Memorial Museum Washington, tape 6; Videointerview Shoah Foundation, tape 6.
101 Edward Deskur bestätigte mir im telefonischen Gespräch, 23. Juli 1999, daß er Wilkomirski das Material überlassen hat, etwa 1995 oder 1996, also nach dessen Majdanekbesuch 1993.
102 Wilkomirski an Lappin, 20. Dez. 1998, Akten Liepman; Videointerview Shoah Foundation, tape 1; Gespräche mit Wilkomirski, 22. April und 14. Mai 1999; die »Säuberung« ist dokumentiert im Sammelband: Majdanek 1941–1944, Redaktion: Tadeusz Mencel, Lublin 1991, S. 503.
103 Gespräch mit Wilkomirski, 15. Juli 1999; Videointerview Shoah Foundation, tape 3; Videointerview Holocaust Memorial Museum Washington, tape 3.
104 Gespräch mit Wilkomirski, 14. Mai 1999.
105 Wilkomirski an Lappin, 20. Dez. 1998, Akten Liepman; Gespräche mit Wilkomirski, 22. April und 14. Mai 1999.
106 Gespräch mit Wilkomirski, 22. April 1999; Wilkomirski, Binjamin / Bernstein, Elitsur (1999): Die Identitätsproblematik bei überlebenden Kindern des Holocaust. Ein Konzept zur interdisziplinären Kooperation zwischen Therapeuten und Historikern, in: Friedmann, Alexander / Glück, Elvira / Vyssoki, David (Hg.): Überleben der Shoah – und danach. Spätfolgen der Verfolgung aus wissenschaftlicher Sicht, (Picus) Wien, S. 160–172, S. 169.
107 Wilkomirski besitzt nur die hebräische Version (es gibt auch eine englische), die ich mir mit ihm zusammen anschaute. Bernstein gab mir später eine Videokassette für die genauere Analyse des Films. Ich danke Paul Russak und Daniela Kuhn für die Übersetzungen.
108 Gespräch mit Wilkomirski, 22. April 1999; Videointerview Holocaust

109 Gespräch mit Wilkomirski, 14. Mai 1999. Das Treffen mit Leibel fand laut Balint am 1. Sept. 1994 statt.
110 Gespräch mit Wilkomirski, 22. April 1999; Videointerview Shoah Foundation, tape 5.
111 Im Film englisch gesprochen.
112 Bergkraut (1997).
113 Stellungnahme Wilkomirskis zuhanden der Verlage, 5. Okt. 1998, Akten Liepman.
114 Wilkomirski im Jahresbericht 1994 des Vereins, S. 15f. Der Verein ist ein schweizerisch-tschechisches Projekt, das 1993 initiiert wurde, um den genannten Lehrstuhl finanziell und durch die Vermittlung von Beziehungen zu Persönlichkeiten und Institutionen zu fördern.
115 Wilkomirski im Jahresbericht 1995 des Vereins zur Förderung des Lehrstuhls für Germanistik an der Universität Ostrau, S. 11f.
116 A.a.O., S. 13; Weitere Präsentationen: 1997: Kongreß zum Thema »Überleben der Shoah und danach«, Wien, organisiert von der jüdischen ESRA-Stiftung; 5. International Multi-Disciplinary Conference, Jerusalem; Vortrag vor der Gesellschaft für Psychoanalyse in Bern. 1998: Holocaust-Symposium an der Notre-Dame-Universität, South Bend, Indiana; Vortrag vor dem psychoanalytischen Seminar in Zürich. – Publiziert als Wilkomirski/Bernstein (1999); eine frühere Fassung bereits in: Werkblatt, Zeitschrift für Psychoanalyse und Gesellschaftskritik, Nr. 39, 1997, S. 45–57.
117 Videointerview Holocaust Memorial Museum Washington, tape 6; Gespräche mit Wilkomirski, 22. und 29. April 1999.
118 Wilkomirski/Bernstein (1999), S. 169f.
119 Gespräch mit Wilkomirski, 22. April 1999; Videointerview Holocaust Memorial Museum Washington, tape 6.
120 Videointerview Holocaust Memorial Museum Washington, tape 6.
121 Videointerview Shoah Foundation, tape 6; Gespräch mit Wilkomirski, 15. Juli 1999; vgl. auch Videointerview Holocaust Memorial Museum Washington, tape 6; Bergkraut (1997). Tatsächlich sind es nur Übersetzungen in neun Sprachen.

Zur Entstehung von »Bruchstücke«

1 Messel (1997).
2 Das Folgende nach dem Gespräch mit Verena Piller, 14. Mai 1999.

3 In der Stellungnahme vom 22. Nov. 1999 korrigiert Wilkomirski die Aussage von Piller und sagt, er habe nur ein einziges Mal begonnen, von seiner Vergangenheit zu erzählen. Dies sei kurz vor der Heirat mit seiner ersten Frau gewesen.
4 Das Folgende, soweit nicht anders angemerkt, nach dem Gespräch mit Bernstein, 24. Mai 1999. Wilkomirski korrigiert in seiner Stellungnahme vom 22. Nov. 1999, Piller sei nur von zwei Frauen gewarnt worden.
5 Lappin (1999), S. 42; Gourevitch (1999), S. 59.
6 Gespräch mit Piller, 14. Mai 1999.
7 Das Folgende nach den Gesprächen mit Bernstein, 24. Mai und 14. Juni 1999.
8 Gespräche mit Piller, 14. Mai, mit Bernstein, 24. Mai und 5. Juli, mit Wilkomirski, 15. Juli 1999.
9 Die Agentur vertritt z.B. die Rechte der polnisch schreibenden Autoren Ryszard Kapuściński, Hanna Krall und Ida Fink, des Russen Andrei Bitow, des Belgiers Hugo Claus, des Serben Aleksandar Tišma, des Rumänen Norman Manea, des Israeli Abraham B. Jehoshua, des Ungarn György Konrád und des Südafrikaners André Brink.
10 Zur Agentur vgl. Liepman, Ruth (1995): Vielleicht ist Glück nicht nur Zufall. Erinnerungen, (Knaur) München; Koralnik, Eva (1999): Das richtige Buch zur richtigen Zeit: vom Tun und Lassen der Literaturagenten, in: Diederichs, Rainer / Saxer, Ulrich / Stocker, Werner (Hg.): Buchbranche im Wandel. Zum 150jährigen Bestehen des Schweizerischen Buchhändler- und Verleger-Verbandes, (Orell Füssli) Zürich, S. 187–198; zur Biographie von Koralnik vgl. deren Rede anläßlich der Ehrung von Dr. Harald Feller, der ihr 1944 zur Flucht verhalf, am 6. Sept. 1999 in Bern.
11 Das Folgende, soweit nicht anders vermerkt, nach dem Gespräch mit Koralnik, 20. Juli 1999.
12 Sparr an Wilkomirski, 20. Sept. 1994, Akten Liepman; mündlich erfolgte Sparrs Zusage an Koralnik bereits früher.
13 Brief vom 9. Feb. 1995 an Dr. h.c. Siegfried Unseld, Suhrkamp Verlag, Akten Suhrkamp.
14 Sparr an Wilkomirski, 22. Feb. 1995, Akten Suhrkamp.
15 Gespräch mit Bernstein, 5. Juli 1999.
16 Monika Matta an Sparr, 26. Feb. 1995, Akten Suhrkamp.
17 Bernstein an Sparr, 2. März 1995, Akten Suhrkamp.
18 Wilkomirski an Sparr, 2. März 1995, Akten Suhrkamp.
19 Wilkomirski an Sparr, 4. März 1995, Akten Suhrkamp.
20 Koralnik an Unseld, 28. Feb. 1995, Akten Suhrkamp.

21 Zeugenaussage Löwinger, 12. März 1995, im Original Iwrit, von mir stilistisch leicht bearbeitet, Akten Sandberg.
22 Gespräch mit Bernstein, 5. Juli 1999.
23 Zeugenaussage Balint, 12. März 1995, im Original Iwrit, von mir stilistisch leicht bearbeitet, Akten Sandberg.
24 Gespräch mit Koralnik, 20. Juli 1999.
25 »Eidesstattliche Erklärung« von Sylwester Marx, 21. März 1995, von mir stilistisch leicht bearbeitet, Akten Suhrkamp.
26 Wilkomirski an Rolf Sandberg, 30. März 1995, Akten Sandberg.
27 Sandberg an Sparr, 10. April 1995, Akten Sandberg.
28 Unseld an Sandberg, 20. April 1995, Akten Suhrkamp.
29 Bestätigung von Doz. PhDr. Miroslava Kyselá, Lehrstuhlleiterin für Germanistik der Universität Ostrau, 21. März 1995; Bestätigung von I. Barlatzki, Head of the Testimonies Division, Yad Vashem, 30. April 1995, beides Akten Suhrkamp.
30 Wilkomirski an Sandberg, 17. Mai 1995, Akten Sandberg.
31 Wilkomirski an Sandberg, 7. Juli 1995, Akten Sandberg.
32 Wilkomirski (1995), S. 142f.
33 Gespräch mit Koralnik, 20. Juli 1999.

Ein Buch geht um die Welt

1 Gespräch mit Klara Obermüller, 24. Juni 1999.
2 Obermüller, Klara: Spurensuche im Trümmerfeld der Erinnerung, in: Die Weltwoche, 31. Aug. 1995.
3 Obermüller, Klara: Einführung zum Buch von Binjamin Wilkomirski »Bruchstücke«, Vortrag an der Buchvernissage vom 3. Sept. 1995 im Puppentheater Zürich.
4 Gespräch mit Klara Obermüller, 24. Juni 1999.
5 Fischer, Eva-Elisabeth: Binjamins Wahrheit. Ein Kind, das die Lager überlebt, in: Süddeutsche Zeitung, 19. Dez. 1995.
6 Gut, Taja: Mit nichts zu verbinden. Binjamin Wilkomirskis Suche nach seiner Kindheit im KZ, in: Neue Zürcher Zeitung, 14. Nov. 1995.
7 Ruckstuhl, Urs: Das gute Leben ist eine Falle, in: Die Wochenzeitung, 3. Mai 1996.
8 Kozol, Jonathan: Children of the Camps, in: The Nation, 28. Okt. 1996; dieser Kommentar wird auch auf dem Cover der amerikanischen Ausgabe zitiert.
9 Karpf, Anne: Child of the Shoah; Vinder, Katharine: Great art from the terror; beide Artikel in: The Guardian, 11. Feb. 1998.
10 Videointerview Holocaust Memorial Museum Washington, tape 6.

11 Obermüller, Klara: Werkjahre und Ehrengaben im Bereich Literatur 1995, Laudatio der Präsidentin der Literaturkommission der Stadt Zürich.
12 Gary Mokotoff an Arthur Kurzweil, 6. Dez. 1996; vgl. auch Lappin (1999), S. 49.
13 Forges, Jean-François (1997): Éduquer contre Auschwitz. Histoire et mémoire, (ESF) Paris, vgl. S. 34f.
14 Gespräch mit Wilkomirski, 29. April 1999; Frankfurter Allgemeine Zeitung, 28. Jan. 1996; Brief von S. H. an Wilkomirski, ohne Datum, Anfang 1996.
15 Brief von I. H. an Wilkomirski, 15. Juli 1997; die Reaktionen der Schüler werden ebenfalls aus Briefen an Wilkomirski ersichtlich.
16 Goldhagen zitiert nach dem Cover der amerikanischen Ausgabe, Benz und Young nach: Lau, Jörg: Ein fast perfekter Schmerz, in: Die Zeit, 17. Sept. 1998.
17 Gespräch mit Wilkomirski, 29. April 1999; Wilkomirski: Answer to some aspects of CBS ›60 Minutes‹.
18 Lau, Jörg: Ein fast perfekter Schmerz, in: Die Zeit, 17. Sept. 1998; Pendergrast, Mark: Recovered Memories and the Holocaust. Revised as of Jan. 14, 1999, in: www.stopbadtherapy.com/experts/fragments/fragments.html; E-Mail Langers vom 21. Dez. 1999 an mich (u.a. zu seinem Ausdruck »powerful novel«).
19 Videointerview Holocaust Memorial Museum Washington; Videointerview Yad Vashem, 25. April 1995; Videointerview Shoah Foundation; Messel (1997); Bergkraut (1997).
20 E. C. aus L., 7. Dez. 1997.
21 H. und E. G. aus A., 28. Sept. 1995, und T. W. aus S., 21. Mai 1998.
22 B. H. aus L., 2. April 1997.
23 Die gerundeten Verkaufszahlen beziehen sich auf unterschiedliche Perioden (niedrige Verkaufszahlen der letzten Monate von 1999 fehlen teilweise): Schocken (USA) und Picador (England): April 1997 bis März 1999; Mondadori (Italien): April bis Dez. 1998; Suhrkamp: Aug. 1995 bis Nov. 1999; Calmann-Lévy (Frankreich): Jan. bis Dez. 1997; Ohtsuki Shoten (Japan): bis Dez. 1998 (3300 Exemplare); Companhia das Letras (Brasilien): Feb. 1998 bis Dez. 1998 (1500 Exemplare); Miskal-Yediot-Aharonot (Israel): Juli 1997 bis Dez. 1998 (1500 Exemplare); Bert Bakker (Holland): April 1996 bis Dez. 1998 (500 Exemplare); Gyldendal Norsk (Norwegen): April bis Dez. 1997 (400 Exemplare); Forum (Dänemark): Okt. 1996 bis Dez. 1998 (300 Exemplare). Es gab noch zwei weitere Verträge, mit Südamerika für die spanische Sprache und mit Schweden, aber das Buch wurde in diesen Ländern nie publiziert. Wilkomirski erhielt das übliche Autorenhonorar,

durchschnittlich etwa 8% des Verkaufspreises, die literarische Agentur jeweils von den Autoreneinkünften zwischen 10 und 15%. Eine Plazierung auf den Bestseller-Listen setzt in Deutschland etwa 30000 bis 40000 innerhalb weniger Monate verkaufte Exemplare voraus, in den USA etwa 250000 bis 300000. Alle Angaben beruhen auf der Buchhaltung der Liepman AG.

24 Gespräch mit Wilkomirski, 15. Juli 1999; vgl. Videointerview Holocaust Memorial Museum Washington, tape 6.
25 Bergkraut (1997).
26 Messel (1997); zu Miriam auch Videointerview Holocaust Memorial Museum Washington, tape 6.
27 Brief von K. M. an H., 27. Jan. 1998; der amtliche Name und Geburtsort sind mir bekannt, sie möchte aber nicht erkannt werden; Hervorhebungen im Original. Interview von Wolf Gebhardt mit K. M., 14. April 1999; Rede von Wilkomirski anläßlich der ORTHO-Preisverleihung, April 1999.
28 Brief von K. M. an H., 27. Jan. 1998, Hervorhebungen im Original; Interviews von Wolf Gebhardt mit K. M., 14. April, und von mir, 21. Okt. 1999.
29 Gespräch mit Wilkomirski, 29. April 1999.
30 Pfefferman, Naomi: Memories of a Holocaust Childhood, in: The Jewish Journal, 24. April 1998; Passantino, Bob/Passantino, Gretchen (1999): Lauren Stratford: From Satanic Ritual Abuse to Jewish Holocaust, in: Cornerstone, Bd. 28, S. 12–18, Issue 117.
31 Lauren (hier nicht mit Laura unterzeichnet, St. M.) Grabowski an Herrn und Frau Benjamin, 15. Juli 1997.
32 Passantino/Passantino (1999); Pfefferman (1998); Brief Wilkomirskis an Sandberg, 6. Jan. 1999.
33 Brief Wilkomirskis an Sandberg, 6. Jan. 1999; Gespräch mit Wilkomirski, 29. April 1999.
34 Gespräch mit Leon Stabinsky, 30. Sept. 1999; das Folgende nach den Filmaufnahmen, die mir die BBC zur Verfügung stellte. Der Sender plante damals, mit Wilkomirski als Hauptfigur einen Film über Kinder-Überlebende zu drehen. Regisseur war Christopher Olgiati, die Recherchen machte hauptsächlich Wolf Gebhardt, der zusammen mit Sue Summers auch als Produzent zeichnete. Der Film, im folgenden als Olgiati (1999) zitiert, bekam durch die Enthüllungen Ganzfrieds wenige Monate später eine völlig neue Stoßrichtung und wurde am 3. Nov. 1999 unter dem Titel »Child of the Death Camps: Truth & Lies« erstmals im Programm der BBC ausgestrahlt.
35 Pfefferman (1998).

Sturz ins Bodenlose – Autobiograph oder Fälscher?

1 Ganzfried, Daniel (1998a): Die geliehene Holocaust-Biographie, in: Die Weltwoche, 27. Aug. 1998.
2 Gespräch mit Verena Piller, 14. Mai 1999.
3 Wilkomirski in einem Interview mit Peer Teuwsen: »Niemand muß mir Glauben schenken«, in: Tages-Anzeiger, 31. Aug. 1998; Teuwsen porträtierte Wilkomirski für das Tages-Anzeiger-Magazin vom 9. Dez. 1995 unter dem Titel »Ein langer Weg«.
4 Thomas Sparr zitiert nach Tobler, Konrad: »Es steht im Nachwort«, in: Berner Zeitung, 1. Sept. 1998; Ganzfried, Daniel (1998b): Fakten gegen Erinnerung, in: Die Weltwoche, 3. Sept. 1998.
5 Suhrkamp-Presseerklärung vom 7. Sept. 1998, unterzeichnet von Siegfried Unseld.
6 Die irrtümliche Darstellung Balints als Mitarbeiterin in Yad Vashem könnte auf einen Brief Bernsteins an Sparr, 2. März 1995, zurückzuführen sein: »Balint, eine Historikerin, die in Yad Vashem arbeitet«, Akten Suhrkamp. Auch Wilkomirski bezeichnete sie z.B. in zwei Briefen, 23. und 29. März 1995, an Sandberg als »Lea Balint von Yad Vashem«; ob dies auch gegenüber Suhrkamp der Fall war, geht aus den Akten nicht hervor. Balint selbst stellte sich in ihren schriftlichen Ausführungen korrekt vor. Zu Forschungsarbeit und Doktortitel von Kurek-Lesik siehe: »Eidesstattliche Erklärung« von Sylwester Marx, 21. März 1995, Wilkomirski an Sparr, 20. März 1995, beides Akten Suhrkamp, sowie persönliche Mitteilung von Tomasz Kranz, Forschungsabteilung KZ Majdanek, 12. Juli 1999. Stellungnahme von Yad Vashem: I. Barlatzki, Head of the Testimonies Division, 30. April 1995, Akten Suhrkamp. Zur Praxis von Yad Vashem: Yehuda Bauer an mich, 30. Juni 1999.
7 Lea Balint: Stellungnahme, 4. Sept. 1998.
8 E-Mail von Laura Grabowski an Lea Balint, 14. Nov. 1998.
9 Lau, Jörg: Ein fast perfekter Schmerz, in: Die Zeit, 17. Sept. 1998.
10 Raul Hilbergs Aussagen wurden von den Nachrichtenagenturen dpa und sda verbreitet und in dieser Form von vielen Medien aufgegriffen.
11 Bollag, Peter: Unnötige Debatte, in: Israelitisches Wochenblatt, 3. Sept. 1998; Blau, Gisela: Mehr als nur eine Wahrheit? in: Jüdische Rundschau Maccabi, 3. Sept. 1998.
12 Bergkraut, Eric: Der anderen Hypothese eine Chance, in: Die Weltwoche, 10. Sept. 1998.
13 Samuel Althof an Blake Eskin, 13. Dez. 1998; Althof und Irene Hubermann in der Aargauer Zeitung, 10. Sept. 1998; dieselben Autoren in

der Basler Zeitung, 22. Sept. 1998, und Frankfurter Rundschau, 17. Sept. 1998.
14 Pressemeldung des Suhrkamp Verlags, 16. Sept. 1998.
15 Brief von M. M. an Wilkomirski, 1. Sept. 1998; zur Ablehnung durch die Kommission vgl. Picard, Jacques: Recht haben allein genügt nicht, in: Zürcher Tages-Anzeiger, 7. Okt. 1998, und J. L.: »Wilkomirski«, in: Frankfurter Allgemeine, 17. Sept. 1998.
16 Gespräch mit Max und Trauti Grosjean, 6. Mai 1999.
17 Gespräch mit Eva Koralnik, 20. Juli 1999.
18 Gespräche mit Eva Koralnik, 20. Juli und 25. Okt. 1999; zu den Abklärungen der Agentur bezüglich des DNA-Tests außerdem eine Notiz ohne Datum von Ruth Weibel, Agentur Liepman, die eine Anfrage vom 15. Sept. 1998 beim Institut für Rechtsmedizin der Universität Zürich betraf. Zu den unabhängig von Liepman erfolgten Abklärungen Sandbergs: Brief von Sandberg an das Institut für Rechtsmedizin, 1. März 1999, Antwortschreiben von Prof. Walter Bär, 2. März 1999, Schreiben Sandbergs an Wilkomirski, 11. April 1999. Zum Vorschlag seitens der Bieler Vormundschaft: Protokoll der »Besprechung mit Herrn Bruno Dössekker, geb. 12.2.1941, vom 10. Dezember 1998 auf dem Vormundschaftsamt Biel«. Am 1. Nov. 1998 hatte auch Annie Singer, eine Jugendfreundin Wilkomirskis, in einem Leserbrief an die »Weltwoche« auf die Möglichkeit eines DNA-Tests hingewiesen und erwähnt, Wilkomirskis »Einstellung zu einem solchen Test wäre sehr aufschlußreich«. Daniel Ganzfried wiederholte den Vorschlag in einer Zuschrift an die »Neue Zürcher Zeitung« vom 7./8. Nov. 1998.
19 Ganzfried, Daniel (1998c): Bruchstücke und Scherbenhaufen, in: Die Weltwoche, 24. Sept. 1998; Koralnik an Wilkomirski, 2. Okt. 1998.
20 Stellungnahme Wilkomirskis zuhanden der Verlage, 5. Okt. 1998, Akten Liepman.
21 Gespräch mit Wilkomirski, 29. April 1999.
22 Brief an Wilkomirski von J. M. am 25. Okt. 1998, von A. F. am 15. Nov. 1998 (Hervorhebung im Original) und von H. N. am 17. April 1999.
23 Benezra, Guta Tyrangiel (1995): Mémoire bariolée, Poetic paintings, Glosy przeszlosci, (Legas) Ottawa.
24 Der zitierte Brief ging u.a. an die Hidden Child Ass. in New York und die Federation for Children of the Holocaust, er war einer E-Mail an Wilkomirski vom 4. Dez. 1998 beigefügt. Wilkomirski brachte die Briefe Benezras weiter in Umlauf. Zur Intervention beim Holocaust-Museum und Bitte an Langer: E-Mail von Benezra an Wilkomirski, 29. Nov. 1998, E-Mail von Langer an mich, 21. Dez. 1999.
25 Gespräch mit Wilkomirski, 29. April 1999; Brief von Wilkomirski an Carol Brown Janeway, 25. Nov. 1998 (hier bezeichnet Wilkomirski die

Kontaktstelle als »my main help in Europa«); E-Mails von Samuel Althof an Wilkomirski, 6. und 8. Dez. 1998, Hervorhebungen im Original.
26 E-Mail von Grabowski an Balint, 14. Nov. 1998; E-Mail von Grabowski an Wilkomirski, 5. Jan. 1999.
27 Ganzfried, Daniel (1995): Der Absender, (Rotpunktverlag) Zürich; als Taschenbuch 1998 im Fischer-Verlag, Frankfurt a. M.
28 Gespräch mit Daniel Ganzfried, 4. Sept. 1999. Das Folgende, soweit nicht anders erwähnt, nach diesem Gespräch, mit einigen Ergänzungen aus dem Interview, das Ganzfried der Journalistin Daniela Kuhn gab: »Vor Auschwitz zählen keine Fakten mehr«, in: Israelitisches Wochenblatt, 11. Sept. 1998.
29 Die Unterstützung ist erwähnt in der französischen Ausgabe.
30 Wilkomirski an Michael Guggenheimer, 24. Juni 1998; Sandberg an Ganzfried, 13. Juli 1998; Guggenheimer an Ganzfried, 20. Aug. 1998.
31 Gespräch mit Klara Obermüller, 24. Juni 1999.
32 Robert Dünki, Archivar des Stadtarchivs Zürich, an Daniel Ganzfried, 19. Nov. 1998. Im Brief meint Dünki zudem, ein Pflegekind sei »schon Monate vor dem Zuzug mit den Pflegeeltern ›in Verbindung zu bringen‹ (...) Das älteste zurzeit im Stadtarchiv Zürich bekannte Datum ist der 7. Juni 1945.« Meine späteren Nachfragen ergaben, daß es sich bei diesem Datum um einen Stempel auf einem Dossier der Vormundschaftsakten handelt, das die Behörden (der sogenannte Erkundigungsdienst) über das Ehepaar Dössekker angelegt hatten, als jene sich für ein Adoptivkind zu interessieren begannen. Eine Adoption eines bestimmten Kindes stand damals noch nicht zur Debatte. Der Name Bruno Grosjean fällt in diesem Kontext erstmals am 2. Juli 1945.
33 Wilkomirski: Answer to some aspects of CBS »60 minutes«, Kopie ohne Datum, Hervorhebungen im Original.
34 Protokoll der »Besprechung mit Herrn Bruno Dössekker, geb. 12.2. 1941, vom 10. Dezember 1998 auf dem Vormundschaftsamt Biel«; »Feststellungen der Vormundschaftsbehörde Biel« (Presseerklärung, die am 8. Feb. 1999 von der Vormundschaftsbehörde Biel verabschiedet wurde und vorgängig mit Wilkomirskis Anwalt Sandberg abgesprochen worden war).
35 Lappin (1999). Auf Deutsch für Frühjahr 2000 unter dem Titel »Der Mann mit zwei Köpfen« bei Chronos, Zürich, angekündigt.
36 Gourevitch, Philip (1999): The Memory Thief, in: The New Yorker, 14. Juni, S. 48–68, S. 68. Das erwähnte Buch über Ruanda erschien auch in deutscher Übersetzung: Gourevitch, Philip (1999): Wir möchten Ihnen mitteilen, daß wir morgen mit unsren Familien umgebracht werden, (Berlin-Verlag) Berlin.

37 Lea Balint an The New Yorker (Mrs. Josselin Simpson), Entwurf der Übersetzung aus dem Hebräischen ins Englische; das dort angegebene Datum (10. Juni 1999) ist vermutlich falsch, da Balint auf die am 14. Juni erschienene Zeitschrift reagierte.
38 Lea Balint: Stellungnahme, 4. Sept. 1998, Akten Suhrkamp. Im Text heißt es irrtümlich, Balint befasse sich seit 1993 mit Kindern ohne Identität, in der englischen Fassung vom 13. Nov. 1998 (Akten Liepman) steht die korrekte Jahreszahl 1991.
39 Gespräch mit Balint, 13. Juli 1999 in Zürich.
40 E-Mail von Balint an mich, 28. Juli 1999.
41 Veranstaltungsanzeige der ORTHO ohne Datum, Akten Liepman.
42 Gale Siegel, Executive Director ORTHO, an Wilkomirski, 24. Feb. 1999; Gourevitch (1999), S. 65; Gespräch mit Bernstein, 14. Juni 1999.
43 Harvey Peskin an Carol Brown Janeway, 9. März 1999. Für eine gleiche Argumentation vgl. etwa: Traister-Moskovitz, Sarah (1999): Account of Child Survivor: Fact or Fiction? – Does it Really Make a Difference?, in: Martyrdom and Resistance, Ausgabe Mai/Juni, hg. v. International Society for Yad Vashem.
44 E-Mails von Langer an mich, 21. und 24. Dez. 1999. Langer schrieb bereits 1975 über Kosinski, allerdings noch ohne die erst später aufgetauchten Zweifel zu thematisieren: Langer, Lawrence L. (1975): The Holocaust and the Literary Imagination, (Yale University Press) New Haven und London, vgl. v.a. Kapitel 5. Vgl. auch: ders. (1991): Holocaust Testimonies: The Ruins of Memory, (Yale University Press) New Haven.
45 Eskin, Blake (1999): Wilkomirski Defends Holocaust Memoir, in: Forward, 16. April.
46 Das Folgende nach seinem Redemanuskript, ORTHO Washington, April 1999.
47 Eskin, Blake (1999): Wilkomirski Defends Holocaust Memoir, in: Forward, 16. April.
48 Vgl. z.B.: Caruth, Cathy: Introduction, in: dies. (Hg.) (1995): Trauma. Explorations in Memory, (Johns Hopkins University Press) Baltimore und London, S. 3–12; Kolk, Bessel A. van der/Hart, Onno van der: The Intrusive Past: The Flexibility of Memory and the Engraving of Trauma, in: Caruth (1995), S. 158–182.

Der Biographie auf der Spur – historische Recherchen

1 Vestermanis an mich, 29. Mai 1999. Wenig später erschien Lappins Artikel, in dem sie einen Teil von Vestermanis' Argumenten erstmals dar-

stellt: Lappin (1999), S. 52. Das Folgende, soweit nicht anders vermerkt, nach Vestermanis' Brief.
2 Vestermanis an mich, 29. Mai 1999, Hervorhebung im Original. Die Rettungsaktionen von Lipke sind dokumentiert in: Silberman, David: Jan Lipke: An Unusual Man, in: Schneider, Gertrude (Hg.) (1987): Muted Voices. Jewish Survivors of Latvia Remember, (Philosophical Library) New York, S. 87–111; sowie in Vestermanis, Marģers: Retter im Lande der Handlanger. Zur Geschichte der Hilfe für Juden in Lettland während der »Endlösung«, in: Benz, Wolfgang/Wetzel, Juliane (Hg.) (1996): Solidarität und Hilfe für Juden während der NS-Zeit, Regionalstudien 2, Ukraine, Frankreich, Böhmen und Mähren, Österreich, Lettland, Litauen, Estland, (Metropol) Berlin, S. 231–272, S. 263, 269–271. Bernstein hielt während der Reise im August 1994 auf Tonband fest, was sie am Tag erlebt und mit Personen besprochen hatten. Er erwähnt eine Aussage Vestermanis' über einen Schiffstransport von Juden ins KZ Stutthof im Jahre 1944; zu Lipke hat er nichts festgehalten, vielleicht deshalb, weil er zu Recht keinen Zusammenhang mit Wilkomirskis Flucht herstellen konnte. Abschrift des Tonbandes durch Bernstein zu meinen Händen.
3 Vielleicht verwechselte Wilkomirski das Datum der Getto-Liquidierung mit dem 25. Okt. 1941, an dem das Getto gegen die Stadt abgeriegelt wurde. Damals fiel der erste Schnee, wie man in der Literatur nachlesen kann. Vgl. z.B. Press, Bernhard (1992): Judenmord in Lettland, 1941–1945, (Metropol-Verlag) Berlin, S. 76.
4 In seiner Stellungnahme vom 22. Nov. 1999 bestreitet Wilkomirski, von Kinder-Erinnerungen an die Bibliothek und die Uhr gesprochen zu haben. Im Gespräch vom 22. April 1999 sagte er mir aber explizit, daß er Bernstein *vor* der Reise nach Riga diese Beschreibungen gegeben habe.
5 Der Eintrag findet sich im Hausbuch unter der Brivibas-Straße 125 im Staatsarchiv Riga, Brief mit Kopien der Originaldokumente vom Staatsarchiv Riga, 10. Sept. 1999.
6 Wilkomirski in Eichenberger (1997).
7 Gespräch mit Wilkomirski, 29. April 1999.
8 Gespräch mit Verena Piller, 14. Mai 1999.
9 Gespräch mit Tomasz Kranz, 12. Juli 1999; auch Zofia Murawska, die über Kinder und sanitäre Bedingungen im KZ geforscht hat, wisse nichts von einer Rattenplage. Zu Jankls Ratschlägen bezüglich der Ratten vgl. z.B. Wilkomirski (1995), S. 40.
10 Die Informationen über Fischer und König verdanke ich dem Direktor des Staatlichen Museums Auschwitz, M. A. Jerzy Wróblewski, Brief

vom 29. Juli 1999. Gespräch mit Annette Dössekker, 26. Juli 1999; Wilkomirski behauptet in seiner Stellungnahme, 22. Nov. 1999, seinem Sohn sei das Überbein durch eine Person zugefügt worden, nennt aber keinen Namen.
11 Lappin (1999) fand keine ehemaligen Heiminsassen, die Wilkomirskis Darstellung bestätigen oder sich an ihn selbst erinnern konnten. Auch an Löwingers Zeugenaussagen hat sie plausible Zweifel. Da sie sich außerstande sieht, mir ihre Quellen offenzulegen, recherchiere ich selbst einige Sachverhalte genauer.
12 Gespräch mit Balint, 13. Juli 1999.
13 Hochberg-Mariańska, Maria / Grüss, Noe (Hg.) (1996): The Children Accuse, (Vallentine Mitchell) London, S. XXXIIf. Die Jüdische Historische Kommission Krakau publizierte das Buch bereits 1946 auf polnisch.
14 Hochberg-Mariańska (1996), S. XXV; [Hochberg-]Mariańska, Pelagia (8. Mai 1945): Kinder in der Hölle, Typoskript, für meinen Gebrauch durch Maggi Król aus dem Polnischen übersetzt.
15 [Hochberg-]Mariańska (1945); Hochberg-Mariańska (1996), S. XXII.
16 Gespräch mit Misia Leibel, 7. Juli 1999; ich ziehe zur Ergänzung noch das deutsche Protokoll eines Gespräches bei, das Maggi Król in meinem Auftrag auf Polnisch am 29. Juni 1999 mit ihr geführt hat; soweit nicht anders vermerkt, die Aussagen Leibels im folgenden nach diesen Gesprächen.
17 Schreiben von [Hochberg-]Mariańska an die zentrale Abteilung der Kinderaufsicht in Warschau (Do Centralnego Wydziału Opieki nad Dzieckiem, przy C.K.Z.P. Warszawa), 3. und 5. Aug. 1946, Liste der Vollwaisen an der Długa mit Datum vom 3. Aug. 1946; es gibt keinen Hinweis, daß diese Liste unvollständig wäre. Alle Dokumente in polnischer Sprache, Kopien in meinem Besitz. [Hochberg-]Mariańska besuchte ihre Nichte regelmäßig an der Augustiańska; Gespräch mit Karola, 10. Sept. 1999.
18 Gespräch mit Balint, 13. Juli 1999.
19 Gespräch mit Wilkomirski, 14. Mai 1999. Das Treffen fand laut Balint am 1. Sept. 1994 statt.
20 Gespräche mit: Nuna und Salek Elbert (Salek bleibt im Hintergrund, und Nuna übersetzt für ihn), 8. Juli, Emanuel Elbinger, 5. und 18. Juli, P. Ch., 5. Juli, Karola, 19. Aug. 1999.
21 Gespräche mit Nuna und Salek Elbert, 8. Juli 1999.
22 Lappin (1999), S. 54f.; Wilkomirski (1995), S. 110.
23 Erklärung Löwingers, 12. März 1995, Akten Suhrkamp; Gespräch mit Löwinger, 22. Juni 1999.
24 Gespräch mit Vered Berman, 22. Juni 1999. Berman sagt, die Szene sei

auf den »rushes« für den Film zu sehen. Nuna und Salek Elbert bestätigen mir von sich aus am 8. Juli 1999 die Episode.
25 Gespräch mit Bernstein, 24. Mai 1999.
26 Wilkomirski (1995), S. 110; Videointerview Shoah Foundation, tape 5; Videointerview Holocaust Memorial Museum Washington, tape 5; Gespräch mit Bernstein, 14. Juni 1999; Stellungnahme Wilkomirskis, 22. Nov. 1999.
27 Auskunft der Erzieherin Erna Haber, die in einem Heim an der Miodowa arbeitete, 10. Sept. 1999; Stellungnahme Wilkomirskis, 22. Nov. 1999.
28 Cichopek, Anna (1998): Z dziejów powojennego antysemityzmu – pogrom w Krakowie 11.8.1945, Kraków, unveröffentlichte Abschlußarbeit an der Historischen Fakultät der Jagiełłońian-Universität Krakau, S. 50ff.
29 Żebrowski, Rafał/Borzymińska, Zofia (1993): PO-LIN, Kultura Żydów Polskich w XX wieku (Zarys), (Amarant) Warszawa, S. 302f. Für den Hinweis danke ich Dr. J. L. Stein.
30 An der Miodowastraße 26, vgl. Cichopek (1998) und Wilkomirski (1995), S. 106f.
31 Gespräch mit Balint, 13. Juli 1999. Im Videointerview Shoah Foundation, tape 5, ist die Reihenfolge seiner Aufenthaltsorte: Miodowa, Długa, Augustiańska, von wo ihn Frau Grosz nach dem Pogrom wegbringt. Im Videointerview Holocaust Memorial Museum Washington, tape 5, erlebt er das Pogrom an der Długa; gleiches erzählt er mir im Gespräch vom 22. April 1999.
32 »Mischia und Olga (...), die mit uns spazierengingen«, Wilkomirski (1995), S. 110.
33 Brief von Leibel an mich, 18. Juli 1999, aus dem Polnischen übersetzt durch Maggi Król.
34 Das Folgende nach dem Jahresbericht des Schweizerischen Roten Kreuzes SRK für 1945, S. 86-95, Dokumentationsstelle SRK Bern.
35 Zum Gesamt der illegal eingereisten Kinder vgl. Koller, Guido (1996): Entscheidung über Leben und Tod. Die behördliche Praxis in der schweizerischen Flüchtlingspolitik während des Zweiten Weltkrieges, in: Die Schweiz und die Flüchtlinge, (Paul Haupt) Bern usw., S. 17-106, 88; zu den Kinderzügen und der illegalen Fluchthilfe: Schmidlin, Antonia (1999): Eine andere Schweiz, Helferinnen, Kriegskinder und humanitäre Politik 1933-1942, (Chronos) Zürich, v.a. Kap. 5-7; zur Fluchthilfe außerdem: Picard, Jacques (1994): Die Schweiz und die Juden 1933-1945, (Chronos) Zürich, S. 435-440.
36 Rothmund an Bundesrat J. Baumann, Vorsteher des Eidgenössischen

Justiz- und Polizeidepartements, 15. Sept. 1938; Schweizerisches Bundesarchiv Bern, BAR: E 4800 (A) 1, Schachtel 1.
37 Rothmund an Minister Rüegger, 14. Mai 1947, BAR: E 4800 (A) 1, Schachtel 6; zur Kontinuität der antisemitischen Bevölkerungspolitik vgl. Mächler, Stefan: Kampf gegen das Chaos, die antisemitische Bevölkerungspolitik der eidgenössischen Fremdenpolizei und Polizeiabteilung 1917–1954, in: Mattioli, Aram (Hg.) (1998): Antisemitismus in der Schweiz 1848–1960, (Orell Füssli) Zürich, S. 357–421.
38 Zum Journal der Basler Polizei vgl. Wacker, Jean-Claude (1992): Humaner als Bern! Schweizer und Basler Asylpraxis gegenüber den jüdischen Flüchtlingen von 1933 bis 1943 im Vergleich, (Kommissionsverlag Friedrich Reinhardt) Basel, S. 22 f. Das Journal und die kantonalen Fremdenpolizeiakten befinden sich im Staatsarchiv Basel. Ich danke dem stellvertretenden Staatsarchivar Dr. Ulrich Barth für seine Recherchen. Für die Recherche in der Namenskartei des SRK Kinderhilfe (die sich heute unter der Signatur J II.15 im Schweiz. Bundesarchiv befindet) danke ich Frau Sabina Tresise und Frau Hélène Marbacher, SRK Bern.
39 Datenbank zu den Dossiers der Eidg. Polizeiabteilung in den Bereichen Niederlassung, Aufenthalt, Flüchtlinge (N-Serie). Für die Recherche danke ich Guido Koller vom Schweizerischen Bundesarchiv Bern.
40 Warschau: Légation suisse à Varsovie (1945–51), BAR: E 2200; Polizeiabteilung, Unterstützung heimgekehrter Auslandschweizer, BAR: E 4264 1984/172; Zentralstelle für Auslandschweizerfragen, BAR: E 4265; Fürsorgedienst für Auslandschweizer, BAR: E 7179. Für die aufwendige Suche danke ich Frau Christine Lauener vom Bundesarchiv Bern.
41 Das Folgende, soweit nicht anders vermerkt, nach den Gesprächen mit Liselotte Hilb, 22. Juli und 26. Aug. 1999.
42 Hilb schickte mir später eine originale Karteikarte des Roten Kreuzes, die die Auslanddelegierten damals für jedes Ferienkind vorbereiten mußten, damit es überhaupt in einen Transport aufgenommen wurde. Sie enthält eine Aussparung für ein Foto und vorgedruckte Rubriken für die genauen Personalien, die Adresse der vorgesehenen Pflegefamilie sowie für die Kennzeichnung, daß die individuelle Bewilligung mit den Angaben auf einer Gesamtliste aller Kinder und mit einem Kollektivvisum übereinstimmte. Für eine illegale Einreise hätte man all diese Daten, unter Verwendung falscher Identitätspapiere, besorgen müssen. Brief von Hilb, 27. Aug. 1999.
43 Gespräch mit Balint, 13. Juli 1999.
44 Den Vorwurf des Attentats auf die jüdischen Kinder erhob J. Stern-

buch in einem Brief vom 14. Nov. 1945 an den VSJF. Sternbuch gehörte dem Schweiz. Hilfsverein für judische Flüchtlinge im Ausland, HIJEFS, an. Der VSJF (Verband Schweizerischer Jüdischer Fürsorgen) war das bedeutendste jüdische Hilfswerk und eng mit dem SIG, dem Dachverband der Schweizer Juden, verbunden. Das Dokument fand ich 1990 im Keller des VSJF in Zürich bei den Vorstands-Protokollen 1944–47 (heute vermutlich überführt an das Archiv für Zeitgeschichte der ETH Zürich). Den Begriff »Ideologie der Verzweiflung« gebrauchte Wilkomirski in seiner Stellungnahme zuhanden der Verlage, 5. Okt. 1998. Zur Kontroverse um die Kinder in der Schweiz allgemein vgl. Picard (1994), S. 444–451; zur Sichtweise der Orthodoxen vgl. die (apologetische) Darstellung von Friedenson, Joseph / Kranzler, David (1984): Heroine of Rescue. The incredible story of Recha Sternbuch who saved thousands from the Holocaust, (Mesorah Publications) New York, v.a. S. 207–209.

45 Zwei Briefe von Hilb an mich, beide vom 23. Juli 1999. Die Zitate stammen aus Sutro, Nettie (1952): Jugend auf der Flucht 1933–1948, 15 Jahre im Spiegel des Schweizerischen Hilfswerkes für Emigrantenkinder, Zürich, S. 115f.

46 Gespräch mit Wilkomirski und Eva Koralnik, 28. Feb. 1999; Brief Wilkomirskis an Elena Lappin, 20. Dez. 1998; Siegfried war Delegierter des SRK beim SHEK, Mitteilung von Liselotte Hilb, 3. Sept. 1999.

47 Vgl. Leimgruber, Walter / Meier Thomas / Sablonier, Roger (1998): Das Hilfswerk für die Kinder der Landstraße. Historische Studie aufgrund der Akten der Stiftung Pro Juventute im Schweizerischen Bundesarchiv, Bundesarchiv Dossier 9, Bern.

48 Schweizerisches Bundesarchiv, elektronische Datenbank »Kinder der Landstraße«.

49 Gespräch mit Bruno Berti, 23. April 1999.

50 Schülerausweis lautend auf Bruno Dössekker; Schulchronik 1947/1948 der Klasse von Ruth Giger, Stadtarchiv Zürich. Seine Pflegeeltern hatten genau zum ersten Schultag von der Polizeidirektion Bern die Bewilligung erhalten, ihren Namen auf das Pflegekind zu übertragen. Ihr schon im Dez. 1946 bei der Berner Kantonsregierung eingereichtes Gesuch war erst beim zweiten Versuch erfolgreich. Vgl. Gesuch auf Namensänderung von Kurt Dössekker an den Berner Regierungsrat, 24. Dez. 1946, und die folgende Korrespondenz, alles Vormundschaft Biel.

51 Gespräch mit Ruth Akert-Giger, 31. Mai 1999, ergänzt mit Telefongesprächen, 22. Mai und 19. Juni 1999.

52 Wilkomirski gab mir für die »Blockowa-Lehrerin« den Namen einer Person an, die ihn nie unterrichtete. Er bat mich, jene bezeichnete Frau

nicht zu kontaktieren, da sie im Schulhaus Heubeeribüel in der Klasse seines Sohnes eine Vertretung gemacht und ihn an einem Elternabend vor allen Leuten bloßgestellt habe. Nach Akert trifft zu, daß sie in jenem Schulhaus damals unterrichtete, von dem Vorfall mit Wilkomirski weiß sie jedoch nichts. Sie erzählt im Gegenteil von einer anderen zufälligen Begegnung mit ihm, die sie in positiver Erinnerung hat. Es ist nicht möglich, daß Wilkomirski mit der »Blockowa« eine andere Lehrerin als Akert gemeint hat. Die auf Akert folgende Lehrerin weiß, laut den Recherchen von Wolf Gebhardt, BBC, von Wilkomirskis Episoden ebenfalls nichts. Anschließend kam er zu einem Lehrer. Auch alle seine Klassenkameraden, die ich kontaktiere, bestreiten seine Schilderungen.

53 Das Folgende nach dem Gespräch mit Sylwester und Christine Marx, 5. Juli 1999, sowie dem Brief von Sylwester Marx an mich, 9. Aug. 1999.
54 Gespräche mit Annette Dössekker, 26. Juli, Chr. B., 31. Aug., und Sybille Schuppli, 9. Sept. 1999.
55 Gespräch mit Wilkomirski, 15. Juli 1999.
56 Telefongespräch vom 19. Aug. 1999. Das Folgende auch nach mehreren Telefongesprächen in den anschließenden Monaten.
57 Wilkomirski (1995), S. 17.
58 Die Kritik an Lappin bezieht sich auf Lappin (1999), S. 57.
59 Ganzfried (1999).
60 Gespräch mit Koralnik, 4. Nov. 1999. Koralnik schrieb eine Gegendarstellung, die in der »Weltwoche« vom 9. Dez. 1999 erschien.
61 Das Folgende nach einem Telefongespräch vom 13. Nov. 1999.
62 Karola schrieb der »Weltwoche« am 15. Nov. 1999 einen Brief, in dem sie Ganzfrieds Darstellung ihres Gesprächs mit Koralnik dementiert. Die Zeitung druckte jedoch die Richtigstellung nicht ab. Ich erhielt eine Kopie des Briefes.
63 Gespräch mit Karola, 5. Okt. 1999. Ich hatte ihr die Kapitel, die sie betreffen, im Wortlaut zugestellt. Am 5. Nov. 1999 schickte sie mir zusätzlich eine schriftliche Bestätigung, daß meine Darstellung korrekt sei. Nach einer Überarbeitung legte ich sie ihr im Dez. 1999 erneut vor.
64 E-Mail Bernsteins an mich, 13. März 2000.
65 Gespräch mit Bernstein, 5. Juli 1999; die biographischen Angaben zu Appelfeld nach: Langer, Lawrence L. (Hg.) (1995): Art from the Ashes, A Holocaust Anthology, (Oxford University Press) New York etc., S. 271.
66 Gespräche mit Bernstein, 24. Mai 1999, Balint, 13. Juli 1999, und Wilkomirski, 29. April 1999; Wilkomirski an Lappin, E-Mail vom

20. Dez. 1998; er äußerte sich mir gegenüber mehrfach ausführlich im gleichen Sinne.
67 Das Folgende nach einer ausführlichen Dokumentation, die ich am 23. Sept. 1999 von Stabinsky erhielt, sowie mehreren Telefongesprächen mit ihm, Sept. und Okt. 1999. Die im weiteren beschriebene Enthüllung von Laura Grabowski als Laurel Rose Willson alias Lauren Stratford ist gut dokumentiert in Passantino/Passantino (1999). Stabinsky kommt in deren Text nicht vor, da er sich erst nach dessen Publikation entschloß, seine wichtige Rolle bei der Entlarvung der Öffentlichkeit transparent zu machen. Den Hinweis auf den Zusammenhang Grabowski–Stratford–Willson verdanke ich der BBC.
68 Passantino, Bob/Passantino, Gretchen/Trott, Jon (1989): Satan's Sideshow: The Real Story of Lauren Stratford, in: Cornerstone, Bd. 18, Nr. 90, Okt./Nov., S. 23–28.
69 Passantino/Passantino (1999); Johnson, John/Padilla, Steve (1991): Satanism: Skeptics Abound, in: Los Angeles Times, 23. April.
70 Stratford, Lauren/Michaelson, Johanna (1988): Satan's Underground. The Extraordinary Story of One Woman's Escape, (Harvest House Publishers) Eugene, Oreg.; dt.: Stratford, Lauren (1994): In Satans Griff. Von Kinderpornographie und Satanskult zu Jesus Christus, (Leuchter Verlag) Erzhausen.
71 Stratford (1994), S. 151.
72 Grabowski bezog 1998 und 1999 auch insgesamt über 2000 Dollar vom »Jewish Family Services of Los Angeles«, einer Organisation zur Sozialhilfe. Die Dokumente liegen mir vor, mein Informant möchte aber anonym bleiben.
73 Zu Laurels ersten Lebensjahren und zu den im folgenden beschriebenen biographischen Entwicklungen vgl. Passantino/Passantino/Trott (1989); zu den polnischen Großeltern vgl. Passantino/Passantino (1999).
74 Stratford, Lauren (1989): I Know You're Hurting. Living Through Emotional Pain, (Pelican Publishing Company) Gretna, Louisiana; dies. (1993): Stripped Naked, Gifts for Recovery, (Pelican Publishing Company) Gretna, Louisiana.
75 Stratford (1993), S. 246. Zum Interesse an der Shoah bzw. zu den angeblichen Parallelen vgl. S. 29f., 119, 161, 212, 221, 245.
76 Stratford (1994), S. 127.
77 Stratford (1994), S. 18f., 22.
78 Stratford (1994), S. 186, 127; Wilkomirski (1995), S. 143.
79 E-Mails von Monika Muggli an Jen Rosenberg, 6. Nov. 1999, und an Ganzfried, 8. Nov. 1999. Diesen Hinweis verdanke ich Ganzfried, dem

Muggli nach seinem Artikel in der »Weltwoche« vom 4. Nov. 1999 über ihre Spende von 1150 Dollar berichtete.
80 Kosinski (1965).
81 Zur Rezeption vgl. Sloan, James Park: Kosinski's War, in: Lupack, Barbara Tepa (Hg.) (1998): Critical Essays on Jerzy Kosinski, (G. K. Hall) New York, S. 236–246, S. 237, und ders. (1996): Jerzy Kosinski. A Biography, (Dutton) New York, S. 222f.; Wiesel, Elie (1965): Everybody's Victim, in: New York Times Book Review, 31. Okt., wieder abgedruckt in: Lupack (1998), S. 47–49. Langer (1975), v.a. Kapitel 5: Men into Beasts, Zitat von S. 178.
82 Wilkomirski an Lappin, 20. Dez. 1998. Ähnlich äußerte er sich in einem Gespräch mit mir, 29. April 1999.
83 Sloan (1996), S. 388ff., 207ff.; Sloan (1998), S. 237 (Zitat Wiesels).
84 Ausführlich dazu Sloan (1996), S. 4–8, 21–38, 49–58, 108f., 167, 190–195, 209.
85 Maroko, Yakow: Scha'agat Me'una (Neuhebräisch, auf deutsch etwa »Gequälter Schrei«), Bnei Brak, (Eigenverlag von Maroko), ohne Jahr, S. 16; Paul Russak hat für mich die Zitate übersetzt; Gespräch mit Bernstein, 5. Juli 1999; Bernstein an Lappin, 27. Dez. 1998.
86 Maroko (o.J.), S. 16. Maroko datiert seine Erinnerung auf Anfang Februar 1995. Dies scheint mir etwas spät, da der Film bereits am 24. Nov. 1994 ausgestrahlt wurde und Wilkomirski schon am 12. Feb. 1995 an Maroko schrieb.
87 A.a.O., S. 18.
88 A.a.O., S. 19.
89 A.a.O., S. 20.
90 A.a.O., S. 296, 298.
91 Bernstein an Lappin, 27. Dez. 1998.
92 Maroko (o.J.), S. 298.
93 A.a.O., S. 300.
94 A.a.O., S. 316.
95 A.a.O., S. 322.
96 A.a.O., S. 319, 320.
97 Gespräche mit Bernstein, 14. Juni und 5. Juli 1999; Bernstein an Lappin, 27. Dez. 1998.
98 »Wandas Liste«, Teil 2, 1995; Maroko (o.J.), S. 322; Gespräch mit Bernstein, 14. Juni 1999; Bernstein an Lappin, 27. Dez. 1998.
99 Vgl. Halbwachs, Maurice (1985): Das Gedächtnis und seine sozialen Bedingungen, (Suhrkamp) Frankfurt a. M.
100 Maroko (o.J.), S. 327; Gespräch mit Bernstein, 14. Juni 1999.
101 Gegenüber Lappin behauptet Wilkomirski am 20. Dez. 1998: »Ich habe lange Zeit angenommen, da ich im Winter in Basel ankam, daß

dieses Datum zu meinem Geburtsdatum gemacht wurde. Dies hat sich aber durch die Prüfung der Grosjeanpapiere nicht bestätigt.« – Zu diesem Zeitpunkt hatte Wilkomirski das Dossier Grosjean noch nie angeschaut, sowohl er wie sein Anwalt nahmen im Frühjahr 1999 erstmals Einsicht.

102 Stellungnahme Wilkomirskis zuhanden der Verlage, 5. Okt. 1998, Akten Liepman; vgl. auch den Entwurf zum Nachwort von »Bruchstücke« vom Mai 1995, Akten Sandberg.

103 Stellungnahme Wilkomirskis zuhanden der Verlage, 5. Okt. 1998.

104 Das Schweizer Adoptionsrecht wurde am 1. April 1973 geändert. Altrechtlich Adoptierte wie Wilkomirski erhalten einen Abgekürzten Geburtsschein, der auch die leiblichen Eltern aufführt. Nach neuem Recht sind nur die Adoptiveltern eingetragen; Wilkomirskis angeblich rudimentärer Geburtsschein ist also ausführlicher als ein »normaler«! Außerdem erhalten generell alle Personen nur Auszüge aus dem Geburtsregister und nicht, wie er es im Nachwort zu »Bruchstücke« voraussetzt, eine originale Geburtsurkunde. Zu den rechtlichen Grundlagen vgl. Zeitschrift für Zivilstandswesen, Mai 1999, S. 142; für einige weitere Klärungen danke ich Frau Rickli, Leiterin des Zivilstandsamtes Biel, brieflich am 18. Juni und 7. Sept. 1999, telefonisch am 4. und 24. Juni 1999. Sandberg erhielt Auszüge aus den Familienregistern der Grosjeans in Saules und der Rohrs (Ehemann von Yvonne Berthe Grosjean) in Hunzenschwil, Akten Sandberg.

105 Wilkomirski an Sandberg, 30. März 1995; Sandberg an Sparr, 10. April 1995. Zur juristischen Diskussion vgl. Hegnauer, Cyril (1991): Dürfen dem mündigen Adoptierten die leiblichen Eltern gegen den Willen der Adoptiveltern bekanntgegeben werden? in: Zeitschrift für Vormundschaftswesen, ZVW 46, S. 101–103; Werro, Franz (1994): Quelques aspects juridiques du secret de l'adoption, in: ZVW 49, S. 73–85; Vormundschaftskammer des Obergerichts des Kantons Aargau (1997): Einsichtsrecht in altrechtliche Vaterschaftsakten, in: ZVW 52, S. 128f.; vgl. auch das Bundesgerichtsurteil vom 24. Juni 1999 im Fall J. H.; für die Hinweise danke ich Kurt Affolter, Vormundschaftsamt Biel.

106 Gesuch Sandbergs zur Zustellung der Vormundschafts- und Adoptionsakten an die Vormundschaftsbehörde Biel, 10. Mai 1995; Mahnungen Sandbergs, 9. und 28. Juni 1995; Antwort Graber, Vormundschaft Biel, 30. Juni 1995; persönliche Mitteilung Kurt Affolter, Vormundschaft Biel, 3. Sept. 1999.

107 Graber, Vormundschaftsamt Biel, an Sandberg, 13. Okt. 1995, beigelegt der anonymisierte Brief von Rudolf Z. vom 11. Okt. 1995; Graber, Vormundschaftsamt Biel, an Sandberg, 26. Okt. 1995, beigelegt der

anonymisierte Brief von Rudolf Z.s Tochter M. vom 24. Okt. 1995, beides Akten Sandberg.
108 Wilkomirski an Sandberg, 9. Nov. 1995.
109 Wilkomirski an Sandberg, 11. Dez. 1995 (Datum unsicher, da unvollständig).
110 Graber an Sandberg, 30. Juli 1996; Telefonnotiz Grabers, 30. Okt. 1996, Vormundschaftsakten Biel; Sandberg an Graber, 30. Okt. 1997.
111 Stellungnahme Wilkomirskis zuhanden der Verlage, 5. Okt. 1998, Akten Liepman. – Wilkomirski versucht seine Vertauschungs-Idee plausibel zu machen, indem er wiederholt behauptet, seinen Vormund Stauffer nie gesehen zu haben. In seiner Stellungnahme vom 22. Nov. 1999 meint er zudem, Stauffer wäre am 14. Feb. 1947 das erste Mal persönlich bei den Dössekkers gewesen. Beide Behauptungen sind ohne Belege und höchst unwahrscheinlich: Im Oktober 1945 fuhren zwei Personen des Vormundschaftsamtes Biel nach Zürich für einen »Kontrollbesuch« bei den Dössekkers, im Dezember 1945 eine Person allein; wahrscheinlich waren dies beim ersten Besuch Stauffer und Forster, welche die Besuchsnotiz machte, beim zweiten Besuch war es mit Sicherheit Stauffer, der diesmal die Notiz schrieb. Tatsächlich hat Stauffer über seine Besuche in der Phase der angeblichen Vertauschung keine Berichte verfaßt; sie sind aber durch Spesenabrechnungen belegt (vgl. Vormundschaftsbericht von Stauffer für die Periode 17. Juni 1945 bis 17. Juni 1947; Zusammenstellung der Besuchsberichte, Akten-Nr. 191). Auch aus den späteren Vormundschaftsberichten geht hervor, daß Stauffer in den anschließenden Jahren persönlich bei den Dössekkers war. Außerdem gingen durch die Hände des Vormundes Fotos von Bruno Grosjean, die dieser von den Dössekkers erhalten hatte; dies ist belegt für die Zeit zwischen Januar 1947 und Februar 1949. Stauffer wäre auf den Fotos wohl eine Vertauschung des Kindes aufgefallen (Stauffer an Max Grosjean, 23. Jan. 1947; Stauffer an Dr. Dössekker, 17. Feb. 1949). Alles nach den Akten der Bieler Vormundschaft.
112 Wilkomirski (1995), S. 143.
113 Das Folgende nach dem Gespräch vom 10. Juni 1999.
114 Das Folgende nach den Gesprächen vom 28. Juni, 8. und 31. Juli 1999. Die Pläne und Videosequenzen findet man im Videointerview Holocaust Memorial Museum Washington, tape 2 und 6.
115 Diese Altersangabe steht in den Drehbüchern zum Colla-Projekt und stimmt überein mit Wilkomirskis Aussage, daß er nach dieser Begegnung auf Feld 3 kam und so dem Massaker auf Feld 5 vom November 1943 entging. Seine Geburt datiert er auf etwa 1939. Vgl. Wilkomirski (1995), S. 44–50; Videointerview Holocaust Memorial Museum Wa-

shington, tape 3; Videointerview Shoah Foundation, tape 1, 3; Drehbuch der Brüder Colla: BAR: E 3010 (A) 1990/160, Bd. 46, Dossier 531.3 Binjamin (Fernando Colla).
116 Gespräch mit Frieda Curchod-Rohr, 29. Mai 1999.
117 Gespräche mit Wilkomirski, 2. Juni und 15. Juli 1999; Lappin (1999), S. 26f.
118 Testament Yvonne Berthe Rohr-Grosjean, 16. Sept. 1979, Steuerverwaltung des Kantons Bern, Abt. ESN.
119 Brief Bruno Dössekkers an Stadtkanzlei Bern, Testamentabteilung, 3. Nov. 1981, Hervorhebung von mir, Erbschaftsamt der Stadt Bern; Steuerinventar über den Nachlaß Yvonne Berthe Rohr geb. Grosjean, 17. Feb. 1982, Steuerverwaltung des Kantons Bern, Abt. ESN.
120 Telefongespräch mit Annette Dössekker, 26. Juli 1999.
121 Gespräch mit Rudolf Z., 20. Juli 1999.
122 Interview von Wolf Gebhardt mit Rosa Käppeli, die mit Egloff befreundet war, 21. und 23. März 1999. Egloff trat laut Käppeli ihre Stelle bei den Dössekkers 1945 an. Wilkomirskis Aussage, sie habe dies nur seinetwegen getan, ist ein weiterer Hinweis darauf, daß er schon damals in Zürich war und keinesfalls im Augustiańska-Heim in Krakau gewesen sein konnte, da dies erst im Sommer 1946 eröffnet wurde. Annie Singer in einem Leserbrief, in: Die Weltwoche, 1. Okt. 1998.
123 Gespräche mit Annie Singer, 18. April, Lukas Sarasin, 28. April (Interviewer: Wolf Gebhardt), Annette Dössekker, 26. Juli, Jürg Wagner, 25. März (Interviewer: Wolf Gebhardt), Chr. B., 31. Aug. 1999. Das Fabulieren wurde durch zahlreiche Beispiele belegt. Sarasin, Dössekker und ein Schulfreund, N. N. (Name ist mir bekannt, Gespräch vom 2. Nov. 1999), bestätigten die Unwahrscheinlichkeit der Skiliftepisode. Wilkomirski erklärt in seiner Stellungnahme vom 22. Nov. 1999, die Zeugen hätten ihn erst kennengelernt, nachdem man die bei ihm Panik auslösenden Dieselmotoren der Skilifte schon durch Elektromotoren ersetzt hätte.
124 Gespräche mit Jürg Wagner, 25. März, Nika Derungs, 21. Mai, Verena Zollinger, 22. Mai, Ruth Akert-Giger, 31. Mai 1999.
125 Gespräche mit Annie Singer, 18. April, und Annette Dössekker, 26. Juli 1999.
126 Gespräch mit Annette Dössekker, 26. Juli 1999.
127 Gespräche mit Chr. B., 31. Aug., Annette Dössekker, 26. Juli 1999, sowie Brief von Wilkomirski an Birgit Littmann, 16. Feb. 1983. Zu der tatsächlichen Krankheit: Arztzeugnis des Hausarztes zuhanden von Wilkomirski, 30. Nov. 1998.
128 Gespräche mit Peter Indergand, 17. Juni, Fernando Colla, 3. Mai, Ro-

lando Colla, 6. Mai 1999. Ihre Aussagen decken sich teilweise fast wörtlich. Im folgenden beziehe ich mich auf ihre Ausführungen.
129 Gewinnstreben dürfte für Wilkomirski, entgegen anders lautenden Gerüchten, beim Filmprojekt keine Rolle gespielt haben, da es unter Schweizer Produktionsbedingungen fast unmöglich ist, einen kommerziellen Film zu machen. Das von den Collas und Indergand verfaßte Drehbuch mit dem Titel »Binjamin«, das Fernando seinen zwei Gesuchen um Fördergeld beim Bundesamt für Kulturpflege beilegte, existiert in zwei Fassungen, die sich aber nicht wesentlich unterscheiden. Soweit nicht anders vermerkt, zitiere ich im folgenden die zweite Version (Gesuch vom 21. April 1983). Eingaben von Fernando Colla vom 12. Feb. und 21. April 1983 an das Eidgenössische Departement des Innern, Bundesamt für Kulturpflege. Die Unterlagen, die die Filmschaffenden nicht mehr besaßen, konnte ich dank der Einwilligung von Fernando Colla im Schweizerischen Bundesarchiv Bern einsehen. BAR: E 3010 (A) 1990/160, Bd. 46, Dossier 531.3 Binjamin (Fernando Colla).
130 Erste Fassung des Drehbuchs (Eingabe vom 12. Feb. 1983).
131 Zum Beispiel Chr. B., 31. Aug., und Sybille Schuppli, 9. Sept. 1999.
132 Wilkomirski erklärt die Diskrepanzen in seiner Stellungnahme vom 22. Nov. 1999 so: »Den Collas habe ich nur rudimentär berichtet, da ich zu diesem Zeitpunkt noch gar nicht mit detaillierten Nachforschungen begonnen hatte und ich zu dieser Zeit noch nicht bereit war, alle meine Erinnerungsbilder preiszugeben.« Auch meint er, daß man jemandem, den man »erst einige Tage oder Wochen kennt«, nicht »gleich alles aus seinem Leben« erzähle. In den Drehbuchvorlagen, die mit ihm über mehrere Monate erarbeitet wurden, kommen allerdings intime Details vor. Zudem unterschlägt Wilkomirskis Aussage, daß er eben nicht einfach »rudimentär berichtet« hat, sondern andere Inhalte, die später verschwanden. Hingegen leuchtet ein, daß die späteren Erzählungen erst durch die unterdessen erfolgten »detaillierten Nachforschungen« entstanden. Dies steht zwar im Widerspruch zu Wilkomirskis Behauptung, er habe schon immer die gleiche Erinnerung erzählt, bestätigt aber meine Annahme, daß seine Geschichte erst allmählich entstand.
133 Kosinski (1965) (deutschsprachige Ausgabe), Nachwort, S. 321; das Folgende nach S. 320–333, Hervorhebungen im Original.
134 Fechner (1984).
135 Rauffs Dokument ist nachzulesen im Buch zum Film: Lanzmann, Claude (1986): Shoah, (Claassen) Düsseldorf, S. 141–144. Der Forschungsleiter des Museums vom KZ Majdanek, Tomasz Kranz, erwähnt mir gegenüber, daß man im KZ teilweise Lastwagen oder

Traktoren eingesetzt habe, um die Schreie der Ermordeten zu übertönen.

136 Die Parallelen zwischen Frau Grosz und seiner leiblichen Mutter Yvonne Grosjean fallen schon vom Wortklang her auf.
137 Wilkomirski (1995), S. 7f.
138 Bergkraut (1997); Gespräch mit Wilkomirski, 22. April 1999.
139 Den Begriff »Selbstversuch« gebraucht er im Gespräch mit mir, in dem er auch erklärt, als Modifikation des Konzeptes stehe nun an, die Beispiele aus seiner Geschichte durch Erfahrungen anderer Menschen zu ersetzen, um es von seiner Person zu lösen. Gespräch mit Wilkomirski, 29. April 1999. Im Widerspruch zu diesen Aussagen erklärt er in seiner Stellungnahme vom 22. Nov. 1999, nicht alle Beispiele im Therapiekonzept stammten von seiner Geschichte.
140 Wilkomirski, Binjamin: Das Kindergedächtnis als historische Quelle für die Zeitgeschichte am Beispiel von überlebenden Kindern der Shoa (Holocaust). Skizzen zur Vorlesung vom 11. Okt. 1995. Das Folgende, wo nicht anders vermerkt, nach diesem Dokument.
141 Vgl. Wilkomirski (1995), S. 11.
142 Wilkomirski/Bernstein (1999), S. 170. Vgl. auch Videointerview Shoah Foundation, tape 4; Wilkomirski (1995), S. 91.
143 Gespräch mit Wilkomirski, 29. April 1999.
144 Vgl. auch Wilkomirski/Bernstein (1999), S. 164.
145 Wilkomirski in Zeindler (1997).
146 Monika Matta an Sparr, 26. Feb. 1995, Akten Suhrkamp; Wilkomirski/Bernstein (1999), S. 169.
147 Gourevitch (1999), S. 54, Hervorhebung im Original.
148 Pendergrast, Mark (1995): Victims of Memory: Incest Accusations and Shattered Lives, (Upper Access) Hinesburg, Vermont.
149 Ausgabe bei Picador erschienen. Ein ähnliches Statement findet man bei der hebräischen Ausgabe. Vgl. Pendergrast, Mark (1999): Recovered Memories and the Holocaust. Revised as of Jan. 14, in: www.stopbadtherapy.com/experts/fragments/fragments.html.
150 Die Klinikpsychologinnen Lyn Laboriel, Catherine Gould und Vicky Graham Costain in: Stratford (1994), S. 250.
151 Vgl. Pezdek, Kathy/Banks, P. Williams (Hg.) (1996): The Recovered Memory / False Memory Debate, (Academic Press) San Diego etc.; Appelbaum, Paul S./Uyehara, Lisa A./Elin, Mark R. (Hg.) (1997): Trauma and Memory, Clinical and Legal Controversies, (Oxford University Press) New York etc.; Loftus, Elizabeth/Ketcham, Katherine (1995): Die therapierte Erinnerung. Vom Mythos der Verdrängung bei Anklagen wegen sexuellen Mißbrauchs, (Klein) Hamburg.
152 Schmid, Siegfried J. (Hg.) (1991): Gedächtnis. Probleme und Perspek-

tiven der interdisziplinären Gedächtnisforschung, (Suhrkamp) Frankfurt a. M.; ders.: Gedächtnis – Erzählen – Identität, in: Assmann, Aleida / Harth, Dietrich (Hg.) (1993): Mnemosyne. Formen und Funktionen der kulturellen Erinnerung, (Fischer) Frankfurt a. M., S. 378–397; Rusch, Gerhard (1987): Erkenntnis, Wissenschaft, Geschichte. Von einem konstruktivistischen Standpunkt, Frankfurt a. M.; zur Psychoanalyse vgl. z.B. Kettner, Matthias (1999): Das Konzept der Nachträglichkeit in Freuds Erinnerungstheorie, in: Psyche 4, S. 309–342; aus einer interdisziplinären Sicht: Granzow, Stefan (1994): Das autobiographische Gedächtnis. Kognitionspsychologische und psychoanalytische Perspektiven, (Quintessenz) Berlin und München.

153 Loftus/Ketcham (1995), S. 129.
154 Vgl. Kolk, Bessel A. van der: Traumatic Memories, in: Appelbaum/Uyehara/Elin (Hg.) (1997), S. 243–260, S. 245.
155 Kolk, Bessel, A. van der: Trauma and Memory, in: ders./McFarlane, Alexander C./Weisaeth, Lars (Hg.) (1996): Traumatic Stress. The Effects of Overwhelming Experience on Mind, Body, and Society, (The Guilford Press) New York, London, S. 279–302, S. 287–289, 296.
156 Kolk (1996), S. 296f.
157 A.a.O., S. 283.
158 Wilkomirski/Bernstein (1999), S. 170f., Hervorhebungen von mir.
159 Vgl. Wilkomirski (1995), S. 35–37; Videointerview Shoah Foundation, tape 2; Videointerview Holocaust Museum Washington, tape 2.
160 Wilkomirski/Bernstein (1999), S. 162–166.
161 Wilkomirski, Binjamin: Das Kindergedächtnis als historische Quelle für die Zeitgeschichte am Beispiel von überlebenden Kindern der Shoa (Holocaust). Skizzen zur Vorlesung vom 11. Okt. 1995.
162 Wilkomirski/Bernstein (1999), S. 161, 164; vgl. Videointerview Shoah Foundation, tape 6.
163 Zum Beispiel Videointerview Shoah Foundation, tape 6; Gespräch mit Wilkomirski, 14. Mai 1999; Wilkomirski/Bernstein (1999), S. 167.
164 Die Frau, die Wilkomirski Sabina Rapaport nennt, übergab dem Historiker Wolf Gebhardt ein 50seitiges Konvolut von Aufzeichnungen in Brief- und überwiegend Tagebuchform, unter der Auflage, bei der Verwendung ihre Anonymität zu wahren. Ich erhielt von Gebhardt die Unterlagen, die ich mit dem Kürzel K. M. bezeichne, sowie die Tonbandaufnahme seines Interviews mit ihr vom 14. April 1999. Das Folgende nach diesem Material sowie den Telefongesprächen und der Korrespondenz, die ich mit K. M. zwischen Mitte Okt. und Ende Nov. 1999 führte.
165 L 414 bezeichnete das Haus in Theresienstadt, in dem Ruth Klüger un-

tergebracht war. Vgl. Klüger, Ruth (1999): weiter leben. Eine Jugend, (dtv) München, 8. Aufl., S. 87.
166 Ich erhalte ihre Protestnote, die sie Wilkomirski am 27. Okt. 1999 geschickt hat. Sie geben einen Teil ihrer mündlichen Aussagen, die sie mir gegenüber gemacht hat, wieder.
167 E-Mails von Bernstein an mich, 13. und 15. März 2000.

Die Wahrheit der Biographie

1 Ganzfried (1999).
2 Vgl. dazu etwa Mimra, Stefanie (1997): Adoption, eine Herausforderung für die Identität. Adoptierte zwischen Verleugnung und Integration ihrer biologischen Herkunft, (edition pro mente) Linz, S. 227–230.
3 Vgl. zu dieser Problematik: Lynn, Steven Jay / Pintar, Judith / Stafford, Jane / Marmelstein, Lisa / Lock, Timothy: Rendering the Implausible Plausible: Narrative Construction, Suggestion, and Memory, in: Rivera, Joseph de / Sarbin, Theodore R. (Hg.) (1998): Believed-In Imaginings. The Narrative Construction of Reality, Washington, S. 123–143.
4 Stellungnahme Wilkomirskis, 22. Nov. 1999. Vgl. dazu: Kenny, Michael: The Proof is in the Passion: Emotion as an Index of Veridical Memory, in: Rivera/Sarbin (Hg.) (1998), S. 269–293.
5 Ganzfried (1998a); zu Mays Pseudologie vgl. Roxin, Claus (1997): Karl May. Das Strafrecht und die Literatur. Essays, (Klöpfer & Meyer) Tübingen, v.a. S. 52–55, 86, 118–180; für den Hinweis danke ich Dr. Ernst Piper.

Die Wahrheit der Fiktion

1 Matt, Peter von (1997): Verkommene Söhne, mißratene Töchter. Familiendesaster in der Literatur, (dtv) München, S. 36.
2 Wilkomirski (1995), S. 7f.
3 A.a.O., S. 142.
4 Vgl. zu den sozialen Bedingungen selbst der privatesten Erinnerungen Halbwachs (1985), S. 71.
5 Vgl. Hetzer, Tanja (1999): Kinderblick auf die Shoah. Formen der Erinnerung bei Ilse Aichinger, Hubert Fichte und Danilo Kiš, (Königshausen & Neumann) Würzburg. Ausnahmsweise aus der Kinderperspektive gestaltet ist die autobiographische KZ-Erinnerung von Oberski, Jona (1980): Kinderjahre, (Paul Zsolnay) Wien (1999 bei Pendo, Zürich, neu aufgelegt).

6 Traister-Moskovitz, Sarah (1999): Account of Child Survivor: Fact or Fiction? – Does it Really Make a Difference?, in: Martyrdom and Resistance, Ausgabe Mai/Juni, hg. v. International Society for Yad Vashem.
7 Klüger, Ruth: Kitsch ist immer plausibel, in: Süddeutsche Zeitung, 30. Sept. 1998.
8 Ebenda.
9 Young, James Edward (1992): Beschreiben des Holocaust. Darstellung und Folgen der Interpretation, (Jüdischer Verlag im Suhrkamp Verlag) Frankfurt a. M., S. 263.
10 Matt (1997), S. 37, Hervorhebung im Original.
11 E. M., 4. Okt. 1995.
12 Surber, Peter: Dichtung, Wahrheit, in: St. Galler Tagblatt, 11. Sept. 1998.
13 Wilkomirski (1995), S. 143.
14 Klüger (1999), S. 112.
15 Vgl. dazu: Reiter, Andrea (1995): »Auf daß sie entsteigen der Dunkelheit«. Die literarische Bewältigung von KZ-Erfahrung, (Löcker) Wien.
16 Erdle, Birgit R.: Traumatisiertes Gedächtnis und zurückgewiesene Erinnerung, in: Caduff, Corina (Hg.) (1997): Figuren des Fremden in der Schweizer Literatur, (Limmat Verlag) Zürich, S. 153–174, S. 163.
17 Klüger, Ruth: Dichten über die Shoah. Zum Problem des literarischen Umgangs mit dem Massenmord, in: Hardtmann, Gertrud (1992): Spuren der Verfolgung. Seelische Auswirkungen des Holocaust auf die Opfer und ihre Kinder, (Bleicher Verlag) Gerlingen, S. 203–221, S. 218.
18 Vgl. Novick, Peter (2000): The Holocaust and Collective Memory. The American Experience, (Bloomsbury) London.
19 Vgl. Young (1992), v.a. zweiter Teil, und Novick (2000), S. 241–244.
20 Vgl. Young (1992), v.a. zweiter Teil.
21 Vgl. Novick (2000), S. 235f.
22 Videointerview Holocaust Memorial Museum Washington, tape 6.
23 Keilson, Hans (1979): Sequentielle Traumatisierung bei Kindern. Deskriptiv-klinische und quantifizierend-statistische Follow-up-Untersuchung zum Schicksal der jüdischen Kriegswaisen in den Niederlanden, (Ferdinand-Enke-Verlag) Stuttgart.
24 Man findet die entsprechenden Argumente ebenfalls bei Niederland (1980), der in Wilkomirskis Bibliothek steht. Vgl. auch: Keilson, Hans: Die Reparationsverträge und die Folgen der »Wiedergutmachung«, in: Brumlik, Micha / Kiesel, Doron / Kugelmann, Cilly / Schoeps, Julius H. (Hg.) (1986): Jüdisches Leben in Deutschland seit 1945, Frankfurt a. M., S. 121–139; Fischer-Hübner, Helga und Hermann (Hg.) (1990):

Die Kehrseite der »Wiedergutmachung«. Das Leiden der NS-Verfolgten in den Entschädigungsverfahren, Gerlingen.
25 Harvey Peskin an Carol Brown Janeway, 9. März 1999; Bernstein an Wilkomirski, 21. Nov. 1998 (der Brief machte im Umfeld seiner Verteidiger die Runde); Matta an Sparr, 26. Feb. 1995, Akten Suhrkamp.
26 Vgl. Lejeune, Philippe (1994): Der autobiographische Pakt. Aesthetica, (edition suhrkamp) Frankfurt a. M.
27 Ganzfried (1998a).
28 Vgl. zur Debatte: Unabhängige Expertenkommission Schweiz – Zweiter Weltkrieg (1998): Die Schweiz und die Goldtransaktionen im Zweiten Weltkrieg, Zwischenbericht; dies. (1999): Die Schweiz und das Nazigold; dies. (1999): Die Schweiz und die Flüchtlinge zur Zeit des Nationalsozialismus. Alle Berichte sind erhältlich bei der Eidgenössischen Druck- und Materialzentrale, Bern. Vgl. auch Weill, Pierre (1999): Der Milliarden-Deal, (Weltwoche ABC-Verlag) Zürich.
29 Focus, Nr. 44, 30. Okt. 1999, S. 333; Sonntagsblick, 17. Okt. 1999; Neue Zürcher Zeitung, 19. Okt. 1999. Über Wilkomirski äußerte sich Graf in: Die Demontage Wilkomirskis: Oder was Ganzfried vergessen hat, http://www.ruf-ch.org/Archiv/1998/5/Wilkogra.html. Die Schweizerische Volkspartei erhielt bei den Wahlen vom 23./24. Okt. 1999 für den Nationalrat mit 22,54 % die meisten Stimmen, knapp gefolgt von der Sozialdemokratischen Partei SPS mit 22,47 %.
30 Ganzfried (1999); Strafanzeige von Manfred Kuhn, Rechtsanwalt, Uster, Kanton Zürich, beim 1. Staatsanwalt des Kantons Zürich, Dr. M. Bertschi, am 15. Nov. 1999 eingereicht (verfaßt am 13. Nov. 1999); vgl. Meier, Michael: Strafanzeige gegen Autobiograph Binjamin Wilkomirski, in: Tages-Anzeiger, 16. Nov. 1999.
31 Vgl. Bollag, Peter: Unnötige Debatte, in: Israelitisches Wochenblatt, 3. Sept. 1998; Blau, Gisela: Mehr als nur eine Wahrheit?, in: Jüdische Rundschau Maccabi, 3. Sept. 1998.
32 Ganzfried (1999); Ganzfried in Olgiati (1999).
33 Young (1992), S. 47–49, 68.
34 Vgl. dazu: Zuckermann, Moshe (1998): Zweierlei Holocaust. Der Holocaust in den politischen Kulturen Israels und Deutschlands, (Wallstein) Göttingen; Solomon Z. (1995): From denial to recognition. Attitudes toward Holocaust survivors from World War II to the present, in: Journal of Traumatic Stress, Nr. 8, S. 215–228.
35 Kertész, Imre: Wem gehört Auschwitz? in: Die Zeit, 19. Nov. 1998.

Nachbemerkung

1 Stellungnahme Wilkomirskis, 22. Nov. 1999.

Quellen- und Literaturverzeichnis

Bibliographie

Aufgeführt ist nur die mehrfach erwähnte Literatur.

Caruth, Cathy (Hg.) (1995): Trauma. Explorations in Memory, (Johns Hopkins University Press) Baltimore, London.
Cichopek, Anna (1998): Z dziejów powojennego antysemityzmu – pogrom w Krakowie 11.8.1945, Kraków, unveröffentlichte Abschlußarbeit an der Historischen Fakultät der Jagiełłońian-Universität Krakau.
Eichenberger, Ursula (1997): »Ich versuchte, ein guter Schauspieler zu werden, damit niemand etwas von meiner wahren Identität merkte«, Interview mit Wilkomirski in der Sonntags-Zeitung, 18. Mai.
Ganzfried, Daniel (1998a): Die geliehene Holocaust-Biographie, in: Die Weltwoche, 27. Aug.
Ganzfried, Daniel (1998b): Fakten gegen Erinnerung, in: Die Weltwoche, 3. Sept.
Ganzfried, Daniel (1998c): Bruchstücke und Scherbenhaufen, in: Die Weltwoche, 24. Sept.
Ganzfried, Daniel (1999): Binjamin Wilkomirski und die verwandelte Polin, in: Die Weltwoche, 4. Nov.
Gourevitch, Philip (1999): The Memory Thief, in: The New Yorker, 14. Juni, S. 48–68.
Halbwachs, Maurice (1985): Das Gedächtnis und seine sozialen Bedingungen, (Suhrkamp) Frankfurt a. M. (das franz. Original erschien erstmals 1925).
Klüger, Ruth (1999): weiter leben. Eine Jugend, (dtv) München, 8. Aufl.
Kolk, Bessel A. van der (1996): Trauma and Memory, in: ders./McFarlane, Alexander C./Weisaeth, Lars (Hg.): Traumatic Stress. The Effects of Overwhelming Experience on Mind, Body, and Society, (The Guilford Press) New York, London, S. 279–302.
Kolk, Bessel A. van der/Hart, Onno van der (1995): The Intrusive Past:

The Flexibility of Memory and the Engraving of Trauma, in: Caruth, Cathy (Hg.): Trauma. Explorations in Memory, (Johns Hopkins University Press) Baltimore, London, S. 158–182.

Kosinski, Jerzy (1965): The Painted Bird, (Houghton Mifflin) Boston. Dt. (1965): Der bemalte Vogel, (Scherz-Verlag) Bern.

Langer, Lawrence L. (1975): The Holocaust and the Literary Imagination, (Yale University Press) New Haven, London.

Lappin, Elena (1999): The Man with two Heads, in: Granta, Nr. 66, Sommer-Ausgabe, S. 7–65.

Loftus, Elizabeth / Ketcham, Katherine (1995): Die therapierte Erinnerung. Vom Mythos der Verdrängung bei Anklagen wegen sexuellen Mißbrauchs, (Klein) Hamburg.

Lupack, Barbara Tepa (Hg.) (1998): Critical Essays on Jerzy Kosinski, (G. K. Hall) New York.

Maroko, Yakow: Scha'agat Me'una (Neuhebräisch, auf deutsch etwa »Gequälter Schrei«), Bnei Brak (Eigenverlag von Maroko), ohne Jahr.

Matt, Peter von (1997): Verkommene Söhne, mißratene Töchter. Familiendesaster in der Literatur, (dtv) München.

Niederland, William G. (1980): Folgen der Verfolgung: Das Überlebenden-Syndrom, Seelenmord, (Suhrkamp) Frankfurt a. M.

Novick, Peter (2000): The Holocaust and Collective Memory. The American Experience, (Bloomsbury) London; 1999 erstmals publiziert als: The Holocaust in American Life, (Houghton Mifflin) Boston, New York.

Passantino, Bob / Passantino, Gretchen / Trott, Jon (1989): Satans's Sideshow: The Real Story of Lauren Stratford, in: Cornerstone, Bd. 18, Nr. 90, Okt./Nov., S. 23 28, http://www.cornerstonemag.com.

Passantino, Bob / Passantino, Gretchen (1999): Lauren Stratford: From Satanic Ritual Abuse to Jewish Holocaust, in: Cornerstone, Bd. 28, S. 12–18, Issue 117, S. 12–16, zuerst publiziert in: Cornerstone Magazine Online, 13. Okt. 1999, http://www.cornerstonemag.com/features/iss117/lauren.htm.

Pfefferman, Naomi (1998): Memories of a Holocaust Childhood, in: The Jewish Journal, 24. April.

Picard, Jacques (1994): Die Schweiz und die Juden 1933–1945, (Chronos) Zürich.

Rivera, Joseph de / Sarbin, Theodore R. (Hg.) (1998): Believed-In Imaginings. The Narrative Construction of Reality, Washington.

Sloan, James Park (1996): Jerzy Kosinski. A Biography, (Dutton) New York.

Sloan, James Park (1998): Kosinski's War, in: Lupack, Barbara Tepa

(Hg.): Critical Essays on Jerzy Kosinski, (G. K. Hall) New York, S. 236–246.
Stratford, Lauren / Michaelson, Johanna (1988): Satan's Underground. The Extraordinary Story of One Woman's Escape, (Harvest House Publishers) Eugene, Oreg.; dt.: Stratford, Lauren (1994): In Satans Griff. Von Kinderpornographie und Satanskult zu Jesus Christus, (Leuchter Verlag) Erzhausen.
Wilkomirski, Binjamin (1995): Bruchstücke. Aus einer Kindheit 1939–1948, (Jüdischer Verlag im Suhrkamp Verlag) Frankfurt a. M.
Wilkomirski, Binjamin / Bernstein, Elitsur (1999): Die Identitätsproblematik bei überlebenden Kindern des Holocaust. Ein Konzept zur interdisziplinären Kooperation zwischen Therapeuten und Historikern, in: Friedmann, Alexander / Glück, Elvira / Vyssoki, David (Hg.): Überleben der Shoah – und danach. Spätfolgen der Verfolgung aus wissenschaftlicher Sicht, (Picus) Wien, S. 160–172; gleiche Veröffentlichung mit geringfügigen sprachlichen Abweichungen bereits in: Werkblatt 39 (1997), S. 45–58.
Young, James Edward (1992): Beschreiben des Holocaust. Darstellung und Folgen der Interpretation, (Jüdischer Verlag im Suhrkamp Verlag) Frankfurt a. M.
Zeindler, Peter (1997): »Bei mir war es eine Baracke«, Interview mit Wilkomirski im Zürcher Tages-Anzeiger vom 29. Mai.

Archive

Schweizerisches Bundesarchiv, Bern
Schweizerisches Rotes Kreuz, Bern
Staatliches Museum Majdanek, Lublin
Staatsarchiv Baselstadt, Basel
Staatsarchiv des Kantons Bern
Staatsarchiv Riga
Stadtarchiv der Stadt Zürich
Vormundschaftsamt Biel

Filme und Dokumente

Bergkraut, Eric (1997): »Das gute Leben ist nur eine Falle«. Ein Besuch bei Binjamin Wilkomirski; Regie: Bergkraut, Eric; Produktion: 3sat, 46 Min.

Fechner, Eberhard (1984): Der Prozeß; Teil 1: Anklage, 89 Min.; Teil 2: Beweisaufnahme, 92 Min.; Teil 3: Das Urteil, 88 Min.; vom Norddeutschen Rundfunk NDR produziert.

Messel, Esther van (1997): »Fremd Geboren«; Buch und Regie: Messel, Esther van; Produktion: Dschoint Ventschr, Zürich; 52/60 Min., Beta SP/35mm, Farbe.

Olgiati, Christopher (1999): Child of the Death Camps: Truth & Lies, Produktion: BBC One.

Videointerview Survivors of the Shoah, Visual History Foundation, tape 1–6, 20. März 1997 (Gespräch auf deutsch).

Videointerview United States Holocaust Memorial Museum Washington, tape 1–6, 26. Sept. 1997 (Gespräch auf englisch).

Von sämtlichen nicht öffentlich zugänglichen Dokumenten liegen beim Verfasser Kopien vor. Die Standorte von Quellen habe ich in meinen Anmerkungen nur angegeben, wo es sich um öffentlich zugängliche Institutionen sowie um die Agentur Liepman und den Suhrkamp Verlag handelt.

Gespräche mit Zeitzeugen und anderen Informanten

Von den Interviews und Gesprächen liegen überwiegend Tonbänder und Transkriptionen vor, ansonsten nur Gesprächsnotizen. Ein Teil der Gespräche wurde telefonisch geführt. Personen, die nur punktuelle Informationen gaben, sind unten nicht aufgeführt.

Aeberhard, René – Lompoc, CA, USA
Affolter, Kurt, Vormundschaftsamt – Biel, Schweiz
Akert-Giger, Ruth Elisabeth – Zürich, Schweiz
Balint, Lea – Jerusalem, Israel
Berman, Vered – Israel
Bernstein, Elitsur – Bat Yam, Israel
Berti, Bruno – Zürich, Schweiz
Colla, Fernando – Winterthur, Schweiz
Colla, Rolando – Zürich, Schweiz
Curchod-Rohr, Frieda – Froideville-Le Jorat, VD, Schweiz
Deskur, Edward – Küsnacht, Schweiz
Dössekker-von Gonzenbach, Annette – Zürich, Schweiz
Elbinger, Emanuel – Krakau, Polen
Ganzfried, Daniel – Zürich, Schweiz
Grosjean, Max Albert – Horgen, Schweiz
Grosjean, Trauti – Horgen, Schweiz

Hilb, Liselotte – Zürich, Schweiz
Indergand, Peter – Winterthur, Schweiz
Karola – in P. (der volle Name ist dem Verfasser bekannt)
Koralnik, Eva – Zürich, Schweiz
Kranz, Tomasz, Państwowe muzeum na Majdanku (Staatliches Museum Majdanek) – Lublin, Polen
Leibel, Misia (Emilia) – Krakau, Polen
Löwinger, Julius – Petach Tikwa, Israel
M. K. (»Rapaport, Sabina«) – in L., Schweiz (der Name ist dem Verfasser bekannt)
Marx von Prądzyński, Christine – Bochum, Deutschland
Marx von Prądzyński, Sylwester – Bochum, Deutschland
Obermüller, Klara – Zürich, Schweiz
Piller-Altherr, Verena – in A., Schweiz
Rechsteiner-Güller, Augusta Charlotte – Heiden, Schweiz
Sandberg, Rolf – Zürich, Schweiz
Schuppli, Sybille – Zürich, Schweiz
Singer, Annie – Zürich, Schweiz
Stabinsky, Leon – Chatsworth, CA, USA
Widmer-Dietz, Brigitta – Lindau, Schweiz
Wilkomirski, Binjamin / Dössekker, Bruno – in A., Schweiz
Z., Rudolf – in L., Schweiz

Bildnachweis

Die Bildsequenz auf S. 82 f. stammt aus dem Amateurvideo von Elitsur Bernstein.
Die Bildsequenz auf S. 141 stammt aus dem Film »Child of the Death Camps« der BBC.
Alle anderen Fotos befinden sich in Privatbesitz.

4TC